W0029103

Dorothea Bartnik

Praktisches Kaufmannswissen
das jeder braucht

Dorothea Bartnik

Praktisches
Kaufmanns
wissen
das jeder braucht

Mit Checklisten und
Fallbeispielen

 **Weltbild**

Inhalt

Das kaufmännische Wissen – Basis für den Berufsalltag 8

Von den (Kauf-)Leuten im Unternehmen 10
Kleingewerbetreibende 11

Vorsicht bei Kaufleute auf Antrag 12
Scheinselbstständigkeit! Kaufleute nach HGB 14
Sie kann Auftraggeber Wer gehört zu den Freiberuflern? 15
wie Auftragnehmer teuer Kurzübersicht 17
zu stehen kommen. Forum: Was ist Scheinselbstständigkeit ? 18

Von den Unternehmen der Kaufleute 20
Rechtsformen 20
Das Handelsregister – Wissenswertes über Unternehmen 33
Firmenrecht – wie darf ein Unternehmen heißen? 34
Kurzübersicht 36

Entwicklung und Bewertung von Unternehmen 40
Unternehmensneugründung 41
Unternehmensübernahme 42
Partnerschaft – gemeinsam stark? 47
Erfahrungen nutzen – Franchising 49
Von Kooperation bis Konzentration –
Unternehmensverbindungen 50
Kurzübersicht 55

Wenn Unternehmen gegründet werden 56
Von der Idee zum Erfolg! 59
Die Frage des Standortes 62
Forum: Existenzgründerwettbewerbe –
innovative Ideen können sich lohnen! 64
Beratung rund um die Existenzgründung 68
Formalitäten der Existenzgründung 70
Kurzübersicht 77

Das Schiff braucht einen Kapitän – ein Unternehmen führen — 78

Unternehmensziele	78
Unternehmensleitbild	81
Führungsstile und -techniken	85
Unternehmensstrategien	89
Unternehmenskultur	93
Kurzübersicht	95
Forum: Bevor es zu spät ist – Krisenmanagement	96

Mitarbeiter – tragende Säulen des Unternehmens — 98

Ermittlung des Personalbedarfs	98
Mitarbeitersuche – die richtigen Leute finden	101
Personalauswahl – welcher Mitarbeiter passt?	107
Einstellungsformalitäten	111
Die rechtliche Stellung des Mitarbeiters im Unternehmen	112
Der Mitarbeiter im Unternehmen	116
Forum: Bedürfnispyramide von Abraham Maslow	118
Das Arbeitszeugnis	124
Kurzübersicht	127

Eine gute Organisation ist alles! — 128

Das ABC der Organisation	128
Die Struktur des Unternehmens – Aufbauorganisation	133
Gut, wenn es läuft – Ablauforganisation	141
Sich selbst organisieren – Selfmanagement	143
Kreativitätstechniken – den Kopf für Neues freibekommen	149
Kurzübersicht	151

Chancen am Markt nutzen – Marketing — 152

Der Markt und seine Erforschung	152
Marktforschung in kleinen Unternehmen	157
Was man aus einem »einfachen« Produkt alles machen kann	160
Die Frage des richtigen Preises – Preispolitik	161
Versandkosten und Transportbedingungen	164
Öffentlichkeitsarbeit – nicht zu unterschätzen	165
Werbung – Ziele, Botschaft und Medien	167
Kurzübersicht	172

In vielen Produkten ruhen unerschlossene Potenziale. Ab Seite 160 lesen Sie, warum.

Investieren und finanzieren – die Kasse muss stimmen! 174

Der Finanzplan – gute Planung ist (fast) alles! 174
Die Ermittlung des Kapitalbedarfs – wie viel Geld ist nötig? 177
Finanzierung – den Kapitalbedarf decken 182
Forum: Vom Umgang mit den Banken –
wie bekomme ich gute Konditionen? 196
Umsatz und Liquidität 198
Forum: Speziell für Existenzgründer – Fördermöglichkeiten
in der Gründungs- und der Nachgründungsphase 200
Kontrolle muss sein! 205
Kurzübersicht 208

Bücher führen – Zahlen verstehen 210

Buchführung im Gesamtgefüge der Unternehmung 210
Wer muss Bücher führen? 213
Wie Sie Ihre Bücher richtig führen 214
Was muss mit Belegen geschehen? 216
Warum immer alles zweimal gebucht wird
(doppelte Buchführung) 219
Die Einnahmen-Überschuss-Rechnung für
Freiberufler und Kleingewerbetreibende 220
Bücher, Inventur, Inventar 221
Konten, Kontenpläne, Kontenrahmen 226
Und so wird gebucht! 228
Am Schluss – der Jahresabschluss 230
Kurzübersicht 240

Von Kosten und Leistungen 242

Aufgabe der Kosten- und Leistungsrechnung 242
Aufwand und Kosten 244
Leistung und Ertrag 246
Welche Kosten entstehen eigentlich im Unternehmen –
Kostenartenrechnung 247
Wo entstehen Kosten? – Kostenstellenrechnung 249
Forum: Kosten kontrollieren – Kosten minimieren:
Controlling ergänzt Kostenrechnung 252
Wer trägt die Kosten? – Kostenträgerrechnung 254
Kostenrechnungssysteme 256
Kurzübersicht 257

Ab Seite 210 können Sie erfahren, warum die Buchführung keineswegs nur das Finanzamt interessiert.

Über Gewinn freut sich auch das Finanzamt 258

Was Sie über Steuern unbedingt wissen sollten 258
Steuergesetze und Abgabenordnung 262
Einkommensteuer 264
Körperschaftsteuer 265
Lohnsteuer für beschäftigte Arbeitnehmer 265
Gewerbesteuer 266
Umsatzsteuer 266
Forum: Rechnungen richtig stellen 268
Betriebsausgaben – wofür Ihr Unternehmen Geld ausgeben darf 270
Was Liebhaberei mit Steuern zu tun hat 276
Kurzübersicht 277

Sie müssen nicht alle Risiken tragen – Versicherungen 278

So sichern Sie sich privat ab! 278
Forum: Altersversorgung für Ihre Mitarbeiter! 284
Unternehmen versichern 286
Kurzübersicht 288

Alles, was Recht ist 290

Von natürlichen und juristischen Personen 290
Was Sie über Verträge wissen sollten 291
Die häufigsten Verträge im kaufmännischen Alltag 295
Wenn der Kaufmann etwas schriftlich bestätigt 297
Kurzübersicht 298

Literaturempfehlungen für Existenzgründer 300

Adressen 302

Institutionelle Beratung 302
Berufsgenossenschaften 308
Gewerkschaften 311
Arbeitgeberverbände 312
Gründerinitativen 312

Die Berufe des Handwerks 313

ABC des Kaufmanns 316

Wo steht was 350

Was Sie von den Steuern absetzen können, lesen Sie auf Seite 270.

Für viele Probleme des Alltags gibt es sachkundige Hilfe – die Adressen auf Seite 302ff geben Auskunft, wo.

Das kaufmännische Wissen – Basis für den Berufsalltag

Kostenmanagement, Rationalisierung, Scheinselbstständigkeit, Outsourcing, Kooperation, Benchmarking, Fusion, Neue Werte, Innovationsbörse – die Liste aktueller Schlagworte ist in unserem Berufsalltag lang. Wer sich nicht auf dem Laufenden hält, ist schnell aus dem Geschäft. Auf der Basis eines soliden Grundwissens ist eine konsequente Weiterbildung und Auffrischung des kaufmännischen Praxiswissens für jeden Einzelnen Voraussetzung für den Erfolg seiner Arbeit. Und genau in dieser Hinsicht will das vorliegende Buch Sie unterstützen.

Für wen ist dieses Buch gedacht?

■ Für Selbstständige und Freiberufler, die zu dem ein oder anderen Thema tiefergehende Informationen und auch mal einen Tipp für die Praxis benötigen.

■ Für alle, die im beruflichen Alltag kaufmännisch handeln wollen und müssen. Das gilt in gleicher Weise für den leitenden Angestellten, der als Ingenieur keine kaufmännische Grundausbildung genossen hat, wie für den mitarbeitenden Partner einer selbstständigen Unternehmerin, der nebenbei die Buchführung macht.

■ Für Existenzgründer auf ihrem Weg in die Selbstständigkeit.

■ Und natürlich für all diejenigen, die Interesse an kaufmännischen Fragestellungen haben und die aussagekräftige und interessante Informationen suchen.

Nach Fachbereichen geordnet, wird im Folgenden das kaufmännische Basiswissen vorgestellt. Zahlreiche Hilfen, wie Checklisten, Musterverträge oder Praxisbeispiele, erleichtern die Anwendung des Gelesenen im Arbeitsalltag.

Diese Symbole führen Sie durch den Text:

Gesetzestext §

Tipp

Kurzübersicht

Stammtisch

Sie haben die Möglichkeit, das Buch Kapitel für Kapitel zu bearbeiten. Sie können aber auch konkret die Themen auswählen, die Ihnen »unter den Nägeln brennen«. Ein gezielter Einstieg in bestimmte Themenbereiche ist an jeder Stelle möglich, der Wegweiser am Beginn eines jeden Kapitels hilft dabei. Gesetzestexte, Tipps und Kurzübersichten sind durch kleine Symbole übersichtlich gekennzeichnet.

Im »ABC des Kaufmanns« sind die wichtigsten Begriffe der Wirtschaftswelt kurz und verständlich erklärt. Auf dem Weg durch die kaufmännischen Themen begleitet Sie eine Gruppe von Menschen, die in ihrem Berufsalltag mit allerlei betriebswirtschaftlichen Fragen konfrontiert sind. Diese Praktiker kommen regelmäßig an einem Stammtisch zusammen, um für ihre alltäglichen Probleme in der Diskussion angemessene und anwendbare Lösungen zu finden.

Stammtisch

Achim ist seit acht Jahren Mitarbeiter in einem Ingenieurbüro. In zwei Monaten soll er Geschäftsführer des Unternehmens werden. Natürlich freut er sich darauf. Er sieht seiner Stellung in dem neuen Unternehmen aber auch mit gemischten Gefühlen entgegen.

Max ist Prokurist eines mittelständischen Industriebetriebes! Verantwortlich für den Bereich Einkauf, arbeitet er zwar lediglich in einer bestimmten Einheit des Unternehmens, darf jedoch den Überblick über die Gesamtsituation des Betriebes nicht verlieren.

Josef, von Hause aus Informatiker, ist vor zwei Jahren als Nachfolger in die Bauträgergesellschaft seines Schwiegervaters eingetreten und übernimmt Schritt für Schritt die Geschäftsführung.

Anke betreibt mit ihrem Mann zusammen mehrere Reformhäuser. Während sie sich um die Produktpalette des Unternehmens kümmert, ist ihr Mann verantwortlich für den Einkauf sowie den gesamten kaufmännischen Bereich.

Michael und **Ulf**, Angestellte in einem Gartenbaubetrieb, planen die Gründung eines eigenen Unternehmens.

Dagmar hat vor ihrem Erziehungsurlaub die kaufmännische Abteilung eines mittelständischen Unternehmens geleitet. Da sie einen solchen Fulltime-Job in ihrer familiären Situation nicht durchhalten wollte, ist sie seitdem recht erfolgreich freiberuflich als Unternehmensberaterin tätig.

Ein weiterer Hinweis zur Benutzung des Buches: Alle Geldbeträge sind in DM angegeben, da noch nicht alle Gesetze auf Euro umgestellt sind. Der Umrechnungsfaktor auf Euro beträgt etwa 2.

Dieses Buch hält also das gesamte Kaufmannswissen für den Alltag bereit, und es ermöglicht noch mehr:
- Lernen für die Praxis – mit Spaß daran!
- Lesen – ohne dass der Kopf raucht!
- Nachschlagen – ohne langes Suchen!
- Auf der Höhe der Zeit zu sein – umfassend!

Von den (Kauf-)Leuten im Unternehmen

Kleingewerbetreibende ▶ Seite 11

Kauffrau und Kaufmann auf Antrag ▶ Seite 12

Kaufleute nach HGB ▶ Seite 14

Freiberufler ▶ Seite 15

Scheinselbstständigkeit ▶ Seite 18

Bevor wir sozusagen in das Unternehmen hinein gehen und uns Themen zuwenden, die das tägliche Geschäft betreffen, beschäftigen wir uns zuerst einmal mit den Menschen, die in Unternehmen tätig sind.

Der Kioskbesitzer um die Ecke, der Bäcker auf der Hauptstraße, die Architektin, die den Umbau des Nachbarhauses geplant hat, der Kiesgrubenbesitzer, die freie Journalistin, die Inhaberin der Boutique, der Besitzer der kleinen Fabrik am Ortsrand, sie alle gehören irgendwie dazu. Sie sind Unternehmer, kaufmännische Leiter, Freiberufler, Geschäftsführer oder Gewerbetreibende. Es gibt viele unterschiedliche Bezeichnungen für all diejenigen, die Ähnliches tun. Aber was verbirgt sich konkret dahinter?

Wer ist eigentlich Kaufmann, und ab wann führt man denn ein Unternehmen? Antwort auf diese Fragen geben verschiedene Gesetze. Da ist zum einen das Handelsgesetzbuch, kurz HGB genannt, das das Recht der Kaufmanns, seines Unternehmens und seiner Hilfspersonen, also seiner Mitarbeiter, festhält. Das Bürgerliche Gesetzbuch, kurz BGB genannt, enthält das Privatrecht. Darüber hinaus gelten im kaufmännischen Geschäftsverkehr eine Reihe weiterer Gesetzeswerke, die in unterschiedlichen Zusammenhängen wichtig sind, so etwa das Steuerrecht, das Gesetz über die Allgemeinen Geschäftsbedingungen und andere mehr. Das Kapitel »Alles, was Recht ist« (→ Seite 290) vertieft dieses Thema. Hier sind zunächst die rechtlichen Regelungen gefragt, die festlegen, wer zu den Kaufleuten zählt und wer nicht.

Kleingewerbetreibende

Wer klein anfängt, gehört häufig auch zu den Kleingewerbetreibenden. Sie bilden so etwas wie den Einstieg ins geschäftliche Leben unter eigener Regie. Kleingewerbetreibende sind Nichtkaufleute und zwar deshalb, weil sie Waren oder Dienstleistungen anbieten können, ohne dafür einen besonderen geschäftlichen Aufwand treiben zu müssen. Da nicht ganz einfach abzugrenzen ist, was man unter »klein« versteht und was der »erforderliche geschäftliche Aufwand« ist, steckt das Steuerrecht in den Paragrafen 140 und 141 eindeutige Grenzen für das Kleingewerbe ab. Welche, sagt der nachfolgende Kasten.

> **Abgrenzung Kleingewerbetreibender – Kaufmann**
> Kaufmann ist, wer folgende Voraussetzungen mitbringt:
> - Selbstbewirtschaftete land- und forstwirtschaftliche Fläche mit einem Wirtschaftswert > 40.000,– DM
> - Jahresgewinn aus Land- und Forstwirtschaft > 48.000,– DM
> - Jahresumsatz > 500.000,– DM
> - Jahresgewinn > 48.000,– DM

Kleingewerbetreibende haben also nur einen relativ kleinen Geschäftsbetrieb. Deshalb werden sie auch rechtlich entsprechend milder behandelt. Für sie gelten die weniger strengen Vorschriften des Bürgerlichen Gesetzbuches (BGB), wie für Privatleute auch. Der Haken dabei ist allerdings, dass der Kleingewerbetreibende die Beweislast für seine Einordnung trägt. Im Klartext heißt das, er muss nachweisen können, dass er »klein« ist und dass »das Unternehmen nach Art oder Umfang einen in kaufmännischer Weise eingerichteten Geschäftsbetrieb nicht erfordert«. Wenn in dieser Frage Unsicherheit besteht, können Steuerberater in der Regel bei der Beantwortung helfen.

Kleingewerbetreibende sind von der Buchführungspflicht befreit, müssen aber die täglichen Einnahmen und Ausgaben in einem Kassenbuch erfassen.

Ihr Unternehmen müssen Kleingewerbetreibende mit ihrem Vor- und Nachnamen bezeichnen. Das Unternehmen darf keinen besonderen Namen (→ Firmenrecht, Seite 34) führen.

Typische Beispiele für Kleingewerbetreibende sind der Kioskbesitzer um die Ecke, die Eisdiele oder der Stehimbiss, ebenso wie der Schlüssel- und Schuhdienst oder der »Tante Emma Laden«.

Wer Geschäfte macht, muss unbedingt wissen, ob er dies als Nicht-Kaufmann oder als Kaufmann tut. Die rechtlichen Folgen können sehr unterschiedlich sein!

Ein Branchenzusatz, z. B. »Einzelhandel mit Zeitschriften«, ist als Ergänzung zum Familiennamen und Vornamen zulässig. Er darf aber nicht den Eindruck erwecken, dass das Unternehmen im Handelsregister eingetragen sei.

Kaufleute auf Antrag

Kleingewerbetreibenden steht die Möglichkeit offen, einen Antrag auf Eintragung ins Handelsregister zu stellen. Der Einzelne wird dadurch Kaufmann oder Kauffrau mit allen Rechten und Pflichten.

Welche Vorteile hat ein Kaufmann auf Antrag?

Wer selbstständig eine freiberufliche Tätigkeit ausübt, betreibt kein Gewerbe. Er muss demnach kein Gewerbe anmelden und keine Gewerbesteuer zahlen, was manches leichter macht.

Die Motivation, Kaufmann auf Antrag zu werden, erwächst aus den Vorteilen, die ein derartiger Eintrag für den Gewerbetreibenden mit sich bringen kann. So wird beispielsweise die Seriosität des Unternehmens deutlich unterstrichen, es wirkt nach außen professioneller. Verhandlungen mit Banken und Geschäftspartnern können leichter fallen. Entscheidend ist jedoch: Mit dem Zeitpunkt des Eintrages gelten die Regelungen des Handelsgesetzbuches. Diese unterscheiden sich zum Teil recht wesentlich von denen des Bürgerlichen Gesetzbuches.

Bei der Durchführung von Handelsgeschäften, also wenn einer der (einseitiges Handelsgeschäft) oder beide Vertragspartner (beidseitiges Handelsgeschäft) Kaufleute sind, gelten verschiedene Sonderregelungen, wie etwa die nachfolgend aufgeführten:

Während der Faxweg für die Zustellung eines kaufmännischen Bestätigungsschreibens anerkannt ist, ist die Zustellung per E-Mail aufgrund der Neuheit des Mediums noch ungeklärt.

Kaufmännisches Bestätigungsschreiben (§ 362 HGB) Wenn zwei Vertragspartner eine mündliche Verhandlung führen und einer der Partner, ein Kaufmann, die Ergebnisse dieser mündlichen Verhandlung in einem Schreiben dem anderen Vertragspartner schriftlich bestätigt, dann wird der Inhalt verbindlich, wenn der andere nicht sofort (!) widerspricht.

Rügeobliegenheiten (§ 377 HGB) Der Kaufmann muss bei einem Handelsgeschäft vorliegende Mängel unverzüglich beanstanden. Tut er dies nicht, verliert er seine Minderungsansprüche. Jeder kann sich vorstellen, dass es dabei insbesondere bei verderblichen Waren bisweilen nur um Stunden geht.

Zinsen (§ 352 HGB) Man spricht von einem beidseitigen Handelsgeschäft, wenn zwei Kaufleute daran beteiligt sind. In einem solchen Fall kann ein Kaufmann direkt ab dem Zeitpunkt der Fälligkeit der Forderung Zinsen verlangen und nicht erst ab dem Zeitpunkt des Verzugs. In § 352 Abs. 1 HGB ist für Geschäfte unter Kaufleuten ein Zinssatz von fünf Prozent festgesetzt. Für Nichtkaufleute sind nach BGB vier Prozent zulässig.

Vergütung (§ 354 HGB) Ein Kaufmann macht nichts umsonst. Wenn er im Rahmen seines Handelsgeschäftes für andere Geschäfte besorgt oder Dienste leistet, kann er auch ohne Verabredung eine entsprechende Entlohnung verlangen.

Von Verzug spricht man, wenn eine Leistung nicht rechtzeitig erbracht oder angenommen wird (→ Glossar, Seite 349).

Allgemeine Geschäftsbedingungen (§ 24 AGBG) Allgemeine Geschäftsbedingungen sind im kaufmännischen Verkehr auch ohne ausdrücklichen Verweis und Übergabe einer entsprechenden schriftlichen Ausarbeitung gültig.
Weitere Unterschiede gibt es z.B. bei der Namenswahl (Firmierung), der Briefkopfgestaltung oder der Vergabe von Untervollmachten (Prokura).

Wie wird man Kaufmann auf Antrag?

Als Kleingewerbetreibender sollte man nicht ohne kompetente Beratung entscheiden, Kaufmann zu werden. Es ist geraten, Vor- und Nachteile mit einem Steuerberater umfassend zu besprechen. Dieser wird zunächst prüfen, ob man nicht sowieso Kaufmann kraft Gesetz ist. Bei einem Notartermin erfolgt dann die Eintragung in das Handelsregister.

Und wenn man doch lieber kein Kaufmann mehr wäre?

Der Kaufmann auf Antrag hat jederzeit die Möglichkeit, den Handelsregistereintrag wieder rückgängig zu machen. Es besteht ein so genanntes Löschungsantragsrecht (§ 2 HGB). Mit der Löschung des Handelsregistereintrages wird der Kaufmann dann wieder zum Kleingewerbetreibenden, und es gelten für ihn wieder die milderen Gesetze des BGB.

Kleingewerbetreibende oder Kaufleute?

Antrag auf Eintragung
in das Handelsregister

Kleingewerbe-
treibende

Kauffrau/-mann
auf Antrag

Löschung des Eintrags
im Handelsregister

Kaufleute nach HGB

Das Handelgesetzbuch, kurz HGB genannt, besagt:

§ 1. [Istkaufmann] (1) Kaufmann im Sinne dieses Gesetzbuches ist, wer ein Handelsgewerbe betreibt.
(2) Handelsgewerbe ist jeder Gewerbebetrieb, es sei denn, dass das Unternehmen nach Art oder Umfang einen in kaufmännischer Weise eingerichteten Geschäftsbetrieb nicht erfordert.

In der Praxis wird für die Einordnung eines Geschäftsbetriebes das Gesamtbild des Unternehmens betrachtet. Geprüft wird also beispielsweise der Bank- und Scheckverkehr, die Verbindlichkeiten und Forderungen in größerem Umfang, der Kreditverkehr, die Höhe des Umsatzes, das Gewerbekapital und die Zahl der Beschäftigten.

Kaufleute im Sinne des HGB sind also alle Gewerbetreibenden, gleich, welcher Branche sie angehören. Ausnahmen bilden lediglich die Kleingewerbetreibenden.

Und an dieser Stelle müssen insbesondere die Handwerker aufpassen. Früher gehörten Handwerker zu den so genannten Sollkaufleuten. Für sie kamen die Regelungen des HGB erst zur Anwendung, wenn eine Eintragung ins Handelsregister tatsächlich erfolgt war. Seit dem 01.07.1998 ist das anders. Seither gilt auch für Handwerksbetriebe der § 1 Abs. 1 HGB. Wenn sie also groß genug sind, um einen kaufmännischen Geschäftsbetrieb zu benötigen, zählen sie automatisch zu den Kaufleuten.

Begriffsbestimmung »Kaufmann« nach HGB
Musskaufmann Kaufmann, der einen in kaufmännischer Weise eingerichteten Geschäftsbetrieb betreibt – §§ 1, 2 HGB.
Kannkaufmann Kaufmann kraft Eintragung ins Handelsregister, z.B. alle diejenigen, die nicht schon automatisch Kaufleute sind, und land- und forstwirtschaftliche Unternehmen, die nach Art und Umfang einen in kaufmännischer Weise eingerichteten Geschäftsbetrieb erfordern, wenn sie ins Handelsregister eingetragen sind – §§ 2, 3 HGB.
Formkaufmann Kaufmann kraft Rechtsform, z.B. Kapitalgesellschaften. Dabei wird die Gesellschaft als juristische Person Kaufmann, nicht etwa der Geschäftsführer oder ein Gesellschafter – § 6 HGB.

Für Kaufleute gelten automatisch die Vorschriften des Handelsgesetzbuches (HGB).

Wodurch zeichnet sich ein kaufmännischer Geschäftsbetrieb aus? Das Handelsgesetzbuch gibt nicht eindeutig Auskunft darüber, wann die Grenze vom Nichtkaufmann zum Kaufmann überschritten wird. Doch wer Kaufmannseigenschaften hat, der muss sein Unternehmen ins Handelsregister eintragen lassen.

Wer gehört zu den Freiberuflern?

Als »freie Berufe« bezeichnet man die selbstständigen Berufe, die in den wissenschaftlichen, künstlerischen, schriftstellerischen, unterrichtenden oder erziehenden Bereich fallen. Das Einkommensteuergesetz ordnet ausdrücklich einige Berufsgruppen den freien Berufen zu – neben den Steuerberaten, Architekten oder Krankengymnasten noch eine Reihe anderer Berufe. Im Partnerschaftsgesellschaftsgesetz wird diese Liste noch durch Hebammen und Heilmasseure ergänzt.

§ 18 Abs. 1 Satz 1 des Einkommensteuergesetzes sagt:

Während in der Umgangssprache sehr viel unter den Begriff Freiberufler fällt, ist er dem Gesetz nach stark eingegrenzt.

(1) Einkünfte aus selbständiger Arbeit sind
1. Einkünfte aus freiberuflicher Tätigkeit.
Zu der freiberuflichen Tätigkeit gehören die selbstständig ausgeübte wissenschaftliche, künstlerische, schriftstellerische, unterrichtende oder erzieherische Tätigkeit, die selbstständige Berufstätigkeit der Ärzte, Zahnärzte, Tierärzte, Rechtsanwälte, Notare, Patentanwälte, Vermessungsingenieure, Ingenieure, Architekten, Handelschemiker, Wirtschaftsprüfer, Steuerberater, beratenden Volks- und Betriebswirte, vereidigten Buchprüfer (vereidigten Bücherrevisoren), Steuerbevollmächtigten, Heilpraktiker, Dentisten, Krankengymnasten, Journalisten, Bildberichterstatter, Dolmetscher, Übersetzer, Lotsen und ähnlicher Berufe.
Ein Angehöriger eines freien Berufs im Sinne der Sätze 1 und 2 ist auch dann freiberuflich tätig, wenn er sich der Mithilfe fachlich vorgebildeter Arbeitskräfte bedient; Voraussetzung ist, dass er auf Grund eigener Fachkenntnisse leitend und eigenverantwortlich tätig wird. Eine Vertretung im Fall vorübergehender Verhinderung steht der Annahme einer leitenden und eigenverantwortlichen Tätigkeit nicht entgegen.

Diejenigen, deren Ausbildung sich in der Aufzählung findet, können sich an dieser Stelle ohne Probleme zuordnen. Schwieriger wird es, wenn jemand mit seiner Geschäftsidee in die Kategorie der im Einkommensteuergesetz genannten »ähnlichen Berufe« fällt. Hier kann es bei der Abgrenzung schon einmal kritisch werden. Als Anhaltspunkte für die Zugehörigkeit gelten hier entsprechend der Rechtsprechung folgende Einschränkungen:
■ Es muss sich um eine selbstständige Tätigkeit handeln.
■ Es muss eine wissenschaftliche, künstlerische, schriftstellerische,

Bei einigen Freiberuflern (Ärzten, Rechtsanwälten, Steuerberatern, Architekten) ist mit der Selbstständigkeit eine Pflichtmitgliedschaft in der zuständigen Kammer verbunden.

unterrichtende oder erzieherische Tätigkeit bzw. Berufsausübung vorliegen.

■ Der Geschäftsgegenstand muss wesentlich im Zusammenhang mit einer persönlich erbrachten Leistung des selbstständig Tätigen stehen.

■ Der Freiberufler darf die Mitarbeit fachlich Vorgebildeter in Anspruch nehmen, solange er die fachliche Leitung der Arbeit dieser Mitarbeiter wahrnimmt.

»Ähnliche Berufe« liegen nur vor, wenn sie einem oder mehreren der Katalogberufe in den typischen und zugleich wesentlichen Merkmalen entsprechen.

> **Was ist ein freier Beruf?**
> Der Bundesverband der Freien Berufe hat folgende Definition entwickelt:
> »Angehörige freier Berufe erbringen auf Grund besonderer beruflicher Qualifikation persönlich, eigenverantwortlich und fachlich unabhängig geistig-ideelle Leistungen im Interesse ihrer Auftraggeber und der Allgemeinheit. Ihre Berufsausübung unterliegt in der Regel spezifischen berufsrechtlichen Bindungen nach Maßgabe der staatlichen Gesetzgebung oder des von der jeweiligen Berufsvertretung autonom gesetzten Rechts, welches die Professionalität, Qualität und das zum Auftraggeber bestehende Vertrauensverhältnis gewährleistet und fortentwickelt.«
> Anmerkung: Die Definition »freie Berufe« wurde von der Mitgliederversammlung des Bundesverbandes der Freien Berufe im Juni 1995 verabschiedet.

Angehörige der freien Berufe betreiben kein Gewerbe im gesetzlichen Sinne. Sie gelten daher nicht als Kaufleute und unterliegen nicht der Gewerbesteuerpflicht.

Wer sich im Gesetzestext nicht wieder findet und unsicher ist, ob er in die Kategorie »ähnliche Berufe« fällt, sollte eine abschließende Klärung mit seinem Finanzamt herbeiführen. Sollte auch dies nicht zufriedenstellend möglich sein, hilft möglicherweise eine Beratung beim Berufsverband.

Der Bundesverband der Freien Berufe veröffentlicht folgende Zusammenstellung, die bei der ersten Orientierung hilfreich ist:

Heilkundliche Berufe Ärzte, Zahnärzte, Tierärzte, Apotheker, Physiotherapeuten, Krankengymnasten, Logopäden, Psychotherapeuten, Krankenpfleger, Ergotherapeuten, Motopäden, Medizinische Fußpfleger, Betreuer, Ocularisten.

Technische/naturwissenschaftliche Berufe Architekten, Landschaftsarchitekten, Innenarchitekten, Ingenieure, Vereidigte Sachverständige, Weinanalytiker, See-/Hafenlotsen, Chemiker, Biologen, Geophysiker/Mineralogen, Erfinder, Umweltgutachter, Geologen, freiberufliche Informatiker, freiberufliche Softwareentwickler.

Rechts-/Wirtschaftsberatende Berufe Rechtsanwälte, Notare, Patentanwälte, Wirtschaftsprüfer, Steuerberater, Wirtschaftsberater, Unternehmensberater, PR-Berater, Rentenberater, Verkaufsförderer/-Trainer, Versicherungs- und Wirtschaftsmathematiker.

Kulturberufe Psychologen, Tanztherapeuten, Künstler, Tanzlehrer, Diplompädagogen, Dolmetscher, Übersetzer, Schriftsteller, Designer, Restauratoren, Tonkünstler, Journalisten.

1999 gab es etwa 668 000 selbstständige Freiberufler. Damit ist jeder sechste Selbstständige in Deutschland als Freiberufler tätig. Die größte Gruppe ist dabei in den Heilberufen vertreten. Zwischen 1978 und 1999 hat sich übrigens die Zahl derer, die in freien Berufen tätig sind, mehr als verdoppelt.

Kurzübersicht

Kleingewerbetreibender ist, wer ein Unternehmen führt, das nach Art und Weise keinen in kaufmännischer Weise eingerichteten Geschäftsbetrieb erfordert. Die genauen Abgrenzungskriterien sind in den Paragrafen 140 und 141 Abgabenordnung (AO) aufgeführt.

Kaufleute auf Antrag mit allen Rechten und Pflichten können Kleingewerbetreibende werden, wenn sie einen entsprechenden Antrag zur Eintragung in das Handelsregister stellen. Dieser Antrag ist ebensogut wieder rückgängig zu machen, indem man die Löschung des Eintrags veranlasst.

Kaufleute nach HGB sind alle Gewerbetreibenden mit einem kaufmännisch eingerichteten Geschäftsbetrieb.
Für alle Kaufleute gelten die Vorschriften des Handelsgesetzbuches (HGB).

Freie Berufe Zu den freien Berufen gehören selbstständig Tätige, die in den wissenschaftlichen, künstlerischen, schriftstellerischen, unterrichtenden oder erziehenden Bereich fallen. Sie betreiben kein Gewerbe im gesetzlichen Sinne, gelten daher nicht als Kaufleute und unterliegen nicht der Gewerbesteuerpflicht.

forum

Was ist Scheinselbstständigkeit?

Aufgrund des rasanten Strukturwandels der Arbeitswelt wird es immer schwerer, die Grenzen zwischen selbstständig-unternehmerischer Tätigkeit und abhängiger Beschäftigung zu ziehen. Arbeitergeber und freie Mitarbeiter sind von dem Problem der Scheinselbstständigkeit gleichermaßen betroffen.

Arbeitgeber stehen in der Pflicht

Wenn Sie als Arbeitgeber auf freie Mitarbeiter, also Honorarkräfte, zurückgreifen, müssen Sie folgendes beachten: Wird im Nachhinein gerichtlich festgestellt, dass ein vermeintlich freier Mitarbeiter eigentlich ein Angestellter ist, sind die Folgen schwer wiegend. Sie als Arbeitgeber haften für die nicht abgeführte Lohnsteuer. Dem Arbeitnehmer gegenüber besteht zwar ein Regressanspruch, aber es ist mehr als fraglich, ob der Anspruch dem freien Mitarbeiter gegenüber durchsetzbar ist.

Sozialversicherungsrechtliche Folgen Der Arbeitgeber muss die Sozialversicherungsanteile vier Jahre lang im Nachhinein zahlen, und zwar sowohl den Arbeitgeber- als auch den Arbeitnehmeranteil. Die Arbeitnehmeranteile können jedoch maximal mit drei Gehaltsabrechnungen des Mitarbeiters verrechnet werden.
Weiterhin können Sie als Arbeitgeber die vom Arbeitnehmer in Rechnung gestellte Umsatzsteuer nicht als Vorsteuer geltend machen. Diese muss an das Finanzamt zurückgezahlt werden.
Um insbesondere Existenzgründern den Einstieg in die Selbstständigkeit zu erleichtern, gibt es Befreiungsmöglichkeiten von der gesetzlichen Versicherungspflicht.
■ Eine dauerhafte Befreiungsmöglichkeit ist für Personen möglich, die bei Eintritt der Rentenversicherungspflicht 58 Jahre alt sind.
■ Es besteht eine Befreiungsmöglichkeit für Selbstständige, die eine Lebensversicherung, eine betriebliche Altersversorgung oder eine andere gleichwertige Altersversorgung haben.
■ Zur besonderen Entlastung für Existenzgründer besteht eine Befreiungsmöglichkeit für drei Jahre, die in diesem Falle ohne Nachweis einer anderweitigen Altersversorgung möglich ist. Dann gilt die Existenz als etabliert.

Dadurch entfällt der Zwang, sofort zu Beginn seiner selbstständigen Tätigkeit mehrere Auftraggeber zu haben. Man kann vielmehr in aller Ruhe akquirieren und sein Unternehmen aufbauen. Ein weitere Entlastung für die Existenzgründer ist, dass die Sozialkasse die Scheinselbstständigkeit beweisen muss. Während eine Zeit lang die Beweislast, dass keine Scheinselbstständigkeit vorliegt, auf Seiten der Auftrag- bzw. Arbeitgeber lag, müssen nun wieder die Sozialkassen den Nachweis erbringen. Nur wenn die Betroffenen selbst die Aufklärung verhindern, indem sie wesentliche Auskünfte verweigern, müssen sie damit rechnen, dass die Versicherungsträger die Beweislast umkehren und eine Frist setzen.

Arbeitsrechtliche Folgen Wird eine Scheinselbstständigkeit festgestellt, kann der Scheinselbstständige seinen Arbeitnehmerstatus vor dem Arbeitsgericht einklagen. Kommt das Gericht zu dem Schluss, dass dem Scheinselbstständigen Arbeitnehmerstatus zuerkannt werden kann, dann ist der vormals Selbstständige nunmehr Angestellter. Er genießt somit Kündigungsschutz, Urlaubsanspruch sowie Lohnfortzahlung im Krankheitsfall. Ein nachlässiger Umgang mit diesem Problem kann den Arbeitgeber in jeder Hinsicht teuer zu stehen kommen.

Merkmale der Scheinselbstständigkeit

Scheinselbstständigkeit kann in folgenden Fällen gegeben sein:
- Bei Personen, die regelmäßig keinen Arbeitnehmer mit einem Monatsverdienst von mehr als 630 DM beschäftigen, hierbei werden Familienmitglieder jedoch berücksichtigt.
- Bei Personen, die regelmäßig nur für einen Auftraggeber arbeiten.
- Bei Personen, die einer Tätigkeit nachgehen, die auch von einem Beschäftigten der jeweiligen Firma (Auftraggeber) erledigt werden könnte; ein Indiz liegt dafür konkret vor, wenn normalerweise Arbeitnehmer mit der gleichen Tätigkeit im Unternehmen beschäftigt sind.
- Bei Personen, die nicht aufgrund unternehmerischer Tätigkeit am Markt auftreten.
- Wenn ein Arbeitsverhältnis in freie Mitarbeit umgewandelt wird, ohne dass sich die Arbeitsweise praktisch ändert.
Eine abhängige Beschäftigung wird dann vermutet, wenn drei von fünf Kriterien erfüllt sind. Beurteilt werden wohlgemerkt die tatsächlichen Arbeitsverhältnisse. Es ist in Zweifelsfällen gleichgültig, was schriftlich vereinbart wurde.

forum

Von den Unternehmen der Kaufleute

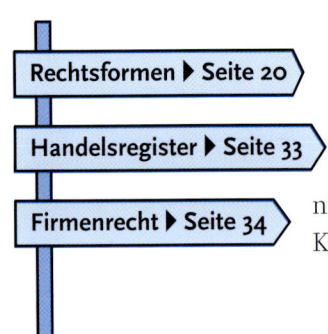

Rechtsformen ▶ Seite 20

Handelsregister ▶ Seite 33

Firmenrecht ▶ Seite 34

Nachdem nun geklärt ist, wer Kaufmann ist, wollen wir uns den Unternehmen selbst zuwenden. Wichtig ist zunächst die Frage, in welchen rechtlichen Rahmen die unternehmerische Tätigkeit gefasst ist. Liebe Leserin, lieber Leser, lassen Sie sich nicht von den vielen Paragrafen und Gesetzestexten in diesem Kapitel erschrecken. Alles halb so wild ...

Rechtsformen

Die Frage nach einer angemessenen Rechtsform für ein Unternehmen stellt sich in verschiedenen Situationen. Zunächst muss jeder Unternehmensgründer im Rahmen der Gründungsformalitäten eine Entscheidung über die Rechtsform treffen. Bei einem Einstieg in bestehende Unternehmen steht oft die Überlegung im Vordergrund, ob die Rechtsform beibehalten oder geändert wird. Ein weiterer Grund, über eine Veränderung nachzudenken, ist die Aufnahme eines neuen Partners oder Gesellschafters. Hier stehen die Wahl der Rechtsform und die Motivation der Partnerschaft in enger Beziehung zueinander. Hat der neue Partner oder Gesellschafter eher Geldgeberfunktion, bringt er Know-how mit, oder soll er Nachfolger der Geschäftsleitung werden? Und auch, wenn das Unternehmen wächst, muss eine Anpassung der Rechtsform geprüft werden.

Die Rechtsform hat Einfluss auf persönliche, finanzielle, steuerliche und rechtliche Aspekte. Sie ist von weit reichender strategischer Bedeutung. Gerade bei der Gründung eines Unternehmens ist die Wahl der richtigen Rechtsform wichtig. Sie muss deshalb mit Sorgfalt und sachkundiger Beratung getroffen werden.

Grundsätzlich kann der Unternehmer frei über die Rechtsform des Unternehmens entscheiden. Die wichtigsten Rechtsformen sind im Bürgerlichen Gesetzbuch (BGB), Handelsgesetzbuch (HGB), Aktiengesetz (AktG) und im GmbH-Gesetz (GmbHG) aufgeführt. Die Wahl der Rechtsform hat Auswirkungen auf Aspekte wie

- Haftung
- Kapitalbeschaffung (Finanzierung)
- Unternehmensführung
- Gewinnverteilung
- Steuerbelastung
- Außenwirkung
- Gründungs- und Umwandlungsformalitäten

Die optimale Rechtsform gibt es nicht. Wer als Unternehmer vor dieser Entscheidung für sein Unternehmen steht, muss alle Faktoren gemeinsam betrachten und sie entsprechend der individuellen Bedeutung gewichten. Nur so kann er eine tragfähige Entscheidung treffen.

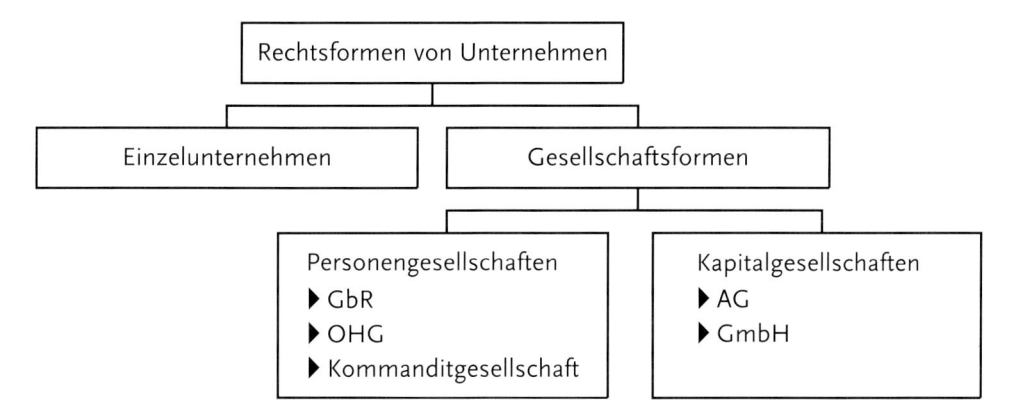

Einzelunternehmer

Einzelunternehmer ist man im Moment seiner Geschäftsgründung, wenn man nicht ausdrücklich etwas anderes veranlasst.

Haftung Als Einzelunternehmer haftet der Betriebsinhaber mit seinem gesamten Privatvermögen. Dafür hat er aber auch bezüglich des Startkapitals keine Vorschriften zu berücksichtigen.

Vorteil des Einzelunternehmers: Es ist kein Mindestkapital vorgeschrieben.
Nachteil des Einzelunternehmers: Gehaftet wird mit dem gesamten Privatvermögen.

Wohl in den meisten Fällen geht ein Unternehmer als Einzelunternehmer an den Start. Wenn ein Unternehmen aufgebaut wird, kann der Existenzgründer als Kleingewerbetreibender beginnen und in Abhängigkeit von der Größe seines Unternehmens oder durch Antrag einer Handelsregistereintragung zum Kaufmann werden. Das Unternehmen muss dann mit dem Zusatz »eingetragener Kaufmann« (eKfm.) oder »eingetragene Kauffrau« (eKfr.) geführt werden.

Gesellschaft des bürgerlichen Rechts (GbR)

Eine Gesellschaft des bürgerlichen Rechts entsteht, genau wie das Einzelunternehmen, mit Gründung eines Geschäfts, also bereits mit der ersten geschäftlichen Transaktion. Entscheidender Unterschied ist, dass sich bei einer Gesellschaft des bürgerlichen Rechts zwei oder mehrere Personen gemeinsam zur Geschäftseröffnung entschließen. Dabei kann es sich ebenso um Kleingewerbe-

Mustertext: Gesellschaftsvertrag einer Gesellschaft bürgerlichen Rechts (BGB-Gesellschaft)

Hinweis: Wenn Sie diese Liste als Vorlage verwenden, so sollten Sie unbedingt prüfen, welche Punkte für Sie von Bedeutung sind. Zu jedem Punkt finden Sie Beispielformulierungen. Anpassungen und Ergänzungen müssen entsprechend der individuellen Gegebenheiten erfolgen.

Gesellschafter sind

Name 1 ....   *Name 2 ....*

Beide Gesellschafter sind zu gleichen Teilen beteiligt.

✍ Firma

Die Firma der Gesellschaft lautet ....

✍ Sitz der Gesellschaft

Sitz der Gesellschaft ist ....

✍ Dauer der Gesellschaft (Die Angabe ist nur nötig, wenn die Gesellschaft befristet, z.B. für ein Projekt, angelegt ist.)

Die Gesellschaft beginnt mit ....

Die Gesellschaft ist für die Dauer ....

✍ Gegenstand des Unternehmens

✍ Gesellschaftsvermögen/Einlagen

Das Startkapital der Gesellschaft beträgt ....

Gesellschafter A bringt .... ein.

Gesellschafter B bringt .... ein.

✍ Geschäftsführung/Vertretung der Gesellschaft

Jeder Gesellschafter vertritt die Gesellschaft alleine.

(Alternative: Die Gesellschaft kann nach außen nur gemeinsam durch die erwähnten Personen vertreten werden.)

Die erwähnten Personen der Geschäftsführung können im Innenverhältnis eingeschränkte Untervollmachten an die Mitarbeiter der GbR erteilen.

✍ Geschäftsjahr

Das Geschäftsjahr ist das Kalenderjahr.

Das erste Geschäftsjahr ist ein Rumpfgeschäftsjahr mit weniger als zwölf Monaten.

✍ Jahresabschluss

Die Gewinnermittlung kann mit einer Einnahmen-/Überschussrechnung erfolgen.

✍ Gewinnverteilung

Die Verteilung erfolgt nach Verhältnis der Geschäftsanteile.

✍ Auflösung der Gesellschaft

✍ Austrittsrecht der Gesellschafter

✍ Konkurrenzklausel

✍ Gewinn- und Verlustverteilung bei Auflösung

✍ Schlussbestimmungen

1. Schlussbestimmungen: Sollte eine Bestimmung dieses Vertrages unwirksam sein oder werden oder der Vertrag eine Lücke enthalten, so bleibt die Rechtswirksamkeit der übrigen Bestimmungen hiervon unberührt. Anstelle der unwirksamen Bestimmungen gilt eine wirksame Bestimmung als vereinbart, die dem von den Parteien Gewollten am nächsten kommt. Entsprechendes gilt, wenn bei Durchführung des Vertrages eine Vertragslücke offenbar wird. Sie ist durch eine dem Sinne des Vertrages gemäße Ergänzung auszufüllen.

2. Mündliche Nebenabreden bestehen nicht.

3. Ergänzungen und Änderungen dieses Vertrages bedürfen der Schriftform. Diese Form ist nur gewahrt, wenn gleich lautende, von beiden Vertragspartnern unterzeichnete Ausfertigungen der Ergänzungs- bzw. Abänderungsvereinbarung ausgetauscht worden sind.

✍ Unterschriften der Gesellschafter

....

✍ Ort, Datum

....

treibende handeln wie um Zusammenschlüsse von Mitgliedern der freien Berufe. Auch Arbeitsgemeinschaften, z.B. zur Abwicklung eines größeren Projektes, können sich in der Form einer GbR zusammenschließen.

Zu einer Gesellschaft bürgerlichen Rechts können sich aber nicht nur »natürliche Personen«, also Menschen, zusammenschließen. Diese Rechtsform steht auch »juristischen Personen« offen, also wenn beispielsweise eine GmbH und eine Aktiengesellschaft ein gemeinsames Projekt bearbeiten wollen.

Für die Gesellschaft des bürgerlichen Rechts (GbR) gelten die Paragrafen 705ff. BGB. Auch hier gibt es keine Vorschriften im Bezug auf das Startkapital. Aber wenn die Gesellschafter natürliche Personen sind, haften sie auch hier mit dem gesamten Privatvermögen aller Gesellschafter.

Haftung Nach außen hin treten die Gesellschafter als Gesamtgläubiger und Gesamtschuldner auf, das heißt, jeder haftet für die gesamte Geschäftstätigkeit. Es besteht jedoch die Möglichkeit, dass diese Bestimmungen im Innenverhältnis der Gesellschafter, also im Privatverhältnis zueinander, durch einen Gesellschaftsvertrag verändert werden. Dann kann ein Gesellschafter den vielleicht mit einem riskanten Geschäftsabschluss gescheiterten Partner zivilrechtlich zur Verantwortung ziehen. Dem Kunden gegenüber steht er jedoch zunächst voll mit in der Haftung.

In der Regel verlangen Finanzamt und Banken die Vorlage eines Gesellschaftsvertrages. Diesen sollte man nicht ohne die sachkundige Beratung eines Rechtsanwalts formulieren.

Eine GbR hat keine eigene Rechtspersönlichkeit. Verträge mit Dritten werden nicht von der Gesellschaft, sondern von einzelnen Gesellschaftern geschlossen.

Der Gesellschaftsvertrag kann nach BGB stillschweigend durch schlüssiges Verhalten geschlossen werden. Schon eine gemeinsam angefertigte Übersetzung zweier ansonsten voneinander unabhängiger Übersetzer gilt demnach als Leistung einer GbR. Es empfiehlt sich aber dringend, einen schriftlichen Vertrag abzuschließen, auch wenn mündliche Vereinbarungen rein rechtlich ausreichen. Die Verteilung von Rechten und Kompetenzen unter den Geschäftspartnern kann darin frei geregelt werden.

Partnerschaftsgesellschaft

§ 1 Gesetz über Partnerschaftsgesellschaften Angehöriger freier Berufe (Partnerschaftsgesellschaftsgesetz – PartGG):

Voraussetzungen der Partnerschaft
(1) Die Partnerschaft ist eine Gesellschaft, in der sich Angehörige freier Berufe zur Ausübung ihrer Berufe zusammenschließen. Sie übt kein Handelsgewerbe aus. Angehörige einer Partnerschaft können nur natürliche Personen sein.
(2) Ausübung eines freien Berufs im Sinne dieses Gesetzes ist die selbstständige Berufstätigkeit der Ärzte, Zahnärzte, Tierärzte, Heilpraktiker, Krankengymnasten, Hebammen, Heilmasseure, Diplom-Psychologen, Mitglieder der Rechtsanwaltskammern, Patentanwälte, Wirtschaftsprüfer, Steuerberater, beratenden Volks- und Betriebswirte, vereidigten Buchprüfer (vereidigte Buchrevisoren), Steuerbevollmächtigten, Ingenieure, Architekten, Handelschemiker, Lotsen, hauptberuflichen Sachverständigen, Journalisten, Bildberichterstatter, Dolmetscher, Übersetzer und ähnlicher Berufe sowie der Wissenschaftler, Künstler, Schriftsteller, Lehrer und Erzieher.
(3) Die Berufsausübung in der Partnerschaft kann in Vorschriften über einzelne Berufe ausgeschlossen oder von weiteren Voraussetzungen abhängig gemacht werden.
(4) Auf die Partnerschaft finden, soweit in diesem Gesetz nichts anderes bestimmt ist, die Vorschriften des Bürgerlichen Gesetzbuchs über die Gesellschaft Anwendung.

In einer Partnerschaftsgesellschaft können sich Mitglieder der freien Berufe zusammenschließen. Bei bei dieser Rechtsform kann eine Haftungsbegrenzung vereinbart werden.

Seit 1995 gibt es die Möglichkeit, gesellschaftsrechtliche Zusammenschlüsse rechtlich als Partnerschaft zu gestalten. Damit steht diese Gesellschaftsform beispielsweise Ärzten, Architekten oder Unternehmensberatern frei. Es können sich aber nur natürliche Personen zu einer Partnerschaft verbinden, also keine GmbHs oder Kommanditgesellschaften. Der Name der Partnerschaft muss nach

Paragraf 2 PartGG mindestens den Namen eines Partners und den Zusatz »und Partner« oder »Partnerschaft« enthalten.

Haftung Auch hier haften die Gesellschafter mit ihrem Privatvermögen (§ 8 PartGG). Vorteil einer Partnerschaftsgesellschaft gegenüber einer Gesellschaft des bürgerlichen Rechts ist jedoch die Möglichkeit einer Haftungsbegrenzung der Gesellschafter. Als Haftungsgrenze kann beispielsweise die Höhe einer Haftpflichtversicherung (→ Versicherungen, Seite 286) vereinbart werden, deren Abschluss für Freiberufler mit beschränkter Haftung nach Berufsgesetzen und -verordnungen Pflicht ist.

Achten Sie bei Abschluss eines Vertrags für eine Partnerschaftgesellschaft darauf, dass Sie nicht für die Fehler Ihrer Partner haften!

Außerdem besteht die Möglichkeit der Haftungskonzentration. Dabei kann vereinbart werden, dass jeder der Partner jeweils für die von ihm erbrachten Leistungen haftet, jedoch nicht für die Leistungen der anderen Partner. Wenn beispielsweise bei einer Gemeinschaftsarztpraxis (im Sinne einer BGB-Gesellschaft) der behandelnde Arzt einen Fehler macht, so haftet der Partner mit. Bei einer Partnerschaftgesellschaft kann die Haftung hingegen auf den behandelnden Arzt eingeschränkt werden.

Die Vereinbarungen bezüglich der Haftung der Gesellschafter sollten in jedem Fall schriftlich im Rahmen eines Gesellschaftsvertrages festgelegt werden. Ansonsten könnte man in höchst unangenehme Beweisnöte geraten. Bei der Gestaltung eines tragfähigen Gesellschaftsvertrages sollte man sich ausführlich von einem Rechtsanwalt beraten lassen.

§ 8 Haftung für Verbindlichkeiten der Partnerschaft
(1) Für Verbindlichkeiten der Partnerschaft haften den Gläubigern neben dem Vermögen der Partnerschaft die Partner als Gesamtschuldner. Die §§ 129 und 130 des Handelsgesetzbuchs sind entsprechend anzuwenden.
(2) Die Partner können ihre Haftung gemäß Absatz 1 Satz 1 für Ansprüche aus Schäden wegen fehlerhafter Berufsausübung auch unter Verwendung vorformulierter Vertragsbedingungen auf den von ihnen beschränken, der innerhalb der Partnerschaft die berufliche Leistung zu erbringen oder verantwortlich zu leiten und zu überwachen hat.
(3) Durch Gesetz kann für einzelne Berufe eine Beschränkung der Haftung für Ansprüche aus Schäden wegen fehlerhafter Berufsausübung auf einen bestimmten Höchstbetrag zugelassen werden, wenn zugleich eine Pflicht zum Abschluss einer Berufshaftpflichtversicherung der Partner oder der Partnerschaft begründet wird.

Der Partnerschaftsvertrag (§ 3 PartGG) muss schriftlich erstellt werden. Enthalten sein muss:

- Der Name und der Sitz der Partnerschaft
- Der Name und der Vorname sowie der in der Partnerschaft ausgeübte Beruf und der Wohnort jedes Partners
- Der Gegenstand der Partnerschaft

Die Gesellschaft muss in das Partnerschaftsregister beim Amtsgericht eingetragen werden (§§ 4,5 PartGG). Das Partnerschaftsregister entspricht dem Handelsregister.

Offene Handelsgesellschaft (OHG)

Wenn zwei oder mehrere Partner gleichberechtigt ein Unternehmen gründen wollen, kann das in Form einer offenen Handelsgesellschaft erfolgen.

Haftung Diese Rechtsform genießt allgemein ein hohes Ansehen, da sowohl mit dem Geschäftsvermögen, als auch uneingeschränkt mit dem Privatvermögen gehaftet wird.

Voraussetzung ist, dass die Gesellschafter Kaufleute sind. Diese Voraussetzung ist mit einem Eintrag ins Handelsregister erfüllt. Auf diesem Weg steht die Gesellschaftsform der OHG auch Kleingewerbetreibenden offen. Es wird kein Mindestkapital verlangt.

Eine OHG kann – bei einer entsprechenden Klausel im Gesellschaftsvertrag – auch nach dem Ausscheiden (Tod) eines Gesellschafters weitergeführt werden, wenn sich das Unternehmen auch ohne ihn fortführen lässt.

Gegenstand einer OHG kann jede gewerbliche Tätigkeit sein.

Kommanditgesellschaft (KG)

Die Gründung einer Kommanditgesellschaft erlaubt andere Wege der Kapitalbeschaffung. So kann man vielleicht den Weg zur Bank vermeiden, indem finanzkräftige Kommanditisten als Gesellschafter gewonnen werden. Die Schwierigkeit besteht jedoch darin, Partner von der Geschäftsidee und dem Unternehmenskonzept zu überzeugen. Für eine Kommanditgesellschaft ist übrigens gesetzlich kein Mindestkapital vorgeschrieben.

Haftung In einer Kommanditgesellschaft haftet ein Gesellschafter, der so genannte Komplementär, voll – also mit seinem Privatvermögen. Alle weiteren Gesellschafter, die Kommanditisten, haben nur Geldgeberfunktion. Sie haften nur in der Höhe ihrer Einlagen. Die Gesellschafter müssen übrigens durchaus keine natürlichen Personen sein.

Kommanditisten können dem Komplementär nicht in die Geschäftsführung hineinreden, partizipieren jedoch an den Gewinnen und Verlusten des Unternehmens.
Für eine Kommanditgesellschaft finden des Weiteren die Vorschriften Anwendung, die für die offene Handelsgesellschaft gelten. Zur OHG gibt der vorhergehende Abschnitt weitergehende Auskunft.

Gesellschaft mit beschränkter Haftung (GmbH)

§ 1 GmbH-Gesetz
Gesellschaften mit beschränkter Haftung können nach Maßgabe der Bestimmungen dieses Gesetzes zu jedem gesetzlich zulässigen Zweck durch eine oder mehrere Personen errichtet werden.

Das Stammkapital der Gesellschaft muss gemäß Paragraf 5 GmbHG mindestens 50 000 DM, die Stammeinlage jedes einzelnen Gesellschafters muss dabei mindestens 500 DM betragen.

Haftung Der entscheidende Vorteil einer GmbH ist, wie der Name schon sagt, die Haftungsbeschränkung. Die Haftung entspricht der Höhe der Kapitaleinlagen, also dem Gesamtwert, den alle Gesellschafter gemeinsam eingebracht haben. Dabei kann es sich sowohl um Geld- als auch um Sachwerte, also beispielsweise technische Anlagen, Maschinen oder Fahrzeuge, handeln.
Leider sehen die damit verbundenen Haftungsbeschränkungen für die einzelnen Gesellschafter in der Realität oftmals etwas anders aus. Kreditgeber verlangen nämlich häufig bei der Aufnahme von Krediten durch die Gesellschaft private Sicherheiten.

Als Stammkapital wird das Gesellschafts- bzw. Eigenkapital (→ Glossar, Seite 326) einer GmbH bezeichnet. Der Geschäftsanteil eines Gesellschafters wird als Stammeinlage bezeichnet.

Bei der Höhe der Stammeinlagen sollte man als Gesellschafter folgendes beachten: Wer in der GmbH das Sagen haben will, von dem sollten mehr als 50 Prozent der Einlagen stammen.
Der Gesellschaftsvertrag muss in schriftlicher Form vorliegen und beim Notar von allen beteiligten Gesellschaftern unterzeichnet werden (§ 2 GmbHG). Im Gesellschaftsvertrag muss unter Berücksichtigung von Paragraf 3 GmbHG folgendes enthalten sein:
- Die Firma (→ Seite 34) und der Sitz der Gesellschaft
- Der Gegenstand des Unternehmens

- Der Betrag des Stammkapitals
- Der Betrag der von jedem Gesellschafter auf das Stammkapital zu leistenden Einlage (Stammeinlage)

Kreditgeber verlangen häufig private Sicherheiten, die über die Haftungsbeschränkung in Höhe des Stammkapitals hinausgehen.

Einer oder mehrere Gesellschafter können nach Paragraf 6 GmbHG per Vertrag zum Geschäftsführer ernannt werden. Es besteht auch die Möglichkeit, angestellte Geschäftsführer zu beschäftigen. Diese haften im Rahmen der Gesetze im Zusammenhang mit den erteilten Vollmachten für ihre Entscheidungen.

Ein GmbH muss gemäß Paragraf 7 GmbHG in das Handelsregister eingetragen werden. Die Eintragung kann allerdings erst erfolgen, wenn mindestens die Hälfte des Mindestkapitals eingezahlt ist. Sacheinlagen müssen zum Zeitpunkt der Anmeldung der Gesellschaft zur Verfügung stehen.

Bei der Anmeldung wird auch angegeben, welche Vertretungsbefugnis die Geschäftsführer haben, ob sie die Gesellschaft also

Checkliste: Die folgenden Unterlagen benötigen Sie nach Paragraf 8 Abs. 1 GmbHG bei der Anmeldung einer GmbH	Liegt vor	Zu ergänzen
✍ Gesellschaftsvertrag	❏	❏
✍ Beglaubigte Vollmacht	❏	❏
Anmerkung: Diese ist notwendig, wenn ein Gesellschafter verhindert ist und ein Bevollmächtigter zur Unterzeichnung anwesend ist. Die Vollmacht muss notariell errichtet oder beglaubigt sein.		
✍ Die Legitimation der Geschäftsführer, sofern dieselben nicht im Gesellschaftsvertrag bestellt sind.		
✍ Eine vollständige Liste aller beteiligter Gesellschafter, aus welcher der Name, Vorname, Geburtsdatum und Wohnort der Gesellschafter, sowie der Betrag der von jeden Gesellschafter übernommenen Stammeinlage ersichtlich ist.	❏	❏
Anmerkung: Die Liste muss von den Anmeldenden unterschrieben sein.		
✍ Bei Sacheinlagen: Die Verträge, die den Festsetzungen zugrunde liegen oder zu ihrer Ausführung geschlossen worden sind, sowie der Sachgründungsbericht.	❏	❏
✍ Bei Sacheinlagen: Unterlagen darüber, dass der Wert der Sacheinlagen den Betrag der dafür übernommenen Stammeinlagen erreicht.	❏	❏
✍ Genehmigungsurkunde, falls der Gegenstand des Unternehmens der staatlichen Genehmigung bedarf.	❏	❏

alleine oder gemeinsam mit einem weiteren Geschäftsführer oder Prokuristen vertreten. Als Prokura bezeichnet man eine umfassende Vollmacht, die nur Vollkaufleuten erteilt werden kann. Der Umfang dieser Vollmacht wird nicht vom Vollmachtgeber, sondern vom Gesetz bestimmt; Rechtsgrundlage sind die Paragrafen 48ff. HGB. Ein Prokurist unterzeichnet für die Firma mit dem Zusatz ppa. zu seinem Namen. Geschäftsführer und Prokuristen haben ihre Unterschrift zur Aufbewahrung beim Gericht zu zeichnen.

Die Firma der Gesellschaft muss nach Paragraf 4 GmbHG die Bezeichnung »Gesellschaft mit beschränkter Haftung« oder eine verständliche Abkürzung dieser Bezeichnung enthalten.

Eine Gesellschaft mit beschränkter Haftung zeichnet sich durch aufwändige Gründungsformalitäten aus. Das sollten insbesondere Existenzgründer bei der Wahl ihrer Rechtsform mit in die Waagschale legen.

Ein-Mann-GmbH

Die Ein-Mann-GmbH ist eine Sonderform der GmbH. Ein Einzelunternehmer kann sein Unternehmen notariell in eine GmbH umwandeln. Dabei werden die Vorteile eines Einzelunternehmers mit denen der GmbH kombiniert.

Haftung Man ist sein eigener Chef, haftet aber nur in der Höhe seines Geschäftsvermögens.

Die Ein-Mann-GmbH zeichnet sich durch eine verminderte Kreditwürdigkeit aus. Die Kreditinstitute verlangen häufig die Stellung von Sicherheiten bei einer Kreditaufnahme.

GmbH & Co. KG

Die GmbH und Co. KG ist eine Kommanditgesellschaft, bei der der Komplementär eine GmbH ist. Oftmals sind die Kommanditisten auch gleichzeitig die Gesellschafter der GmbH.

Haftung Der Vorteil liegt auch hier wieder in der Beschränkung der persönlichen Haftung auf die Einlagen des Unternehmens.

Die Entscheidungsbefugnisse sind von der Höhe der Einlagen in der GmbH abhängig, während die Gewinn- und Verlustverteilung sich aus den Anteilen der Komplementäre errechnet.

Stiller Teilhaber

Stille Teilhaber können sich an einem Unternehmen beteiligen, ohne nach außen hin aufzutreten. Dies kann unabhängig von einer gewählten Rechtsform erfolgen. Ein stiller Teilhaber hat üblicherweise keine Entscheidungsbefugnisse und ist im Wesentlichen an einem hohen Gewinn des Unternehmens interessiert.

Haftung Für einen stillen Teilhaber ist ein guter Vertrag wichtig, der alle Einzelheiten regelt.

Aktiengesellschaft

Auch Aktionäre haben Rechte: Zum einen Vermögensrechte (Dividende, Bezugsrecht) und zum anderen Informations-, Kontroll- und Stimmrechte.

Bei einer Aktiengesellschaft (AG) handelt es sich um eine eigene Rechtspersönlichkeit, also eine juristische Person (§ 1 und § 3 des Aktiengesetzes AktG). Die Aktiengesellschaft hat die Möglichkeit der Kapitalbeschaffung über die Börse (→ Glossar, Seite 323).

Das Grundkapital der Aktiengesellschaft ist gestückelt, die Einlage durch Wertpapiere, eben die Aktien, verbrieft. Eine Aktie muss einen Mindestnennbetrag von einem Euro haben, höhere Nennbeträge müssen auf volle Euro lauten. Das gezeichnete Kapital, also die durch Aktienausgabe erhaltene Gesamtsumme, wird als Grundkapital bezeichnet.

Das Grundkapital muss bei der Gründung einer Aktiengesellschaft mindestens 100 000 DM betragen (§§ 6, 7 AktG). Dabei ist es egal, ob es sich um eine Bar- oder Sacheinlage handelt.

Haftung Die einzelnen Gesellschafter sind mit ihren Einlagen am Grundkapital, also am ausgewiesenen Eigenkapital der Aktiengesellschaft, beteiligt, ohne persönlich für die Verbindlichkeiten der Gesellschaft zu haften.

Seit 1994 ist nach Paragrafen 8 Abs. 1 und 2 AktG auch die Gründung einer Ein-Mann-Aktiengesellschaft möglich. Dadurch ist diese Gesellschaftsform auch für mittelständische Unternehmen attraktiv. Eine AG hat drei Leitungsorgane:

- Den Vorstand, der das Unternehmen leitet
- Den Aufsichtsrat, der den Vorstand bestellt und überwacht
- Die Hauptversammlung, dort wird über die grundlegenden Entscheidungen für die Gesellschaft bestimmt

Kleine, nicht börsennotierte Aktiengesellschaften genießen dem Gesetz nach Erleichterungen:

- Keine Einreichung eines Gründungsberichts bei der IHK
- Keine Einberufungsmodalitäten bei Vollversammlungen
- Freistellung von der Unternehmermitbestimmung bei Aktiengesellschaften unter 500 Arbeitnehmern

Die »Kleine AG« gewinnt an Bedeutung

Anleger wollen wissen, was mit ihrem Geld geschieht. Deshalb stehen Aktiengesellschaften besonders im Blickpunkt der Öffentlichkeit.

Die Statistik belegt es: Unternehmen mit weniger als 20 Mitarbeitern und einem Umsatz von unter fünf Millionen DM stehen bei Neugründungen oder Umwandlungen in eine Aktiengesellschaft an der Spitze; weniger als ein Drittel ist an der Börse notiert.

Die »Kleinen AGs«, die nicht an die Börse gehen, sondern deren Anteilseigner eine kleine bekannte Gruppe sind, haben auch für diese Unternehmensgrößen Vorteile, insbesondere als Alternative zur GmbH.

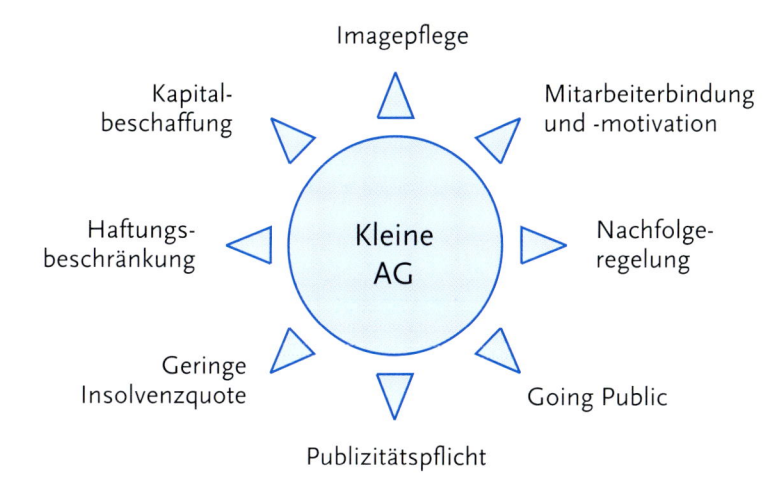

Kapitalbeschaffung Durch die Ausgabe von neuen Aktien kann Eigenkapital beschafft werden. Das Unternehmen wird unabhängiger von Krediten.

Haftungsbeschränkung Die Haftung beschränkt sich ausschließlich auf das gezeichnete Grundkapital. Das Privatvermögen bleibt unangetastet.

Imagepflege Eine Aktiengesellschaft genießt im Allgemeinen bei Kunden und Lieferanten einen guten Ruf. Dies gilt auch für die Werbung neuer Mitarbeiter: Der Einstieg in eine Aktiengesellschaft ist attraktiv.

Mitarbeiterbindung Es besteht die Möglichkeit, den Mitarbeitern Vorzugsaktien anzubieten. Dadurch werden Mitarbeiter gebunden, das »Wir-Gefühl« bestärkt. Außerdem sind durch die Wertsteigerung der Aktien bei guter Leistung des Unternehmens auch Leistungsanreize für die Mitarbeiter gegeben, die ja nicht zuletzt die Leistungsfähigkeit bestimmen.

Die Frankfurter Börse hat speziell für junge und kleine Kapitalgesellschaften den »Neuen Markt« entwickelt. Der Zugang ist leichter als bei der geregelten Börse, die Informationspflicht umfangreicher.

Nachfolgeregelung/Übertragbarkeit von Anteilen Durch die Möglichkeit, Aktienpakete stufenweise an einen Nachfolger zu übergeben, kann die Aktiengesellschaft einen sanften Übergang ermöglichen.

Eingeschränkte Offenlegungspflicht Die »Kleine AG« muss lediglich eine Bilanz ohne Gewinn- und Verlustrechnung beim zuständigen Amtsgericht hinterlegen.

Übrigens ist die Insolvenzquote bei den Aktiengesellschaften im Verhältnis zu den GmbHs verschwindend gering.

Insolvenzen nach Rechtsformen

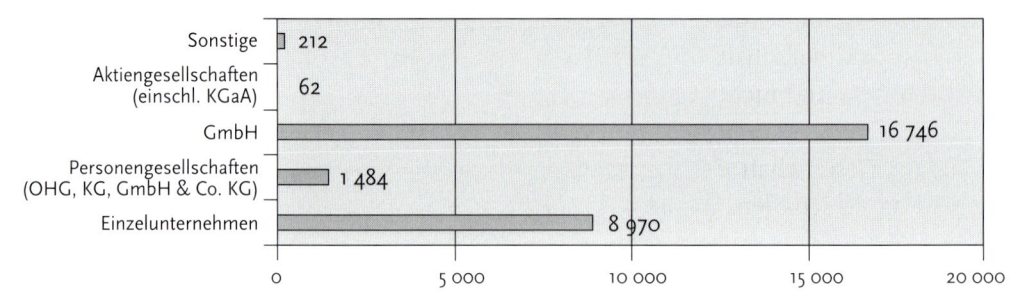

Quelle: BMWI, Wirtschaft in Zahlen '98

Stammtisch

Michael und **Ulf** sind heute Abend besonders mit einem bestimmten Problem beschäftigt: Sie denken über die Rechtsform ihres zukünftigen Gartenbaubetriebes nach. Sie schwanken noch zwischen einer GmbH- und ein GbR-Gründung.

Ebenso wichtig wie eine vertragliche Vereinbarung ist es, sich über persönliche und geschäftliche Ziele zu verständigen.

Dagmar rät den beiden zu einer GbR, denn eine GmbH-Gründung wäre mit erheblich höheren Kosten und einem deutlich größeren Verwaltungsaufwand verbunden. Außerdem würde ihnen der Vorteil der Haftungsbeschränkung vermutlich auch nur wenig bringen. Als die anderen verdutzt nachfragen, erzählt Dagmar Folgendes: Das Unternehmen, in dem sie früher tätig war, wurde als Ein-Mann-GmbH gegründet. Immer, wenn größere Investitionen anstanden oder das Geschäftskonto mal wieder mächtig in die Knie gegangen war, klopfte die Hausbank an und versuchte, die persönlichen Sicherheiten des Gesellschafters zu erhöhen, obwohl die ohnehin schon in einer bestimmten Höhe vorhanden waren. Wenn es nötig gewesen wäre, hätte der Gesellschafter jederzeit persönlich in die Pflicht genommen werden können. Und diese Vorgehensweise ist in der Praxis durchaus üblich.

Michael und **Ulf** berichten schmunzelnd, dass ihr Existenzgründungsberater Ähnliches geraten hätte und dass sie sich wohl für eine GbR entscheiden würden. Dagmar gibt ihnen dazu aber noch den Tipp, dass sie alle Vereinbarungen durch schriftliche Verträge belegen sollten, um Streit zu vermeiden.

Achim erzählt in diesem Zusammenhang, dass sich seine Firma zusammen mit einem zweiten Unternehmen, einer Aktiengesellschaft, um einen großen Auftrag beworben habe. Als die Auftragserteilung kürzlich tatsächlich anstand, sind sie mit der gemeinsamen Unterzeichnung des Auftrages für die Dauer der Auftragsausführung zur Gesellschaft des bürgerlichen Rechts geworden. Eine der wichtigen und nicht ganz einfachen Aufgaben ist es jetzt, aus dem vorhandenen Kooperationsvertrag eine vertragliche Grundlage für die Gesellschaft des bürgerlichen Rechts dieser Arbeitsgemeinschaft zu schaffen. Da beide Unternehmen aber gute Berater haben, dürfte das wohl kein Problem sein, hofft Achim abschließend.

Entscheidend ist, was dem Unternehmer wichtig ist: Natürlich kann man ein Unternehmen mit einem Gesamtumsatz von rund 200 Millionen DM im Jahr als Einzelunternehmen führen oder ein Kleinstunternehmen als Aktiengesellschaft; wichtig ist, dass die Gesellschaftsform zum Unternehmen passt.

Checkliste: Welche Rechtsform passt zu einem Unternehmen?				
	Einzelunternehmen/GbR	GmbH & Co. KG	GmbH	AG
Trennung von Kapital und Geschäftsleitung	Nein	Ja – meistens kombiniert	Ja – meistens kombiniert	Ja
Flexibilität	Hoch	Hoch	Hoch	Hoch
Verwaltungsaufwand	Gering	Hoch	Mittel	Mittel
Formstrenge	Gering	Mittel	Mittel	Hoch, insbesondere bei Börse
Übertragbarkeit von Anteilen	Aufwändig	Aufwändig	Aufwändig	Gering
Börsennotierung möglich	Nein	Nein	Nein	Ja
Haftung	Voll, auch privat	Beschränkt	Beschränkt	Auf die Anteile beschränkt
Gründungskosten	Gering	Mittel	Mittel	Hoch

Das Handelsregister – Wissenswertes über Unternehmen

Handelsregister werden bei den örtlich zuständigen Amtsgerichten geführt. Ein Handelsregister ist ein amtliches Verzeichnis aller Kaufleute eines oder mehrerer Amtsgerichtsbezirke.

Aus dem Handelsregister kann man einiges über die angemeldeten Unternehmen erfahren:

Ein Handelsregister dient in erster Linie dazu, die interessierte Öffentlichkeit zu informieren.

- Die rechtlichen Verhältnisse eines Unternehmens
- Die genaue Bezeichnung eines Unternehmens, also die Firma
- Den Sitz eines Unternehmens
- Den angemeldeten Geschäftsgegenstand
- Die Inhaber oder Gesellschafter
- Die Kapitalverhältnisse
- Die Namen der Geschäftsführer und Prokuristen

Wer eine Eintragung ins Handelsregister vornehmen will, muss einen Notar einschalten; denn nur er darf Handelsregistereintragungen vornehmen.

Eines muß man wissen: Nur Tatbestände, die im Handelsregister eingetragen sind, können gegenüber anderen Geschäftspartnern geltend gemacht werden. Dies allerdings auch dann, wenn jene sie nicht kannten.

Firmenrecht – wie darf ein Unternehmen heißen?

Der Firma, also der Name eines Unternehmens, muss einprägsam und werbewirksam gestaltet sein. Gemeinsam mit einem Firmenlogo begegnet die Firma dem Kunden an der Eingangstür des Unternehmens.

Wer ein Unternehmen führt, gibt diesem üblicherweise auch einen Namen. Manche Unternehmen werden nach ihren Gründern benannt, beispielsweise Grundig oder Ford. Andere wählen die Inhalte der Unternehmenstätigkeit zur Namensgebung, wie Media Markt oder, in abgekürzter Form, Telekom. In Bezeichnungen wie »Bauträger Müller« werden Gründernamen und Inhalt kombiniert, und manchmal werden auch einfach Fantasienamen erfunden. Die Bezeichnung eines Unternehmens kann aber nicht willkürlich gewählt werden. Als Unternehmer muss man sich bei der Benennung seines Unternehmens an die Regeln des Firmenrechtes halten.

Die Firma eines Kaufmanns ist gemäß Paragraf 17 Abs. 1 HGB der Name, unter dem er seine Geschäfte betreibt und die Unterschrift abgibt. Ein Unternehmen darf immer nur einen Namen haben.

Ein Kleingewerbetreibender darf seinem Unternehmen keinen besonderen Namen geben, er muss es unter seinem Vor- und Nachnamen führen. Der Kaufmann darf sein Unternehmen hingegen beliebig taufen, seinem eigenen Namen oder dem Gegenstand der Unternehmung folgend, aber auch der Fantasie.

Die Firma des Unternehmens muss grundsätzlich folgende Funktionen erfüllen:

Firmenunterscheidbarkeit (§ 18 Abs. 1 HGB sowie § 30 Abs. 1 HGB) Zwei Unternehmen dürfen, insbesondere wenn sie am selben Ort sind, nicht denselben Namen tragen. Ein Unternehmen muss eindeutig von anderen zu unterscheiden sein. Irreführungen sollten so unterbunden werden.

Ein Kaufmann kann unter seiner Firma klagen und beklagt werden.

Firmenwahrheit (§ 18 Abs. 2 HGB) Es dürfen keine irreführenden Angaben enthalten sein. Wenn das Unternehmen »Öko-Ingenieure« heißen soll, dann muss auch nachgewiesen werden, dass in dem Unternehmen Ingenieure beschäftigt sind. Irreführende Angaben führen zu einem Ausschluss der Eintragung ins Handelsregister.

Firmenklarheit (§ 19 Abs. 1 und 2 HGB) Durch einen Zusatz muss die konkrete Rechtsform erkennbar sein, z.B. eingetragene Kauffrau (e.Kfr.) oder eingetragener Kaufmann (e.Kfm.), OHG oder Kommanditgesellschaft. Gesellschafts- und Haftungsverhältnisse müssen offen gelegt werden.
Man spricht hier zusammenfassend von Firmengrundsätzen.

Der Kaufmann ist gemäß Paragraf 19 HGB dazu verpflichtet, seine Firma und den Ort seines Unternehmenssitzes zur Eintragung in das Handelsgericht anzumelden.
Damit bei der Eintragung keine Probleme mit Ihrer Unternehmensbezeichnung, also der Firma, entstehen, setzen Sie sich am besten bereits vorher mit der für Sie zuständigen IHK in Verbindung.
Dort wird man überprüfen, ob der von Ihnen gewählte Firmenname zulässig ist und ob es diesen am Ort Ihrer gewerblichen Niederlassung bereits gibt.
Auch für die Gestaltung von Geschäftsbriefen gibt es für Kaufleute Vorschriften. So müssen sich auf allen Geschäftsbriefen folgende Angaben finden:

- Die Firma, also die Bezeichnung des Unternehmens
- Der Ort, an dem das Unternehmen niedergelassen ist
- Das zuständige Registergericht
- Die Nummer, unter der die Firma ins Handelsregister eingetragen ist

Bestimmungen zur Firmenwahl

Eine falsche Firmen-bildung kann viel Geld kosten. Wenn das Briefpapier gedruckt, die Werbung angelaufen ist und der Kunde das Unternehmen unter diesem Namen kennen gelernt hat, dann wird eine Namensänderung schwierig und teuer. Deshalb ist es ratsam, eine Firmenwahl mit den Kammern abzustimmen.

Firmenwahl gem. § 19 HGB bei	Zusätzliche Bezeichnung	§ HGB § andere Gesetze
Einzelkaufleuten	»eingetragener Kaufmann«, »eingetragene Kauffrau« oder eine allgemein verständliche Abkürzung dieser Bezeichnung, insbesondere e.K., e.Kfm. oder e.Kfr.	§ 19 Abs.1 HGB
Offene Handels-gesellschaft	»offene Handelsgesellschaft« oder eine allgemein verständliche Abkürzung dieser Bezeichnung, üblich ist OHG	§ 19 Abs.1 Nr. 2 HGB
Kommandit-gesellschaft	»Kommanditgesellschaft« oder eine allgemein verständliche Abkürzung dieser Bezeichnung, üblich ist KG	§ 19 Abs.1 Nr. 3 HGB
Gesellschaft mit beschränkter Haftung	»Gesellschaft mit beschränkter Haftung« oder eine allgemein verständliche Abkürzung dieser Bezeichnung, üblich ist GmbH	§ 4 GmbHG § 19 Abs.2 HGB
Aktiengesell-schaft	»Aktiengesellschaft« oder eine allgemein verständliche Abkür-zung dieser Bezeichnung, üblich ist AG	AktG
Kommandit-gesellschaft auf Aktien	»Kommanditgesellschaft auf Aktien« oder eine allgemeine verständliche Abkürzung dieser Bezeichnung, üblich ist KGaA	§§ 278–290 AktG

Die Firma fortführen

Was geschieht, wenn ein Unternehmer unvorhergesehen stirbt und keine Nachfolge geregelt ist? Besteht eine Firma weiter, wenn ein Unternehmen verkauft wird? Das HGB regelt auch diese Fälle.

Wer ein Unternehmen erbt, in dessen Geschäfte er keinen Einblick hat, sollte dieses sorgfältig von Fachleuten prüfen lassen, bevor er das Erbe antritt.

Erbe Durch den Tod eines Firmengründers erlischt die Firma nicht. Sie fällt an die Erben des Unternehmers. Diese benötigen zur Fort-führung der Firma keine besondere Genehmigung. Der Erbe haf-tet, wenn er sein Erbe antritt, unbeschränkt für die früheren Geschäftsverbindlichkeiten; das heißt, er haftet mit seinem gesam-ten Vermögen, auch wenn sich seine Haftung nach bürgerlichem Recht auf den Nachlass beschränkt (§ 27 Abs. 1 HGB).

Um die unbeschränkte Haftung abzuwenden, sieht das HGB drei Möglichkeiten vor: (1) Einstellung des Geschäftsbetriebs drei Monate nach Kenntnisnahme der Erbschaft (§ 27 Abs. 2 HGB); (2) durch Bekanntgabe in einer nach Paragraf 25 Abs. 2 HGB zugelassenen Form, dass für alle Verbindlichkeiten nur mit dem Nachlass gehaftet wird, sowie (3) durch Ausschlagen der Erbschaft.

Veräußerung bringt die Firma nicht notwendig zum Erlöschen, da dem Erwerber das Führen der Firma gestattet werden kann.

Übernahme Bei Übernahme infolge von Nießbrauch, Pacht oder Ähnlichem kann das Führen der Firma für die Zeit der Nutzung gestattet werden (§ 22 Abs. 2 HGB).

Eintritt eines neuen Gesellschafters Die Einwilligung liegt hier bereits in der erforderlichen Anmeldung zum Handelsregister. Ist eine GmbH der neue Gesellschafter, ist dies anzumerken.

Auflösung/Abwicklung Die Firma erlischt, auch wenn eine offizielle Löschung im Handelregister unterbleibt. Die Firma gilt nur für bestehende Unternehmen.

Firmenfortführung Die Firma wird in Erbfällen, bei Aufkäufen, Übernahmen oder bei Eintritt neuer Gesellschafter fortgeführt. Sie erlischt bei Auflösung des Unternehmens.

Kurzübersicht

Rechtsformen Unternehmen können als Einzelunternehmen, Personengesellschaften oder Kapitalgesellschaften geführt werden. Jede Rechtsform hat Vor- und Nachteile, die entsprechend der individuellen Situation einer Unternehmung gegeneinander aufgewogen werden müssen.

Auf der folgenden Seite finden Sie zusammengefasst die wichtigsten Merkmale der Unternehmensformen.

Handelsregister Das Handelsregister ist ein amtliches Verzeichnis aller Kaufleute. Es kann von jedem eingesehen werden.

Firmenrecht Die Firma ist der Name, unter dem ein Kaufmann seine Geschäfte führt. Im Firmenrecht ist dementsprechend umfassend geregelt, wie man Unternehmen nennen darf.

Rechtsformen im Alltag

	Haftung	Kapital-beschaffung	Unternehmens-führung	Gewinnverteilung	Gründungs-formalitäten	Steuern
Einzelunternehmen	**Unbeschränkte Haftung** Der Einzelunteh-mehmer muss für alle Verbindlichkei-ten des Unterneh-mens aufkommen. Er haftet mit sei-nem gesamten Privatvermögen.	**Kein Mindest-kapital** Das Betriebsvermö-gen entspricht dem Privatvermögen des Unternehmers. Es ist kein Mindest-kapital notwendig.	**Alleine** Der Einzelunter-nehmer führt das Unternehmen alleine.	Die Gewinne des Unternehmens stehen uneinge-schränkt dem Ein-zelunternehmer zu.	**Formlos** Die Gründung kann formlos erfolgen. Je nach Art und Umfang des Unter-nehmens kann ein Eintrag in das Han-delsregister notwen-dig sein. Bei gewerblichen Tätigkeiten: Ge-werbeanmeldung	■ Einkommens-steuer ■ Lohnsteuer (für Angestellte) ■ Umsatzsteuer ■ Gewerbesteuer (bei gewerblicher Tätigkeit)
Gesellschaft des bürgerlichen Rechts	**Unbeschränkte Haftung** Die Gesellschafter haften als Gesamt-schuldner.	**Kein Mindest-kapital**	**Gemeinsam** Im Gesellschaftsver-trag kann bestimmt werden, dass einem Gesellschafter die Geschäftsführung übertragen wird.	**Gleichmäßig** Die Gewinne, eben-so wie die Verluste, werden gleichmäßig auf die Gesellschaf-ter verteilt, soweit nichts anderes vereinbart ist.	Abschluss eines BGB-Gesellschafts-vertrages. Bei gewerblichen Tätigkeiten: Ge-werbeanmeldung	■ Einkommens-steuer ■ Lohnsteuer (für Angestellte) ■ Umsatzsteuer ■ Gewerbesteuer (bei gewerblicher Tätigkeit)
Partnerschaft	**Beschränkung möglich** Partner haften per-sönlich und solida-risch mit Privat- und Partnerschafts-vermögen. Die Haf-tung aus der Tätig-keit kann vertraglich beschränkt werden.	**Kein Mindest-kapital**	**Gemeinsam** Alle Partner jeweils für ihre Tätigkeit. Vertragliche Rege-lungen sind mög-lich, jedoch kann kein Partner von der Geschäftsführung ausgeschlossen werden.	**Entsprechend der Einlagen**	**Eintrag in das Partnerschafts-register** Keine Gewerbean-meldung	■ Einkommens-steuer ■ Lohnsteuer (für Angestellte) ■ Umsatzsteuer

Offene Handelsgesellschaft	**Unbeschränkte Haftung** Die Gesellschafter haften als Gesamtschuldner mit ihrem Privat- und Geschäftsvermögen.	**Kein Mindestkapital**	**Gemeinsam** Im Gesellschaftsvertrag kann bestimmt werden, dass einem Gesellschafter die Geschäftsführung übertragen wird.	**Gleichmäßig** Gewinne wie Verluste werden gleichmäßig auf die Gesellschafter verteilt, soweit nichts anderes vereinbart ist.	**Handelsregistereintrag** Abschluss eines Gesellschaftsvertrages. Die Firma muss in das Handelsregister eingetragen werden.	■ Einkommensteuer ■ Lohnsteuer (für Angestellte) ■ Umsatzsteuer ■ Gewerbesteuer
Kommanditgesellschaft	**Zum Teil Kommanditisten** haften in Höhe der Einlage, Komplementäre haften persönlich.	**Kein Mindestkapital** Zusätzliches Eigenkapital kann durch neue Kommanditisten eingebracht werden.	**Nur die Komplementäre** Nur die Komplementäre führen die Geschäfte. Kommanditisten haben Kontrollrechte.	**Für die Vollhafter meist mehr** Der Kommanditist ist jedoch auch am Gewinn und Verlust beteiligt.	**Eintrag ins Handelsregister**	■ Einkommensteuer ■ Lohnsteuer (für Angestellte) ■ Umsatzsteuer ■ Gewerbesteuer
GmbH	**Haftungsbeschränkung** Der Gesellschafter haftet nur mit dem Geschäftsvermögen.	**50 000 DM**	**Eingesetzte Geschäftsführer** Gesellschafter setzen einen Geschäftsführer ein. Sie können auch selbst Geschäftsführer sein.	**Gesellschafter** Jeder Gesellschafter wird entsprechend seiner Einlagen am Gewinn beteiligt. Die Stammeinlagen dürfen nicht entnommen werden.	**Notar und Handelsregister** Der Gesellschaftsvertrag muss notariell beglaubigt und ins Handelsregister eingetragen werden.	■ Körperschaftsteuer ■ Einkommensteuer ■ Lohnsteuer (für Angestellte) ■ Gewerbesteuer ■ Umsatzsteuer
Aktiengesellschaft	**Haftungsbeschränkung** Die Haftung ist auf das Gesellschaftsvermögen beschränkt. Die Aktionäre (Anteilseigner) haften nicht persönlich.	**100 000 DM** Um das Kapital zu erhöhen, können neue Aktien ausgegeben werden.	**Vorstand, Aufsichtsrat und Hauptversammlung** Der Vorstand führt die Geschäfte, Aufsichtsrat kontrolliert. Dieser wird in der Hauptversammlung durch die Aktionäre gewählt.	**Aktionäre** Einen Teil des Gewinns zahlt das Unternehmen als Dividende an die Aktionäre aus.	**Satzung** Basis aller Geschäfte ist die Satzung, sie muss notariell beglaubigt werden. Die Gesellschaft muss ins Handelsregister eingetragen werden.	■ Körperschaftsteuer ■ Einkommensteuer (Gesellschafter) ■ Lohnsteuer (für Angestellte) ■ Gewerbesteuer ■ Umsatzsteuer

Entwicklung und Bewertung von Unternehmen

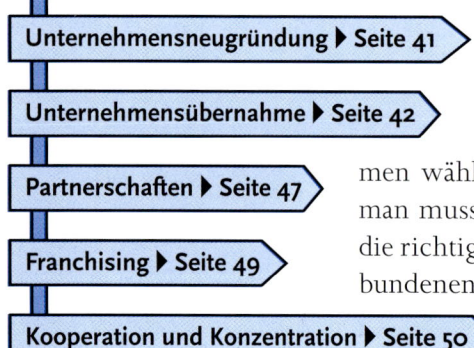

Unternehmensneugründung ▶ Seite 41

Unternehmensübernahme ▶ Seite 42

Partnerschaften ▶ Seite 47

Franchising ▶ Seite 49

Kooperation und Konzentration ▶ Seite 50

Gleichgültig, wie ein Unternehmer zum Unternehmen kommt, beim Urteil über dessen Erfolgschancen ist Weitsicht gefragt. Man muss zunächst den passenden Weg zum Unternehmen wählen, denn die Möglichkeiten sind vielfältig. Und man muss entscheiden, ob das ausgewählte Unternehmen die richtigen Voraussetzungen mitbringt, um die damit verbundenen Erwartungen erfüllen zu können.

Nicht immer werden Unternehmen neu gegründet. Manchmal kaufen angehende Unternehmer sich in bestehende Geschäfte ein. Es werden Partnerschaften gebildet, oder es schließen sich mehrere Unternehmen zusammen.

Die typischen Klein- und Mittelbetriebe werden zumeist von einer Person geführt, nämlich dem Unternehmensgründer. Fällt er aus, ist das Unternehmen »kopflos«. Das ist häufig gleichbedeutend mit dem Aus des Unternehmens am Markt. Rechtzeitige Nachfolgeregelungen sichern vorausschauend die Existenz.

Weltweit zeichnet sich ein Trend ab: Immer mehr Unternehmen schließen sich zu immer größeren Einheiten zusammen, um gemeinsam noch stärker zu sein. Wer jetzt denkt: »Ach, das gilt doch nur für die großen Konzerne«, der liegt falsch. Auch kleinere Unternehmen können durch Kooperationen Synergieeffekte nutzen, frei nach dem Motto »1 + 1 = 3«.

Wege zu einem Unternehmen

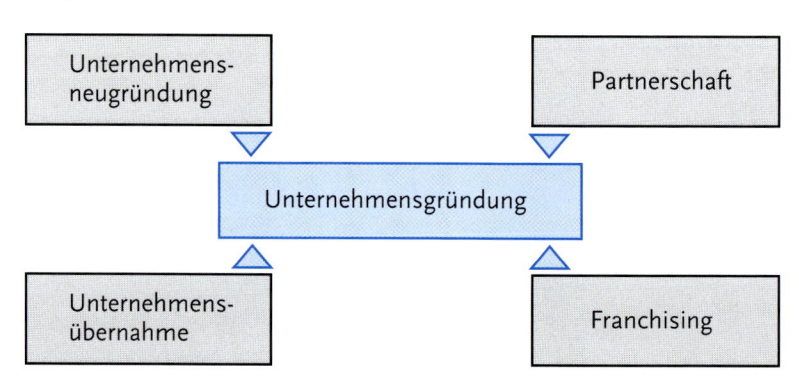

Unternehmensneugründung

Am häufigsten sind wohl Unternehmensneugründungen, wenn jemand sich selbstständig machen möchte. Bei einer Neugründung fängt man, wie der Name es sagt, ganz von vorn an. Man muss ein Unternehmenskonzept (→ »Wenn Unternehmen gegründet werden«, Seite 56) entwickeln, ein Büro, eine Werkstatt oder eine Produktionsstätte aufbauen, es müssen Beziehungen zu Kunden und Lieferanten hergestellt und innerbetriebliche Strukturen gestaltet werden.

Jeder Schritt auf dem Weg in die Selbstständigkeit muss vom Existenzgründer neu gegangen werden. Aber dafür bietet die Neugründung auch die Möglichkeit, das Unternehmen weitgehend nach eigenen Vorstellungen und Wünschen aufzubauen.

Für Menschen mit Entschlussfreude und Tatendrang, die ganz konkrete Vorstellungen im Bezug auf ihr Unternehmenskonzept entwickelt haben und keinen Kompromiss eingehen wollen, ist eine Neugründung ideal.

Gewerbeanmeldungen nach Wirtschaftszweigen

	Neugründung	Übernahme	Zuzug	Insgesamt
Land- und Forstwirtschaft	9 705	898	432	11 035
Verarbeitendes Gewerbe	30 299	8 562	2 376	41 237
Baugewerbe	62 527	6 966	3 403	72 896
Handel, Instandhaltung und Reparatur von KFZ und Gebrauchsgütern	212 825	45 689	9 202	267 716
Gastgewerbe	29 940	43 879	517	74 336
Verkehr und Nachrichtenübermittlung	37 343	4 401	2 033	43 777
Kredit- und Versicherungsgewerbe	36 553	1 353	2 121	40 027
Grundstücks- und Wohnungswesen, Vermietung beweglicher Sachen. Erbringung von Dienstleistungen überwiegend für Unternehmen	160 861	8 559	8 576	177 996
Erbringung von sonstigen öffentlichen und persönlichen Dienstleistungen	49 279	7 597	1 601	58 477
Übrige Wirtschaftszweige	13 266	1 734	440	15 438

Quelle: Wirtschaft in Zahlen '98

Was Sie an Know-how für eine Existenzgründung benötigen, finden Sie Schritt für Schritt in diesem Buch (→ »Wenn Unternehmen gegründet werden«, Seite 56). Ein praxisnaher, umfassender Ratgeber zum Thema Existenzgründung ist im gleichen Verlag erschienen: Dorothea Bartnik, Existenzgründung – von der Geschäftsidee zum sicheren Erfolg (Weltbild 1999).

Unternehmensübernahme

Die überdurchschnittlich hohe Zahl gescheiterter Betriebsübernahmen zeigt lediglich, dass viele Nachwuchsunternehmer sich schlecht auf ihre neue Aufgabe vorbereitet haben. Das Wichtigste ist zunächst ein höchst sorgfältig vorbereitetes Konzept.

Gerade zur Zeit stehen viele mittelständische Unternehmen zur Übernahme an, weil die zahlenmäßig starke Gründergeneration der Nachkriegsjahre nach und nach aus Altersgründen aus dem Wirtschaftsleben ausscheidet.

Eine Betriebsübernahme kann auf unterschiedliche Weise erfolgen, so z. B. durch:

- Kauf des Unternehmens
- Schenkung
- Verpachtung
- Vererbung

Betriebsübernahmen sind oftmals nicht ganz einfach und häufig mit einer Vielzahl von Problemen verbunden. Das verdeutlicht auch die Tatsache, dass hier im Vergleich zu anderen Existenzgründungen überdurchschnittlich viele Insolvenzen (= Bankrott) auftreten.

Insolvenzrisiken nach Übernahmen

Als Insolvenz bezeichnet man in der Wirtschaftsfachsprache eine Zahlungsunfähigkeit. Selbst bei gut gefüllten Auftragsbüchern kann eine solche jedes Unternehmen in die Gefahr eines Konkurses bringen.

Es hat eine Reihe von Untersuchungen gegeben, die alle der Frage nachgegangen sind, woran Unternehmer nach Übernahmen gescheitert sind. Nachfolgend sind die häufigsten Ursachen zusammengestellt.

Bewertungsfehler Der Wert des Unternehmens wurde falsch eingeschätzt. Gerade in diesem Zusammenhang ist es geradezu leichtsinnig, Bewertungen »aus dem Bauch heraus« vorzunehmen.

Selbstüberschätzung Bisweilen unterschätzen angehende Unternehmer die anstehenden Aufgaben, wie beispielsweise die Führung der übernommenen Mitarbeiter, die Organisation und Leitung eines bereits größeren Betriebes oder den Umgang mit den Stammkunden.

Zu kurze Planungshorizonte Experten empfehlen für eine geordnete Übergabe einen Fünf-Jahres-Zeitraum. Dabei sind individuelle Besonderheiten zu berücksichtigen. Angehende Neuunternehmer schätzen die Vielschichtigkeit der Abwicklung einer Übergabe oft völlig falsch ein.

Probleme mit dem Vorgänger Die Bandbreite der Übergabeproblemtik reicht von Vernachlässigung des Unternehmens vor der Übergabe, geleitet von der Ansicht »Wir verkaufen ja sowieso!«, bis hin zum Nicht-Loslassen-Können des Altunternehmers. Wer ein Unternehmen kaufen will, muss das zum Verkauf stehende Unternehmen genau unter die Lupe nehmen. Als Käufer kann man selbst erste Betrachtungen anstellen.

- Warum soll das Unternehmen eigentlich verkauft werden?
- Wie sieht die Konkurrenzsituation aus?
- Wie gestaltet sich die Personalstruktur?
- Wie entwickelt sich der Markt?
- Wie ist die Situation in der Familie des ausscheidenden Unternehmers: Gibt es Erbregelungen, die eine langfristige Weiterführung des Betriebes sicherstellen?
- Welche Geschichte hat das Unternehmen?
- Gibt es irgendwo verborgen auf dem Betriebsgelände Altlasten, etwa unter einer sauberen Asphaltdecke?

Diese Kritikpunkte sollten niemanden von einer Unternehmensübernahme abhalten. Vielmehr sollen sie dazu anregen, sich intensiv beraten zu lassen, um die Probleme vorausschauend angehen zu können.

Checkliste: Unterlagen zur Beurteilung eines Unternehmens

Prüfen Sie, ob Ihnen diese Unterlagen vorliegen:

	Ja	Nein
✍ Bilanzen der letzten drei Jahre	❏	❏
✍ Aktuelle Auswertungen der Buchhaltung (BWA = Betriebswirtschaftliche Auswertungen und Monatsjournal)	❏	❏
✍ Angaben über Auftragsbestand und Auftragsentwicklung	❏	❏
✍ Organigramm	❏	❏
✍ Angaben über den Kundenstamm	❏	❏
✍ Prognose der Marktentwicklungen	❏	❏
✍ Informationen über Marketing- und Verkaufsstrategien	❏	❏
✍ Ausführliche Informationen über das Inventar (Sind alle Maschinen einsatzbereit?)	❏	❏
✍ Detaillierte Informationen über die Personalstruktur und die Personalkosten	❏	❏

Management-Buy-Out und Management-Buy-In

Zunehmend mehr Unternehmen gehen bei drohender Konkursgefahr oder im Falle eines Generationswechsels in der Unternehmensleitung in die Hände der eigenen Mitarbeiter über, zumeist der leitenden Angestellten oder der bisherigen Geschäftsführung. Man spricht hier vom Management-Buy-Out. Vorteil einer solchen Unternehmensnachfolge ist, dass Wissen und Erfahrung bereits vorhanden sind und im Unternehmen verbleiben.

Im Gegensatz dazu spricht man bei einer Unternehmensübernahme »von außen« übrigens von Management-Buy-In.

Betriebswirtschaftliche Bewertungsverfahren

Nicht ganz unerheblich ist die Kenntnis betriebswirtschaftlicher Bewertungsmethoden auch für Arbeitnehmervertreter, die etwa in etwas größeren Betrieben die Zukunftsaussichten des Unternehmens und damit ihren Verhandlungsspielraum prüfen.

Die Leistungsfähigkeit und der Zeitwert von Unternehmen ist nicht nur bei Übernahmen interessant. Diese Frage beschäftigt natürlich auch diejenigen, die einen Betrieb zu ihrem Unternehmen hinzukaufen möchten oder die vielleicht Kapital in einem Unternehmen anlegen möchten, sei es als Aktionär, als stiller Teilhaber oder in anderer Form. Bei den institutionellen Anlegern prüfen so genannte Analysten die Unternehmen auf Kreditwürdigkeit oder auf ihre Rentabilität zu Kapitalanlagezwecken.

Due Diligence – viele Augen sehen mehr als zwei!

Ist eine erste Wahl getroffen, steht eine genaue Analyse der Unternehmensgegebenheiten anhand detaillierterer Verfahren an. Dies erfolgt zumeist durch ein Team von Beratern verschiedener Fachrichtungen. Dieses genaue Durchleuchten eines Unternehmens bezeichnet man in Fachkreisen gern als Due Diligence (aus dem Amerikanischen), was nicht viel mehr meint als eine sorgfältige Begutachtung. Ziel ist es, die potenziellen Chancen und Risiken des Unternehmens herauszuarbeiten. Dazu werden einige Bereiche besonders intensiv unter die Lupe genommen:

Finanzielle Prüfung Hier erfolgen Bilanzanalysen, Kennzahlenvergleiche und vieles mehr.

Rechtliche und steuerliche Prüfung Es gilt, steuerliche Belastungen des Vorbesitzers aufzuspüren, drohende Prozesse aufzudecken oder ungünstige Vertragsgestaltungen zu identifizieren.

Organisatorische Prüfung In welchem Zustand sind Rechnungswesen und Controlling?

Wirtschaftliche Prüfung An welcher Stelle des Lebenszyklus stehen die angebotenen Produkte und Dienstleistungen? Wie sind die Zukunftsaussichten?

Technische Prüfung Auf welchem Stand ist die Produktion? Ist der Maschinenpark auf der Höhe des technischen Standards, oder stehen hier in Kürze größere Investitionen an, um das Unternehmen überhaupt lebensfähig zu halten?

Psychologische/personelle Prüfung Welche Unternehmenskultur pflegt das Unternehmen, sind die Mitarbeiter motiviert? Wie wird sich der Eigentümerwechsel darauf auswirken?

Die Wertschätzung gibt Orientierungshilfe

Für eine Übernahme wie auch bei einer beabsichtigten Kapitalanlage muss das im Blickpunkt des Interesses stehende Unternehmen bewertet werden, denn schließlich muss das Risiko jeder Investition, also Kapitalanlage, eingeschätzt werden. Die Bewertung kann nach verschiedenen Gesichtspunkten erfolgen. Klar ist, dass die Vorstellungen von Käufer und Verkäufer bzw. Anleger und Kapitalnehmer zumeist weit auseinander liegen. Es gibt jedoch verschiedene Unternehmensbewertungsmethoden, mit deren Hilfe der Wert in der Praxis bestimmt werden kann. Man muss jedoch wissen, dass die Bewertungsmethoden nur Näherungswerte liefern. So ist allerdings der Spielraum für die weiteren Verhandlungen abgesteckt.

Die in der Praxis relevanten Verfahren sind insbesondere die Ertragswertmethode und die Discounted-Cashflow-Methode. Mitunter werden aber auch mehrere Verfahren parallel eingesetzt, um einen möglichst genauen Unternehmenswert zu ermitteln.

Es gibt keinen objektiven Unternehmenswert. Unternehmensbewertungen liegen neben objektiv feststellbaren Größen immer auch subjektive Werte zugrunde. Letztendlich ist der Wert eines Unternehmens immer auch eine Frage von Angebot und Nachfrage.

Grenzpreis Für einen Käufer kann ein so genannter Grenzpreis ermittelt werden. Dieser sagt aus, was der Käufer höchstens bezahlen darf, ohne dass er sich schlechter stellt als bei einer risikoloseren Geldanlage.

Liquidationswertmethode Diese Methode beruht auf der Annahme einer Unternehmensauflösung, auch als Liquidation bezeichnet: Es wird ermittelt, welchen Erlös die vorhandenen Wirtschaftsgüter und Vermögenswerte erzielen würden, wenn man sie einzeln verkaufen würde.

Neben freien Unternehmensberatungs- und Maklerunternehmen finden Käufer und Verkäufer auch bei Beratern der Industrie- und Handelskammern Unterstützung.

Substanzwertmethode Der Substanzwert spielt eine wichtige Rolle bei der Unternehmensbewertung. Man unterscheidet zwischen dem Liquidationswert und dem Reproduktionswert.

■ Um den Liquidationswert zu ermitteln, addiert man die Zeitwerte der Vermögensgegenstände eines Unternehmens, also die bei einem Verkauf zu erzielenden Erlöse. Von dieser Summe werden die Schulden abgezogen.

■ Um den Reproduktionswert zu ermitteln, wird der Geldbetrag errechnet, der zum Zeitpunkt der Bewertung notwendig wäre, um das gleiche Unternehmen noch einmal genau so auf die Beine zu stellen, wie es jetzt besteht und arbeitet.

Die Schwierigkeit der Substanzwertmethode erwächst aus der fehlenden Möglichkeit, immaterielle Dinge wie Betriebsklima, Know-how, Organisationsstärken oder Produktgeheimnisse in ihrem wirklichen Wert einzuschätzen.

In der Praxis spielt die Substanzwertmethode eine eher untergeordnete Rolle, da der Wert eines Unternehmens nicht nur aufgrund der vorhandenen Vermögensgegenstände bestimmt werden kann. Vielmehr lässt er sich ebenso nach den wahrscheinlichen zukünftigen Erträgen einschätzen.

Als Ertrag bezeichnet man den in Geld ausgedrückten Wertzuwachs innerhalb eines bestimmten Zeitraums, der das Eigenkapital eines Unternehmens erhöht.

Ertragswertmethode Der Ertragswert entspricht der Summe aller vorausgesagten zukünftigen Ertragsüberschüsse der nächsten Jahre. Entscheidend ist, dass bei einer möglichen Entnahme dieser Überschüsse die Unternehmenssubstanz nicht gefährdet wäre. Bei der Beurteilung der Ertragserwartung sind Aspekte wie Branchenentwicklung, Ruf des Unternehmens oder der vorhandene Kundenstamm zu berücksichtigen.

Discounted-Cashflow-Methode (DCF-Methode) Als Cashflow, zu deutsch etwa Kassenfluss oder Kapitalfluss, bezeichnet man eine Maßgröße, die in der Praxis aus dem Jahresabschluss ermittelt wird, indem dem Jahresüberschuss die Abschreibungen hinzu addiert sowie die Erhöhungen bzw. Verringerungen der langfristigen Rückstellungen addiert bzw. subtrahiert werden. Der Cashflow gilt als Maßzahl der Ertragskraft eines Unternehmens, auch als Finanzierung aus eigener Kraft aufzufassen. Der Cashflow ist der Teil des Umsatzerlöses, der für Investitionszwecke oder Schuldenrückzahlungen frei ist oder langfristig zur Verfügung stehen wird. Mit anderen Worten: Mittels Cashflow hofft man, einen echten Periodengewinn ermitteln zu können.

Wenn man nun von der Discounted-Cashflow-Methode spricht, dann meint man den abgezinsten, also diskontierten Cashflow. Man mindert den künftigen Cashflow dafür um die Rate des durchschnittlichen Marktzinses, der fällig wäre, wenn die Mittel bei einer Bank beschafft werden müssten. In den letzten Jahren setzt sich die DCF-Methode zunehmend durch, insbesondere bei Unternehmensberatungsgesellschaften und Investmentbanken.

Letztendlich ist diese Methode weniger kompliziert, als sie zu sein scheint. Der Wert eines Unternehmens wird, grob zusammengefasst, als Differenz zwischen Gesamtkapital und Fremdkapital angenommen.

Je nach Gewichtung einzelner Faktoren oder angewandtem Modell können die Ergebnisse sich in erheblichem Maße voneinander unterscheiden. Wer eine Betriebsübernahme oder einen Unternehmensverkauf plant, sollte spätestens an dieser Stelle auf professionelle Beratung zurückgreifen.

Unternehmensbewertungen können übrigens auch aus anderen Anlässen notwendig werden, etwa bei den folgenden:
- Aufnahme und Ausscheiden von Gesellschaftern
- Teilung nach Erbrecht oder bei Ehescheidungen
- Analyse eines Unternehmens im Hinblick auf Strukturveränderungen, beispielsweise Sanierung oder Umfinanzierung
- Gerichtliche Auseinandersetzungen, bei denen der Wert des Unternehmens von Bedeutung ist
- Steuerliche Gründe

Um den Periodenerfolg von Kapitalgesellschaften beurteilen zu können, sind auch Positionen bei dessen Berechnung zu berücksichtigen, die erfahrungsgemäß im Rahmen der Bilanzpolitik in erheblichem Umfang zur Verschleierung der tatsächlichen Gewinnermittlung benutzt werden, so z. B. Abschreibungen.

Partnerschaft – gemeinsam stark?

Unabhängig davon, ob die Existenzgründung als Neugründung oder Übernahme erfolgt, es besteht immer die Möglichkeit, den Schritt alleine zu gehen oder mit einem oder mehreren Partnern. Eine Partnerschaft hat einige Vorteile:
- Verantwortung und Risiko werden geteilt.
- Aufgaben können verteilt werden: Vielleicht gleichen die Stärken des einen die Schwächen des anderen aus?
- Die finanziellen Mittel kommen aus mehreren Töpfen.
- Es wird mehr Erfahrung und Wissen eingebracht.

Trotzdem ist bei einer Partnerschaft Vorsicht geboten: Wenn die Geschäftspartner sich nicht mehr verstehen, kann das ganz schnell das Ende eines Unternehmens bedeuten.

Prüfen Sie genau, ob Sie und Ihr Partner wirklich die gleichen Ziele verfolgen. Auch Freundschaft ist keine Garantie für gute Zusammenarbeit.

Bei einer Partnerschaft ist also das Wichtigste, dass die Partner »auf einer Linie« liegen und jeder Einzelne die Zusammenarbeit über alles setzt. Wenn Sie eine Partnerschaft planen, sollten Sie bei der Auswahl mindestens so kritisch sein wie bei der Wahl Ihres Lebenspartners. Eine erste Möglichkeit, die Zusammenarbeit zu erproben, ist beispielsweise die Erarbeitung eines Unternehmenskonzeptes. Gibt es hier die ersten Probleme, sollte man die weitere Zusammenarbeit nochmals überdenken.

Gute Verträge sind eine solide Basis für eine erfolgreiche Zusammenarbeit. Denken Sie bei der Vertragsgestaltung auch daran, den möglichen Ausstieg eines Partners zu berücksichtigen.

Basis einer Partnerschaft müssen klar definierte vertragliche Regeln sein. Je nach gewählter Rechtsform sind die Befugnisse der Partner gegenüber Dritten bereits festgelegt. Bei einer GmbH kann beispielsweise vereinbart werden, dass jeder Geschäftsführer alleinvertretungsberechtigt ist. Es kann aber auch bestimmt werden, dass bei mehreren Geschäftsführern die Gesellschafter durch zwei Geschäftsführer oder einen Geschäftsführer zusammen mit einem Prokuristen vertreten werden muss. Im Innenverhältnis, also zwischen den Partnern, können solche Befugnisse aber vertraglich nochmals eingeschränkt werden.

Eingekaufte Partnerschaften

Selbst wer formal 50 Prozent der Anteile eines Unternehmens besitzt, wird gewachsene Strukturen nur schwer überwinden. Und der alte Chef wird vielleicht versuchen, auch weiterhin der alleinige Chef zu bleiben.

Besonders schwierig ist ein Einstieg in ein bestehendes Unternehmen, wenn der Partner bisher das Unternehmen geführt hat und nun die Leitung des Betriebs gemeinsam erfolgen soll. Es stellen sich bei solch einer »eingekauften« Partnerschaft zwei Fragen:

1. Was bekommt der sich einkaufende Gesellschafter für sein Geld? Dient der Einstieg dem Unternehmen vielleicht nur dazu, Liquiditätsengpässe zu überwinden?

2. Welche Stellung bekommt er in der Betriebsorganisation, wo werden Kompetenzen, Verantwortungsbereiche und Entscheidungsbefugnisse liegen?

Bei aller kritischer Betrachtung darf aber nicht vergessen werden, dass es für einen Einstieg in ein Unternehmen auch von großem Vorteil sein kann, wenn der Seniorpartner vorerst mit seiner Kompetenz und seinem Wissen im Unternehmen bleibt.

Wichtig ist, dass eine Partnerschaft auf klar definierten vertraglichen Regeln aufbaut.

Eine Partnerschaft besonderer Art ist bei einer Beteiligungsfinanzierung gegeben. Private Kapitalbeteiligungsgesellschaften bieten zeitlich befristete oder unbefristete Beteiligungen an. Bei der Vertragsgestaltung muss in jedem Falle darauf geachtet werden, dass die Unternehmensbesonderheiten Beachtung finden.

Erfahrungen nutzen – Franchising

1954 besuchte ein Vertreter für Milchmixgetränke während seiner Tour ein Restaurant, dessen Kunden sich die Türklinke in die Hand gaben. Er war so begeistert, dass er die Lizenz für diesen Restauranttyp erwarb: McDonald's. Damit war der Grundstein zum Franchising gelegt.

Die Erfahrungen anderer können insbesondere bei einer Existenzgründung sehr hilfreich sein.

Der Aufschwung von McDonald's und die Verbreitung des Franchising-Konzeptes verliefen seit diesem Zeitpunkt parallel.

Franchising ist ein System, bei dem ein Franchising-Geber ein Geschäftskonzept entwickelt, das alle wesentlichen Punkte, von den Produkten über die Werbung, von Ladengestaltung, Vertriebssystem bis hin zur Schulung der Mitarbeiter umfasst. Der Franchise-Nehmer kann das Geschäftskonzept erwerben und an seinem Standort umsetzen.

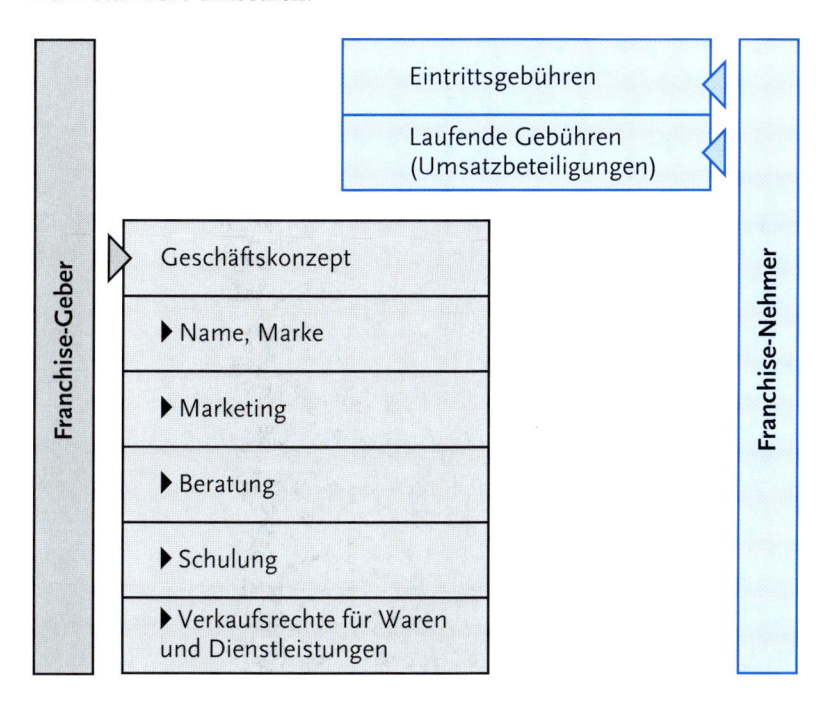

Der Einstieg in die Selbstständigkeit über ein Franchise-Konzept hat für beide Seiten Vorteile. Vorteile für die Franchise-Geber sind:

- Die benötigten finanziellen Mittel sind gering, da die Franchise-Nehmer in der Regel die Finanzierung übernehmen.
- Die Expansionsmöglichkeiten sind sehr groß.
- Die selbstständig arbeitenden Unternehmer sind hoch motiviert.

49

Die bekanntesten Franchiseketten sind: Apollo-Optik, Benetton, Eismann, McDonald's, Obi, Photo Porst, Sunpoint. Es gibt jedoch zahllose weitere Unternehmen.

■ Die Franchise-Nehmer bringen zusätzliches Know-how mit.
Vorteile für die Franchise-Nehmer sind:
■ Die Geschäftsidee ist bereits praxiserprobt.
■ Der Franchise-Geber unterstützt den Franchise-Nehmer mit Know-how.
■ Der Franchise-Nehmer kann mit Hilfe von Vergleichszahlen anderer Franchise-Nehmer sein Unternehmen führen.
■ Der Franchise-Nehmer bewahrt seine Unabhängigkeit.
Bevor man als Franchise-Nehmer einen Vertrag unterschreibt, sollte man den Franchise-Geber gründlich prüfen. Er sollte beispielsweise folgende Leistungen anbieten:
■ Gemeinsame Werbestrategien
■ Schulungen
■ Gebietsschutz
■ Organisatorische Unterstützung
■ Zugang zu Branchenvergleichsdaten
Franchising ist ein erprobtes System, mit dem eine Vielzahl von Existenzgründern erfolgreich in die Selbstständigkeit gehen. Aber wer sich für einen Start mit Unterstützung eines Franchise-Gebers entscheidet, für den ist es wichtig, vorsichtig vorzugehen. Denn auch in diesem Markt tummeln sich unseriöse Anbieter, die z.B. ihren Franchise-Nehmern keinen Gebietsschutz oder andere Unterstützung gewähren.

Von Kooperation bis Konzentration – Unternehmensverbindungen

Sie können sich mit Unternehmen zusammenschließen, die vergleichbare Produkte oder Dienstleistungen anbieten. Sie können aber auch mit Betrieben gemeinsame Sache machen, die Ihnen bisher zugearbeitet haben oder für die Sie Leistungen erbracht haben.

Zur Verbesserung der eigenen Position am Markt können Unternehmen Verbindungen miteinander eingehen. Dic Möglichkeiten reichen hier von lockeren Absprachen bis hin zu Verschmelzungen unter Aufgabe der eigenen rechtlichen Selbstständigkeit.
Kriterien zur Unterteilung von Unternehmensverbindungen sind:
■ Die Produktionsstufe
■ Die Verbindungsdauer
■ Der Kooperationsgrad

Kooperation nach Produktionsstufen

■ Wenn sich Unternehmen zusammenschließen, die dasselbe machen, ist das eine horizontale Unternehmensverbindung. Zwei Bauunternehmer beschließen beispielsweise, dass sie zukünftig bei größeren Projekten zusammenarbeiten wollen. Hier haben sich zwei Unternehmen der gleichen Handels- bzw. Produktionsstufe zur Zusammenarbeit zusammengeschlossen.

■ Entschließt sich der Bauunternehmer zu einer Kooperation mit einem Kieslieferanten, liegt eine vertikale Unternehmensverbindung vor, denn es wurde eine vorgelagerte Produktionsstufe angehängt; man spricht hier unter Fachleuten von einer Rückwärtsintegration (Backward Integration). Im Falle der Zusammenarbeit mit einem Unternehmen einer nachgelagerten Handels- oder Produktionsstufe spricht man von Vorwärtsintegration (Forward Integration).

■ Eine diagonale Unternehmensverbindung liegt vor, wenn sich Unternehmen unterschiedlicher Branchen verbinden, wenn beispielsweise ein Bauunternehmer eine Verbindung mit einem Fahrzeugverleiher eingeht.

Bei horizontalen und vertikalen Unternehmensverbindungen kann vorhandenes Know-how, insbesondere Branchenkenntnisse Gewinn bringend genutzt werden. Eine diagonale Unternehmensverbindung kann sinnvoll im Hinblick auf eine Risikostreuung sein.

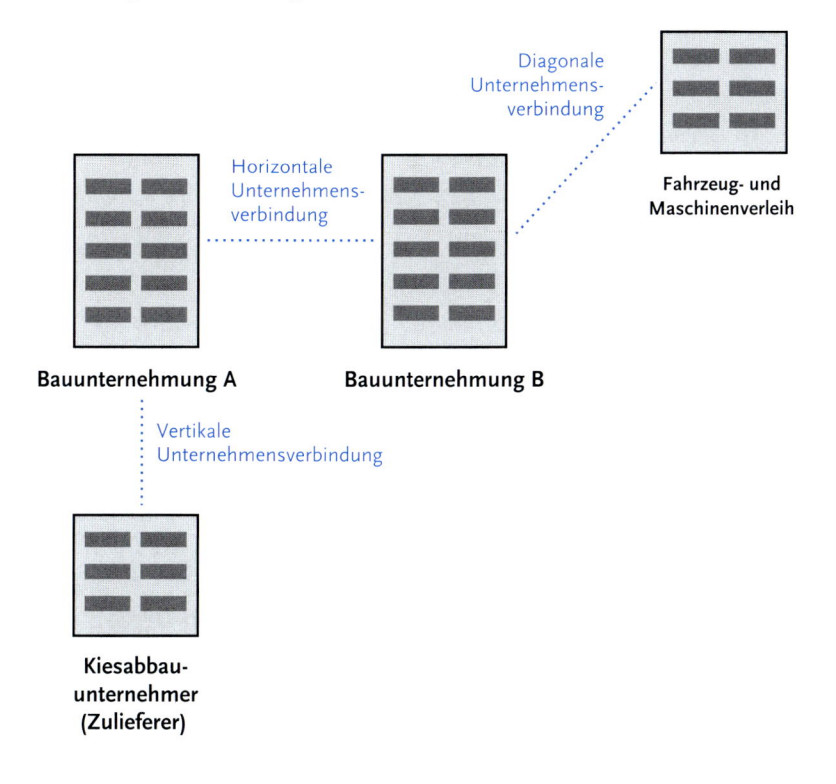

Kooperationsdauer

Kurzfristige Unternehmensverbindungen werden zumeist für ein bestimmtes Projekt beschlossen, mit dem Ziel, Kapazitäten und Know-how zu vergrößern und dadurch eine verbesserte Position am Markt zu erlangen. Bei eher kurzfristigen Verbindungen blei-

Eine Unternehmens-verbindung kann kurzfristig, z. B. zur Durchführung eines Projektes, oder auf Dauer angelegt sein.

ben die einzelnen Unternehmen rechtlich und wirtschaftlich selbstständig.

Bei langfristigen Unternehmensverbindungen hingegen kann diese bis zur Aufgabe der rechtlichen und wirtschaftlichen Selbständigkeit führen, je nach Kooperationsgrad. In der Praxis kommt es jedoch auch vor, dass aus einer kurzfristig angelegten Zusammenarbeit eine langfristige Unternehmensverbindung erwächst.

Kooperationsgrad

Es gibt unterschiedliche Ausprägungen der Zusammenarbeit zwischen Unternehmen.

Rechtlich selbstständig Bleibt ein Unternehmen rechtlich selbständig, dann bleiben seine rechtlichen Strukturen erhalten, eine GmbH bleibt also eine GmbH, und eine Kommanditgesellschaft bleibt eine Kommanditgesellschaft.

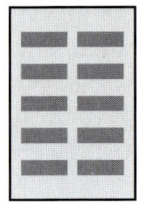

Stillschweigende
Kooperation
Agreements
Partizipation
Konsortium
Wirtschaftsverbände
Kartell
Gemeinschafts-unternehmen
Konzern
Verschmelzung

Wirtschaftlich selbstständig Wenn ein Unternehmen wirtschaftlich selbstständig bleibt, dann können wirtschaftliche Entscheidungen ohne Zwang von außen getroffen werden.

Stillschweigendes Konsortium Bei einer stillschweigenden Kooperation verhalten sich mehrere Unternehmen ohne mündliche oder schriftliche Absprachen gleichgerichtet.

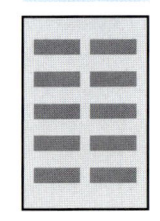

Agreement Für so genannte Agreements (Übereinkünfte) werden mündliche Absprachen getroffen.

Aufträge, die ein Unternehmen alleine nicht »an Land ziehen« kann, können unter Umständen durch das Eingehen von Unternehmensverbin-dungen für die Partner gesichert werden.

Partizipation Bei einer Partizipation wird eine Gelegenheitsgesellschaft, also eine Gesellschaft mit begrenzter Lebensdauer, in Form einer Gesellschaft des bürgerlichen Rechts (→ GbR, Seite 21) gegründet, die nach außen allerdings nicht in Erscheinung tritt.

Konsortium Auch Konsortien sind üblicherweise Gesellschaften des bürgerlichen Rechts. Sie treten aber auch nach außen in Erscheinung. Ein typisches Beispiel ist die Bildung von Konsortien zur Realisierung von Großprojekten im Baubereich. Häufig könnte ein Unternehmen allein solche Projekte aufgrund fehlender finanzieller und personeller Kapazitäten, aber auch infolge fehlenden Know-hows nicht durchführen. Im Rahmen einer Kooperation können die Risiken auf die Partner verteilt und die Kapazitäten gebündelt werden.

Kartell Bei Kartellen bleiben die verbundenen Unternehmen nach Vertrag rechtlich selbstständig, schränken ihre wirtschaftliche Selbstständigkeit jedoch ein. Ziel eines Kartells ist die Beschränkung des Wettbewerbs zwischen den beteiligten Unternehmen. Die Reaktionen des Einzelnen sollen kalkulierbar werden. Ein bekanntes Beispiel ist das Preiskartell, bei dem sich die Mitglieder zur Einhaltung eines einheitlichen Festpreises oder auf ein Verbot zur Unterbietung vereinbarter Mindestpreise einigen.

Weil Kartelle einseitig und ohne Ausweichmöglichkeit die Anbieterseite in Vorteil setzen, sind sie nach deutschem Recht grundsätzlich verboten. Unter bestimmten Voraussetzungen werden Ausnahmen zugelassen. Das europäische Recht erschwert die Zulassung zusätzlich zum nationalen Recht.

Gemeinschaftsunternehmen Bei Gemeinschaftsunternehmen handelt es sich um Zusammenschlüsse, bei denen Gesellschaftsunternehmen die Anteile an einem weiteren Unternehmen zu gleichen Teilen gehören, Beispiel ist das Joint Venture. Im Zuge zunehmender Globalisierungstendenzen gewinnen solche Zusammenschlüsse immer mehr an Bedeutung. Durch die gewonnene Stärke können Wettbewerbspositionen verteidigt und ausgebaut werden.

Konzern Unter einem Konzern versteht man den Zusammenschluss von mindestens zwei rechtlich selbstständigen Unternehmen unter einer gemeinsamen Leitung.

Fusion Bei Fusionen, wie Verschmelzungen auch genannt werden, wird das Vermögen eines oder mehrerer Unternehmen auf ein anderes übertragen. Mindestens ein Unternehmen gibt seine rechtliche Selbstständigkeit auf.

Wettbewerbsrecht

Bei Unternehmensverbindungen muss immer auf wettbewerbsrechtliche Aspekte geachtet werden. Das Kartellverbot im Gesetz gegen Wettbewerbsbeschränkung, Paragraf 1 GWB, macht Unternehmensverbindungen unwirksam, »soweit sie geeignet sind, die Erzeugung oder die Marktverhältnisse für den Verkehr mit Waren und gewerblichen Leistungen durch Beschränkungen des Wettbewerbs zu beeinflussen«.

Bei Unternehmensverbindungen muss insbesondere das Gesetz gegen Wettbewerbsbeschränkung (GWB) geachtet werden.

Nach Paragraf 25 Abs. 1 GWB sind auch aufeinander abgestimmte Verhalten von Unternehmen verboten. Hier gibt es allerdings eine Vielzahl von Ausnahmen.

Paragraf 22 GWB sieht vor, dass die Kartellbehörde in Form der Missbrauchsaufsicht Unternehmensverbindungen untersagen und für unwirksam erklären kann, wenn eine marktbeherrschende Stellung missbräuchlich ausgenutzt wird.

Kartelle werden in so gut wie allen Ländern der Welt misstrauisch beurteilt und beobachtet.

Das Bundeskartellamt kann gemäß den Paragrafen 23 und 24 GWB außerdem Unternehmenszusammenschlüsse, durch die eine marktbeherrschende Stellung entstehen oder erweitert werden kann, untersagen. Man spricht hier von einer Zusammenschlusskontrolle.

Stammtisch

Achim kommt heute zum Stammtisch und erzählt, dass es ein paar Probleme in der Kooperation mit dem neuen Projektpartner gibt. Die vertraglichen Grundlagen für diese Arbeitsgemeinschaft sind schwerer zu erarbeiten als erwartet. Das ist nicht zuletzt deshalb so, weil beiden Partnern die Erfahrungen mit einer solchen Zusammenarbeit fehlen.

Dagmar meint dazu: »Achim, ihr müsst aufpassen, dass sich bei den ersten Schwierigkeiten die Fronten nicht verhärten. Insbesondere wenn es gleich zu Anfang Differenzen gibt, kommt es häufig zu Verstimmungen. Schafft euch eine gute und stimmige Basis!«

Josef erzählt daraufhin, dass die Bauträgergesellschaft, für die er heute tätig ist, auch aus einer Kooperation mehrerer Unternehmen entstanden ist, und zwar infolge eines Konkurses eines Bauträgers bei einem laufenden Projekt. Die beteiligten Handwerker, eben auch der Betrieb von Josefs Schwiegervater, schlossen sich zusammen, um das Projekt trotzdem zu realisieren. Tatsächlich wurde das Bauvorhaben erfolgreich abgeschlossen. Anschließend hat sich diese Gruppe auch um andere Projekte beworben. Irgendwann im Verlauf dieser Projekte kam es zur Gründung einer GmbH & Co. KG. Während insbesondere Josefs Schwiegervater auch in schlechten Zeiten mehr und mehr Geld in die Firma steckte, zogen sich die anderen eher zurück und beschränkten sich auf kleinere und stille Teilhaberschaften. »So kommt es, dass mein Schwiegervater neben einem gut laufenden Handwerksbetrieb auch geschäftsführender Gesellschafter einer Bauträgergesellschaft geworden ist.«

Kurzübersicht

Der Einstieg in Unternehmen ist auf verschiedene Weise möglich, nicht alles muss man allein regeln:

Neugründung Wer ein Unternehmen neu gründen will, muss alle Punkte, insbesondere das Unternehmenskonzept, genau überdenken. Mit einer Neugründung sind die Chancen aber am größten, seine eigenen Ideen zu verwirklichen. Allerdings sollten die Chancen des neuen Unternehmens gut geprüft werden. Dazu ist es hilfreich, konkrete Ziele für die ersten Geschäftsjahre zu erarbeiten. Daraus lassen sich dann Finanzierungs- und Personalisierungskonzepte ableiten.

Unternehmensübernahme Bei einer Übernahme werden häufig Bewertungsfehler gemacht, und es wird in zu kurzen Zeiträumen geplant. Andererseits besteht die Möglichkeit, vorhandene Ressourcen und gegebenes Know-how zu nutzen. Es gibt verschiedene Methoden, um Unternehmen zu bewerten, letztendlich bestimmt jedoch der Markt den Preis.
Immer mehr Unternehmen werden in Krisensituationen durch die eigenen Mitarbeiter übernommen. Man spricht in solchen Fällen vom Management-Buy-Out.

Partnerschaft Statt eine Unternehmensgründung allein zu bewältigen, kann man auch im Rahmen einer Partnerschaft durchstarten. Wichtig ist hierbei allerdings, dass man sich seine Partner gut aussucht und alles auf eine ausgereifte vertragliche Grundlage stellt.

Franchising Beim Franchising kann man als Unternehmensgründer eine bestehende und erprobte Geschäftsidee sozusagen »pachten«. Vorteil eines guten Franchising ist, dass der Existenzgründer nicht alleine dasteht.

Gute Franchise-Systeme können den Start in die Selbstständigkeit sehr erleichtern.

Unternehmensverbindungen Zur Verbesserung der eigenen Marktchancen kann es für Unternehmen von Vorteil sein, sich mit anderen zu verbinden. Dabei kann die Verbindung von einer lockeren Zusammenarbeit bis hin zu Unternehmensverschmelzungen reichen. In diesem Zusammenhang muss jedoch zwingend auch das Wettbewerbsrecht beachtet werden.

Wenn Unternehmen gegründet werden ...

Von der Idee zum eigenen Unternehmen ▶ Seite 59

Standortentscheidung ▶ Seite 62

Existenzgründerwettbewerb ▶ Seite 64

Beratung bei Existenzgründungen ▶ Seite 68

Anmeldeformalitäten ▶ Seite 70

Wenn Sie als Angestellter in einem Unternehmen tätig sind und es auch bleiben wollen oder Ihre Unternehmensgründung schon Jahre zurück liegt, dann überspringen Sie die nächsten Seiten einfach. Hier werden diejenigen angesprochen, die am Beginn ihrer Karriereplanung als Existenzgründer stehen.

Die Zahl der Existenzgründer in Deutschland steigt. Über 500 000 Gründer starten jedes Jahr durch. Der Anteil der Gründungen von Hochschulabsolventen und aus der Arbeitslosigkeit heraus erfährt eine wachsende Aufmerksamkeit, z.B. durch die Einrichtung spezieller Förderprogramme.

Es gibt einige gute Gründe, sich zur Selbstständigkeit zu entscheiden:

- Der Wunsch nach Unabhängigkeit, gepaart mit unternehmerischem Tatendrang wird immer größer.
- Da ist plötzlich die gute Geschäftsidee oder die seltene und unwiderstehliche Marktlücke.
- Es besteht eine gute Gelegenheit, z.B. zur Geschäftsübernahme.
- Der berufliche Frust wächst und wächst.
- Es droht Arbeitslosigkeit.

Gründe für den Schritt in die Selbständigkeit

Es gibt einen guten Grund, sich gegen die Selbstständigkeit zu entscheiden: Wenn der Druck der aktuellen beruflichen wie privaten Situation so groß ist, dass die Unternehmensgründung sozusagen der letzte und einzige Ausweg ist, dann ist große Vorsicht geboten.

Nicht alle, die sich auf den Weg in die Unabhängigkeit machen, tun dies aus freien Stücken. Natürlich ist es schön, wenn der Wunsch nach Selbstständigkeit aus positiven Beweggründen heraus erfolgt und nicht durch äußeren Druck erzwungen wird. Aber manchmal kann ein Anstoß von außen als Entscheidungshilfe durchaus nützlich sein und zu einer erfolgreichen und dauerhaften eigenen unternehmerischen Existenz führen.

Seien Sie jedoch vorsichtig, wenn Sie die Selbstständigkeit als letzten Ausweg sehen. Das soll nicht heißen, dass man aus Stresssituationen heraus kein Unternehmen starten kann, im Gegenteil. Man muss nur sorgfältig überlegen, ob man dem bereits bestehenden Druck auch noch diese Belastung hinzufügen kann.

Der nebenberufliche Einstieg in die Selbstständigkeit

Risikoscheuere Menschen, die eine gute Geschäftsidee haben und sich gern selbstständig machen würden, sollten die Möglichkeiten zu einem nebenberuflichen Einstieg prüfen.

Wenn Sie darüber nachdenken, sich selbstständig zu machen, aber nicht ganz sicher sind, ob Sie sich ein solches Unterfangen wirklich zumuten und zutrauen können, dann kann ein nebenberuflicher Einstieg ideal sein. Dabei ist es zunächst gleich, ob Ihre Bedenken Ihr Unternehmenskonzept, die Branche oder Ihr persönliches Durchhaltevermögen betreffen. Aus einem bestehenden Arbeitsverhältnis heraus kann man seine Geschäftsidee sozusagen »nach Feierabend« ausprobieren.

Natürlich lassen sich nicht alle Geschäftsideen so nebenbei ausprobieren, aber in einer Vielzahl von Bereichen ist es eine gangbare Alternative. Einige Jobs eignen sich besser zum nebenberuflichen Einstieg als andere. Es lohnt sich, die Möglichkeiten zu überprüfen.

Ein nebenberuflicher Einstieg in die Selbstständigkeit hat sowohl Vor- als auch Nachteile. Während das Risiko relativ gering gehalten werden kann, ist die persönliche Belastung höher. Schreiben Sie Ihre persönlichen Vor- und Nachteile auf eine Liste und wägen Sie ab.

Checkliste: Prüfen Sie Ihre persönlichen Möglichkeiten für eine nebenberufliche Existenzgründung.

                      Ja Nein

✍ Können Sie von anderen lernen, z.B. indem Sie als Aushilfe in bestehende Unternehmen hineinschnuppern und für Ihre eigene Existenzgründung »üben«? ❏ ❏

✍ Können Sie vorhandene Ressourcen nutzen? Haben Sie schon einen Computer, ein Auto oder was Sie sonst noch benötigen? ❏ ❏

✍ Können Sie Ihre Selbstständigkeit ohne zu großen organisatorischen Aufwand beginnen? ❏ ❏

Anmerkung: Wenn Sie erst Ihr Haus komplett umbauen müssen, um ein Arbeitszimmer zu bekommen, müssen Sie abwägen, ob sich dieser Aufwand für einen nebenberuflichen Einstieg lohnt.

✍ Benötigen Sie finanzielle Mittel in einem größeren Umfang? ❏ ❏

Anmerkung: Wenn Sie diese Frage mit »Ja« beantwortet haben, dann wird es ein bisschen schwieriger. Seit neuestem werden jedoch auch nebenberufliche Existenzgründungen mit öffentlichen Mitteln gefördert.

✍ Haben Sie persönlich nach Feierabend die Energie, nochmals durchzustarten? ❏ ❏

✍ Trägt Ihre Familie Ihr neues »Freizeitvergnügen« mit? ❏ ❏

Sprechen Sie mit Ihrem Arbeitgeber

Verscherzen Sie es sich aber nicht mit Ihrem Arbeitgeber! Sie sollten in jedem Fall mit ihm sprechen und eine Erlaubnis für Ihre Nebentätigkeit einholen, egal, ob eine vertragliche Verpflichtung dazu besteht oder nicht. Wenn unangemeldete Nebenjobs aufgedeckt werden, kann das immer unangenehm werden.

Ihr Arbeitgeber darf Nebentätigkeiten im Allgemeinen nicht verbieten, insbesondere dann nicht, wenn sie wissenschaftlicher oder künstlerischer Natur sind oder wenn Sie im Rahmen von Vortragstätigkeiten aktiv sind.

In diesen Fällen kann ein Arbeitgeber eine Nebentätigkeit zurückweisen:

■ Die Nebentätigkeit beansprucht den Arbeitsnehmer so stark, dass zu erwarten ist, dass er seinen Hauptberuf nicht mehr zufrieden stellend ausübt.

■ Die Arbeitskraft des Arbeitnehmers kann durch die Nebentätigkeit gefährdet werden. Das ist beispielsweise der Fall, wenn jemand nebenbei als Stuntman/-woman arbeiten würde.

■ Die Nebentätigkeit übersteigt acht Stunden pro Woche.

■ Die Nebentätigkeit erfolgt in einem Konkurrenzunternehmen, oder sie ist als unmittelbare Konkurrenz (bei selbständiger Tätigkeit) anzusehen.

■ Die Nebentätigkeit könnte rufschädigend sein: Dies wäre dann der Fall, wenn etwa ein Bankangestellter nach Feierabend in einer zwielichtigen Bar jobbt.

Und was ist noch zu beachten?

Prüfen Sie in jedem Falle Ihre persönliche Belastbarkeit, wenn Sie sich für eine nebenberufliche Selbstständigkeit entscheiden.

Es gibt eine Reihe weiterer Gesetze und sonstiger Vorschriften, die zur Klärung der Rahmenbedingungen von Nebentätigkeiten von allen Betroffenen bzw. Beteiligten zu klären sind:

■ Laut Arbeitszeitordnung darf eine tägliche Gesamtarbeitszeit (also Haupt- und Nebenjob) von zehn Stunden nicht überschritten werden.

■ Wer im öffentlichen Dienst tätig ist, benötigt grundsätzlich eine Genehmigung seines Dienstherrn für Nebentätigkeiten.

■ Achtung: Wer krankgeschrieben ist, darf auf gar keinen Fall eine Nebentätigkeit ausüben!

■ Im Urlaub sind nur Nebenjobs erlaubt, die auch der Erholung dienen. Eine Betätigung als Surflehrer dürfte nicht zu Problemen führen!

■ Auch das Finanzamt möchte an einer Nebentätigkeit mit verdienen. Bei Unsicherheiten genügt ein kurzer Anruf beim zuständigen Sachbearbeiter, um zu klären, ob für bestimmte Steuern Vorauszahlungen zu leisten sind.

■ Sozialversicherungsbeiträge fallen nur bei Einnahmen aus einer nichtselbstständigen Nebentätigkeit an.

Von der Idee zum Erfolg!

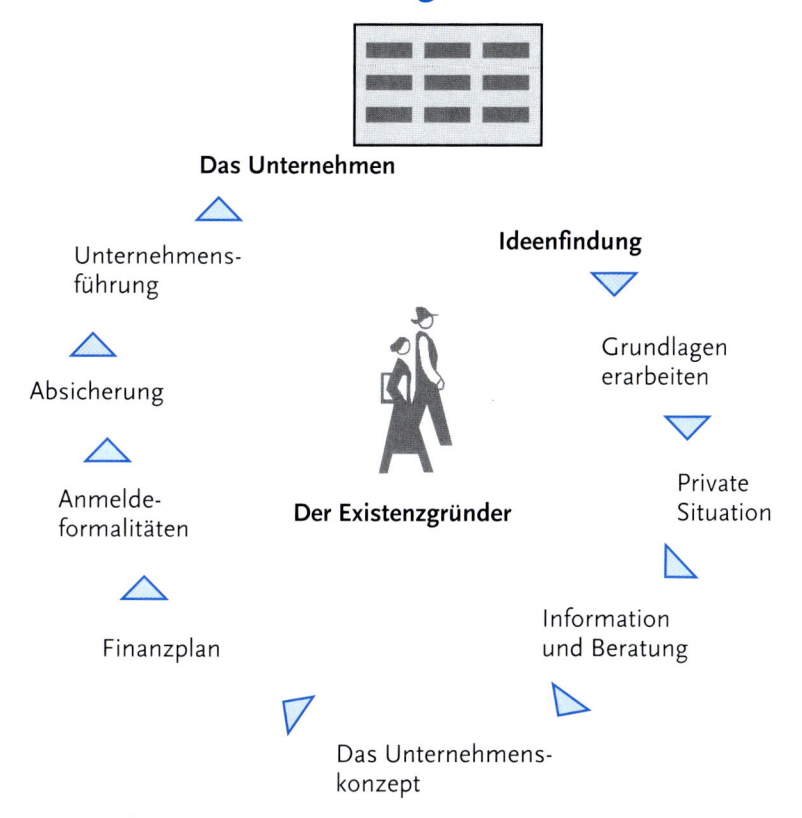

Geschäftsidee

Um ein Unternehmen zu gründen, benötigt man eine Geschäftsidee. Manch einer betreibt einfach das, was er schon lange Jahre als Angestellter ausgeführt hat, in Eigenregie im eigenen Unternehmen weiter: so etwa der Gärtnermeister, der seinen eigenen Gartenbaubetrieb eröffnet, oder der Ingenieur, der als ersten Kunden seinen bisherigen Arbeitgeber hat. Andere machen ihr Hobby zum Beruf, beispielsweise mit der Eröffnung eines Kanuladens.

Aber was kann man als wild zur Gründung eines Unternehmens entschlossener Mensch tun, wenn sich die zündende Geschäftsidee nicht einstellen will?

Die Antwort heißt: Suchen, Suchen und nochmals Suchen. Und da es sich bei einer Existenzgründung häufig um eine Entscheidung fürs Leben handelt, lohnt es sich auch, bei der Suche etwas gründlicher vorzugehen.

Auch für die Suche nach guten Geschäftsideen gibt es professionelle Hilfen.

Bei der Ideensuche helfen einige Quellen weiter:

Lassen Sie sich doch einmal im Monat kostenlos die Newsletters von »Die Geschäftsidee« (http://www.rentrop.com) mailen.

Literatur Wenn man ein bisschen durch die Existenzgründer-Literatur schweift, findet man mitunter interessante Vorschläge. In Fachzeitschriften oder Wirtschaftsmagazinen werden häufig neue, erfolgreiche Geschäftsideen vorgestellt. Es gibt sogar Fachzeitschriften für Unternehmensgründungen und neue Märkte.

Bei Franchise-Systemen, bei denen die Franchise-Nehmer in der Regel Ein-Mann-Betriebe sind, muss man aufpassen, dass man nicht als scheinselbstständig eingestuft wird.

Franchise Ein weitere Möglichkeit, an ein bereits bestehendes Unternehmenskonzept zu kommen, bietet das Franchise-System. Franchising bedeutet, dass einem Franchise-Nehmer ein Konzept mit dem dazugehörigen Know-how zur Verfügung gestellt wird. Die Geschäftsidee ist sozusagen schon erprobt. In Deutschland werden rund 500 Franchise-Ideen gehandelt und ungefähr 3 000 Franchise-Nehmer machen sich jährlich selbstständig (→ Franchising, Seite 49)

Beispiele für Franchisekonzepte

Umfangreiche Informationen und Übersichten über Franchise-Geber erhalten Sie über den Dachverband (→ Adresse im Anhang, Seite 305).

Bewährte Franchisekonzepte

Name	Branche	Konzept
OBI	Handel	Bau- und Heimwerkermarkt
Eismann	Handel	Eiskrem und Tiefkühlkost im Direktvertrieb
Care Company	Fitness und Gesundheit	Ambulanter Pflegedienst
Sunpoint	Fitness und Gesundheit	Sonnenstudio
McDonald's	Gastronomie	Fastfood-Restaurant
Ihr Büro	Dienstleistung	Büroservice
Musikschule Fröhlich	Dienstleistung	Musikschule
Bad & Heizung	Handwerk	Bad- und Heizungssanierung
Photo-Porst AG	Handel	Fotoeinzelhandel
JobExpress	Dienstleistung	Personalvermittlung und -dienstleistung
Getifix	Bau	Bauwerksanierung, Gebäudeservice
Quick-Schuh	Handel	Schuh-Discounter
Janny's Eis	Gastronomie	US-Eisdiele
Aufina	Dienstleitung	Immobilienvermittlung und Finanzdienstleistungen
clean park	Dienstleistung	SB-Waschanlage
Apollo-Optik	Handel	Augenoptik-Fachgeschäft
BabyOne	Handel	Fachmarkt für Baby- und Kinderausstattung
wohnen + ideen	Handel	Einrichtungshaus

Unternehmensbörsen Konkreter wird die Suche, wenn man an so genannte Unternehmensbörsen geht. Dort können Unternehmer, die z.B. aus Alters- oder Gesundheitsgründen ihr Unternehmen nicht mehr führen wollen oder können, Nachfolger suchen. Potenzielle Existenzgründer können hier nach Unternehmen suchen, die zu ihnen passen. Es gibt in diesem Bereich private Vermittler, aber auch eine Vielzahl öffentlicher Stellen, die Nachfolger für Unternehmen makeln. Auskunft über Unternehmensbörsen bekommen Existenzgründer bei der zuständigen IHK.

Umfeld Und dann gibt es da noch einen ganz unspektakulären Vorschlag. Überlegen Sie doch einmal in aller Ruhe, was sich in Ihrem persönlichen Umfeld tut. Vielleicht ärgern Sie sich jeden Sonntagmorgen wieder darüber, dass es keine frischen Brötchen gibt: Hier fehlt ein Brötchen-Bring-Service. Hat Ihr Babysitter immer genau dann etwas vor, wenn Sie eine Einladung zum Essen bekommen? Wie wäre es mit einer Babysitter-Agentur?
Manchmal kostet es nur ein wenig Mut, zuzugreifen und an die Idee zu glauben, die sozusagen am Wege liegt.

Das Unternehmenskonzept

Mit der Geschäftsidee ist ein Anfang gemacht. In der nächsten Phase muss um die Idee herum ein passendes Unternehmenskonzept aufgebaut werden. Dies Planung ist notwendig, um dem neuen Unternehmen eine klare Zielausrichtung zu geben, aber auch, um alle Beteiligten zu überzeugen. Angefangen bei der eigenen Familie, über die Berater, Geldgeber, Geschäftspartner, Lieferanten, zukünftigen Mitarbeiter und die Kunden. Denn sie alle sind für den Unternehmenserfolg entscheidend.

Wichtig ist in dieser Phase, dass der Existenzgründer alle Möglichkeiten und Gegebenheiten in Ruhe recherchiert, um Entscheidungen gut vorzubereiten. Entscheidende Fehler im Unternehmenskonzept sind später nur schwer wieder wettzumachen.

Bei der Formulierung und Gestaltung eines Unternehmenskonzeptes, in der Fachsprache auch Businessplan genannt, sind folgende Aspekte zu beachten:

- Formulieren Sie die Ergebnisse schriftlich.
- Schreiben Sie kurz und übersichtlich, nicht mehr als 20 Seiten. Niemand möchte einen Roman lesen!
- Achten Sie auf guten ersten Eindruck! Ein Titelblatt und eine anschließende Gliederung erleichtern das Lesen.

Von Ihrer Unternehmensidee müssen Sie viele überzeugen. Am Anfang steht Ihre Familie. Dann geht der Weg über Banken, Berater, Lieferanten und, sozusagen als Krönung, die Kunden.

■ Ergänzen Sie die Daten durch Grafiken und Schaubilder. Auch Bankleute lesen trocken Texte lieber, wenn ein Bild das Ganze auflockert!

Damit ein Unternehmenskonzept vollständig ist, sollten folgende Themen enthalten sein:

■ Geschäftsidee
■ Leistungsangebot und Technologie
■ Rechtsform
■ Markteinschätzung
■ Standort
■ Geschäftsverbindungen
■ Unternehmensgeschichte
■ Zukunftsaussichten

Ein ausführlicher Finanzplan ist ebenfalls unerlässlich. Folgendes gehört dazu:

■ Kapitalbedarfsplanung
■ Finanzierungsmöglichkeiten (Eigen- und Fremdmittel)
■ Umsatzprognose
■ Liquiditätsrechnung

Ein passendes Marketingkonzept darf nicht fehlen.

Die Frage des Standortes

Ein Unternehmensberater kann sich an nahezu jeder Stelle niederlassen, da er seine Kundschaft überwiegend vor Ort besucht und in die Räumlichkeiten im Wesentlichen ein Computer hineinpassen muss. Ein Garten- und Landschaftsbaubetrieb ist auf einen Betriebshof angewiesen, eine materialintensive Produktionsstätte auf gute Erreichbarkeit und eine Boutique für Kinderkleider wird nur mit Laufkundschaft überleben.

Eine der wirklich wichtigen Entscheidungen in der Planungsphase ist die Frage des richtigen Standorts. Die Standortentscheidung muss sehr individuell getroffen werden, denn sie ist nicht zuletzt von dem jeweiligen Leistungsangebot des zu gründenden Unternehmens abhängig. Die erste Überlegung muss der Bedeutung des Standortes für Sie und Ihre Geschäftsidee gelten.

Beachten Sie bei der Wahl des Standortes folgende Faktoren:

■ Die Art des Unternehmens
■ Kundenstruktur und Kaufgewohnheiten (Ein Feinkostladen hat in den Wohngegenden wohlhabenderer Bevölkerungsgruppen sicher bessere Chancen als anderswo.)
■ Die Nähe zum Kunden
■ Die Nähe zum Lieferanten
■ Die Personalsituation (Hoch qualifizierte Ingenieure leben nur vereinzelt im ländlichen Raum, auch wenn die Autowerbung anderes vermittelt.)
■ Den Raumbedarf (und Wachstumsmöglichkeiten)

■ Sonstige räumliche Faktoren, z.B. Mietpreise, Baurechtsfragen, Infrastruktur (Straßen, Wasser und Stromversorgung)

■ Informationsversorgung (ISDN-Anschluss usw.)

■ Die Konkurrenznähe (Sind Sie der sechste Schreiner in einem Ort mit 10 000 Einwohnern?)

Beachten Sie bei Ihrer Standortentscheidung die möglichen behördliche Auflagen. Die Ansiedlung von Gewerbe in einem Wohngebiet kann zu Problemen führen. Auch geplante infrastrukturelle Veränderungen müssen bedacht werden. Eine neue Umgehungsstraße kann beispielsweise dazu führen, dass die Laufkundschaft abnimmt. Informationen über behördliche Auflagen und infrastrukturelle Veränderungen geben Ihnen die Kommunen. Dort steht man Existenzgründern übrigens zumeist recht positiv gegenüber; denn Unternehmensgründungen schaffen Arbeitsplätze und Einnahmen für die Gemeinden.

Wichtig bei Ihrer Standortentscheidung ist auch, dass emotiomale Faktoren vor rationalen Gründen zurückstehen. Nutzen Sie aber trotzdem individuelle Vorteile, die Sie z.B. durch Ihre Bekanntheit am Ort (Sympathiebonus) haben.

Achten Sie unbedingt darauf, dass Ihre Standortbindung nicht zu langfristig angelegt ist, beispielsweise durch Mietverträge. Ein über den Erwartungen liegendes Geschäftswachstum oder auch eine Verkleinerung oder Geschäftseinstellung erfordert die Möglichkeit einer Reaktion. Es wäre mehr als bedauerlich, wenn eine gute Geschäftsidee wegen fehlender räumlicher Kapazitäten scheitern würde.

Denken Sie bei der Standortwahl auch an mögliche Veränderungen, sowohl außerhalb als auch in Ihrem Unternehmen. Steht vielleicht in naher Zukunft eine Verlegung der Durchgangsstraße an? Verlassen alle anderen Unternehmen aus unerfindlichen Gründen nach und nach den Gewerbepark? Haben Sie auf Mitarbeiterzuwachs geplant?

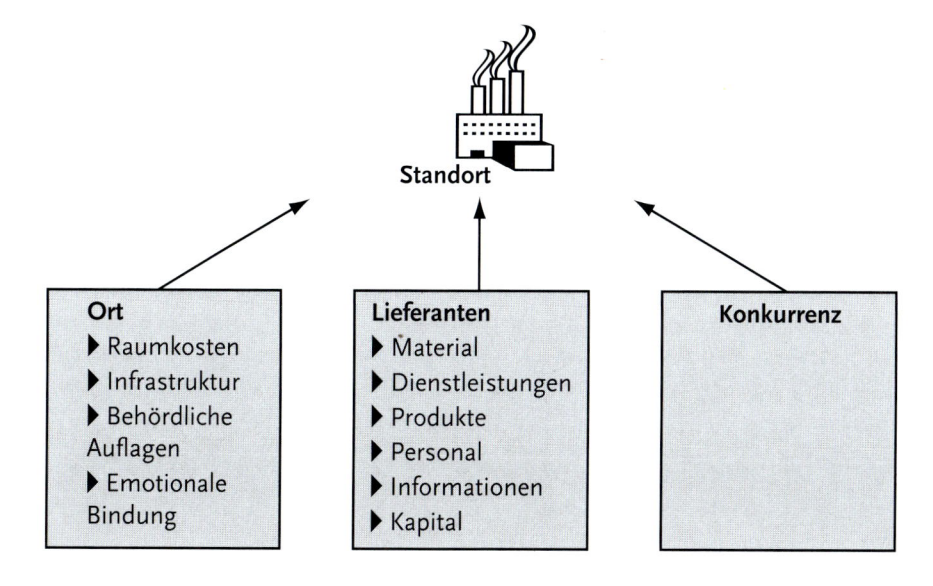

Standort

Ort
▶ Raumkosten
▶ Infrastruktur
▶ Behördliche Auflagen
▶ Emotionale Bindung

Lieferanten
▶ Material
▶ Dienstleistungen
▶ Produkte
▶ Personal
▶ Informationen
▶ Kapital

Konkurrenz

Existenzgründerwettbewerbe – innovative Ideen können sich lohnen!

So mancher potenzielle Existenzgründer hat seine Geschäftsidee samt Unternehmenskonzept fertig im Kopf, und trotzdem startet er nicht durch. Zweifel an der Tragfähigkeit des eigenen Konzeptes lassen ihn zögern. Den Sprung ins kalte Wasser wagen nur die Mutigsten. Und genau hier wollen Gründerwettbewerbe weiterhelfen. Sie bieten jungen Unternehmern, aber insbesondere auch den Menschen mit Gründungsabsicht, hilfreiche Unterstützung, und manchmal geben sie auch den »letzten« Anstoß, an den Start zu gehen.

Was leisten Gründerwettbewerbe?

Gründerwettbewerbe schreiben in erster Linie Preisgelder aus. Bewertet werden dabei, je nach Wettbewerb, die einzelnen Schritte einer Existenzgründung, also die Geschäftsidee, das Grobkonzept und der Businessplan.

Neben den Preisgeldern leisten diese Wettbewerbe aber noch mehr. Sie unterstützen die Gründer. Hilfestellungen bei der Erstellung eines »runden Unternehmenskonzeptes« gehören dazu. Im Angebot sind auch Seminare zur Vermittlung des notwendigen Basiswissens, ebenso wie die Vermittlung von passenden Beratern oder Patenschaften. So gibt es etwa den Verein »Alt hilft Jung«, der gegen ein verschwindend geringes Honorar sowie Kostenerstattung Seniorenpatenschaften an Gründer vermittelt. Gestandene Manager helfen gern mit Rat und Tat weiter.

Auch die Vermittlung von Kontakten zu Existenzgründergruppen oder -zentren ist Bestandteil der Wettbewerbe. Insbesondere auf regionaler Ebene werden hier wertvolle Kontakte vermittelt, die den einzelnen Existenzgründer hilfreich unterstützen.

Welcher Wettbewerb für welchen Existenzgründer?

In den letzten Jahren hat die Zahl der Existenzgründerwettbewerbe rasant zugenommen. Veranstaltet werden sie bundes- oder landesweit, regional, kommunal oder auf bestimmte Projekte bezogen, z. B. an Hochschulen. Die Veranstalter sind ebenso vielfältig. Neben Hochschulen und Initiativen (z. B. Regionalverbände) werden die Wettbewerbe zumeist durch Unternehmen, Banken oder Sparkassen gefördert. Einer der bekanntesten Wettbewerbe, der jährlich durchgeführt wird, ist der bundesweite StartUp-Wettbewerb, veranstaltet von den Sparkassen, der Zeitschrift Stern und der Unternehmensberatung McKinsey. Die Preisgelder dieses Wettbewerbs belaufen sich insgesamt auf über 2,5 Million Mark.

Die Veranstalter betreiben mit diesen Wettbewerben nicht zuletzt auch gezielte Öffentlichkeitsarbeit.

Sich als potenzieller Existenzgründer oder Jungunternehmer in der Vielzahl der Wettbewerbe zurecht zu finden, ist gar nicht so einfach. Sie müssen viele Kriterien bei der Wahl beachten.

In erster Linie muss der Geschäftsinhalt zum Wettbewerb passen. Es gibt spezielle Wettbewerbe für Bereiche wie »Neue Medien«, Handwerk oder spezielle Erfinder-Wettbewerbe.

Manche Wettbewerbe betreffen bestimmte Regionen. Dadurch sind persönliche Kontakte und Vor-Ort-Unterstützung zumeist leichter zu erhalten. Aber auch wenn Sie in einer anderen Region wohnen oder Ihr Unternehmen an anderer Stelle ansiedeln möchten, lohnt eine Beteiligung. Die wenigsten Jurys fassen die räumlichen Beschränkungen ganz eng auf.

Wo bekommt man Informationen über Wettbewerbe?

Wenn Sie gern an einem Wettbewerb teilnehmen möchten, können Sie bei der Auswahl Hilfe in zahlreichen Wettbewerbsübersichten finden. Gründerwettbewerbe im Vergleich finden Sie beispielsweise im Internet unter http://www.focus.de (Existenzgründung). Die Existenzgründerinitiative IFEX (http://www.ifex.de) hält ebenfalls immer eine Übersicht über aktuelle Wettbewerbe bereit. Im Vergleich sind die jeweiligen Zielgruppen, Ansprechpartner, die einzelnen Leistungen sowie die Preisgelder angegeben.

Nutzen Sie den Anstoß von außen!

Wenn Sie noch schwanken, ob Sie sich die viele Arbeit machen und teilnehmen sollen, bedenken Sie folgendes: Die Zeit, ein gutes Unternehmenskonzept zu entwickeln, müssen Sie als Existenzgründer in jedem Fall investieren. Daran führt kein Weg vorbei. Wenn Sie diese Arbeit schon investiert haben, dann können Sie das Konzept auch »zweitverwerten« und gleich bei einem Wettbewerb einreichen. Sichern Sie sich die Chance einer Auszeichnung!

Weitere Informationen über Wettbewerbe bekommen Sie bei den kommunalen Wirtschaftsförderungsstellen, die viele Städte und Gemeinden geschaffen haben. Und auch die Wirtschaftsministerien der Länder helfen weiter.

Checkliste: Fragen zur Standortwahl

	Ja	Nein
✍ Gibt es genügend Kunden am Standort?	❏	❏
✍ Passt die Kundenstruktur zu Ihrem Angebot?	❏	❏
✍ Haben Sie genügend Daten zusammengetragen, um die Konkurrenzsituation zufriedenstellend klären zu können?	❏	❏
✍ Passt die Infrastruktur zu Ihren Anforderungen, also die Versorgung mit		
Wasser	❏	❏
Strom	❏	❏
Straßen	❏	❏
Informationstechnologie?	❏	❏
✍ Bestehen Wachstumsmöglichkeiten?	❏	❏
✍ Ist der Standort mittelfristig von grundsätzlichen strukturellen Änderungen betroffen?	❏	❏
Welche?		
✍ Halten sich die mit dem Standort verbundenen Kosten im Vergleich mit anderen Standorten im Rahmen?	❏	❏
✍ Gibt es behördliche Auflagen?	❏	❏
Welche?		
✍ Bestehen emotionale Bindungen an den Standort?	❏	❏
✍ Wenn ja, rechtfertigen diese es, Nachteile zu akzeptieren?	❏	❏
✍ Können Sie Vorteile durch einen Sympathiebonus erzielen?	❏	❏
✍ Sind individuelle Faktoren für Ihr Unternehmen wichtig?	❏	❏
Welche?		
✍ Werden diese Faktoren an dem von Ihnen gewählten Standort erfüllt?	❏	❏
✍ Gibt es eindeutige Ausschlusskriterien, die zur Ablehnung des Standortes führen müssen?	❏	❏
Welche (etwa fehlende Parkplätze für die Laufkundschaft)?		
✍ Haben Sie die Möglichkeit, Vorteile von Existenzgründer- oder Technologiezentren zu nutzen?	❏	❏

Stammtisch

Anke wirkt heute Abend sehr nachdenklich. Ein Bekannter hat ihr angeboten, ein neues Geschäft zu eröffnen, und zwar in einer seiner Immobilien, die bald frei wird. Reizen würde sie der Standort schon, denn er wäre mit einigen persönlichen Vorteilen verbunden. Hauptargumente, darüber nachzudenken, wären insbesondere zwei Punkte: Der Laden ist in ihrem Wohnort, der persönliche organisatorische Auswand für sie und ihren Mann wäre gering. Außerdem wäre der Laden weit genug von anderen Reformhäusern entfernt, um sich nicht selbst unmittelbare Konkurrenz zu machen. Nach einer kurzen Diskussion beschließt sie, alle Punkte »Für und Wider« aufzulisten und sich den Laden daraufhin noch einmal genau anzusehen.

Matthias und **Uwe** sind im Moment ebenfalls gerade dabei zu entscheiden, wo sie ihren Gartenbaubetrieb denn nun ansiedeln wollen.
Matthias hat ein großes Wohnhaus mit sehr großem Gartengelände und einem Innenhof, der gut geeignet wäre, um Materialien zu lagern und die Fahrzeuge abzustellen. Platz für ein kleines Büro wäre im Keller auch noch. Das Haus liegt allerdings mitten in einem Wohngebiet.

Dagmar hält den Standort ebenfalls für ideal, zumindest für die ersten Jahre. Die beiden könnten viel Geld sparen, wenn sie die vorhandenen Räumlichkeiten nutzen. Aber sie rät ihnen auch, sich ausführlich nach den behördlichen Auflagen der Gemeinde zu erkundigen. Sie erzählt von Freunden, die vor Jahren eine Agentur in genau diesem Ort eröffnet hatten.
Da sie ihr Unternehmen in einem reinen Wohngebiet, eben in ihrem Haus, führten, gab es jahrelang Ärger mit den Nachbarn, die sich durch den Kundenverkehr gestört fühlten. Irgendwann, als dann auch noch private Gründe hinzukamen, haben sie den Kampf aufgegeben und den Standort verlegt.

Jemand, der eine Geschäftstätigkeit in seinen Privaträumen aufbaut, muss die sozialen Umfeldbedingungen für sich klären. Er wird zunächst allein zu Hause arbeiten.

Anke kommt zum nächsten Stammtisch und erzählt, dass sie den Laden nicht anmietet und von einer Geschäftseröffnung absieht. »Als ich gemütlich zu dem Laden lief, um ihn mir anzuschauen, fiel mir auf, dass zwei große Drogeriemärkte in unmittelbarer Nähe sind, die natürlich auch Waren unseres Sortimentes anbieten. Die waren mir vorher nie aufgefallen, weil ich verständlicherweise diese Artikel aus unseren Läden beziehe. Und eine unmittelbare Konkurrenz stellten die Drogerien bislang für uns nicht dar, weil wir erst im Nachbarort eine Filiale haben.«
»Aber ein wenig nutze ich den Laden doch!«, erzählt Anja fröhlich weiter. »Solange kein neuer Mieter gefunden ist, dekoriere ich das Schaufenster und mache Werbung für mein Geschäft im Nachbarort!«

Beratung rund um die Existenzgründung

Guten Rat kann man als Existenzgründer eigentlich immer gebrauchen, es fragt sich nur:

- Wer berät?
- Worüber?
- Und was kostet die Beratung?

Es gibt zahlreiche unverbindliche Informationsveranstaltungen für Existenzgründer. Die Veranstaltungen sind meistens kostenlos.

Einen allerersten Einstieg kann man als Existenzgründer bekommen, wenn man sich in die Broschüren und Informationsschreiben einliest, die es beispielsweise vom Bundeswirtschaftsministerium, den Industrie- und Handelskammern, den Krankenkassen oder den Banken gibt. Die gleichen Anbieter stellen auch umfassendes Informationsmaterial im Internet zur Verfügung. Gute Informationsquellen sind Informations- und Schulungsveranstaltungen, wie sie z. B. von den Kammern angeboten werden.

Denken Sie bei der Wahl Ihrer Berater auch daran: Sie müssen mit Ihrem Berater »auf einer Linie liegen«. Sonst klappt die Zusammenarbeit nicht!

Wer berät worüber?

Der Existenzgründer muss die fälligen Beratungshonorare zunächst aus eigener Tasche begleichen. Beratungen können jedoch mit öffentlichen Mittel gefördert werden. Über die Förderprogramme informieren das Bundeswirtschaftsministerium, die Deutsche Ausgleichsbank und die Kreditanstalt für Wiederaufbau (→ Adressen im Anhang, Seiten 307 und 305).

Wenn man als Existenzgründer richtig durchstarten möchte, dann benötigt man professionelle Beratung. Auch hier ist man wieder bei der Industrie- und Handelskammer richtig. Dort wird entweder direkt beraten oder aber an freie Berater weitervermittelt. Ebenso ist es mit Handwerkskammern oder Verbänden der Wirtschaft. Diese Einrichtungen verfügen über gute Hintergrundkenntnisse der besonderen Problemfelder einer Branche.

Auch Kreditinstitute beraten Existenzgründer gern. Aber aufgepasst – bei solchen Beratungen muss man auch immer beachten, dass dort ein eigenes Geschäftsinteresse gegeben ist.

Eine sehr gute Möglichkeit ist die Beratung durch Seniorenberatungsorganisationen. Dort kann man den Rat von erfahrenen Experten im Ruhestand, zum Beispiel pensionierten Führungskräften oder ehemaligen Unternehmern, unentgeltlich oder gegen geringes Anerkennungshonorar bekommen. Auch freie Unternehmens- und Existenzgründungsberater begleiten den Weg in die Selbständigkeit. Rechtsanwälte und Steuerberater unterstützen ebenfalls bei einer Existenzgründung.

Beratung braucht man in jeder Phase der Existenzgründung. Es gibt unterschiedliche Beratungsprogramme, die sich nach dem Bedarf der Jungunternehmer richten:

Erstberatung Die erste Stufe ist eine allgemeine Erstberatung, wie man sie etwa an Existenzgründertagen bei der IHK erhält. Dort werden Probleme und Ideen relativ allgemein besprochen.

Persönliche Beratung Der nächste Schritt ist eine persönliche Existenzgründerberatung. In Einzelgesprächen werden die Geschäftsidee, das Geschäftskonzept und die geplante Vorgehensweise auf ihre Machbarkeit hin überprüft und gegebenenfalls verbessert.

Beratung für spezielle Probleme Beratung für spezielle Probleme bekommt man bei den Spezialisten. Probleme der Vertragsgestaltung besprechen Sie am besten mit einem Rechtsanwalt, steuerliche Fragen geht man besser mit einem Steuerberater durch.

Existenzaufbauberatung Um nach der Existenzgründung auch eine erfolgreiche Unternehmensführung sicherzustellen, gibt es die Möglichkeit der Existenzaufbauberatung. Es ist ausgesprochen sinnvoll, diese Unterstützung in den Jahren des Aufbaus in Anspruch zu nehmen. Eine Förderung kann bis zum Ende des zweiten Geschäftsjahres beantragt werden. Die Förderung erfolgt im Bewilligungsfall über zwei Jahre hinweg, sie ist an die Tagessätze der Unternehmensberater geknüpft.

Oft wird übersehen, dass der beste Rat von Menschen kommt, die denselben Weg gehen. Der Austausch mit anderen Existenzgründern und Selbstständigen, etwa bei einem Existenzgründer-Stammtisch, kann manchmal mehr bringen als der Rat professioneller Berater.

Checkliste: Fragen zu Informationen und Beratung	Ja	Nein
✍ Nutzen Sie folgende Informationsquellen:		
Informationsbroschüren	❏	❏
Literatur	❏	❏
Internet	❏	❏
Allgemeine Informationsveranstaltungen?	❏	❏
✍ Nutzen Sie Schulungsmöglichkeiten?	❏	❏
✍ Haben Sie ein erstes Beratungsgespräch zum Einstieg mit einem Berater geführt?	❏	❏
✍ Erleichtern Sie sich Ihren Schritt in die Selbstständigkeit durch eine Existenzgründungsberatung?	❏	❏
✍ Beantragen Sie auch nach der Gründung Unterstützung durch eine Existenzaufbauberatung?	❏	❏
✍ Haben Sie für Ihre Beratungen einen Antrag auf Förderung beim Bundesamt für Wirtschaft oder einer Leitstelle, z.B. den zuständigen Verband, gestellt?	❏	❏
✍ Haben Sie über die Teilnahme an einem Existenzgründerwettbewerb nachgedacht?	❏	❏

Einige Städte und Kommunen haben Wirtschaftsförderungsstellen gegründet, die bei der Wahl eines Beraters helfen.

Formalitäten der Existenzgründung

Auch bei einer Existenzgründung kommt man an den Behördengängen nicht vorbei. Wenn man sich bei den entscheidenden Behörden nicht meldet, riskiert man möglicherweise ein Bußgeld oder gar das Ende seiner geschäftlichen Tätigkeiten. Ja, im schlimmsten Fall macht man sich sogar strafbar.

Aber wenn man weiß, wann man sich bei wem zu melden hat und welche Unterlagen man jeweils bereithalten muss, dann kann man auch diese Hürde nehmen.

Gewerbeanmeldung

Als Freiberufler benötigen Sie keine Gewerbeanmeldung, denn Sie werden dem klassischen Gewerbe nicht zugerechnet. Erfreulicherweise müssen Sie auch keine Gewerbesteuer abführen.

Der erste Schritt ist üblicherweise die Gewerbeanmeldung. Jeder Gewerbebetrieb ist beim zuständigen Gewerbeamt (Bürgermeisteramt, Gemeinde) anzumelden. Der Selbstständige bekommt dann einen Gewerbeschein, den er persönlich abholen muss.

Um an dieses Dokument zu gelangen, benötigen Sie als Einzelunternehmer einen Personalausweis oder Pass und, je nach Tätigkeit, gegebenenfalls besondere Genehmigungen und Nachweise, etwa die Handwerkskarte der Handwerkskammern oder bestimmte Konzessionen (→ Übersicht Seite 72).

Bei einer Personengesellschaft also einer GmbH, GbR, OHG oder KG müssen alle geschäftsführenden Gesellschafter die Anmeldung vornehmen und sich ausweisen.

Bei der Anmeldung muss eine geringe Gebühr bezahlt werden.

> **Zeitpunkt der Gewerbeanmeldung**
> Der späteste Zeitpunkt zur Anmeldung ist der Tag der Geschäftsaufnahme!

Meldungen sind bei der Geschäftseröffnung erforderlich, aber auch bei:
- Änderung des Gegenstands des Gewerbes
- Ausdehnung des Gewerbes auf andere Waren
- Abmeldung des Gewerbes
- Eröffnung einer Zweigniederlassung oder Zweigstelle

Einzige Ausnahme: Freiberufler müssen keine Anmeldung vornehmen, sie brauchen keinen Gewerbeschein.

Die Besonderheiten der Gewerbeanmeldung sind vielfältig! Am besten klärt man individuelle Besonderheiten bei der IHK oder mit dem Gewerbeamt.

Name der entgegennehmenden Gemeinde	Gemeindekennzahl	Lfd.-Nr.	GewA 1	Signierfelder – bitte freilassen –

Neuenkirchen

Gewerbe-Anmeldung nach § 14 GewO oder § 55 c GewO — Bitte mit Schreibmaschine oder in Blockschrift vollständig und gut lesbar ausfüllen sowie die zutreffenden Kästchen ankreuzen.

Angaben zum Betriebs-Inhaber: Bei Personengesellschaften (z. B. OHG) ist für jeden geschäftsführenden Gesellschafter ein eigener Vordruck auszufüllen. Bei juristischen Personen ist bei Feld Nr. 3 und Feld Nr. 30 und 31 der gesetzliche Vertreter anzugeben (bei inländischer AG wird auf diese Angaben verzichtet). Die Angaben für weitere gesetzliche Vertreter zu diesen Nummern sind auf der Rückseite des Vordrucks _____ oder einem Beiblatt _____ oder weiteren Vordrucken _____ gemacht.

1 Im Handels-, Genossenschafts- oder Vereinsregister eingetragener Name
2 Ort und Nr. der Eintragung

Bernd Birke

Gartenbau

3 Familienname	**Birke**	4 Vornamen	**Bernd**	Postleitzahl	Art

5 Geburtsname (nur bei Abweichung vom Familiennamen)

| 6 Geburtsdatum **0,2 0,5 63** | 7 Geburtsort (Ort, Kreis, Land) **Köln, NRW** | Nummer | |
| | | Rechtsform | Staatsangehörigkeit |

8 Staatsangehörigkeit: deutsch [X] andere: _____

9 Anschrift der Wohnung (Straße, Haus-Nr., PLZ, Ort) **Erlenhain 2a, 51863 Neuenkirchen** — Telefon-Nr. / Telefax-Nr.

10 Zahl der geschäftsführenden Gesellschafter (nur bei Personengesellschaften)
Zahl der gesetzlichen Vertreter (nur bei juristischen Personen)

Angaben zum Betrieb

11 Vertretungsberechtigte Person (nur bei inländischen Aktiengesellschaften, Zweigniederlassungen und unselbständigen Zweigstellen)
Familienname / Vornamen

12 Anschrift der Betriebsstätte (Straße, Haus-Nr., PLZ, Ort) **Erlenhain 2a, 51863 Neuenkirchen** — Telefon-Nr. / Telefax-Nr.

13 Anschrift der Hauptniederlassung (Straße, Haus-Nr., PLZ, Ort) — Telefon-Nr. / Telefax-Nr.

14 Anschrift der früheren Betriebsstätte (Straße, Haus-Nr., PLZ, Ort) — Telefon-Nr. / Telefax-Nr.

15 Angemeldete Tätigkeit (genau angeben: z. B. Herstellung von Möbeln, Elektroinstallationen und Elektroeinzelhandel, Großhandel mit Lebensmitteln usw.); bei mehreren Tätigkeiten bitte Schwerpunkt unterstreichen

gärtnerische Arbeiten

17 Datum des Beginns der angemeldeten Tätigkeit **0,1 0,4 0,0**

18 Art des angemeldeten Betriebes	19 Anzahl der voraussichtlich im angemeldeten Betrieb beschäftigten Arbeitnehmer:	Systematikschlüssel
Industrie ___ Handwerk [X] Handel ___ Sonstiges ___		50-54

Die Anmeldung wird erstattet für
20 eine Hauptniederlassung [X] eine Zweigniederlassung ___ eine unselbständige Zweigstelle ___
21 ein Automatenaufstellungsgewerbe ___ 22 ein Reisegewerbe ___

Wegen
23 Neuerrichtung des Betriebes [X]
24 Übernahme eines bereits bestehenden Betriebes (z. B. durch Kauf, Pacht, Erbfolge, Änderung der Rechtsform, Gesellschaftereintritt) ___

26 Name des früheren Betriebsinhabers (falls bekannt)

	Datum
Art	Anzahl Arbeitnehmer
61	62-66

Falls der Betriebsinhaber für die angemeldete Tätigkeit eine Erlaubnis benötigt, in die Handwerksrolle einzutragen oder Ausländer ist:

28 Liegt eine Erlaubnis vor? — Ja, erteilt am/von (Behörde): ___ Nein [X]
29 Liegt eine Handwerkskarte vor? — Ja, ausgestellt am/von (Handwerkskammer): ___ Nein [X]
30 Liegt eine Aufenthalts-genehmigung vor? — Ja, erteilt am/von (Behörde): ___ Nein [X]
31 Die Aufenthaltsgenehmigung enthält keine Auflage oder Beschränkung — enthält folgende Auflage oder Beschränkung: ___ Nein [X]

Grad d. Selbständigkeit	67
Grund	68
Handwerksrolle	69
Datum der Anzeige	70-73

Hinweis: Diese Anzeige berechtigt nicht zum Beginn des Gewerbebetriebes, wenn noch eine Erlaubnis oder eine Eintragung in die Handwerksrolle notwendig ist. Zuwiderhandlungen können mit Geldbuße oder Geldstrafe oder Freiheitsstrafe geahndet werden. Die Fortsetzung eines derartigen Betriebes kann verhindert werden.

32 **01.03.2000** (Datum)	33 **B. Birke** (Unterschrift)	Erstschrift verbleibt bei der Gemeinde

Einige Gewerbezweige oder Branchen müssen besondere Voraussetzungen oder Vorschriften beachten oder vor der Geschäftseröffnung bestimmte Genehmigungen einholen. Dazu zählen insbesondere das Gaststätten- und Hotelgewerbe sowie auch das Verkehrsgewerbe.

Die Berufe des Handwerks sind neu geordnet worden. Welche Berufe welcher Gruppe zugeordnet sind, können Sie dem Anhang entnehmen (→ Seite 313).

Branche	Besonderheiten
Handwerk * * Ob Vollhandwerk oder handwerks-ähnlich, steht in der Handwerks-ordnung	■ Eintragung in die Handwerksrolle bei der Handwerkskammer ■ Bei einem Vollhandwerk muss der Selbstständige einen Meisterbrief haben.
Gastwirtschaften und Hotels	■ Besondere Erlaubnis beim Gewerbeamt erhältlich, wenn eine Unterweisung über Hygienevorschriften bei der IHK stattgefunden hat. ■ Betriebsräume müssen den Vorschriften des Gaststättengesetzes sowie den Hygiene- und Feuerschutz-bestimmungen entsprechen.
Einzelhandel	■ Keine besondere Erlaubnis notwendig ■ Ausnahmen: Nachweis besonderer Sach- und Fachkunde für den Verkauf von offener Milch, Hackfleisch, freiverkäufliche Arzneimittel und Waffen
Verkehrsgewerbe ■ geschäftsmäßige Beförderung von Personen mit Bussen, Mietwagen oder Taxen ■ Beförderung von Gütern für Dritte mit Lastkraftwagen über 3,5 Tonnen Nutzlast oder 6 Tonnen zulässigem Gesamt-gewicht	■ Konzession beim zuständigen Gewerbeamt oder dem Regierungs-präsidium ■ Genehmigungspflichtig. Voraussetzung: ■ Nachweis der persönlichen Zuverlässigkeit ■ Fachliche Eignung ■ Finanzielle Leistungsfähigkeit
Makler	■ Nachweis der persönlichen und wirtschaftlichen Zuverlässigkeit
Freiberufler	■ Benötigen keine Gewerbeanmeldung. Pflichtmitgliedschaft bei der zuständigen Kammer kann, je nach Beruf, möglich sein. ■ Sollten sich aber zur Erteilung einer Steuernummer mit dem Finanzamt in Verbindung setzen.

Weitere spezielle Genehmigungen und Vorschriften gibt es auch für einige andere Gewerbezweige, so die folgenden:
■ Bewachungsgewerbe
■ Betrieb von Spielhallen und Automaten
■ Pfandvermittler und -verleiher
■ Fahrschulen
■ Reisegewerbe
■ Banken und Versicherungsgeschäfte

Informationen über Gründungsvoraussetzungen geben die jeweiligen Dachverbände.

Infolge der Gewerbemeldung werden automatisch die meisten davon betroffenen Behörden informiert. Eine schnelleren Ablauf der Anmeldeformalitäten kann man erreichen, wenn man sich als Existenzgründer vorab selbst mit den wichtigsten Behörden in Verbindung setzt.

Behörde	Vorgang
Finanzamt Zuständig für die Steuern	▪ Fragebogen zur Aufnahme einer gewerblichen oder beruflichen Tätigkeit muss ausgefüllt werden. ▪ Steuernummer wird erteilt.
Berufsgenossenschaft	▪ Fragebogen über Mitarbeiter, Umsatz … ▪ Als gesetzliche Unfallversicherung für die Folgen von Arbeitsunfällen oder Berufskrankheiten zuständig; gilt ab dem Tag der Gewerbemeldung ▪ Beitrag beträgt etwa 1,4 Prozent des vom Unternehmen gezahlten Bruttolohns.
Arbeitsamt	▪ Erteilt Betriebsnummer, die in die Versicherungsnachweise der Arbeitnehmer und Arbeitnehmerinnen eingetragen werden muss.
Krankenkassen	▪ Dort müssen die Mitarbeiter innerhalb von zwei Wochen angemeldet werden. ▪ Die Wahl der Krankenkasse liegt bei den Mitarbeitern.
Industrie- und Handelskammer	▪ Die Zugehörigkeit zur IHK entsteht automatisch (gesetzliche Vorschrift!), wenn der Existenzgründer kein Mitglied der Handwerkskammer ist. ▪ Von der IHK werden Beiträge erhoben.
Handwerkskammer	▪ Mitgliedschaft als Handwerker
Gewerbeaufsichtsamt	▪ Das Gewerbeaufsichtsamt überprüft die Einhaltung der Arbeitsschutzvorschriften.
Versorgungsunternehmen	▪ Abschluss von Liefer- und Entsorgungsverträgen für Wasser, Strom, Gas und Müll

Wenn Sie sich um Ihre Steuern vorerst selbst kümmern möchten, um die Kosten für einen Steuerberater zu sparen, dann halten Sie einen guten Kontakt zu Ihrem Sachbearbeiter beim Finanzamt!

Die meisten Behörden halten entsprechende Informationsbroschüren oder Merkblätter bereit, die es dem Einzelnen erleichtern, die richtigen Schritte zu gehen.

Lassen Sie sich durch die eine oder andere ruppige Antwort am Telefon nicht abschrecken. Jeder hat mal einen schlechten Tag. Die Behördengänge bleiben Ihnen nicht erspart, auch wenn Sie sie vor sich her schieben!

Also: Packen Sie es an!

Fragebogen zur Aufnahme einer gewerblichen Tätigkeit

Aufnahme einer gewerblichen oder beruflichen Tätigkeit
Fragebogen zur steuerlichen Erfassung

An das Finanzamt	*Neuenkirchen*	**Hinweis:** Die mit diesem Fragebogen angeforderten Daten werden aufgrund der §§ 88, 90, 93 und 138 der Abgabenordnung erhoben.
Aktenzeichen / Steuernummer	*xx999/x999x*	Das Zutreffende ist angekreuzt [X] bzw. ausgefüllt.

1. Allgemeine Angaben

Gewerbetreibender oder freiberuflich Tätiger
Vor- und Zuname (ggf. auch Geburtsname)
Bernd Birke

Geburtsdatum *02.05.63*	Religion *R.-K.*	

Straße, Hausnummer *Erlenhain 2a*

PLZ *51863*	Wohnort *Neuenkirchen*	Telefonisch erreichbar unter Nr.

Falls innerhalb der letzten 12 Monate zugezogen:

Zugezogen am	Frühere Anschrift

Verheiratet seit dem *05.02.92*	Verwitwet seit dem	Geschieden seit dem	Dauernd getrennt lebend seit

Ehegatte
Vor- und Zuname (ggf. auch Geburtsname)
Berta Birke

Geburtsdatum *20.09.64*	Religion *R.-K.*	Ausgeübter Beruf *Floristin*

Straße und Hausnummer, Postleitzahl, Wohnort (falls abweichend)

Kinder mit Wohnsitz im Inland

Vorname (ggf. abweichender Familienname)	Geburtsdatum
Klara	*12.12.95*

Steuerlicher Berater
[X] nein   [ ] ja   Name und Anschrift

Bankverbindung für Steuererstattungen

Kontonummer *775 704 71*	Bankleitzahl *690 930 00*

Geldinstitut (Name, Ort) *Stadtsparkasse Neuenkirchen*

Waren Sie in den letzten drei Jahren für Zwecke der Einkommensteuer steuerlich erfaßt?
Finanzamt, Steuernummer
[ ] nein   [X] ja   *Neuenkirchen*

– 2 –

2.	**Angaben zur gewerblichen oder beruflichen Tätigkeit**

Art des ausgeübten Gewerbes / der ausgeübten Tätigkeit – Bitte ggf. den Schwerpunkt angeben! –

Gärtnerische Arbeiten

Anschrift des Unternehmens (Straße, PLZ, Ort) *Erlenhain 2a, 51863 Neuenkirchen*

Beginn der Gewerbeausübung / der Tätigkeit *01.06.99*

Ist in den letzten drei Jahren schon ein Gewerbe betrieben oder eine berufliche Tätigkeit ausgeübt worden?

☒ ja   ☐ nein

Wenn ja:

a) Art, Ort und Dauer der Tätigkeit
Gartenbau Grün GmbH, Neuenkirchen, Gärtner seit 1992
b) Finanzamt, Steuernummer, Umsatzsteuer-Identifikationsnummer

3.	**Angaben zur Festsetzung der Vorauszahlungen (Einkommensteuer, Gewerbesteuer)**

Voraussichtliche Einkünfte aus	Jahr der Betriebseröffnung DM		Folgejahr DM	
	Steuerpfl.	Ehegatte	Steuerpfl.	Ehegatte
Gewerbebetrieb				
selbständiger Arbeit	*50.000*		*90.000*	
nichtselbständiger Arbeit				

Gütergemeinschaft (bei Ehegatten)

☒ ja   ☐ nein

Wenn ja:
Befindet sich der Betrieb im Gesamtgut der Ehegatten?

☒ ja   ☐ nein

4.	**Lohnsteuer**

Anzahl der Arbeitnehmer *2,5*

Lohnsteuer-Anmeldungen werde ich

☒ monatlich   ☐ vierteljährlich   ☐ jährlich   abgeben.

Die Lohnkonten werden geführt in (Anschrift)

Übermittlung der Lohnsteuer-Anmeldungen durch Datenträger

☐ ja   ☒ nein | Wenn ja, bitte Erklärung nach § 2 Nr. 2 StADV abgeben

– 3 –

5.	**Umsatzsteuer**		
		Jahr der Betriebseröffnung DM	Folgejahr DM
	Gesamtumsatz (geschätzt)	50.000	90.000
	Davon ohne Vorsteuerabzug		
	Davon mit Vorsteuerabzug		

☐ Auf die Anwendung des § 19 Abs. 1 Umsatzsteuergesetz wird verzichtet.

Berechnung der Steuer nach

☐ vereinbarten Entgelten (Soll-Versteuerung)   ☒ vereinnahmten Entgelten (Ist-Versteuerung wird hiermit beantragt)

☐ Ich beantrage, mich von der Verpflichtung zur Abgabe von Umsatzsteuer-Voranmeldungen zu befreien, da die jährliche Umsatzsteuerschuld voraussichtlich nicht mehr als 1000 DM betragen wird.

Umsatzsteuer-Voranmeldungen werde ich

☒ monatlich   ☐ vierteljährlich   abgeben.

☐ Dauerfristverlängerung für die Abgabe der Umsatzsteuer-Voranmeldungen wird beantragt (Vordruck USt 1 H)

Übermittlung der Umsatzsteuer-Voranmeldungen durch Datenträger

☐ ja   ☒ nein   Wenn ja, bitte Erklärung nach § 2 Nr. 2 StADV abgeben

☒ Ich beantrage eine Umsatzsteuer-Identifikationsnummer für innergemeinschaftliche Lieferungen und / oder die Besteuerung innergemeinschaftlicher Erwerbe.

Ich versichere, daß ich die vorstehenden Angaben wahrheitsgemäß nach bestem Wissen und Gewissen gemacht habe.

Neuenkirchen, 01.03.2000
Datum

Bernd Birke
Unterschrift

Kurzübersicht

Unternehmenskonzept Aus der Geschäftsidee heraus muss der Existenzgründer ein gut durchdachtes Unternehmenskonzept entwickeln. Zu diesem Konzept, auch als Businessplan bezeichnet, gehören folgende Bestandteile:

- Geschäftsidee und Leistungsangebot
- Rechtsform
- Markteinschätzung
- Geschäftsverbindungen (soweit vorhanden)
- Unternehmensgeschichte (bei Übernahmen)
- Zukunftsaussichten
- Kapitalbedarfsrechnung
- Finanzierungskonzepte

Standort Es gibt nur wenige Geschäftsideen, für die die Wahl des Standortes von untergeordneter Bedeutung ist. Der Erfolg vieler Unternehmen hängt vom richtigen Standort ab. Ausnahmen sind lediglich die so genannten virtuellen Unternehmen, die über elektronische Netzwerke verbunden sind. Sie sind nicht an einen Standort gebunden.

Ein virtuelles Unternehmen bietet zwar eine Leistung an, ist aber nicht an einen Standort gebunden.

Gründungsberatung Viele Stellen bieten Beratungen für Existenzgründer an. Da die Existenzgründungsberatung finanziell gefördert wird, sollte man sie in jedem Falle nutzen. Neben den Gründungsberatungen gibt es auch Aufbauberatungen, die während der ersten beiden Geschäftsjahre beantragt werden können.

Anmeldeformalitäten Die meisten Existenzgründungen sind mit vielen Formalitäten verbunden. Insbesondere bei den notwendigen Genehmigungen darf man als Existenzgründer nicht nachlässig sein. Die Folgen können schwer wiegend sein und in krassen Fällen zur Schließung des Unternehmens führen. Wichtig sind zunächst folgende Meldungen:

- Gewerbeanmeldung
- Handelsregister
- Finanzamt
- Berufsgenossenschaft
- Arbeitsamt
- Krankenkassen
- IHK/Handwerkskammer

Das Schiff braucht einen Kapitän – ein Unternehmen führen

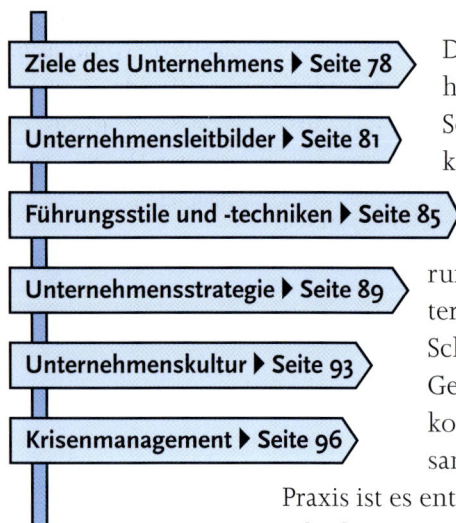

Ziele des Unternehmens ▶ Seite 78

Unternehmensleitbilder ▶ Seite 81

Führungsstile und -techniken ▶ Seite 85

Unternehmensstrategie ▶ Seite 89

Unternehmenskultur ▶ Seite 93

Krisenmanagement ▶ Seite 96

Die Existenz und der Erfolg eines Unternehmens hängen entscheidend davon ab, wie es geführt wird. Selbst das Bestehen eines Sportvereins oder einer kirchlichen Organisation hängt wesentlich von den Qualitäten der leitenden Personen ab. Aber was steckt hinter einer guten Unternehmensführung? Was können Sie tun, damit Sie mit Ihrem Unternehmen keinen Schiffbruch erleiden?

Schlaue Köpfe haben sich dazu eine ganze Menge Gedanken gemacht. Die Wissenschaft versucht, dieses komplexe Phänomen der Führung mit all seinen Zusammenhängen zu erfassen und zu analysieren. In der Praxis ist es entscheidend, was jemand aus den diskutierten neuen oder bereits erprobten Führungsmodellen auf seine besondere Situation übertragen kann und möchte. Die denkbaren positiven Aspekte eines Führungsmodells müssen sich unter den Bedingungen in einem Unternehmen zunächst bewähren. Es hängt von organisatorischen Voraussetzungen, dem Betriebsklima, den Persönlichkeiten der Menschen und vielen anderen Punkten mehr ab, wie Führung gehandhabt wird und überhaupt praktikabel ist.

Unternehmensziele

In den Führungsgrundsätzen des Automobilkonzerns BMW findet man folgende Erklärung für die Idee von Führung: »Führen heißt Dienen und Vorbild für andere sein!«

Wenn sich jemand dazu entschließt, ein Unternehmen zu gründen, dann erfolgt dies aus den individuellen Beweggründen des Existenzgründers heraus. Die Motivationen sind vielfältig und reichen vom Wunsch der Verwirklichung einer Geschäftsidee bis hin zur Abwendung von Arbeitslosigkeit.

Aber hierbei handelt es sich ganz klar um Zielausrichtungen der Gründer zum Zeitpunkt des Unternehmensstarts.

Meistens wird dann erst einmal »drauf los« gearbeitet. Wenn es gut läuft, wächst das Unternehmen, es werden Kunden akquiriert, Mitarbeiter eingestellt, Aufträge abgearbeitet. Mit der wachsenden Größe eines Unternehmens wird dann schnell klar, dass tragfähige Strukturen ausgebildet werden müssen.

Zielbildung für das Unternehmen

Mit dem Wachstum des Unternehmens verändert sich auch der Zielbildungsprozess. Immer mehr Personengruppen stehen in Beziehung zum Unternehmen und sind damit auch an der Zielbildung beteiligt. Zu der Kerngruppe im Unternehmen zählen die Eigentümer, die Mitarbeiter der Führungsebene sowie die Belegschaft. Zu den so genannten Satellitengruppen, also denjenigen, die einen indirekten Einfluss auf die Ziele der Unternehmung ausüben, gehören Banken oder Gewerkschaften.

Wer seine Interessen und Ziele jeweils in das Zielsystem der Unternehmung einbringen kann und welche Gewichtung der Ziele dann erfolgt, hängt von der jeweils gegebenen Unternehmenssituation ab.

Direkter Einfluss durch:
▶ Eigentümer
▶ Führungsgruppe
▶ Mitarbeiter

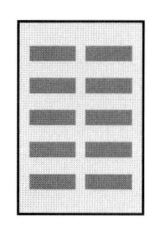

Unternehmen

Indirekter Einfluss durch:
▶ Banken
▶ Gewerkschaften
▶ Kunden
▶ Lieferanten

Dass einzelne Mitarbeiter zum Teil andere Ziele verfolgen als die Geschäftsleitung, liegt nahe. Und auch die Banken haben mit Sicherheit wiederum andere Ziele.

Ein gerne zitiertes oberstes Ziel eines marktwirtschaftlich orientierten Unternehmens ist die langfristige Gewinnmaximierung. Aber dieser Ansatz kommt aus der Theorie. Bei den meisten Unternehmen ist Gewinnmaximierung jedoch keineswegs das einzige und oberste Ziel.

Die Praxis zeigt, dass die meisten Unternehmen nicht nur »dem Gewinn hinterherlaufen«. Neben Aspekten wie Marktanteilen oder Arbeitsplatzsicherung gewinnen beispielsweise auch ökologische Zielsetzungen immer mehr an Bedeutung.

Für Unternehmen wird also nicht nur ein Ziel definiert, sondern es entstehen vielschichtige Zielsysteme.

Um Ziele in das Zielsystem der Unternehmung eingliedern zu können, sind zunächst einige Aspekte zu klären:

Reihenfolge In welcher Reihenfolge sollen die Ziele erreicht werden? Eine Rangordnung mit einer Einteilung in Ober-, Zwischen- und Unterziele ist notwendig.

Sinnvolle Ziele auszuwählen und als Richtschnur für künftiges Handeln verbindlich festzulegen ist das Schlüsselproblem erfolgreichen Handelns.

Zeitraum Auf welchen Zeitraum beziehen sich die Ziele? Ziele können kurz- (bis ein Jahr), mittel- (ein bis fünf Jahre) oder langfristig (über fünf Jahre) formuliert sein.

Die Zielbildung im Unternehmen ist ein aktiver Gestaltungsprozess. Bei kleinen und mittleren Unternehmen werden Zielinhalte selten ausformuliert.

Zweck Für welche organisatorische Einheit bzw. für wen genau gelten die Ziele? Während sich die Unternehmensziele auf das gesamte Unternehmen beziehen, gibt es Bereichsziele, die beispielsweise nur für das Marketing oder die Produktion Geltung haben. Beispiel eines Bereichsziels ist etwa die bestmögliche Maschinenauslastung in der Produktion.

Aber gerade in kleinen und mittleren Unternehmen ist die Ausformulierung solcher Zielinhalte häufig Theorie.

Zielbildung im Unternehmen

Im Zielsystem eines Unternehmens ist eine Vielzahl von Zielen gebündelt. Daraus wird die Grundlage unternehmerischen Handels. Die Beispiele für Unternehmensziele sind vielfältig.

Erfolgsziele	■ Umsatzvolumen ■ Produktivität ■ Wirtschaftlichkeit ■ Gewinn und Rentabilität
Leistungsziele	■ Marktanteil ■ Produktions- und Absatzanteil ■ Qualitätsniveau
Finanzziele	■ Kapitalausstattung ■ Kapitalstruktur ■ Liquidität/Erhalt der Zahlungsfähigkeit
Führungs- und Organisationsziele	■ Gestaltung von Problemlösungsprozessen ■ Führungsstil
Soziale Ziele	■ Gerechte Entlohnung ■ Arbeitsplatzsicherheit ■ Arbeitsbedingungen ■ Mitspracherecht ■ Gewinnbeteiligung ■ Förderung der Mitarbeiter ■ Sozialleistungen
Ökologische Ziele	■ Risikobegrenzung ■ Emissions- und Abfallbegrenzung ■ Ressourcenschutz

Mitarbeiter müssen die für sie verbindlichen Ziele kennen und verstehen.

Es ist aber nicht nur für die großen Unternehmen wichtig, dass Unternehmensziele definiert und bekannt sind, denn sie begründen Verhaltensweisen im Inneren der Unternehmen und nach außen hin. Sie sind die Basis für Unternehmensgrundsätze und damit für das Leitbild der Unternehmung.

Checkliste: Welche Ziele hat Ihr Unternehmen?

✍ Welche Ziele haben Sie persönlich in Bezug auf Ihre Unternehmung oder die Firma, für die Sie tätig sind? ....

✍ Welche Unternehmensziele gibt es? ....

✍ Sind die Ziele des Unternehmens schriftlich formuliert? ....

	Ja	Nein
✍ Stimmt die tatsächliche Zielausrichtung mit den schriftlich formulierten Zielen überein?	❏	❏
✍ Kennen die Mitarbeiter die Unternehmensziele?	❏	❏
✍ Können die Mitarbeiter aktiv am Zielbildungsprozess teilnehmen?	❏	❏
✍ Nimmt außerhalb Ihres Unternehmens jemand am Zielbildungsprozess teil?	❏	❏

✍ Wer? ....

✍ Werden die Unternehmensziele aktualisiert und neuen Gegebenheiten angepasst?	❏	❏

Unternehmensleitbild

Um Führungskräften eine Grundlage für ihr Handeln im Unternehmen zu geben, sind Unternehmens- und Führungsgrundsätze unumgänglich. Erst durch eine gemeinsame Zielausrichtung ist ein »Ziehen an einem Strang« möglich.

Unter einem Unternehmensleitbild versteht man die Grundsätze über Ziele und Verhaltensweisen des Unternehmens, an denen sich alle unternehmerischen Tätigkeiten orientieren sollten.

Unternehmensgrundsätze werden für das Verhalten des Unternehmens gegenüber seiner Umwelt formuliert, also gegenüber Kunden, Lieferanten, Banken oder Behörden.

Führungsgrundsätze beziehen sich demgegenüber bewusst auf das Verhältnis zwischen den Mitgliedern der Führungsebene und den Mitarbeitern.
Diese Grundsätze werden in einem Unternehmensleitbild zusammengefasst.

Beispiel eines Unternehmensleitbildes

Das Kosmetikunternehmen Florena veröffentlicht im Internet ein Unternehmensleitbild, das wirklich beispielhaft ist. Unter der Adresse www.florena.de können Sie die Unternehmensseite auch selbst aufsuchen, sofern Sie Zugriff auf das Internet haben.

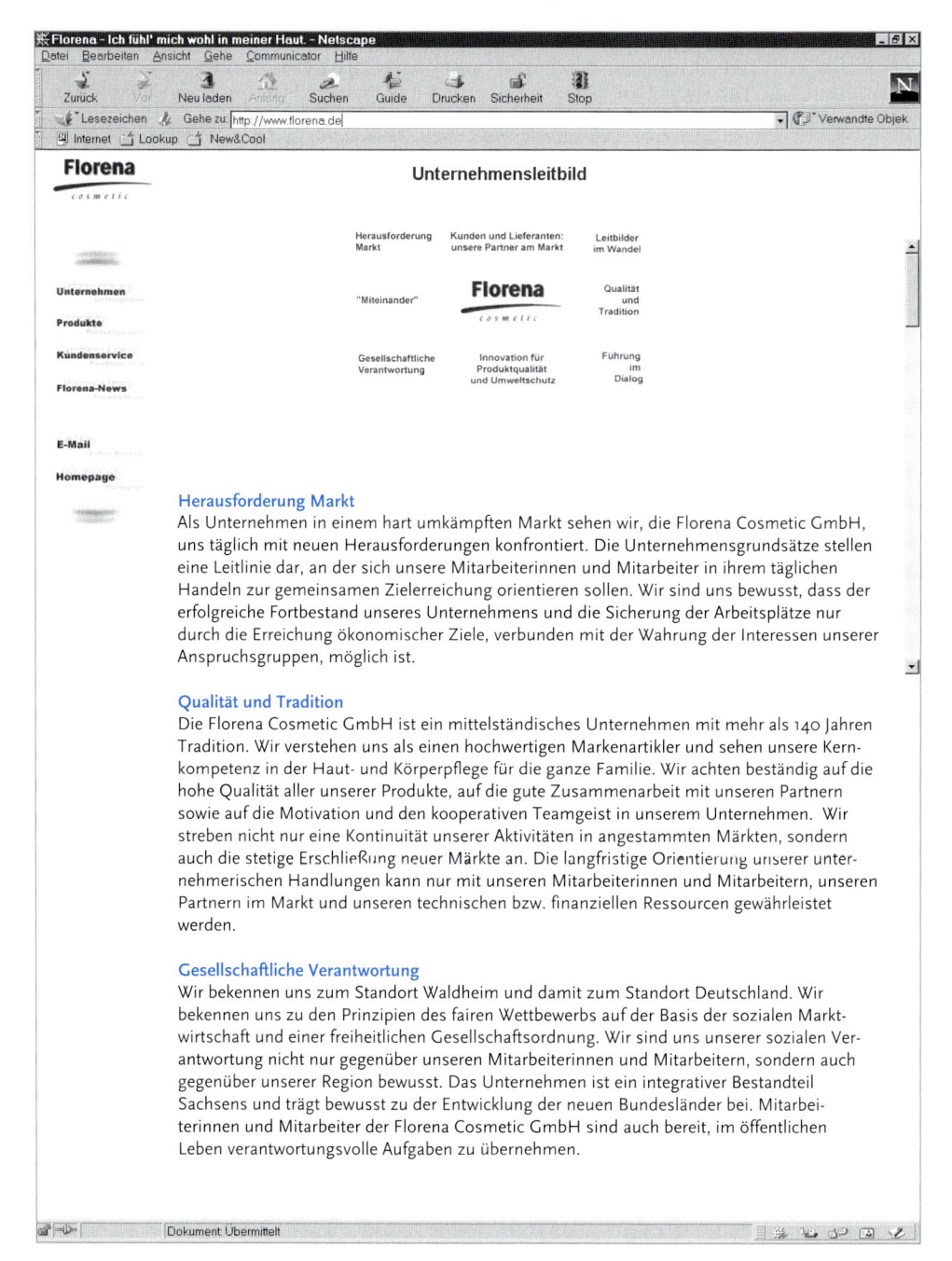

Herausforderung Markt
Als Unternehmen in einem hart umkämpften Markt sehen wir, die Florena Cosmetic GmbH, uns täglich mit neuen Herausforderungen konfrontiert. Die Unternehmensgrundsätze stellen eine Leitlinie dar, an der sich unsere Mitarbeiterinnen und Mitarbeiter in ihrem täglichen Handeln zur gemeinsamen Zielerreichung orientieren sollen. Wir sind uns bewusst, dass der erfolgreiche Fortbestand unseres Unternehmens und die Sicherung der Arbeitsplätze nur durch die Erreichung ökonomischer Ziele, verbunden mit der Wahrung der Interessen unserer Anspruchsgruppen, möglich ist.

Qualität und Tradition
Die Florena Cosmetic GmbH ist ein mittelständisches Unternehmen mit mehr als 140 Jahren Tradition. Wir verstehen uns als einen hochwertigen Markenartikler und sehen unsere Kern-kompetenz in der Haut- und Körperpflege für die ganze Familie. Wir achten beständig auf die hohe Qualität aller unserer Produkte, auf die gute Zusammenarbeit mit unseren Partnern sowie auf die Motivation und den kooperativen Teamgeist in unserem Unternehmen. Wir streben nicht nur eine Kontinuität unserer Aktivitäten in angestammten Märkten, sondern auch die stetige Erschließung neuer Märkte an. Die langfristige Orientierung unserer unter-nehmerischen Handlungen kann nur mit unseren Mitarbeiterinnen und Mitarbeitern, unseren Partnern im Markt und unseren technischen bzw. finanziellen Ressourcen gewährleistet werden.

Gesellschaftliche Verantwortung
Wir bekennen uns zum Standort Waldheim und damit zum Standort Deutschland. Wir bekennen uns zu den Prinzipien des fairen Wettbewerbs auf der Basis der sozialen Markt-wirtschaft und einer freiheitlichen Gesellschaftsordnung. Wir sind uns unserer sozialen Ver-antwortung nicht nur gegenüber unseren Mitarbeiterinnen und Mitarbeitern, sondern auch gegenüber unserer Region bewusst. Das Unternehmen ist ein integrativer Bestandteil Sachsens und trägt bewusst zu der Entwicklung der neuen Bundesländer bei. Mitarbei-terinnen und Mitarbeiter der Florena Cosmetic GmbH sind auch bereit, im öffentlichen Leben verantwortungsvolle Aufgaben zu übernehmen.

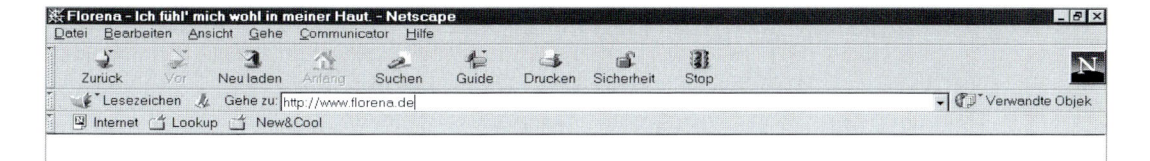

Kunden und Lieferanten: unsere Partner im Markt

Mittelpunkt aller unserer Obliegenheiten sind marktgerechte Leistungsangebote. Kundenanforderungen sind uns dabei Orientierung und Qualitätsmaßstab. Die Beziehung zu Kunden und Lieferanten sehen wir dabei als Partnerschaft. Dieses Verhältnis ist geprägt von Vertrauen, Fairness, Aufrichtigkeit und von Respekt vor der Persönlichkeit, der Kompetenz und den individuellen Bedürfnissen der Marktpartner, auf die wir differenziert einzugehen versuchen. Der Erfolg und die Zufriedenheit unserer Kunden ist die Grundlage für solide Geschäftsbeziehungen und damit für dauerhaften Unternehmenserfolg. Wir suchen unsere Lieferanten im freien Wettbewerb: Qualität, Preis und Zuverlässigkeit entscheiden über die Geschäftsbeziehung. Sollte es, durch welchen Grund auch immer, zu Unstimmigkeiten kommen, sehen wir es als unsere Pflicht an, den Konflikt im gemeinsamen Einvernehmen mit allen Beteiligten zu lösen. Wir werben und informieren sachlich, wahrheitsgetreu und kontinuierlich. Die wichtigsten Träger der Öffentlichkeitsarbeit sind jedoch unsere Mitarbeiterinnen und Mitarbeiter. Durch ihr Verhalten und Handeln bestimmen sie den Stellenwert der Florena Cosmetic GmbH in der Öffentlichkeit. In diesem Verständnis legt die Geschäftsführung ebenfalls hohen Wert darauf, die Mitarbeiterinnen und Mitarbeiter nach außen gebührend zu repräsentieren.

»Miteinander«

Wir betrachten unsere Mitarbeiterinnen und Mitarbeiter als wesentlichen Garanten unseres Erfolges. Jede Mitarbeiterin und jeder Mitarbeiter kann stolz auf diesen Erfolg sein, denn er ist das Resultat eines effektiven Zusammenwirkens jedes Einzelnen. Es gibt keinen unwichtigen bzw. minderwertigen Arbeitsplatz. Jede Mitarbeiterin und jeder Mitarbeiter hat für uns eine hohe Bedeutung. Darüber hinaus bekennen wir uns zur Chancengleichheit von Frauen und Männern. Es gilt, dass fairen Mitarbeiterleistungen auch faire Unternehmerleistungen gegenüberstehen. Alle unsere Mitarbeiterinnen und Mitarbeiter sehen es als eine persönliche Herausforderung an, ihren bestmöglichen Anteil zum Erfolg des Unternehmens beizutragen. Dafür stellen wir unseren Mitarbeiterinnen und Mitarbeitern humane Arbeitsbedingungen, leistungsgerechte Vergütung, soziale Leistungen, innerbetriebliche Information sowie zukunftsgerichtete Weiterbildung und Förderung bereit. Unsere interne Kommunikation wird durch regelmäßige Gespräche und Belegschaftsversammlungen gestützt. Da das Verhältnis gegenüber und unter unseren Mitarbeiterinnen und Mitarbeitern von Vertrauen, Offenheit und Ehrlichkeit geprägt ist, erwarten wir, dass auch in diesem Rahmen Problembereiche konkret thematisiert werden und konstruktive Kritik ausgeübt wird. Die Bewältigung unternehmerischer Herausforderungen gelingt nur in einer kooperativen Atmosphäre. In diesem grundsätzlichen »Miteinander« aller Beteiligten sind wir auch an einer starken institutionellen Vertretung der Anliegen der Mitarbeiter und Mitarbeiterinnen interessiert. Dabei werden Vertreter von Arbeitnehmerinnen und Arbeitnehmern über gesetzliche und vertragliche Regelungen hinaus in Entscheidungsprozesse der Unternehmensentwicklung mit einbezogen.

Führung im Dialog

Merkmale unserer Organisation sind flache Hierarchien und ein von formalen Barrieren befreiter Dialog zwischen Belegschaftsmitgliedern und Geschäftsführung. Die Aktivitäten der Geschäftsführung sind für die Mitarbeiterinnen und Mitarbeiter transparent gestaltet. Sie sind u.a. darauf ausgerichtet, im Vorfeld über alle grundlegenden Entscheidungen und über die Lage des Unternehmens zu informieren. Die Geschäftsführung ist sich bewusst, dass nur von informierten Mitarbeiterinnen und Mitarbeitern eine Übernahme von Verantwortung und damit unternehmerisches Denken zu erwarten ist. Unseren Führungskräften wird ein großer Handlungs- und Entscheidungsspielraum überantwortet, den sie im verantwortlichen

Umgang mit den ihnen übertragenen Aufgaben und den ihnen anvertrauten Mitarbeiterinnen und Mitarbeitern ausfüllen. Sie sind bereit, neben der Entfaltung ihrer eigenen Ideen und Fähigkeiten, jederzeit die Belange anderer Belegschaftsmitglieder aufzunehmen und sich für sie einzusetzen. Die Führungskräfte sind darüber hinaus stetig aufgefordert, Kreativität, Qualitätsbewusstsein, Flexibilität, Innovationsfreudigkeit und Leistungsbereitschaft der Mitarbeiterinnen und Mitarbeiter anzuregen und gezielt nach individuell zugeschnittenen Entwicklungsmöglichkeiten im Unternehmen zu suchen. Nur über eine solchermaßen gestaltete Selbstentfaltung ist von einer Identifikation der Mitarbeiterinnen und Mitarbeiter mit unserem Unternehmen auszugehen. Offenheit, Informationsaustausch, der Abbau von persönlichen bzw. Abteilungsegoismen und die gemeinsame Planung von Zielen schaffen ein Betriebsklima des Vertrauens und helfen, das Entstehen von Konflikten zu vermeiden. Sollten dennoch Konflikte auftreten, so gilt es, durch verständnisvolles Anhören der konträren Meinungen nach Lösungen zu suchen, mit denen sich im Idealfall alle Beteiligten einverstanden erklären können.

Innovation für Produktqualität und Umweltschutz

Wir haben uns zum Ziel gesetzt, unseren hohen technologischen Stand zu halten. Wir sind dabei offen für Veränderungen und suchen ständig nach Innovationsmöglichkeiten auf allen Gebieten. Jede Mitarbeiterin und jeder Mitarbeiter trägt dafür Sorge, dass bei der Herstellung der Produkte Gesundheit und Unversehrtheit der Belegschaftsmitglieder unverletzbare Werte darstellen, und dass darüber hinaus die Verantwortung für eine lebenswerte Umwelt niemals außer Acht gelassen wird. Nur so ist unsere hohe Produktivität zu rechtfertigen. Die Auswahl der Rohstoffe und Verpackungsmittel und die Entwicklung der Rezepturen orientiert sich an unserem hohen Anspruch an Produktqualität, Umweltausrichtung und Kundennutzen. Unsere Produkte werden nicht an Tieren getestet.

Das Leitbild der Florena Cosmetic GmbH wurde auf der Basis gemeinsamer Vorstellungen und Werte der Geschäftsführung und der Mitarbeiterinnen und Mitarbeiter entwickelt. Durch die ständige Auseinandersetzung mit den zugrunde liegenden Visionen und den Handlungsgrundsätzen, verbunden mit einer kontinuierlichen Reflexion der Handlungsfolge im Tagesgeschäft, sind sie das Abbild eines dynamischen Prozesses und keine starre unwiderrufliche Festsetzung.

Das Unternehmensleitbild ist Bestandteil der Management-Philosophie. Darunter werden die grundlegenden Einstellungen, Überzeugungen und Werthaltungen verstanden, die das Denken und Handeln der maßgeblichen Führungskräfte in einem Unternehmen beeinflussen. Neben dem Unternehmensleitbild gehören dazu auch das Menschenbild und das Leitbild der Wirtschafts- und Gesellschaftsordnung.

Unternehmensziele → Führungs- und Unternehmensgrundsätze → Unternehmensleitbild

Führungsstile und -techniken

Aufgabe eines guten Führungsverhaltens ist es, die Mitarbeiter zur Leistung für das Unternehmen zu motivieren. Die Leistungsmotivation der Mitarbeiter trägt dann dazu bei, dass Unternehmensziele erreicht werden können.

Zum besseren Verständnis haben Wissenschaftler die in der Praxis gegebenen Führungsstile beobachtet und versucht, einige Grundlinien aus allen gezeigten Verhaltensweisen herauszuarbeiten. Man bezeichnet ein solches Führungsverhalten als Führungsstil. Die Ausprägung reicht von einem autoritären, also bestimmend-bevormundenden, hin zu einem kooperativen, alle gleichberechtigt einbeziehenden Führungsstil.

Gut motivierte Mitarbeiter sind bereit, für die Ziele der Unternehmung gute Leistungen zu erbringen. Diese Grundlage im Unternehmen zu schaffen ist eine Führungsaufgabe.

Idealtypische Führungsstile

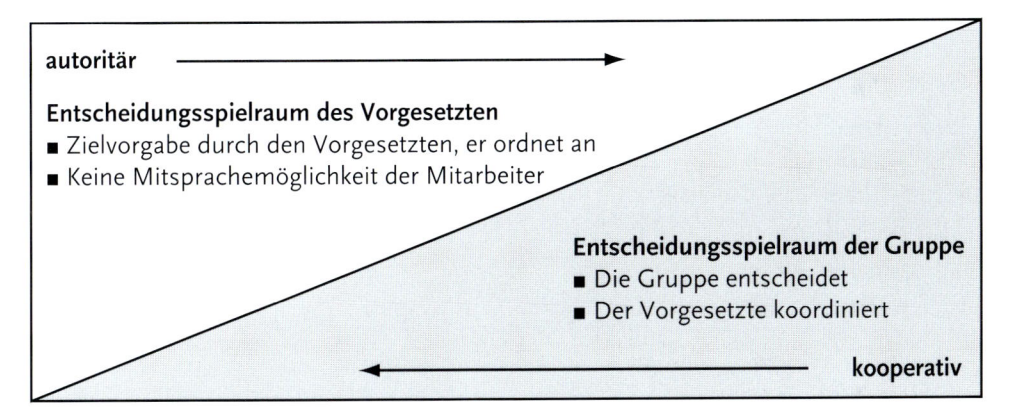

Wie sieht erfolgreiches Führungsverhalten nun aber tatsächlich aus? Führungstechniken, in der Praxis als so genannte »Management by«-Techniken bekannt, versuchen Empfehlungen für erfolgreiches Führungsverhalten abzugeben.

Management by Objectives (MbO) – Führung durch Zielvereinbarung

Funktionsweise Vorgesetzte und Mitarbeiter erarbeiten gemeinsame Zielsetzungen für alle Führungsebenen. Vorschriften für die Zielerreichung werden nicht festgelegt.

Zielsetzung Die Mitarbeiter sollen zu mehr Leistungsbereitschaft und Mitverantwortung angeregt werden. Die Vorgesetzten sollen entlastet werden.

Voraussetzung Dieses Führungsmodell beruht auf Analysen des Ist-Zustandes. Die Unternehmensziele müssen in ein hierarchisches System von Zielen untergliedert werden. Diese müssen von Vorgesetzten und Mitarbeitern gemeinsam erarbeitet werden.

Vorteile Die Ressourcen der Mitarbeiter werden mobilisiert. Die Führungsspitze wird entlastet, eine hohe Zielidentifikation erreicht.

Nachteile Zielabstimmungen über Abteilungsgrenzen hinweg sind nicht leicht durchzuführen. Der Zielbildungsprozess ist zeitaufwändig. Es besteht die Gefahr, dass eine Konzentration auf messbare Ziele erfolgt und »weiche« Ziele, wie Qualität und Service, vernachlässigt werden.

Management by Exception (MbE) – Führung durch Abweichungskontrolle und Eingriff in Ausnahmefällen

Erst wenn Abweichungen vom »Normalen« registriert werden, müssen die Führungskräfte eingreifen. Dieses Führungsmodell baut auf einem umfangreichen Regelwerk auf, das Basis für den Alltag ist und auf diesem Weg zu einer Arbeitsentlastung der Mitarbeiter führen soll.

Funktionsweise Der Vorgesetzte schaltet sich in das Geschehen erst ein, wenn vorher festgesetzte Grenzen überschritten werden oder unvorhergesehene Ereignisse eintreten.

Zielsetzung Auch dieses Verfahren soll eine höhere Leistungsbereitschaft und Mitverantwortung fördern.

Voraussetzung Dies Führungsmodell ist ein Informationssystem, das Abweichungen vom »normalen« Zustand signalisiert (Soll-Ist-Vergleich). Es entlastet Vorgesetzte und regelt Zuständigkeiten.

Vorteile Dieses Führungsmodell spart Zeit. Es ermöglicht eine schnelle Feststellung und Zuordnung von kritischen Abweichungen.

Nachteile Es unterdrückt Eigeninitiative und Kreativität der Mitarbeiter. Es ist ausschließlich auf die Vergangenheit gerichtet, ein Vorwärtsschauen (feed forward) fehlt. Positive Abweichungen sind folgenlos, weil nur Negativreaktionen beachtet werden.

Management by Delegation (MbD) – Führung durch Aufgabendelegation

Funktionsweise Delegation heißt Übertragung von Verantwortung. Der Vorgesetzte übergibt bestimmte Aufgaben an seinen Mitarbeiter, dieser bekommt die entsprechenden Kompetenzen und Spielräume.

Zielsetzung Die Mitarbeiter sollen zu Leistungsbereitschaft durch Eigenverantwortung angeregt werden. Die Vorgesetzen werden von Detailaufgaben befreit und können sich auf Führungsaufgaben konzentrieren.

Voraussetzung Ohne Stellenbeschreibungen kann dieses Führungsmodell nicht umgesetzt werden. Die Mitarbeiter müssen über transparente Ziele sowie Informationssysteme verfügen. Extreme Hierarchien sollten abgebaut werden, denn Management by Delegation arbeitet kooperativ, nicht autoritär.

Vorteile Die Entscheidungen werden auf den Ebenen getroffen, auf denen Fachwissen und Erfahrungen gesammelt wurden. Das Verantwortungsbewusstsein, die Leistungsmotivation und die Eigeninitiative der Mitarbeiter steigt.

Nachteile Es werden nur vertikale Hierarchiebeziehungen berücksichtigt, horizontale bleiben unbeachtet. Die Gefahr einsamer Einzelentscheidungen ist nicht zu leugnen. Zudem ist zu verhindern, dass Vorgesetzte nur uninteressante Aufgaben delegieren.

Management by System (MbS) – Führung durch Systemsteuerung

Funktionsweise Das Unternehmen wird als großes System gesehen, dass einem Regelkreis vergleichbar ist. Es erfolgt eine Systematisierung von Verfahren und Methoden. Eine Vielzahl von Vorschriften und Arbeitsanweisungen, insbesondere für Routinetätigkeiten, bestimmt die Arbeit.

Zielsetzung Ziel ist es, unter Integration, also Einbeziehung aller Teilsysteme des Unternehmens ein bestmögliches Gesamtsystem zu erreichen. Die menschliche Arbeit soll sich der Technik im Interesse einer zügigen Abwicklung unterordnen.

Voraussetzung Eine zielorientierte Organisation ist für dieses Verfahren unabdingbar. Es muss ein leistungsfähiges Planungs-, Informations- und Kontrollsystem geschaffen werden.

Vorteile Routineprozesse können computerunterstützt weitgehend automatisch gesteuert werden. Entscheidungsfindungen werden beschleunigt.

Das Model »Führung durch Aufgabendelegation« funktioniert nur, wenn die Mitarbeiter auch bereit sind, Verantwortung zu übernehmen bzw. die Führungskräfte bereit sind, Verantwortung abzugeben.

Nachteile Es fehlt ein integrierendes Management-, Planungs-, Informations- und Kontrollsystem. Entwicklung und Einführung verursachen hohe Kosten.

Stammtisch

Anke zieht Josef zur Begrüßung auf: »Hallo! Bringst du deinen Mitarbeitern auch immer Pizza an den Arbeitsplatz, so wie der nette erfolgreiche Jungunternehmer in der Fernsehwerbung?«

Wer über Unternehmenskultur und Betriebsklima nachdenkt, der muss organisatorische und individuelle Bedürfnisse gleichermaßen berücksichtigen. Wandel braucht Zeit, und er muss angemessen vermittelt werden.

Josef reagiert gelassen. »Nein, die Mitarbeiter in meinem Unternehmen gehören nicht zur Pizzageneration!«, erwidert er und erzählt dann, dass er als Führungsperson tatsächlich einige Probleme hat.

Die Bauträgergesellschaft wurde vor 30 Jahren gegründet. Die Mitarbeiter sind dementsprechend alle zwischen 30 und 15 Jahren im Unternehmen tätig. »Ich bin tatsächlich der Jüngste in der Crew!«, fügt er ein. Sein Schwiegervater, der jetzt 30 Jahre das Unternehmen geführt hat, gehört noch zu denjenigen, die gerne anordnen, was gemacht wird und selten einen der Mitarbeiter um seine Meinung bitten.

Josef hingegen hat nach seiner Ausbildung als Informatiker jahrelang in jungen dynamischen Unternehmen in der EDV-Branche gearbeitet und ist einen anderen Führungsstil gewohnt. Das sich in seinem alten Unternehmen alle, einschließlich der Führungsebenen duzten, war nur ein äußerlicher Unterschied. Tatsächlich wurden den Mitarbeitern viel Entscheidungsspielraum und Mitsprachemöglichkeiten gelassen. Dort, wo es möglich war, wurde von der Führungsebene eher koordiniert.

»Die Mitarbeiter glaubten, ich wolle sie austesten, wenn ich sie um einen Rat oder um eine Entscheidung gebeten haben«, erzählt Josef. »Obwohl sie doch alle eindeutig mehr Erfahrung hatten als ich, erwarteten sie, dass ich alles bestimmte. Denn so waren sie es ja gewohnt. Die zwei Jahre im Unternehmen waren ein Lernprozess, sowohl für mich als auch für die Mitarbeiter! Wir haben uns einander in vielen kleinen Schritten angenähert!«

Dagmar ergänzt: »Dann ist das bei euch ja gut gelaufen! Es kostet viele Unternehmen erhebliche Aufwendungen, nervlicher wie finanzieller Art, die Strukturen flexibler zu gestalten. Man darf nicht zu ungeduldig sein und muss der Belegschaft Zeit lassen. Außerdem ist es wichtig, Schulungen bereit zu stellen.«

Unternehmensstrategien

Wenn die entwickelten Unternehmensziele nicht nur auf dem Papier in Leitbilder der Unternehmen einfließen sollen, sondern tatsächlich verwirklicht werden sollen, dann müssen Wege zur Zielrealisierung gefunden werden. Diesen Weg festzulegen heißt: eine Strategie entwickeln.

Jedes Unternehmen muss zu seiner spezifischen Strategie kommen, um am Markt bestehen zu können. In der Theorie kann man dabei Überlebensstrategien und Wachstumsstrategien unterscheiden. Wenn Branchen Probleme haben oder wenn die Gesamtwirtschaftsentwicklung rezessiv ist, kämpfen Unternehmen um das Überleben und müssen ihre Strategien anpassen. Wenn sie dagegen am potenziellen Marktwachstum teilnehmen wollen, müssen sie anders vorgehen. Im Folgenden werden zwei verbreitete Wachstums-Strategie-Konzepte vorgestellt, die jeweils einen spezifischen Schwerpunkt haben, nämlich die Produkt-Markt-Strategien und die Wettbewerbsstrategien.

Unternehmensstrategien werden entwickelt, um Unternehmensziele zu erreichen. Strategie ist ursprünglich ein Begriff aus dem militärischen Bereich. Er stammt aus dem Griechischen und wurde Ende des 18. Jahrhunderts von den Franzosen übernommen, um damit die Kunst der Führung von Streitkräften im Krieg zu bezeichnen.

Produkt-Markt-Strategien

Der große Ökonom Igor Ansoff leistete Bahnbrechendes, als er sich in den sechziger Jahren mit dem Thema Strategie beschäftigte. Nach ihm werden Wachstumsstrategien in der Regel nach folgenden Gesichtspunkten eingeteilt:

- Marktdurchdringung
- Marktentwicklung
- Produktentwicklung
- Diversifikation

Marktdurchdringung Wenn im Unternehmen die Entscheidung getroffen wird, den bestehenden Markt mit den vorhandenen Produkten intensiver zu bearbeiten, dann spricht man von Marktdurchdringung. Durch gezielte Maßnahmen wird beispielsweise versucht, die Absatzmenge pro Kunde zu steigern. Wo bisher pro Haushalt ein Telefonanschluss üblich war, ist jetzt der Zweitanschluss für die telefonierenden Kinder unumgänglich. Oder es werden neue Kunden hinzugewonnen. Bei einem wachsenden Markt wird dabei versucht, den eigenen Marktanteil zu halten oder zu vergrößern. Wenn der Markt nicht wächst, dann heißt Marktdurchdringung, dass das Unternehmenswachstum auf Kosten anderer Unternehmen erfolgen muss.

Durch gezielte Maßnahmen können Nachfragesteigerungen auf einem bestehenden Markt erreicht werden. Nach den Managern, den privaten Haushalten und den Jugendlichen sind beispielsweise Kinder die neueste Zielgruppe für Handys.

Marktentwicklung Eine weitere Möglichkeit besteht darin, neue Märkte zu erschließen, beispielsweise sein Produkt auf einem neuen regionalen Markt einzuführen oder neue Zielgruppen anzusprechen. Es handelt sich bei dieser Vorgehensweise um eine Marktentwicklung.

Produktentwicklung Betreibt man hingegen die Strategie der Produktentwicklung, dann versucht man, die bisherigen Kunden mit neuen Produkten anzusprechen. Dabei können beispielsweise alte Produktprogramme erweitert werden. Von Produktentwicklung spricht man beispielsweise dann, wenn für den Staubsauger auch noch die völlig neuartige Aufsatzbürste zum Reinigen der Polstermöbel und Heizkörper in das Programm aufgenommen wird.

Diversifikation kann vertikal, also bezogen auf eine vor- oder nachgelagerte Produktionsstufe, horizontal, d. h. auf der gleichen Produktionsstufe mit sachlichem Zusammenhang, oder lateral, d. h. völlig ohne sachlichen Zusammenhang erfolgen.

Diversifikation Die Strategie der Diversifikation (Veränderung, Vielfalt) hingegen zielt auf ein Wachstum mit neuen Produkten auf neuen Märkten. Wenn auf einem Bauernhof ein Bauernladen eingerichtet wird, in dem die weiterverarbeiteten Produkte wie Brot oder Fleisch verkauft werden, wenn ein Unternehmen also Produkte in seinem Sortiment aufnimmt, die bisher einer vor- oder nachgelagerten Produktionsstufe angehörten, dann ist dies eine so genannte vertikale Diversifikation. Würde der Bauer sich entschließen, ergänzend noch eine Straußenfarm aufzubauen, dann ist dies eine horizontale Diversifikation. Horizontal deshalb, weil die neuen Produkte zu den bisherigen Produkten einen eindeutigen sachlichen Zusammenhang zeigen, sie stehen »gleichberechtigt neben« ihnen. Entschließt sich der Bauer hingegen, neben seinen Bauernhof eine Versicherungsagentur zu betreiben, dann handelt es sich um laterale Diversifikation. Zwischen den bisherigen und den neuen Produkten findet sich kein sachlicher Zusammenhang.

Von den Diversifikationsstrategien ist die letztgenannte mit Sicherheit die schwierigste; denn in diesem Fall kann nicht auf vorhandenes Know-how zurückgegriffen werden. Man fängt sozusagen von vorn an. Der Vorteil ist, dass der Eintritt in eine andere Branche eine Risikostreuung zulässt.

Wettbewerbsstrategien

Es gibt verschiedene Strategien, mit denen sich Unternehmen dem Wettbewerb erfolgreich stellen können. Michael Porter, Professor in Harvard und weltweit anerkannter Berater in Sachen Wettbewerbsstrategie, hat 1983 drei Strategiegruppen unterschieden:

- Kostenführerschaft
- Differenzierung
- Konzentration auf Schwerpunkte

Kostenführerschaft Eine Wettbewerbsstrategie, die zur Zeit im Handel zu erbitterten Kämpfen führt, ist die Strategie der Kostenführerschaft. Das Prinzip läuft darauf hinaus, dass man im Verhältnis zur Konkurrenz die geringsten Kosten hat. Dies wird durch strenge Kostenkontrolle, den aggressiven Aufbau von Produktionsanlagen mit effektiver, weil wirtschaftlicher Größe (im Englischen spricht man hier von »economies of scale«) und andere Verfahren erreicht.

Von den mit dieser Strategie verbundenen Preissenkungen profitiert in erster Linie der Kunde.

Preisführerschaft Wer die geringsten Kosten hat, kann durch Preissenkungen seinen Umsatz vergrößern. Er kann ein bestimmtes Produkt oder, wie üblich, ein Sortiment günstiger als alle Konkurrenten anbieten. Diese Preisführerschaft mündet oftmals in einem ruinösen Preiskampf. Wahlweise kann das Unternehmen versuchen, bei gleichen Preisen seinen Gewinn zu erhöhen.

Differenzierungsstrategie Bei der Differenzierungsstrategie wird versucht, das eigene Produkt von denen der Konkurrenz abzuheben. Diese Abgrenzung gegenüber den Konkurrenzprodukten kann über ein gutes Design, eine gute Werbung oder eine hervorragende Kundenbetreuung erfolgen. Hier sind der Fantasie eigentlich keine Grenzen gesetzt.

Konzentration auf Marktnischen Eine andere Möglichkeit ist die Konzentration auf Marktnischen. Solche Nischen können bestimmte Abnehmergruppen, ein bestimmter Teil des Produktionsprogramms oder ein geografisch abgegrenzter Markt sein. Wenn eine kleinere Schuhfabrik feststellt, dass sie mit den normalen Schuhen keine Chance im Konkurrenzkampf hat, und dann beschließt, nur noch Schuhe in Übergrößen herzustellen, dann besetzt sie eine Nische. Desgleichen die kleine Eisenbahngesellschaft, die Strecken bedient, die von den großen Unternehmen nicht angefahren werden. Der Erfolg dieser Strategie beruht darauf, dass sich die Konkurrenz, die auch außerhalb der Nischen agiert, einem breiteren Wettbewerb stellen muss.

Insbesondere kleinere Unternehmen versuchen, durch das Besetzen von Nischen am Markt ihre Existenz zu sichern und konkurrenzfähig zu bleiben.

Strategisches Management

Planungen sind wegen ihrer Zukunftsorientierung mit vielen Unsicherheiten belastet. Wer Lotto spielt, weiß, wie groß die Wahrscheinlichkeit ist, dass sich Annahmen über Zahlenkombinationen bestätigen oder Serien wiederholen. Ebenso groß ist die Wahrscheinlichkeit, dass Prognosen über bestimmte Entwicklungen eintreffen.

Was in der Vergangenheit richtig war, muss noch lange nicht auch in der Zukunft richtig und vernünftig sein. Zum einen gibt es keinerlei – sozusagen wissenschaftlich fassbare – Gewähr dafür, dass sich Entwicklungen fortschreiben. Zum anderen können sich die Umfeldbedingungen aus den unterschiedlichsten Gründen und auf unterschiedlichste Weise verändern.

Auch wenn es wie eine Binsenwahrheit klingt: Handlungen und Maßnahmen können nur im Zusammenhang mit den Rahmenbedingungen beurteilt werden, unter denen sie erfolgen. Will man Strategien für die Zukunft ausarbeiten, dann muss man eben diese Rahmenbedingungen mit betrachten.

Neue Ansätze zu entwickeln heißt nicht zugleich, die vergangenen Bemühungen zu kritisieren. Aber in einer sich stetig verändernden Welt reicht es nicht aus, ein Unternehmen mit Blick auf die erreichten Erfolge vergangenheitsorientiert in vorhandenen Strukturen, Tätigkeitsfeldern und Abläufen zu führen. Es ist enorm wichtig, auch schnell und angemessen auf Veränderungen reagieren zu können.

Dennoch muss natürlich die Zukunft geplant werden. Dieser Planungsprozess erfolgt mit der Erarbeitung der Unternehmensziele. Strategische Planung ist problem- und zukunftsbezogen. Sie wird stets bemüht sein, auch längerfristige Aspekte in die Überlegungen einzubeziehen.

> **Zentrale Fragen der Unternehmensführung**
> **Strategische Führung** Die Leitfrage der strategischen Planung lautet: Was soll gemacht werden?
> **Operative Führung** Die Leitfrage der operativen, also der betrieblichen Planung lautet: Wie und mit welchen Mitteln soll die Durchführung erfolgen?

Jede Unternehmensführung wird es anstreben, das Unternehmen optimal im Markt zu positionieren. Ausgangspunkt jeder strategischen Planung sind deshalb die Analyse des Umfeldes und die Analyse der unternehmenseigenen Bedingungen.

Um eine Planung überhaupt möglich zu machen, müssen Annahmen und Prognosen entwickelt werden. Diese können dann in so genannten Planspielen überprüft werden, man spricht hier auch von Szenarios.

Besondere Beachtung verdienen Annahmen, bei denen folgende Voraussetzungen gegeben sind:

- Es besteht eine hohe Wahrscheinlichkeit für Abweichungen.
- Entscheidungen sind besonders wichtig für das Unternehmen.
- Im Abweichungsfall muss schnell reagiert werden.

Unternehmenskultur

In einem Unternehmen arbeiten Menschen miteinander. Jeder Einzelne hat eine Aufgabe oder Funktion im Gefüge der Gesamtunternehmung, die er individuell angeht. Aus diesen Handlungen jedes Einzelnen in einer Gruppe entstehen Handlungs- und Denkmuster, Orientierungsmuster, Überzeugungen und gemeinsame Werthaltungen.

> **Unternehmenskultur**
> Die Wirkung einer Unternehmung in der Öffentlichkeit wird gebildet durch die Summe der Normen, Werte, Denkhaltungen und Verhaltensweisen in der Unternehmung. Dieses Erscheinungsbild wird als Unternehmenskultur bezeichnet.

Eine Unternehmenskultur gestaltet sich also zunächst einmal durch die Mitarbeiter in den Gruppen und die Gruppenprozesse in den Unternehmen. Das offiziell gebilligte morgendliche Gespräch mit den Kollegen bei einer Tasse Kaffee kann dabei genauso Bestandteil der Unternehmenskultur sein wie die allgemeine Einstellung: Am Abend lieber fünf Minuten früher den Griffel hinwerfen als fünf Minuten zu spät. Aber auch wenn die Mitarbeiter signalisieren: »Hier macht die Arbeit Spaß«, dann ist das Bestandteil der Unternehmenskultur.

Ein Unternehmen hat also in jedem Fall eine Unternehmenskultur, ob diese von der Unternehmensführung bewusst gestaltet wird und so gewollt ist oder nicht. Sie ist eine Größe im Unternehmen, die dem Einzelnen Sinn und Orientierung vermittelt, Motivationspotenziale weckt und Übereinstimmung bzw. Identität schafft.

Für die Geschäftsleitung eines Unternehmens bietet eine gute Unternehmenskultur vielfältige Vorteile:

Orientierung Sie gibt den Mitarbeitern eine klare Orientierung, weil die verschiedenen Sichtweisen von Ergebnissen und Situationen eindeutig definiert sind.

Kommunikation Sie unterstützt ein komplexes, inoffizielles Kommunikationsnetz, das eine reibungslose Kommunikation ermöglicht. Moderne Büroorganisationssysteme schaffen eigene Kommunikationsräume. So werden etwa Büros um eine Cafeteria herum gelagert, um den zwanglosen Austausch zu fördern.

Eine freundliche Mitarbeiterin am Empfang kann genauso Teil der Unternehmenskultur sein wie der Hausmeister, der sofort zur Stelle ist, wenn man ihn braucht.

Die Werte und Normen in einem Unternehmen sind die Grundlage der Unternehmenskultur.

Entscheidungsfindung Sie ist Grundlage eines raschen Entscheidungsfindungsprozesses.

Umsetzung Einmal getroffene Entscheidungen lassen sich rasch umsetzen, da eine breite Akzeptanz bereits vorhanden ist.

Kontrollfreiheit Der Kontrollaufwand verringert sich, da Orientierungsmuster bereits verinnerlicht sind.

Leistungsbereitschaft Eine gemeinsame Ausrichtung der Gruppenmitglieder fördert die Leistungsbereitschaft und Teamfähigkeit. Ziel der Unternehmensleitung ist es deshalb häufig, die Unternehmenskultur so zu beeinflussen, dass sie mit den Unternehmenszielen und -strategien übereinstimmt.
Es wird in der Praxis also versucht, Unternehmenskultur bewusst zu beeinflussen und zu entwickeln. Maßnahmen zur bewussten Gestaltung und Verbesserung der Unternehmenskultur sind beispielsweise die folgenden:

Gezielte Informationspolitik Unternehmensziele und Grundsätze werden festgeschrieben und öffentlich gemacht. Nur wenn die Mitarbeiter über zukünftige Ausrichtungen informiert sind, können sie sich darin auch wiederfinden. Und nur dann werden sie sie im Alltag zuverlässig umsetzen.

Aus- und Weiterbildungsmaßnahmen Mitarbeiter, die Perspektiven haben, beispielsweise Aufstiegsmöglichkeiten im Unternehmen, stehen auch eher hinter »ihrem Unternehmen«.

Einbeziehung von kulturellen und sozialen Kriterien Um es mit einem Sprichwort zu verdeutlichen: Der Topf muss zum Deckel passen oder umgekehrt.

Legenden und Anekdoten aus der Unternehmensgeschichte schaffen Zusammengehörigkeitsgefühl.

Symbolische Handlungen und Zeremonien Schon der einmal im Jahr stattfindende Betriebsausflug ist den Mitarbeitern wichtig und hat den Charakter eines Rituals, wenn die Leute im Unternehmen fest damit rechnen können.

Corporate Identity Bestandteil einer Unternehmenskultur ist die Gestaltung eines einheitlichen Gesamtbildes. Alle Maßnahmen, die die Selbstdarstellung und Kommunikation im Innenverhältnis sowie nach außen betreffen, haben eine deutlich stärkere Wirkung, wenn sie aufeinander abgestimmt sind.

Die Zeitschrift Computerwoche schrieb kürzlich zu diesem Thema: »Was den eigentlichen Charakter eines Unternehmens ausmacht, ist die innere Einstellung der Mitarbeiter zu ihrer Firma, ist dieses komplexe Gebilde von zwischenmenschlichen Beziehungen der Mitarbeiter eines Unternehmens, ihre formelle und informelle Organisation, ihre Art zu kommunizieren und Informationen auszutauschen, letztendlich auch ihre persönliche Art, miteinander umzugehen. Und dies wiederum macht die innere Kraft eines Unternehmens aus; ein Erfolgsfaktor, der in vielen Fällen über ›Sein oder Nichtsein‹ entscheidet.«

Der zwanglose Austausch zwischen Mitarbeitern kann die Kreativität innerhalb eines Unternehmens fördern. Neue Ideen entstehen oft in einem solchen Umfeld.

Kurzübersicht

Unternehmensziele Die Ziele einer Unternehmung können sowohl von Innen heraus, also von den Eigentümern, der Geschäftsleitung oder den Mitarbeitern gebildet werden, als auch von außen beeinflusst werden, beispielsweise von Banken oder Kunden. Die Unternehmensziele sind das Ergebnis eines aktiven Gestaltungsprozesses, und sie bilden die Grundlage unternehmerischen Handelns.

Unternehmensleitbilder Im Unternehmensleitbild sind die Unternehmensgrundsätze und die Führungsgrundsätze zusammengefasst. Es bildet die Grundlage einer gemeinsamen Zielausrichtung. Daran sollten sich alle unternehmerischen Tätigkeiten orientieren.

Führungsstil und Führungstechnik In der Praxis gibt es verschiedenste Führungsstile. Häufig wird in der Wissenschaft versucht, Führungsstile in bestimmte Typen einzuteilen.

Als Hilfestellung für die Praxis versucht man daraus Führungstechniken als Empfehlung für erfolgreiches Führungsverhalten abzuleiten.

Beispiele sind
- Management by Objectives
- Management by Exception
- Management by Delegation
- Management by System

Bevor es zu spät ist – Krisenmanagement

Unternehmen geraten nicht nur in konjunkturbedingt schlechten Zeiten in Krisen. Auch in guten Zeiten müssen immer wieder Unternehmen aufgeben. Die Gründe für das Scheitern sind vielfältig.

Fehler in der Unternehmensführung

Zur Verdeutlichung ein paar Beispiele:

Fehlbesetzung von Schlüsselpositionen im Unternehmen. Manchmal bekommt nicht der Beste, sondern der mit den besten Kontakten einen Job. Mitunter werden Mitarbeiter auch unzutreffend eingeschätzt. Ein erfolgreicher Stabsmitarbeiter muss nicht unbedingt ein guter Abteilungsleiter sein.

Nichtbeachtung der Marktentwicklung Wenn man sich auf seinen Erfolgen ausruht und versäumt zu beobachten, dass sich der Markt verändert, kann das für ein Unternehmen sehr gefährlich sein.

Mangelnde Kontrolle finanzieller Vorgänge Wer keinen Überblick über seine Zahlen hat, weiß nicht, wo sein Unternehmen steht. Zahlungseingänge und -ausgänge müssen unter ständiger Beobachtung stehen.

Fehler der Angebotsgestaltung Wer Preise falsch gestaltet, dem drohen eine schlechte Auftragslage oder Einbußen beim Gewinn.

Mangelnde Informationspolitik Wenn die Mitarbeiter nicht wissen, wofür sie eigentlich arbeiten, geht die Motivation schnell verloren. Fehlende und falsche Informationen können zu schlechten Arbeitsergebnissen führen.

Fehlinvestitionen Wer eine große Maschine kauft, die dann ungenutzt in der Ecke steht, der schafft sich Kosten, denen keine Erträge gegenüber stehen.

Falsche Standortwahl Wenn am Standort die Kunden fehlen, die laufenden Kosten zu hoch sind oder die Rahmenbedingungen beispielsweise ein weiteres Unternehmenswachstum verhindern, kann das schnell zu großen Problemen führen.

Häufig wird es für das Unternehmen kritisch, wenn zukunftsweisende Entscheidungen von der Unternehmensleitung zu spät getroffen werden, um »das Ruder herum zu reißen«. Häufig droht trotz voller Auftragsbücher Zahlungsunfähigkeit. Welche Strategien dann das Überleben in letzter Sekunde doch noch sichern können, ist mit Blick auf die gegebene Unternehmenssituation zu entscheiden. Die Maßnahmen hängen insbesondere auch davon ab, ob das Unternehmen noch in der Frühphase einer Krise ist oder ob die Situation bereits wirklich existenzbedrohend ist.

Professionelle Hilfe

Wenn Ihr Unternehmen in die Krise rutscht, scheuen Sie sich nicht davor, professionelle Hilfe in Anspruch zu nehmen. Krisenberatungen und Existenzsicherungsberatungen werden von der Bundesregierung gefördert.

Grundsätzlich muss in einer solchen Krisensituation das gesamte Unternehmen auf Schwachstellen hin überprüft werden. Insbesondere das Leistungsangebot muss kontrolliert werden. Es gilt, eine Reihe von Schlüsselfragen zu beantworten.

- Gibt es noch eine Übereinstimmung zwischen der Nachfrage am Markt und dem Angebot der Unternehmung?
- Gibt es einzelne Bereiche, die das Unternehmen belasten?
- Wie sehen die personellen Kapazitäten aus, wie die materielle Kapazitäten aus? Stimmen sie mit den Anforderungen noch überein?
- Wie sieht es im Bereich Finanzen aus? Werden alle Daten regelmäßig überprüft? Eine ganz einfache Frage in diesem Zusammenhang ist: Werden die Rechnungen rechtzeitig gestellt?

In diesem Zusammenhang ein kleiner Tipp: Wenn Sie finanzielle Engpässe haben, achten Sie unbedingt darauf, dass Sie vor allem die Zahlungen an Krankenkassen (insbesondere die Arbeitnehmeranteile der Sozialversicherung) und an das Finanzamt leisten. Diese Stellen beantragen das Insolvenzverfahren besonders eilig!

Je früher die Schwachstellen eines Unternehmens erkannt werden, desto größer sind die Chancen, dass mögliche Eingriffe zum Erfolg führen.

Falls Sie selbst der Unternehmer sind: Scheuen Sie sich nicht, alle entscheidenden Bereiche Ihres Unternehmens regelmäßig kritisch zu durchleuchten. Eine praktische Hilfe bietet Ihnen hierbei die Broschüre »Kleine und mittlere Unternehmen – Früherkennung von Chancen und Risiken« des BMWi (→ Adressen, Seite 303).

Mitarbeiter – tragende Säulen des Unternehmens

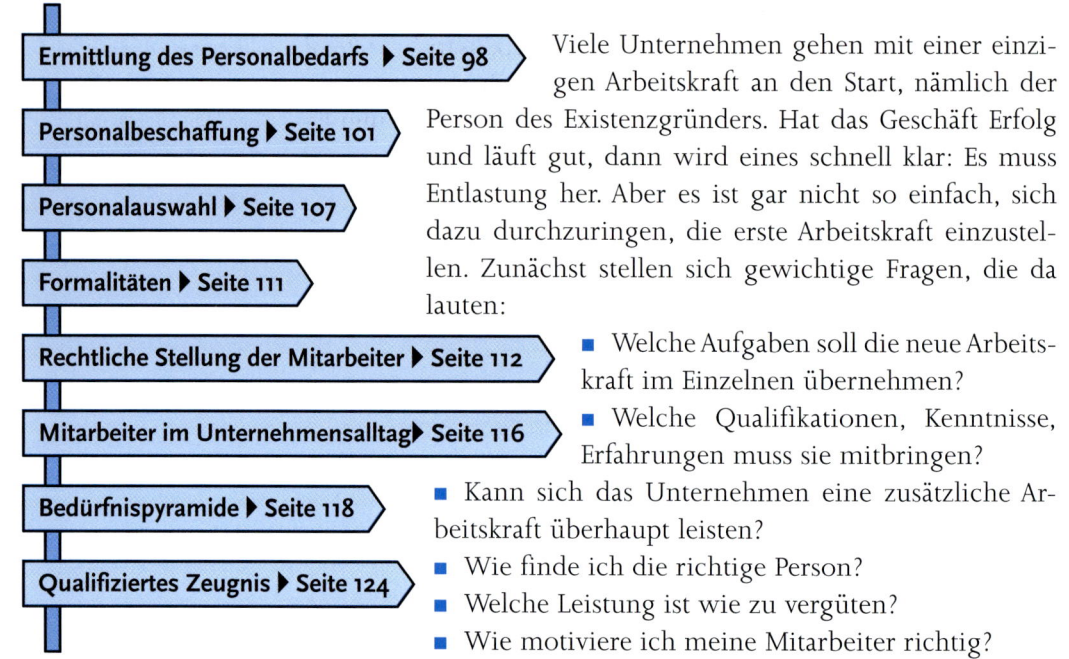

Ermittlung des Personalbedarfs ▶ Seite 98

Personalbeschaffung ▶ Seite 101

Personalauswahl ▶ Seite 107

Formalitäten ▶ Seite 111

Rechtliche Stellung der Mitarbeiter ▶ Seite 112

Mitarbeiter im Unternehmensalltag ▶ Seite 116

Bedürfnispyramide ▶ Seite 118

Qualifiziertes Zeugnis ▶ Seite 124

Viele Unternehmen gehen mit einer einzigen Arbeitskraft an den Start, nämlich der Person des Existenzgründers. Hat das Geschäft Erfolg und läuft gut, dann wird eines schnell klar: Es muss Entlastung her. Aber es ist gar nicht so einfach, sich dazu durchzuringen, die erste Arbeitskraft einzustellen. Zunächst stellen sich gewichtige Fragen, die da lauten:

- Welche Aufgaben soll die neue Arbeitskraft im Einzelnen übernehmen?
- Welche Qualifikationen, Kenntnisse, Erfahrungen muss sie mitbringen?
- Kann sich das Unternehmen eine zusätzliche Arbeitskraft überhaupt leisten?
- Wie finde ich die richtige Person?
- Welche Leistung ist wie zu vergüten?
- Wie motiviere ich meine Mitarbeiter richtig?
- Wie kann ich die Mitarbeiter an das Unternehmen binden?
- Wie kann man sich im Zweifel auch wieder trennen?

Die Schritte, die beim ersten Mitarbeiter noch relativ einfach nachvollziehbar sind, werden mit zunehmendem Umfang der Unternehmung und steigender Mitarbeiterzahl immer komplexer.

Ermittlung des Personalbedarfs

Überlegen Sie, welche Aufgaben Sie delegieren können.

Sie sind Ihr eigener Chef? Auf Ihrem Konto stehen schwarze Zahlen? Ihre Auftragslage ist gut, die Aussichten für die Zukunft positiv, und Sie sind der Meinung, dass Sie bei Ihrer täglichen Arbeit Hilfe gebrauchen könnten? Dann ist es Zeit für Ihren ersten Mitarbeiter!

Der erste Mitarbeiter

Die erste Hilfe kommt häufig direkt aus dem Familien- oder Freundeskreis. Die Vorteile sind eindeutig: Man kennt sich, die Unterstützung erfolgt zumeist spontan, unentgeltlich oder für eine geringe Entlohnung, und niemand murrt, auch wenn die Arbeit nicht gerade hoch interessant ist. Wenn es nichts mehr zu tun gibt, ist die Sache erledigt – die Zusammenarbeit pausiert bis zum nächsten Einsatz. Schwieriger wird es, wenn man die erste »richtige« Arbeitskraft einstellen möchte.

Der erste Schritt ist die Durchführung einer Arbeitsanalyse. Wenn man weiß, welche Aufgaben von einem neuen Mitarbeiter zu erledigen sind, kann man sich überlegen, welche Kenntnisse und Fähigkeiten der oder die »Neue« mitbringen muss. Dann kann ein Anforderungsprofil erstellt werden.

Zunächst muß geklärt sein, welche Aufgaben zu erledigen sind. Bisher hat man ja eigentlich alles selbst gemacht. Wie kann die eigene Tätigkeit jetzt aufgeteilt werden? Welche Bereiche können auf andere übertragen werden?

... und noch mehr Mitarbeiter

Je erfolgreich und größer ein Unternehmen wird, desto mehr Mitarbeiterinnen oder Mitarbeiter werden benötigt. Und genau wie beim ersten muss auch bei allen weiteren Mitarbeitern als Erstes die Frage gestellt werden, welche Aufgaben von der zusätzlichen Kraft erledigt werden müssen. Das Ergebnis der Arbeitsanalyse wird im nächsten Schritt in einer Stellenbeschreibung festgehalten. Eine Stellenbeschreibung umfasst folgende Angaben:

- Die anfallenden Aufgaben und Tätigkeiten der Stelle
- Den zur Aufgabenbewältigung erforderlichen Zeitaufwand oder den prozentualen Zeitumfang, der zur Erledigung bestimmter Aufgaben im Verhältnis zur Gesamtarbeitszeit notwendig ist
- Die Anforderungen an die Qualifikationen des Stelleninhabers
- Die Einordnung der Stelle in die Gesamtstruktur der Unternehmung, also wem sie unterstellt ist und ob sie mit Weisungsbefugnissen verbunden ist.

Wer sind meine Vorgesetzten?   Welche Aufgaben habe ich?

Wer sind meine Mitarbeiter?   Welche Qualifikationen muss ich mitbringen?

Wichtig ist, dass geklärt ist, wer Vorgesetzter der neuen Stelle ist und wer eventuell zuarbeitet, bevor neue Mitarbeiter ins Unternehmen kommen. So vermeiden Sie spätere Reibungsverluste.

Checkliste: Aufbau einer Stellenbeschreibung

> Unternehmen
> (Logo/ Firma/Anschrift)

Stelle: ....

Stelleninhaber: ....

I Eingliederung der Stelle in den Betriebsaufbau
1 Bezeichnung der Stelle: ....
2 Vorgesetzter: ....
3 Stellvertretung: ....
4 Unmittelbar untergeordnete Stellen: ....
5 Kommunikationsbeziehungen
5.1 Der Stelleninhaber liefert folgende Berichte ab: ....
5.2 Der Stelleninhaber erhält folgende Berichte: ....
5.3 Der Stelleninhaber nimmt an folgenden Besprechungen/
Konferenzen teil: ....
....

II Aufgaben des Stelleninhabers
1 Regelmäßig durchzuführende Aufgaben: ....
2 Unregelmäßig durchzuführende Aufgaben: ....
3 Benötigte Arbeitsmittel: ....

III Anforderungen an den Stelleninhaber
1 Fachkenntnisse (Ausbildung, Erfahrung): ....
2 Sonstige Anforderungen: ....
3 Leistungsvorgaben (z. B. Umsatz): ....

IV Datum und Unterschriften

....
Personalleiter   Stelleninhaber   Vorgesetzter

Allzu detaillierte Stellenbeschreibungen können auch bremsen. Manch ein Mitarbeiter kann versucht sein, »nach Vorschrift« zu arbeiten.

Wenn Sie wissen, was Ihr neuer Mitarbeiter oder Ihre neue Mitarbeiterin können muss, das Anforderungsprofil also klar ist, dann kommt die schwierigere Aufgabe: Sie müssen die richtige Person für diesen Job finden.

Mitarbeitersuche – die richtigen Leute finden

Wenn das Unternehmen nicht gerade ein Zwei-Mann-(oder -Frau)-Betrieb ist, dann kann es lohnend sein, sich im eigenen Unternehmen umzuschauen.

Mitarbeitersuche im eigenen Unternehmen

Die interne Personalbeschaffung, also die Suche nach geeigneten Leuten in den »eigenen Reihen«, bringt einige Vorteile mit sich. Die Mitarbeiter sind möglicherweise motivierter, wenn sie wissen, dass es innerbetriebliche Aufstiegsmöglichkeiten gibt. Demgegenüber kann es als eher misslich empfunden werden sein, wenn man einen »tollen Hecht« von außen vor die Nase gesetzt bekommt. Mitarbeiter, die schon länger im Unternehmen sind, bringen außerdem bereits im Unternehmen gewonnene Erfahrungen mit. Sie haben dadurch häufig kürzere Einarbeitungszeiten. Ein weiterer Vorteil ist, dass die Kosten der hausinternen Personalbeschaffung in den meisten Fällen deutlich unter denen einer Personalanwerbung von außen liegen.

Natürlich hat man innerhalb des Betriebes üblicherweise weniger Auswahlmöglichkeiten, und es besteht auch das Problem, dass keine neuen Ideen und kein Wissen von Außen in das Unternehmen fließen. Ein weiteres Problem ist, dass der interne Mitarbeiter ja bisher auch eine Tätigkeit ausgeübt hat, es entsteht eine neue Lücke, die gefüllt werden muss. Das kann zu einer Kettenreaktion führen. Und dann gibt es da noch ein Problem besonderer Art: Wenn ein Mitarbeiter aus dem eigenen Unternehmen bei einer hausinternen Bewerbung eine Ablehnung bekommt, kann dies als persönliche Niederlage und Blamage empfunden werden, verbunden mit der Angst, dass der Vorgesetzte einfach verärgert ist.

Die Vorteile interner Personalbeschaffung sind: Motivationseffekt durch innerbetriebliche Aufstiegsmöglichkeiten für die Mitarbeiter; Erfahrung bleibt im Unternehmen; geringe Kosten.

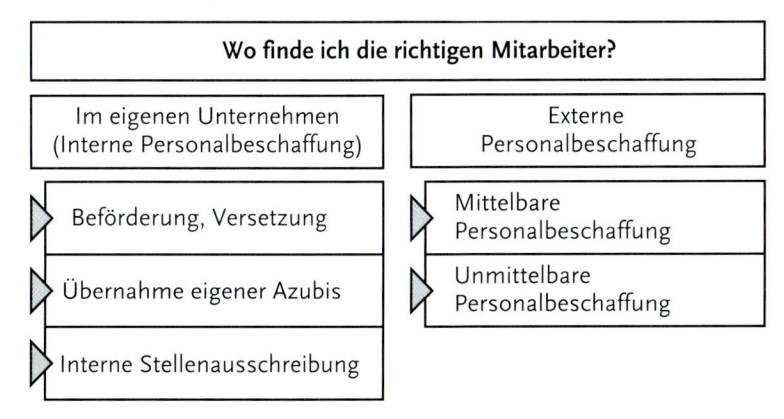

Wo finde ich die richtigen Mitarbeiter?

Im eigenen Unternehmen (Interne Personalbeschaffung)	Externe Personalbeschaffung
Beförderung, Versetzung	Mittelbare Personalbeschaffung
Übernahme eigener Azubis	Unmittelbare Personalbeschaffung
Interne Stellenausschreibung	

Das Betriebsverfassungs-gesetz von 1972 gibt dem Betriebsrat das Recht (§ 93 BetrVG), die innerbetriebliche Ausschreibung von zu besetzenden Arbeitsplätzen zu verlangen!

Der einfachste Weg, Stellen durch Mitarbeiter aus dem Unternehmen zu besetzen, ist die Beförderung. Eine weitere gute Methode, um an passende Mitarbeiter zu kommen, ist ganz einfach: Man bildet die Leute einfach selbst aus und übernimmt die Auszubildenden dann in feste Arbeitsverhältnisse. Und wenn die Unternehmen größer werden, gibt es die Möglichkeit einer internen Stellenausschreibung.

Stellenbesetzung

Bei kleineren Betrieben haben Vorgesetzte bzw. Führungskräfte die Möglichkeit, einfach immer im Auge zu behalten, welcher Mitarbeiter sich weiterentwickelt und neue Aufgaben übernehmen kann. Es ist ein entscheidender Vorteil kleinerer Unternehmen, dass Aufgaben und Verantwortung fließend übernommen werden können.

Neue Leute anwerben – externe Personalbeschaffung

In den meisten Fällen müssen Unternehmen neue Mitarbeiterinnen oder Mitarbeiter außerhalb ihrer eigenen Tore suchen. Der für die Personalsuche Verantwortliche muss dabei vor allem einen Grundsatz beachten: Er muss rechtzeitig mit der Mitarbeitersuche beginnen!

Insbesondere wenn Leute mit besonderen Anforderungsprofilen gefragt sind, braucht die Suche Zeit. Und bei angespannter Arbeitsmarktlage, z. B. bei Führungs- und Fachkräften, kann es mehrere Monate dauern, bis ein geeigneter Bewerber gefunden ist.

Durch gezielte Öffent-lichkeitsarbeit können Unternehmen ihr Image verbessern und sich die Personalsuche erleichtern.

Aber fangen wir ganz vorne an. Die Mitarbeitersuche beginnt nämlich nicht erst mit der Stellenanzeige in der Zeitung oder im Internet, sondern viel früher. Die Personalwerbung ist Bestandteil einer zielgerichteten Öffentlichkeitsarbeit. Ziel ist es, potenziellen Mitarbeitern das Unternehmen mit all seinen positiven Seiten vorzustellen. Zur Verdeutlichung ein Beispiel: Im Rahmen eines Einstellungsgesprächs erzählte mir eine Ingenieurin, dass sie eigentlich schon seit ihrer Lehre in unserem Unternehmen hätte arbeiten wollen, es wäre eigentlich ihre Traumfirma! Auf mein Nachfragen erzählte sie mir dann, dass sie während ihrer Schulzeit mit mehreren Azubis unseres Betriebes in dieselbe Klasse gegangen sei. Die Azubis hätten so positiv über dieses Unternehmen berichtet, dass sie auch während ihres Studiums immer auf Neuigkeiten und Informationen im Zusammenhang mit dem Unternehmen geachtet hätte und sich jetzt eben einfach »mal so« beworben hätte. Wir kamen auf diesem Wege zu einer kompetenten und hoch motivierten neuen Kollegin!

Als Teil der Publicrelations kann also ein sorgfältig gepflegter Auftritt nach außen gute Voraussetzungen schaffen, den Personalbedarf ohne große Schwierigkeiten decken zu können.

Personalleiter kleinerer Unternehmen oder Geschäftsführer kleiner Betriebe sind in der Regel gut beraten, sich vor der »eigenen Tür« umzuschauen.

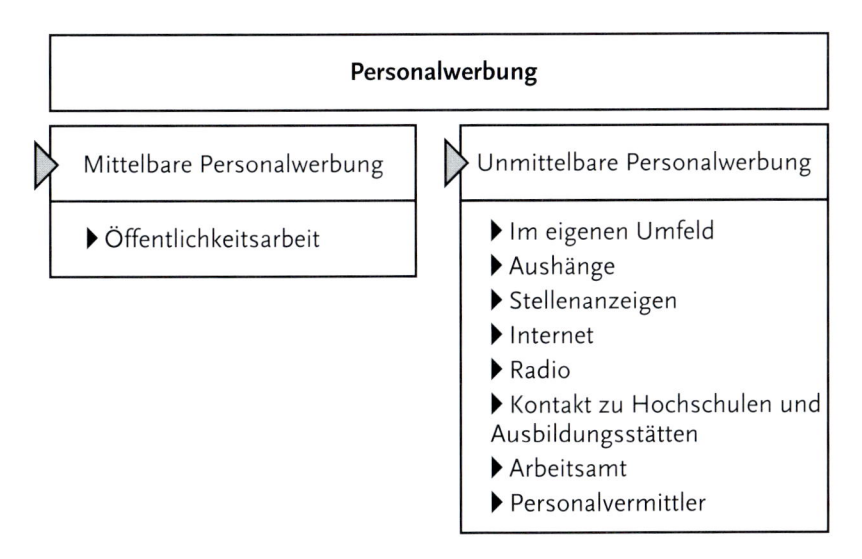

Umfeld prüfen

Es ist oft das Klügste, sich im näheren Umfeld der Firma umzuschauen, wenn eine Stelle zu besetzen ist. Vielleicht gibt es Menschen in der geschäftlichen Zusammenarbeit, die die ausgeschriebene Stelle ideal ausfüllen könnten. Warum also nicht einen ehemaligen Kollegen ansprechen, von dem man weiß, dass er genau der Richtige wäre.

Vielleicht ist der Außendienstmitarbeiter eines Lieferanten ja der geeignete Mann, oder jemand kennt jemanden, der sich gern aus einer Position fortbewerben möchte, aber nicht weiß, wohin.

Es ist immer kritisch, Arbeitsverträge nur aus Freundschaft abzuschließen – und zwar sowohl für Arbeitgeber als auch für Arbeitnehmer. Beide Seiten sollten beachten, dass die Qualifikation mit den Anforderungen der Stelle übereinstimmen muss, sonst verläuft die Zusammenarbeit über kurz oder lang unbefriedigend, und die Freundschaft steht auf dem Spiel. Personalverantwortliche größerer Unternehmen werden Stellenbesetzungen durch Leute aus dem Freundes- oder Bekanntenkreis sehr misstrauisch gegen-

Achtung: Wenn Ehepartner oder Kinder im eigenen Betrieb arbeiten, müssen sie einen steuerlich anerkannten Arbeitsvertrag abschließen!

überstehen: Nur allzu leicht kann in solchen Fällen das Gerücht einer wie auch immer gearteten Vorteilsnahme in Umlauf geraten. Und »Klüngelei« lässt sich wohl niemand gern vorwerfen.

Aushänge

Bei einer Stellenanzeige kommt es auf die richtige Gestaltung an. Namhafte Unternehmen greifen dafür auf die Hilfe von Profis, etwa Werbeagenturen oder Grafikern, zurück.

An den richtigen Stelle platzierte Aushänge können sehr erfolgreich sein. Diese preisgünstige Suchmöglichkeit bietet sich an, wenn Unternehmen genau wissen, wo sie die nach ihren Anforderungen qualifizierten Mitarbeiter ansprechen können. Wird eine Sekretärin gesucht, dann könnte ein Stellenangebot in der nächsten Schule für Sekretariatsfachkräfte ausgehängt werden. Vielleicht kann in einem kleinen Betrieb zunächst ein Student oder eine Studentin der Betriebswirtschaftslehre die Buchhaltung machen: Ein Aushang am schwarzen Brett des entsprechenden Fachbereichs der nächstgelegenen Universität wäre in diesem Falle sicher Erfolg versprechend.

Stellenanzeigen

Eine Stellenanzeige in den gängigen Tageszeitungen oder Fachzeitschriften ist immer noch eines der üblichsten Verfahren, neue Mitarbeiter zu gewinnen. Dabei sollte man sich erkundigen, welche Kreise welche Zeitung oder Zeitschrift lesen. Dann kann man auch wirklich sicher sein, dass sie die richtigen Adressaten erreicht. Wer eine solche Stellenanzeige schaltet, sollte darauf achten, dass sie angemessen gestaltet ist. Sie sollte unbedingt eine kurze Beschreibung der Stelle und ein Profil des Bewerbers enthalten.

Arbeitsamt

Sie können sich natürlich auch über das Arbeitsamt Mitarbeiter vermitteln lassen. Das Arbeitsamt bietet die Möglichkeit an, Stellenausschreibungen kostenlos im bundesweiten Stelleninformationssystem (SIS) zu veröffentlichen. Ferner werden dort Stellen- oder Arbeitsgesuche veröffentlicht, inzwischen bei einigen Arbeitsämtern in durchaus informativer Weise, etwa begleitet von kleinen Videopräsentationen via Computer.

Es lohnt sich zudem, sich über die Fördermöglichkeiten der Arbeitsämter zu informieren. Wird eine Stelle mit einem Langzeitarbeitslosen besetzt, dann wird die Vergütung für einen gewissen Zeitraum und in unterschiedlicher Höhe vom Arbeitsamt übernommen. Hinter diesem Angebot steht der politische Wille, die Unternehmen zu anzuregen, neue Stellen zu schaffen.

Internet

Das Internet gewinnt bei der Stellenvermittlung eine immer größere Bedeutung, insbesondere im Bereich der Fach- und Führungskräfte. Die Vorteile liegen auf der Hand: Das Angebot an Bewerbern und freien Stellen ist zuverlässig und jederzeit verfügbar. Man hat keine Vorlaufzeiten, wie sie beispielsweise durch den Anzeigenschluss bei einer Zeitung entstehen. Die Suche nach neuen Mitarbeitern ist kostengünstig, und die Reichweite ist groß. Unternehmen, die im Internet bereits eine Homepage haben, stellen dort oft auch direkt ihre freien Stellen vor. Bewerber wie Arbeitgeber können dann sicher sein, dass für den ersten Kontakt bereits Basisinformationen über das suchende Unternehmen vorhanden sind.

Vorteile einer Mitarbeitersuche über das Internet sind insbesondere die große Reichweite und die geringen Kosten. Doch auch Arbeitnehmer haben große Chancen, zumindest in einigen Branchen, im Internetangebot offene Stellen zu finden.

Kontakte zu Ausbildungsstätten

Wer Kontakte zu Schulen, Hochschulen oder speziellen Ausbildungsinstituten pflegt, sitzt sozusagen an der Quelle der Nachwuchsbeschaffung. Im Gespräch mit den Lehrern oder Professoren behält man den Überblick über aktuelle Entwicklungen. Dies schafft nach innen eine höhere Motivation und rückt ein Unternehmen in gesellschaftlicher Hinsicht in ein günstigeres Licht. Dies wiederum erregt möglicherweise die Aufmerksamkeit potenzieller Bewerber.

Lokalradio

Bei regionalen Radiosendern gibt es manchmal die Möglichkeit, im Rahmen bestimmter Sendungen eine Stelle vorzustellen oder Kurzbeschreibungen von Bewerbern zu hören. Wenn diese Methode zu einem Unternehmen passt, sollte ein Versuch gewagt werden.

Personalberater

Bei der Vermittlung von Führungskräften werden häufig Personalberater und private Stellenvermittlungen eingesetzt. Wer einen solchen »Headhunter« in Anspruch nehmen möchte, sollte sich genau nach den Konditionen erkundigen, denn die Zusammenarbeit mit Personalberatern ist häufig mit recht hohen Kosten verbunden (ca. 30000–50000 DM je vermittelte Führungskraft).
Es ist üblich, dass die suchenden Unternehmen während der Suche nicht öffentlich auftreten. Der Personalberater inseriert unter seinem Namen und wählt interessante Bewerber aus, die er dem Unternehmen dann vorstellt.

Kontakte zu Personalberatern sind immer vorteilhaft: Man hält Kontakt zum Markt und bleibt im Gespräch über neue Ideen und Tendenzen.

Checkliste:

Mitarbeitervermittlung über einen Personalberater	Erledigt	Noch zu erledigen
✎ Auswahl des Personalberaters/der Vermittlungsagentur	❏	❏
✎ Vertragsabschluss zwischen Personalberater/Unternehmen	❏	❏
✎ Ausführliche Information des Personalberaters über die Stelle	❏	❏
✎ Aufgaben	❏	❏
✎ Fachliche Anforderungen	❏	❏
✎ Persönliche Anforderungen	❏	❏
✎ Vergütung	❏	❏
✎ Anzeigenschaltung/Internetsuche durch den Personalberater	❏	❏
✎ Kontaktaufnahme zwischen Personalberater und Bewerber	❏	❏
✎ Bewerbervorauswahl durch Berater	❏	❏
✎ Kontaktaufnahme zwischen Bewerbern und Unternehmen	❏	❏
✎ Vorbereitung des Arbeitsvertrages	❏	❏

Stammtisch

Achim kommt heute Abend gut gelaunt zum Stammtisch. Als die anderen nachfragen, erzählt er Folgendes:

»In unserem Unternehmen war die Stelle der kaufmännischen Leitung neu zu besetzen.« Von dem bisherigen Stelleninhaber hatte man sich aufgrund von Unstimmigkeiten kurzfristig getrennt, so erzählte Alex. Diese wichtige Schlüsselposition im Unternehmen war also vorübergehend unbesetzt. Da die Geschäftsleitung an einer schnellen Neubesetzung interessiert war, hatte man trotz der hohen zu erwarteten Kosten einen Personalberater beauftragt. Man rechnete aber trotzdem mit einer Zeitdauer von mindestens drei Monaten, bis man einen geeigneten Bewerber finden würde.

Insbesondere Computerberufe werden im Internet ausgeschrieben.

»Am Samstagabend habe ich dann ein wenig im Internet gesurft. Spontan kam mir die Idee, einfach einmal bei den Jobvermittlungen zu schauen, ob passende Bewerber in der Datenbank zu finden sind«, berichtet Alex weiter. Auf Anhieb hatte er drei Bewerber gefunden, die eventuell für die Stelle der kaufmännischen Leitung geeignet sein könnten. Montagmorgen schrieb er allen drei Bewerbern eine Mail. Eine halbe Stunde später rief eine Bewerberin an. Diese Frau war nämlich zu Hause und konnte direkt reagieren. Am Mittwoch fand das Bewerbungsgespräch statt. »Und heute, am Donnerstag, haben wir den Vertrag unterschrieben!«, berichtet Alex. »Das Beste an der Aktion ist, dass die Dame sofort anfangen kann, wir also nicht so lange ohne kaufmännische Leitung sind. Und dazu kommt außerdem, dass wir das Honorar für den Personalberater sparen konnten!«, freut sich Alex.

Auslagerung als Alternative zum Personalausbau

Manchmal ist man sich nicht ganz sicher, ob die Aufgaben dauerhaft anfallen, eine ganze Arbeitskraft ausfüllen oder ob weitere Aufträge eingehen. In diesem Fall kann es durchaus sinnvoll sein, Aufgaben nach außen zu verlegen (Outsourcing). Einzelne Leistungen können manchmal günstiger von Dritten hinzu gekauft als selbst erbracht werden. Möglichkeiten dazu bestehen bei Dienstleistungsunternehmen, Subunternehmern, Zulieferer oder durch Fremdvergabe von Aufträgen. Statt für die Buchhaltung eine Halbtagskraft einzustellen, können die Unterlagen auch einfach an den Steuerberater weitergegeben werden, der dann eine Dienstleistung für das Unternehmen erbringt.

Personalauswahl – welcher Mitarbeiter passt?

Die Auswahl des passenden Mitarbeiters erfolgt eigentlich in den meisten Unternehmen in ähnlicher Weise. Bei einer erfolgreichen Ausschreibung werden üblicherweise zuerst die Bewerbungsunterlagen unter die Lupe genommen. Die ausgewählten Personen werden dann zu einem oder mehreren Gesprächen eingeladen. Insbesondere größere Unternehmen führen vor der Entscheidung noch Testverfahren, Assessment-Center-Verfahren oder graphologische Gutachten durch.

Nach der Überprüfung der Personalunterlagen werden zumeist ausführliche Gespräche geführt. Manche Unternehmen ergänzen das Verfahren durch bestimmte Auswahlverfahren.

Bewerbungsunterlagen

Die Bewerbungsunterlagen geben einen ersten Eindruck über einen Bewerber oder eine Bewerberin. Anhand dieser Unterlagen wird eine erste Auswahl durchgeführt. Nicht alle Bewerber können in die engere Wahl einbezogen werden.

Vollständige Bewerbungsunterlagen setzen sich zusammen aus:

- Anschreiben
- Lebenslauf mit Bild
- Zeugnissen
- Referenzen
- Eventuell Arbeitsproben

In einem ersten Durchgang werden die Bewerbungsunterlagen im Hinblick auf Vollständigkeit, formale Gestaltung und stilistische Gestaltung betrachtet.

Bewerber sollten darauf achten, dass sie zwar auf sich aufmerksam machen, aber dabei nicht zudringlich wirken. Zu viel Schnickschnack wie buntes Papier, übertriebenes Volumen oder allzu ausführliche Beschreibungen sollten unterbleiben.

Im Buchhandel finden Sie als Berwerber umfangreiche Literatur über das Thema »Bewerbungen richtig schreiben«. Ungeübte können auch auf Vordrucke zurückgreifen, die im Schreibwarenhandel angeboten werden.

Im zweiten Schritt geht es um die Inhalte der Bewerbung.

Anschreiben

Das Anschreiben muss das Interesse des Personalentscheiders wecken. Es sollte kurz sein und auf die Anforderungen der Anzeige und die Bedürfnisse des Unternehmens eingehen. Anschreiben sollten klar formuliert und auf das Wesentliche beschränkt sein.

Es gibt im gleichen Verlag ein höchst informatives und umfassendes Werk zum Thema »Briefe schreiben«, das auch einige Beispielschreiben für Bewerbungen (einschließlich Lebenslauf) enthält: Eberhard Heuel, Der gute Brief (Weltbild 1999).

Lebenslauf mit Bild

Lücken im Lebenslauf erregen Misstrauen! Nur bei besonders guten Bewerbungen lohnt sich eine Klärung solcher »Lücken«. Manchmal können Bewerber aber auch gute Gründe dafür angeben.

Das beigefügte Bild hat bei der Auswahl der Bewerber eine große Bedeutung. Ersten Sympathien und Antipathien wird hier der Weg bereitet. Als derjenige, der über die Bewerbungen entscheidet, sollten Sie aber über ein »komisches Bild« auch einmal hinwegsehen, wenn der Rest stimmt. Jeder hat mal einen schlechten Tag. Wer Sorgfalt und Mühe auf seine Bewerbung verwendet, wird den Weg zum Fotografen nicht scheuen. Die Präsentation der eigenen Person kann dadurch nur gewinnen.

Der Lebenslauf selbst sollte in jedem Falle lückenlos sein. Nicht jeder Mensch wird ununterbrochen in einem festen Arbeitsverhältnis gewesen sein, aber jeder sollte gegebene Lücken vernünftig erklären können. Wenn ein Personalchef grübeln muss, was ein Bewerber eigentlich während der letzten zwei Jahre gemacht hat, und die Bewerbung dieses Geheimnis nicht preisgibt, dann wird er die Mappe umgehend zurücksenden.

Aus dem Lebenslauf müssen berufliche Entwicklungen wie Arbeitsplatzwechsel, Beförderungen und Berufswechsel ebenso hervorgehen wie soziale Aspekte oder individuelle Merkmale der Person. Die Entwicklung sollte dabei einigermaßen gradlinig verlaufen bzw. angelegt sein.

Zeugnisse

Einer Bewerbung werden üblicherweise Schul-, Ausbildungs- und Arbeitszeugnisse beigelegt. Je länger der Bewerber schon beruflich tätig ist, desto stärker treten die Arbeitszeugnisse in den Vordergrund. Sie müssen insbesondere im Hinblick auf die Tätigkeitsdauer, die Arbeitsinhalte, Angaben über die Arbeitsleistung, Informationen zum sozialen Verhalten und die Gründe des Ausscheidens betrachtet werden.

Arbeitsproben und Referenzen öffnen Möglichkeiten, weitergehende Informationen über einen Bewerber zu bekommen.

Arbeitsproben und Referenzen

Je nach Berufsbild kann es sinnvoll sein, dass eine Bewerbung durch Arbeitsproben ergänzt wird. Wenn es beispielsweise um eine Bewerbung als Bauzeichner geht, ist die grafische Aufbereitung der Bewerbungsmappe schon eine erste Arbeitsprobe.

Sind die Telefonnummern guter Kunden oder zufriedener Arbeitgeber angegeben, dann schafft dies zusätzliches Vertrauen.

Vorstellungsgespräch

Keine Einstellung ohne Vorstellungsgespräch! Üblich dient ein Vorstellungsgespräch einer ersten persönlichen Kontaktaufnahme und »gegenseitigem Beschnuppern«. Hier kann der Bewerber sich einen tieferen Einblick in das Unternehmen und den zu besetzenden Arbeitsplatz schaffen. Die Arbeitgeberseite erfährt mehr über die berufliche Entwicklung des Bewerbers, Fragen können besprochen werden.

Vorstellungsgespräche werden oft mit zwei Teilnehmern auf Arbeitgeberseite geführt. Es ist für die eigene Einschätzung wichtig, das Gespräch anschließend mit einem Partner reflektieren zu können.

In einem Vorstellungsgespräch werden rein subjektive Eindrücke gewonnen. Um nicht in eine Falle zu geraten und allzu einseitig zu urteilen, ist es empfehlenswert, dass mehrere Personen des Unternehmens an diesen Gesprächen teilnehmen. Sie können im Anschluss an das Gespräch ihre Einschätzung der Bewerber miteinander vergleichen und besprechen.

Ein Einstellungsgespräch wird in einer späteren Phase geführt. Hier können Themen wie Vergütung, Arbeitszeit, Urlaub oder Sozialleistungen angeschnitten werden.

Testverfahren

Bei der Auswahl geeigneter Bewerber werden häufig Testverfahren eingesetzt. Diese Testverfahren setzen die Annahme voraus, dass es typische Merkmale gibt, die die Einschätzung von Persönlichkeit

Beim Bewerbungstest wird versucht, einen Zusammenhang zwischen individuellen Persönlichkeitsmerkmalen und zukünftigen Leistungen herzustellen.

und Leistungswillen und- fähigkeit eines Menschen möglich machen. Man billigt solchen Tests folgende Merkmale zu:

- Sie helfen, Personen eindeutig zu unterscheiden.
- Sie sind messbar und insofern objektiv.
- Sie sind ausgeprägt genug, um Prognosen über die zukünftige Leistungsfähigkeit zuzulassen.

Je nach Ziel der Beurteilung und Verfahren unterscheidet man:

Intelligenztests Solche Tests versuchen, den so genannten IQ, den Intelligenzquotienten eines Menschen zu messen. Problematisch ist, dass Intelligenz kein isolierter Faktor ist. Ein hochintelligenter Mensch kann z. B. sozial vollkommen inkompetent sein. Vielleicht ist er deshalb so gehemmt, dass er seine vorhandene Leistungsfähigkeit niemals wirklich ausnutzt. Einzelne Aspekte lassen sich jedoch durchaus betrachten, beispielsweise das Erinnerungsvermögen, sprachliche Fähigkeiten oder die mathematisch-logische Begabung.

Leistungstests Anhand solcher Tests versucht man herauszufinden, wie eine Testperson ihre Intelligenz, ihr Wissen und ihre Erfahrungen in Leistung umsetzt. Beispiele sind die Geschicklichkeit der Finger, die Muskelkraft, Ausdauer und Genauigkeit.

Tests sind in ihrer Aussagekraft teilweise sehr umstritten. Sie sind mit äußerster Vorsicht anzuwenden.

Persönlichkeitstests Es kann zwischen Eigenschafts-, Interessen-, Einstellungs-, Charakter- und Typentests unterschieden werden. Häufig hofft man insbesondere, Führungseigenschaften und soziales Verhalten zu beurteilen.

Testergebnisse müssen immer kritisch betrachtet werden, denn es sind eben nur Tests und keine Realität. Damit verbunden sind alle Nachteile solcher Testsituationen:

- Die Testperson agiert in einer extremen Stresssituation.
- Einzelne Merkmale werden aus dem Zusammenhang gerissen.
- Die Testsituation selbst beeinflusst das Testergebnis.
- Zukünftige Einflussfaktoren werden nicht beachtet.

Tests sollten keinesfalls die einzige Entscheidungsgrundlage bei der Wahl zukünftiger Mitarbeiter sein.

Assessment Center

Bei einem Assessment-Center-Verfahren werden mehrere Teilnehmer von mehreren Beobachtern mit Hilfe verschiedener Beurteilungsverfahren bewertet.

Ein Auswahlverfahren im Assessment Center dauert mindestens zwei bis drei Tage. Als Beurteilungsverfahren werden Gruppendiskussionen, Rollenspiele, Präsentationen oder die Simulation von Entscheidungssituationen aus dem Arbeitsalltag eingesetzt. Der Inhalt eines Assessment Centers wird auf die zu besetzende Stelle abgestimmt.

Die Ergebnisse des Assessment Centers sind im Hinblick auf die Bewerberauswahl grundsätzlich positiv zu bewerten. Nachteilig ist jedoch, dass mit der Durchführung zumeist hohe Kosten verbunden sind und die Bewerber über mehrere Tage hinweg zur Verfügung stehen müssen.

Nachteil eines Assessment Centers: Nicht jeder Bewerber kann sich kurzfristig zwei bis drei Tage freimachen.

Einstellungsformalitäten

Wenn Sie sich für einen Mitarbeiter oder eine Mitarbeiterin entschieden haben, folgt der offizielle Teil der Einstellung. Bei der ersten Einstellung eines Mitarbeiters in einem noch jungen Unternehmen sind einige zusätzliche Schritte zu gehen.

Checkliste: Einstellung des ersten Mitarbeiters oder der ersten Mitarbeiterin	Erledigt	Noch zu erledigen
✍ Beim Arbeitsamt melden und eine Betriebsnummer beantragen (das geht auch telefonisch)!	❑	❑
✍ Klären, bei welcher Krankenkasse der Arbeitnehmer ist, und dort anmelden. Zwei Wochen Meldefrist berücksichtigen!	❑	❑
✍ Die Berufsgenossenschaft über die Beschäftigung von Arbeitnehmern informieren.	❑	❑
Anmerkung: Bei einer Unternehmensneugründung meldet sich die Berufsgenossenschaft automatisch mit einem Fragebogen!		

Wichtig bei der Mitarbeiteranmeldung ist, dass jeder Mitarbeiter bei der von ihm gewählten Krankenkasse angemeldet wird. Diese Anmeldung gilt dann für die Renten-, Kranken-, Pflege- und Arbeitslosenversicherung.

Auch Aushilfen müssen bei der Krankenkasse gemeldet werden. Bisweilen nehmen die Allgemeinen Ortskrankenkassen (AOK) die Anmeldung für alle Aushilfen entgegen. Dies ist nicht immer so geregelt, unter Umständen muss jede einzelne Aushilfe bei der eigenen Krankenkasse gemeldet werden. Für jede Aushilfe, die nach dem 630-DM-Gesetz beschäftigt wird, muss ein vom zuständigen Finanzamt ausgefüllter Freistellungsantrag vorliegen.

Einige Formalitäten fallen bei jeder Einstellung an bzw. mit jedem neu beschäftigten Mitarbeiter.

Checkliste: Formalitäten zum Arbeitsbeginn	Erledigt	Noch zu erledigen
✍ Arbeitsvertrag erstellen	❑	❑
Anmerkung: Üblicherweise verfügen Unternehmen über Standardverträge, die von Rechtsanwälten erstellt wurden. Dies ist zeitsparender für die Abwicklung im Hause. Wer, etwa als Existenzgründer, die Kosten für einen Anwalt scheut, sollte ein Buch oder andere Medien mit Musterverträgen anschaffen und prüfen, was er übernehmen möchte.		
✍ Arbeitsvertrag unterschreiben	❑	❑
Anmerkung: Zukünftige Arbeitnehmer benötigen angemessen viel Zeit, den Vertrag zu prüfen.		
✍ Lohnsteuerkarte des Arbeitnehmers in Empfang nehmen	❑	❑
✍ Sozialversicherungsausweis prüfen	❑	❑
Anmerkung: Dies ist insbesondere in der Baubranche ein wichtiger Vorgang!		
✍ Mitgliedschaft in der Krankenkasse klären	❑	❑
✍ Arbeitnehmer bei der Krankenkasse anmelden	❑	❑
✍ Bei ausländischen Bewerbern (nicht EU): Aufenthaltserlaubnis und Arbeitserlaubnis vorlegen lassen	❑	❑

Die rechtliche Stellung des Mitarbeiters im Unternehmen

Haben Arbeitnehmer im Alltag arbeitsrechtliche Fragen, dann helfen Betriebsräte und die zuständigen Gewerkschaften gern weiter. Meist ist dort allerdings eine Mitgliedschaft die Voraussetzung für eine Beratung.

Die Beschäftigung von Personal unterliegt vielfältigen rechtlich bestimmten Rahmenbedingungen. Da ist z. B. das Arbeitsrecht, das die abhängige, nicht selbstständige Arbeit regelt. Es gibt kein einheitliches Arbeitsgesetzbuch, die wichtigen Gesetze finden sich in unterschiedlichen Gesetzeswerken. Man unterscheidet zwischen den folgenden beiden Rechtsbereichen:

- Das Arbeitsrecht, das den Einzelnen im Unternehmen betrifft, als Individualarbeitsrecht bezeichnet. Zum einzelnen Arbeitsverhältnis zählen etwa Fragen des Arbeitsvertrages oder des Kündigungsschutzes.

- Das Arbeitsrecht, das die kollektive, also gemeinschaftliche Gestaltung von Arbeitsbedingungen betrifft, so etwa das Tarifvertragsrecht.

Bei der Anwendung ist das Verhältnis zu beachten, das die Bestimmungen zueinander haben. Es kann sein, dass einzelne Tatbestände in mehreren Gesetzen zugleich geregelt sind. So kann z.B. der Urlaubsanspruch einzelvertraglich, in einer Betriebsvereinbarung, im Tarifvertrag oder im Bundesurlaubsgesetz unterschiedlich geregelt sein.

Bei Überschneidungen geht die einzelvertragliche, weil im Regelfall umfassendere, Abrede den übrigen Regelungen vor.

Trotz seiner unterschiedlichen Rechtsquellen hat sich das Arbeitsrecht als so genanntes Schutzrecht der Arbeitnehmer zu einem besonderen Rechtsgebiet entwickelt.

Gesetzgebung zum Schutz des Arbeitnehmers

Die wichtigsten gesetzlichen Regelungen sollten sowohl Arbeitnehmer als auch Arbeitgeber kennen und im Unternehmen vorliegen haben. Bei verschiedenen Gesetzen ist der Unternehmer dazu sogar verpflichtet, so beispielsweise bei der Arbeitszeitverordnung und dem Mutterschutzgesetz (wenn drei oder mehr Frauen regelmäßig beschäftigt sind).

Die wichtigsten arbeitsrechtlichen Gesetze

■ Arbeitszeitgesetz	Arbeitszeiten, Pausenregelungen und Sonderregelungen
■ Arbeitsstättenverordnung	Die wichtigsten Bestimmungen über die Gestaltung der Arbeitsplätze, z.B. Raumgröße, Beleuchtung, Temperatur, Pausenräume
■ Berufsbildungsgesetz	Alles zum Thema Ausbildung
■ Bundesurlaubsgesetz	Alles über Erholungsurlaub
■ Jugendarbeitsschutzgesetz	Bedingungen für die Beschäftigung von Jugendlichen
■ Kündigungsschutzgesetz	Kündigungsfristen, ungerechtfertigte Kündigungen und Abfindungen
■ Entgeltfortzahlungsgesetz	Zahlung von Löhnen und Gehältern im Falle von Krankheit und Feiertagen
■ Mutterschutzgesetz	Alle arbeitsrechtlichen Regelungen für werdende Mütter
■ Schwerbehindertengesetz	Alle arbeitsrechtlichen Regelungen für Schwerbehinderte und die Pflicht, sie zu beschäftigen

Tarifverträge

Arbeitnehmer dürfen nicht schlechter gestellt werden, als im jeweils geltenden Tarifvertrag vereinbart.

Für Berufsgruppen einzelner Wirtschaftszweige werden zwischen Arbeitgeberverbänden und Gewerkschaften Tarifverträge festgelegt. Wichtig ist hierbei insbesondere, dass in einem Arbeitsvertrag keine Vereinbarungen getroffen werden dürfen, die zu einer Schlechterstellung des Arbeitnehmers im Verhältnis zu den Vereinbarungen des geltenden Tarifvertrages führen. Dieses Verbot gilt auch, wenn ein Arbeitnehmer sich ausdrücklich zu einer Verschlechterung bereit erklärt.

Betriebsvereinbarungen

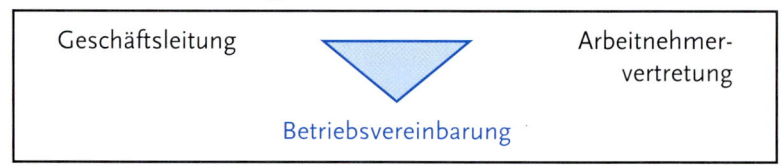

Bei Abschluss des Arbeitsvertrages müssen Gesetze, Tarifverträge und Betriebsvereinbarungen berücksichtigt werden.

Die Betriebsvereinbarung ist ein Vertrag, der zwischen der Arbeitnehmervertretung (Betriebsrat) und der Geschäftsleitung (Arbeitgeber) eines Betriebes vereinbart wird. Inhalt solcher Betriebsvereinbarungen sind die Arbeitsverhältnisse, beispielsweise Beginn und Ende der täglichen Arbeitszeit, Pausenregelungen oder Urlaubsplanungen.

Arbeitsvertrag

In einen individuellen Arbeitsvertrag regeln Arbeitnehmer und Arbeitgeber gemeinsam, welche Leistungen der Arbeitnehmer erbringen soll und welches Entgelt der Arbeitgeber dafür zu leisten hat. Wichtig ist, dass der Arbeitsvertrag die existierenden gesetzlichen Regelungen, Tarifverträge und Betriebsvereinbarungen beachten muss. Der Arbeitnehmer darf durch den Arbeitsvertrag in keinem Falle schlechter gestellt werden als tariflich festgelegt.

Checkliste: **Das gehört in den Arbeitsvertrag**	Erledigt	Nicht Erledigt
✍ Name und Anschrift der Vertragspartner (Arbeitgeber und Arbeitnehmer)	❑	❑
✍ Beginn und Dauer (bei einem befristeten Arbeitsverhältnis) des Arbeits- verhältnisses	❑	❑
✍ Probezeit mit kürzeren Kündigungs- fristen (auch bei befristeten Arbeitsver- hältnissen!)	❑	❑
✍ Kündigungsfristen (auch bei befristeten Arbeitsverhältnissen, ansonsten kann nicht vor Ablauf der Befristung gekündigt werden)	❑	❑
✍ Art der Tätigkeit	❑	❑
✍ Monatsgehalt	❑	❑
✍ Sonderzuwendungen wie Urlaubsgeld, Weihnachtsgeld, Erfolgsbeteiligungen	❑	❑
✍ Arbeitszeiten	❑	❑
✍ Überstundenregelung	❑	❑
✍ Urlaubsregelung	❑	❑
✍ Vertragsstrafen	❑	❑
✍ Regelungen zu Nebentätigkeiten des Arbeitnehmers	❑	❑
✍ Wettbewerbsverbot nach Beendigung des Arbeitsverhältnisses (max. zwei Jahre)	❑	❑
✍ Datum und Unterschrift beider Vertrags- partner	❑	❑

Kündigung

Die gesetzliche Kündigungsfrist beträgt vier Wochen zum Monats-
ende, sie verlängert sich bei längerer Beschäftigungsdauer. Die
Kündigungsfristen können in Arbeits- und Tarifverträgen extra vereinbart werden; die gesetzlichen Kündigungsfristen dürfen aber
nicht unterschritten werden. Wichtig bei Vereinbarungen im Arbeitsvertrag ist, dass für Arbeitgeber und Arbeitnehmer dieselben
Fristen verbindlich vereinbart sind.

Besonderer Kündigungsschutz gilt für Wehrpflichtige, Schwerbe-
hinderte, werdende Mütter und Mütter bis vier Monate nach der
Entbindung, Arbeitnehmer und Arbeitnehmerinnen während des
Erziehungsurlaubes und Betriebsratsmitglieder.

*Die gesetzlichen Kündi-
gungsfristen dürfen in
vertraglichen Vereinba-
rungen nicht unterschrit-
ten werden.*

Kündigungsgründe

Das Gesetz kennt für den Arbeitgeber drei Kündigungsgründe:

■ Die personenbedingte Kündigung wird wegen Unfähigkeit des Arbeitnehmers ausgesprochen.

■ Die verhaltensbedingte Kündigung erfolgt aufgrund bewussten Fehlverhaltens des Arbeitnehmers.

■ Die betriebsbedingte Kündigung muss wegen schlechter wirtschaftlicher Situation des Unternehmens oder aufgrund einer wirtschaftlichen/unternehmerischen Entscheidung durchgeführt werden.

■ Eine außerordentliche Kündigung kann ohne Einhaltung einer Kündigungsfrist erfolgen. Eine solche fristlose Kündigung darf nur aus einem wichtigen Grund erfolgen. Solche Gründe können beispielsweise Arbeitsverweigerung, Diebstahl oder eigenmächtiger Urlaubsbeginn des Arbeitnehmers sein.

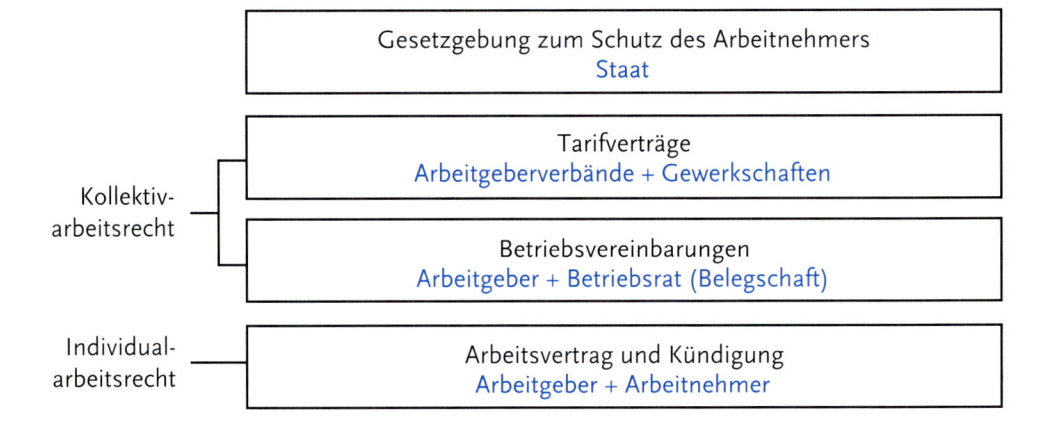

	Gesetzgebung zum Schutz des Arbeitnehmers Staat
Kollektiv- arbeitsrecht	Tarifverträge Arbeitgeberverbände + Gewerkschaften
	Betriebsvereinbarungen Arbeitgeber + Betriebsrat (Belegschaft)
Individual- arbeitsrecht	Arbeitsvertrag und Kündigung Arbeitgeber + Arbeitnehmer

Der Mitarbeiter im Unternehmen

Ist eine Bewerberin oder ein Bewerber ausgewählt und alles Vertragliche geregelt, dann muss eine Einführung in das Unternehmen erfolgen. Es ist nicht ausreichend, den neuen Mitarbeiter an seinen zukünftigen Arbeitsplatz zu führen.

Die umsichtige Einführung neuer Mitarbeiter ins Unternehmen leistet einen wichtigen Beitrag zu einer guten Eingliederung in die Belegschaft.

Der neue Mitarbeiter

Als Erstes gilt es, die Mitarbeiter und Vorgesetzten vorzustellen. Nur wer sich im Kreise seiner Kollegen wohl fühlt, wird auch erfolgreich mitarbeiten. Dann müssen das Unternehmen und seine Philosophie vorgestellt werden. Nur wer die Unternehmensgrundsätze kennt, kann sie zur Basis seiner Arbeit machen. Um Aufgaben, Verantwortungsbereiche und Kompetenzen darzustellen, sollte unbedingt ausreichend viel Zeit eingeplant werden. Eine gute Einarbeitung ist der Grundstein zu einer erfolgreichen Aufgabenerfüllung.

Es erweist sich in der Praxis als hilfreich, wenn man neuen Mitarbeitern einen ständigen Ansprechpartner, einen so genannten Paten, zu Seite stellt. Je nach Aufgabenstellung kann auch ein zeitlich begrenzter Aufenthalt in den wichtigsten Abteilungen, auf Englisch job rotation genannt, die Einarbeitung unterstützen.

Die Einarbeitungsphase legt die Grundlage für deren Integration in das Unternehmen und die erfolgreiche Leistungsmotivation.

Die Einführung in Unfallverhütungsvorschriften sollte ebenso selbstverständlich sein wie die Einführung in räumliche Gegebenheiten, also Kantine oder Sozialräume.

Mitarbeitermotivation

Ziel jeder Mitarbeitermotivation ist es, die Leistungsbereitschaft der Mitarbeiter herzustellen. Nur wenn Mitarbeiter ihre Arbeit gern verrichten, wird das Ergebnis auch gut sein. Die entscheidende Frage lautet: Wie motiviert man Mitarbeiter?

So genannte Motivationstheorien versuchen ein Erklärungsmodell bereitzustellen, das zu erhellen versucht, welche Bedürfnisse Mitarbeiter haben und welche Anreize zu bestimmten Verhaltensweisen führen. Denn nur wenn Bedürfnisse bekannt sind, können sie gezielt angesprochen werden.

Anreize zur Motivation der Mitarbeiter lassen sich teilen in monetäre, also finanzielle, und nichtmonetäre Anreize.

Anreize

Nichtmonetäre
▸ Betriebsklima
▸ Führungsstil
▸ Gruppenzugehörigkeit
▸ Betriebsveranstaltungen
▸ Freizeitausgleich
▸ Führungsstil
▸ Ausbildungsmöglichkeiten
▸ Aufstiegsmöglichkeiten
▸ Arbeitszeiten- und Pausenregelungen
▸ Arbeitsplatzgestaltung
▸ Arbeitsinhalte

Monetäre
▸ Lohn
▸ Betriebliche Sozialleistungen
▸ Erfolgsbeteiligung
▸ Unternehmensbeteiligung

Bedürfnispyramide von Abraham Maslow

Abraham Maslow (1908–1970) war Verhaltensbiologe. Als Wissenschaftler beschäftigte er sich zu Beginn seiner Arbeit mit dem sozialen Verhalten von Menschenaffen. Zunehmend interessierte er sich auch für die menschlichen Verhaltensweisen. Seine bekanntesten Bücher sind: Motivation und Persönlichkeit (1954) und Psychologie des Seins (1973).

Maslow veröffentlichte bereits 1943 erstmals seine berühmte Bedürfnispyramide. Er führte alle beim Menschen auftretenden Verlangen auf fünf Grundbedürfnisse zurück. Diese Bedürfnisse müssen mit unterschiedlichen Dringlichkeiten befriedigt werden. Mit Blick auf diese Dringlichkeitsgrade lassen sie sich in eine hierarchische Ordnung bringen. Dabei unterscheidet Maslow zwischen folgenden Bedürfnissen:

Primäre Bedürfnissen, die der Selbsterhaltung dienen und deren Befriedigung lebensnotwendig ist

Sekundäre Bedürfnissen, deren Befriedigung als Ergebnis eines Lernprozesses aufgenommen wird

Physiologische Bedürfnisse sind körperlich bedingte, die zum eigenen Überleben beitragen, wie beispielsweise Schlaf oder Hunger. Ihre Befriedigung ist lebensnotwendig.

Sicherheitsbedürfnisse entsprechen dem Wunsch nach Schutz vor Bedrohung und Gefahren. Die Sicherung des Arbeitsplatzes im Falle von Krankheit oder Unfall oder eine Altersvorsorge entsprechen diesem Bedürfnis.

Soziale Bedürfnisse können interpretiert werden als Wunsch nach Geborgenheit. Liebe und Freundschaft können diese Bedürfnisse befriedigen.

Bedürfnis nach Wertschätzung meint den Wunsch nach Anerkennung in der Gesellschaft. Soziale Anerkennung und Macht können hier zur Befriedigung führen.

Selbstverwirklichung beinhaltet, dass der Mensch danach strebt, seine Fähigkeiten voll auszuschöpfen und sich voll zu entfalten.

forum

So motivieren Bedürfnisse

Maslow sagt, dass die bisher unbefriedigten Bedürfnisse Motivator, also Antrieb menschlichen Verhaltens sind, das heißt:

■ Die fünf Bedürfniskategorien stehen in einer hierarchischen Beziehung zueinander. Die Befriedigung niedrigerer Bedürfnisse ist Voraussetzung für die Befriedigung höherer Bedürfnisse. Das Bedürfnis nach Sicherheit tritt also erst auf, wenn die physiologischen Bedürfnisse, also Schlaf oder Hunger, befriedigt sind. Soziale Bedürfnisse werden erst wach, wenn Sicherheitsbedürfnisse befriedigt sind, usw.

■ Das Bedürfnis, das dem letzten unmittelbar befriedigten Bedürfnis folgt, wirkt am stärksten und ist dominierendes Handlungsmotiv.

■ Wenn ein Bedürfnis in einem bestimmten Maß befriedigt ist, hört es auf, ein dominierendes Handlungsmotiv zu sein. An seine Stelle tritt das nächsthöhere Motiv.

Vorteil des Modells von Maslow ist seine Eingängigkeit. Problematisch ist jedoch, dass es in der betrieblichen Praxis auf Grenzen stößt und nur bedingt übertragbar ist. Nicht zuletzt deshalb, weil in der westlichen Zivilisation die Stufen eins bis vier weitgehend erfüllt sind.

Dennoch handelt es sich um Beobachtungen, die nicht an Aktualität verloren haben. Moderne Vergütungssysteme versuchen, gerade diese Überlegungen wieder aufzugreifen. Mitarbeiter sind oft durch finanzielle Steigerungen kaum anzuspornen, da sie eh mehr verdienen, als zur unmittelbaren Bedürfnisbefriedigung erforderlich ist.

Also appelliert man an andere Bedürfnisse und stellt beispielsweise eine fein abgestufte Flotte an Dienstfahrzeugen zur Verfügung, die den Status des Mitarbeiters nach außen zeigen. Ein Außendienstmitarbeiter, der statt des gewohnten BMW lötzlich mit einem Golf vor seinem Haus in einer Neubausiedlung vorfährt, der wird sich sehr bemühen, seine Verkaufszahlen wieder über die für den BMW erforderliche Umsatzmarge zu heben. Derartige Methoden sind allerdings umstritten. Zumal sie auch die Familie des Mitarbeiters betreffen.

5. Selbstverwirklichung

4. Wertschätzung

3. Soziale Bedürfnisse

2. Sicherheitsbedürfnisse

1. Physiologische Bedürfnisse

Vergütung

Einer der Hauptmotivationsfaktoren ist mit Sicherheit das Geld, also Lohn oder Gehalt. Gut motivierte Mitarbeiter sind mitunter durchaus bereit sind, in schlechten wirtschaftlichen Phasen Gehaltseinbußen hinzunehmen, wenn sie sicher sein können, dass sie in guten Phasen auch etwas von der »Sahne« abbekommen. Eine Gehaltserhöhung zur richtigen Zeit kann übrigens durchaus aus einem Stimmungstief helfen.

Als Bestandteil eines Vergütungspakets sind auch Direktversicherungen attraktiv. Dies sind besondere Lebensversicherungen, mit der beachtliche Steuerersparnisse erzielt werden können.

Für besondere Gelegenheiten sind steuerlich begünstigte Zuwendungen und Unterstützungen von Seiten des Arbeitgebers für seine Mitarbeiter zulässig:

Eine Gehaltserhöhung zum richtigen Zeitpunkt kann sich auf die Arbeitsmotivation sehr positiv auswirken.

- Arbeitsessen, aus betrieblichem Anlass bis 60 DM pro Essen steuerfrei.
- Betriebsfeiern, davon dürfen es zwei eintägige Feiern pro Jahr sein, bis zu 200 DM pro Person und Feier können steuerfrei ausgegeben werden.
- Abfindungen sind bis zu 16 000 DM steuerfrei. Je nach Alter und Betriebszugehörigkeit kann es auch mehr sein.
- Direktversicherungen können mit bis zu 3 408 DM pro Jahr ausgestattet werden.
- Heiratsbeihilfen bei Eheschließungen von Mitarbeitern oder Mitarbeiterinnen sind bis zu 700 DM steuerfrei.
- Geburtsbeihilfen können als Geld- oder Sachwerte bis zu 700 DM steuerfrei gewährt werden.
- Notstandsbeihilfen kann ein Arbeitgeber einem Mitarbeiter in besonderen Notfall zukommen lassen. Dabei kann es sich um Krankheits- oder Unglücksfälle, Arbeitslosigkeit, Tod eines Angehörigen oder Vermögensverluste durch höhere Gewalt (Hochwasser, Feuer, Diebstahl) handeln. Es dürfen bis zu 1000 DM im Jahr steuerfrei gezahlt werden, bei besonders schweren Fällen auch mehr (Abschnitt 11 Abs. 2 LStR 1996).
- Kindergartenzuschüsse können im Unternehmen beschäftigten Eltern steuerfrei gewährt werden. Voraussetzung für die Steuerfreiheit ist allerdings, dass es sich dabei um eine zusätzliche Zahlung zu dem bereits vereinbarten Lohn oder Gehalt handelt.
- Sachprämien aus Kundenbindungsprogrammen (Miles & More oder andere) können, wenn sie beruflich »verdient« worden sind, bis zu 2 400 DM jährlich steuerfrei privat verwertet werden.

■ Jubiläumszuwendungen für Mitarbeiter sind steuerfrei auszahlen. Das ist insbesondere interessant, wenn ein Betrieb mit Personalbestand übernommen wurde. Lohnsteuerfrei sind bei

10-jährigem Arbeitsjubiläum	600 DM
25-jährigem Arbeitsjubiläum	1 200 DM
40-, 50- oder 60-jährigem Arbeitsjubiläum	2 400 DM

■ Sonn- und Feiertagszuschläge Wird zu besonderen Zeiten (Sonn- und Feiertage) gearbeitet, können Zuschläge zum Lohn ausgezahlt werden. Steuerfrei sind, je nach Arbeitszeit, Zuschläge zwischen 25 und 150 Prozent.

■ Erfolgsbeteiligung Mit einer Erfolgsbeteiligung koppelt man den Erfolg des Unternehmens direkt mit den monetären Leistungen für die Mitarbeiter. In der Praxis gibt es dafür verschiedene Modelle. So sind etwa die Beteiligung von Mitarbeitern an erfolgreich abgeschlossenen Projekten oder die Beteiligung leitender Angestellter am finanziellen Unternehmenserfolg, wie Umsatz oder Gewinn, üblich. Beteiligungssysteme sollten auf die besonderen Bedürfnisse und Rahmenbedingungen eines Unternehmens zugeschnitten sein. Ein passendes Beteiligungssystem kann entscheidenden Einfluss auf die Motivation der Mitarbeiter haben. Eine schlechte Mitarbeiterbeteiligung, die an den falschen psychologischen Hebelpunkten ansetzt und deshalb für die Mitarbeiter falsche Signale setzt, kostet das Unternehmen eine Menge Geld und hat kein Motivationspotenzial.

Jedes Unternehmen muss sein eigenes Erfolgsbeteiligungssystem entwickeln. Die individuellen Unternehmensfaktoren müssen berücksichtigt werden.

Betriebsklima

Es gibt eine Grundregel, die eigentlich selbstverständlich sein sollte: Für den Chef oder die Chefin sollten in einem Unternehmen keine anderen Regeln gelten als für die Mitarbeiter. Das heißt nicht, dass Unternehmer kein größeres Auto fahren dürften. Aber generelle Rauchverbote müssen beispielsweise auch für Führungskräfte gelten. Und ein Vorgesetzter, der morgens kommt, »wenn das Frühstück eben beendet ist«, der sollte Pünktlichkeit nicht als oberstes Gut predigen.

Das Betriebsklima bestimmt sich nach einer Unterscheidung: Welche Maßstäbe gelten für die Führungskräfte, welche für die Mitarbeiter und Mitarbeiterinnen? Sind es die gleichen?

Gruppenmitgliedschaft

Als soziales Wesen will der Mensch bestimmten Gruppen zugehören. Dies gilt auch im Betrieb. Gruppenmitgliedschaft, aber auch gezielte oder gewachsene Gruppennormen können das Verhalten einzelner Gruppenmitglieder positiv wie negativ beeinflussen. Eine Führungskraft kann solche Gruppen bewusst fördern, z.B.

durch gezielte Gruppenarbeiten. Sie muss jedoch Gruppen, die sich alleine bilden, im Auge behalten.

Betriebsveranstaltungen

Haben Sie Ihren nächsten Betriebsausflug schon geplant?

Für die allgemeine Stimmung im Unternehmen, insbesondere auch unter den Mitarbeitern, sind Veranstaltungen wie ein Betriebsfest oder ein Betriebsausflug von großer Bedeutung. Damit geben Sie jedem Einzelnen die Möglichkeit, auch mal in anderem Rahmen als dem des Arbeitsalltags miteinander zu reden. Wenn es mal spät wird, dann lassen sich Mitarbeiter auch gern einmal spontan zum Essen einladen.

Freizeitausgleich

Gern nehmen Mitarbeiter auch zusätzliche freie Tage an. Nach einer besonderen Arbeitsleistung kann die Gewährung eines freien Tages gut ankommen. Die Erhöhung des Grundurlaubs um einen Tag kann manchmal mehr bewirken als eine Gehaltserhöhung.

Mitarbeitergespräche

Mitarbeitergespräche sollten in jedem Unternehmen die Regel sein, und zwar nicht erst, wenn Unzufriedenheit herrscht. Sie sollten zu festgesetzten, regelmäßig stattfindenden Terminen werden. Oft genügt ein kurzes Gespräch, um gerade kleine Probleme gar nicht erst groß werden zu lassen.

Förderung der Mitarbeiter – Personalentwicklung

Um personelle Überkapazitäten abzubauen, gibt es für kurzfristige Entlastungen Möglichkeiten wie etwa Urlaub, Arbeitszeitverkürzungen, Teilzeitarbeit, Kurzarbeit oder Versetzung.

Wenn Mitarbeiter im eigenen Unternehmen Perspektiven für die berufliche Weiterentwicklung sehen, ist das mit Sicherheit ein entscheidender Motivations- und Bindungsfaktor.
Den Anfang macht hier die Berufsausbildung. Die Ausbildung eigener Leute ist für das Unternehmen ein Beitrag zur Nachwuchssicherung.
Angebote an Weiterbildungsmöglichkeiten erhöhen den Wissensstand im Unternehmen und schaffen für die Mitarbeiter Aufstiegsmöglichkeiten. Diese Aufstiegsmöglichkeiten sollten für jeden Einzelnen transparent und erkennbar sein.

Personalfreistellung

Gutes Personal zu finden und zu behalten ist ein Problem. Manchmal steht man als Unternehmer oder leitender Angestellter jedoch auch vor dem Problem, dass man Mitarbeiter wieder freistellen muss. Nachfragerückgang aufgrund veränderter gesamtwirtschaftlicher oder struktureller Entwicklung können ebenso dazu führen wie saisonale Schwankungen, Standortveränderungen oder Modernisierungen mit Veränderungen der Arbeitsabläufe.

Versetzung Wenn ein Unternehmen groß genug ist, bieten sich natürlich Versetzungsmöglichkeiten an. Statt gute Leute zu verlieren, kann man sie in anderen Abteilungen oder Betrieben unterbringen. Kleineren Unternehmen stehen solche Alternativen jedoch leider nicht offen.

Als Arbeitgeber sollte man nicht aus den Augen verlieren, wie sich personelle Maßnahmen auf die Motivation der verbliebenen Mitarbeiter auswirken können.

Urlaub Wenn sich abzeichnet, dass der Personalüberhang nur kurzfristig ist, können Mitarbeiter auf mögliche Urlaubszeiten angesprochen sprechen. Menschen, die ihren Jahresurlaub nicht unbedingt an Schulferien knüpfen müssen, stehen solchen Kurzfristmaßnahmen meist offen gegenüber.

Arbeitszeitverkürzung Als weitreichendere Maßnahme besteht die Möglichkeit von Arbeitszeitverkürzungen wie Kurzarbeit und Teilzeitarbeit. Hiermit sind zumeist finanzielle Einbußen für den Arbeitnehmer verbunden. Arbeitszeitverkürzung ist ausschließlich zur Überbrückung zeitweiliger und absehbarer Arbeitsüberhänge geeignet.

Stellenkürzung Sind die Personalüberkapazitäten absehbar langfristig nicht abzubauen, müssen im Interesse der Existenzsicherung des Unternehmens Kosten gespart werden. Zunächst besteht die Möglichkeit, Stellen nicht mehr zu besetzen, die beispielsweise aufgrund von Pensionierung oder Kündigung frei werden. Im zweiten Schritt wird das freiwillige Ausscheiden von Mitarbeitern unterstützt. Dies kann über eine finanzielle Abfindung, die Ermöglichung einer vorzeitigen Pensionierung oder die Hilfe bei der Suche nach einer neuen Stelle erfolgen.

Kündigung Eine Kündigung ist die härteste aller denkbaren Maßnahmen. Sie sollte nur in Ausnahmefällen ausgesprochen werden. Für die Arbeitnehmer ist sie mit schwerwiegenden Konsequenzen verbunden. Und auch für den Arbeitgeber ist eine Kündigung nicht unbedingt von Vorteil. So kann beispielsweise unter der Belegschaft dadurch ganz schnell eine schlechte Stimmung entstehen.

Das Arbeitszeugnis

Wenn ein Arbeitsverhältnis endet, hat der ausscheidende Arbeitnehmer nach einem dauerhaften Beschäftigungsverhältnis Anspruch auf ein Zeugnis.

Das Zwischenzeugnis

In eine Arbeitsbestätigung gehören Informationen über den Arbeitgeber und die Art und Dauer einer Beschäftigung.

Es besteht auch die Möglichkeit, sich während eines noch fortwährenden Arbeitsverhältnisses ein Zwischenzeugnis ausstellen zu lassen. Dies wird meist dann angefordert, wenn ein Vorgesetzter wechselt und man sich die Wertschätzung des Ausscheidenden versichern lassen möchte. Vielleicht klappt es mit dem nächsten Chef nicht ganz so gut, und ein Arbeitnehmer möchte sich mit dem wohlwollenden Zwischenzeugnis seines Vorgängers oder seiner Vorgängerin auf eine andere Arbeitsstelle bewerben.

Etwas problematischer ist es natürlich, wenn jemand die Stelle gern wechseln will, und deshalb, sozusagen ohne äußeren Anlass, um ein Zwischenzeugnis bittet. In einem solchen Falle wird wohl jeder Arbeitgeber hellhörig, und er wird drei und drei zusammenzählen. Deshalb erfordert es Fingerspitzengefühl, dann ein Zwischenzeugnis zu erhalten, dass im Falle eines gescheiterten Wechsels die alte Position nicht gefährdet.

Ein Zwischenzeugnis muss denselben Anforderungen genügen wie das einfache und das qualifizierte Zeugnis.

Das einfache Zeugnis

Ein einfaches Zeugnis enthält keine Beurteilung über eine Person oder deren Arbeitsleistung. Es muss folgende Bestandteile aufweisen:

- Bezeichnung »Zeugnis«
- Angaben zur Person
- Art der Tätigkeit
- Dauer der Tätigkeit
- Eventuell Dank und gute Wünsche
- Ort, Datum, Firmenname und Unterschrift

Ein einfaches Zeugnis wird dann ausgestellt, wenn eine Tätigkeit nicht von Dauer war. Es bietet dem Arbeitgeber aber auch die Möglichkeit, ein Zeugnis – sozusagen auf Sparflamme – für einen Mitarbeiter oder eine Mitarbeiterin auszustellen, mit dessen oder deren Leistungen er überhaupt nicht zufrieden war. Ein schlechtes Zeugnis darf er nicht schreiben, ein neutrales durchaus.

Arbeitnehmer sollten in jedem Falle versuchen, ein Zeugnis durchzusetzen, dass in angemessener Weise Auskunft über ihre Tätigkeit gibt. Je länger es ist, und je ausführlicher die Tätigkeit und Leistung eines Mitarbeiters beschrieben wird, desto besser ist es. Es besteht in Fällen ausbleibender oder völlig unzureichender Zeugnisse auch die Möglichkeit, diese notfalls gerichtlich zu erstreiten. Das kann jedoch nur der letzte Weg sein, denn ein solches Zeugnis wird wohl kaum zufriedenstellend ausfallen. Hier kann es nur darum gehen, Lücken im Lebenslauf belegbar zu vermeiden.

Das qualifizierte Zeugnis

Wenn Sie für einen Mitarbeiter ein qualifiziertes Zeugnis schreiben, also nicht nur Informationen über die Dauer und Art der Beschäftigung geben möchten, sondern auch eine Beurteilung, dann gehören folgende Punkte unbedingt in das Arbeitszeugnis:

Bewertung der Leistung mit
- Fachlichen Kenntnissen und Fähigkeiten
- Arbeitsqualität
- Arbeitsgeschwindigkeit
- Kreativität
- Eigeninitiative
- Belastbarkeit

Bewertung des Verhaltens mit
- Sozialverhalten
- Zuverlässigkeit
- Lernfähigkeit
- Informationen über die ausgeführten Aufgaben und Arbeitsinhalte

Was Arbeitszeugnisse aussagen

Grundsätzlich gilt, dass Arbeitgeber keine negativen Zeugnisse schreiben dürfen. Nun ist aber ja nicht jeder Mitarbeiter gleich gut gelitten oder fachlich geeignet, sodass ein Vorgesetzter mit Blick auf den guten Glauben des nächsten Arbeitgebers gern die Wahrheit sagen möchte. Bei einem guten Mitarbeiter ist dies kein Kunststück, aber weniger positive Aussagen werden verklausuliert, d.h. unter oberflächlich anderslautenden Aussagen versteckt. Arbeitszeugnisse haben also ihre eigene Sprache. Jede Formulierung hat eine besondere Bedeutung.

Es ist wohl immer das beste Zeugnis, wenn Menschen sich aus gesicherten Positionen heraus verändern und ihre Interessen selbstbewusst verhandeln.

Arbeitsleistung

Im Arbeitszeugnis steht:	Und das bedeutet:
Wir waren in jeder Hinsicht außerordentlich mit ihren/seinen Leistungen zufrieden. Oder Sie/er hat die ihr übertragenen Arbeiten ...	Sie/er hat
... stets zu unserer vollsten Zufriedenheit erledigt.	... sehr gute Arbeitsleistungen erbracht.
... stets zu unserer vollen Zufriedenheit erledigt.	... gute Arbeitsleistungen erbracht.
... stets zu unserer Zufriedenheit erledigt.	... durchschnittliche Arbeitsleistungen erbracht.
... im Großen und Ganzen zu unserer Zufriedenheit erbracht.	... mangelhafte Arbeitsleistungen erbracht.
Sie/er war stets bemüht, die ihr/ihm übertragenen Arbeiten zu unserer Zufriedenheit zu erledigen. Er hat sich bemüht, den an ihn gestellten Arbeitsanforderungen gerecht zu werden. Sie hat die ihr übertragenen Arbeiten mit Fleiß und Interesse durchgeführt.	Die Arbeitsleistungen waren richtig schlecht!

Verhalten

Im Arbeitszeugnis steht:	Und das bedeutet:
Sein/ihr Verhalten gegenüber Vorgesetzten, Mitarbeitern und Kunden war	Der Mitarbeiter/die Mitarbeiterin hat sich
... stets einwandfrei. ... stets vorbildlich.	... immer sehr gut verhalten.
... einwandfrei. ... vorbildlich.	... gut verhalten.
... gut.	... befriedigend verhalten.
Er war stets um ein gutes Verhältnis zu Kollegen und Vorgesetzten bemüht.	Schlechter geht's nicht!

In einzelne Zeugnisklauseln wird bezüglich der Führung eines Arbeitnehmers so manches hineininterpretiert, was nicht immer unbedingt in der Absicht des Schreibenden gelegen haben mag. Solche Auslegungen gehen in vielen Fällen einfach zu weit. Sie werden zum Teil sogar als rechtswidrig angesehen, denn ein »Geheimcode« ist bei der Bewertung von Zeugnisaussagen unzulässig. In Einzelfällen kann ein neuer Arbeitgeber versuchen, Informationen bei einem früheren Arbeitgeber zu bekommen. Allerdings nur im Rahmen von Datenschutz und Persönlichkeitsrechten.

Missverständliche Aussagen

Was Sie nicht schreiben sollten:	Denn das wird manchmal interpretiert:
Wir lernten ihn als umgänglichen Kollegen kennen.	Die Mitarbeiter sehen ihn lieber von hinten.
Durch seine Geselligkeit trug er zur Verbesserung des Betriebsklimas bei.	Er neigte zu übertriebenem Alkoholgenuss.
Für die Belange der Belegschaft bewies er stets Einfühlungsvermögen.	Sucht Sexkontakt bei Betriebsangehörigen.

Kurzübersicht

Ermittlung des Personalbedarfs Um den bestehenden Personalbedarf zu ermitteln, muss zuerst eine Arbeitsanalyse durchgeführt werden. Daraus kann ein Anforderungsprofil erstellt werden.

Personalbeschaffung Bei größeren Unternehmen besteht die Möglichkeit, Mitarbeiter für bestimmte Aufgaben im Unternehmen selbst zu suchen. Alternativ werden Mitarbeiter von außen angeworben.

Stellen werden teilweise auch über an Interessengruppen gebundene Mailinglisten im Internet ausgeschrieben.

Personalauswahl Die Wahl des richtigen Mitarbeiters ist nicht einfach. Zunächst werden die Bewerbungsunterlagen gesichtet. Ein Vorstellungsgespräch vermittelt einen persönlichen Eindruck. Testverfahren ergänzen die Wahrnehmung.

Einstellungsformalitäten Die Einstellung neuer Mitarbeiter ist immer mit einer Reihe von Formalitäten verbunden. Der erste Schritt ist zumeist die Erstellung und der Abschluss des Arbeitsvertrages. Besonders wichtig ist, dass die Lohnsteuer und die Krankenkassenbeiträge für Mitarbeiter pünktlich abgeführt werden.

Arbeitsrecht Rechtliche Grundlagen sind Gesetze, die Tarifverträge, Betriebsvereinbarungen und der Arbeitsvertrag.

Der Mitarbeiter im Unternehmensalltag Damit Mitarbeiter zufrieden und zufriedenstellend arbeiten können, benötigen sie eine kompetente Einführung und Leistungsanreize.

Das Arbeitszeugnis Ausscheidende Mitarbeiter haben das Recht auf ein Zeugnis.

Eine gute Organisation ist alles!

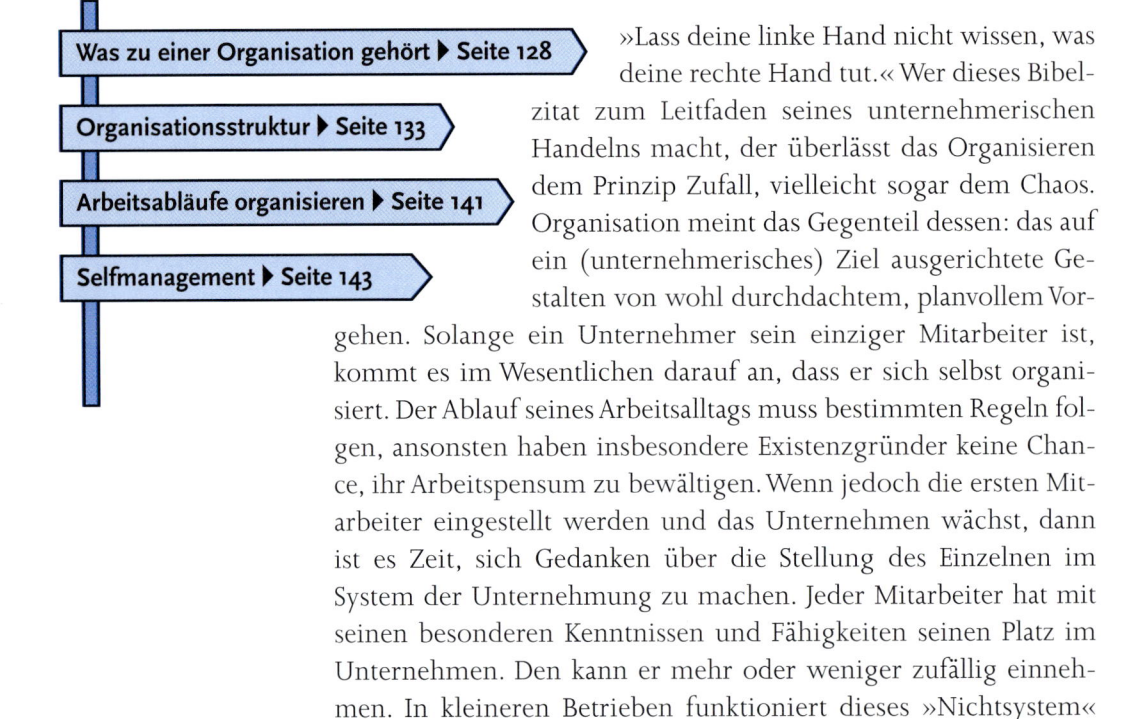

Was zu einer Organisation gehört ▶ Seite 128

Organisationsstruktur ▶ Seite 133

Arbeitsabläufe organisieren ▶ Seite 141

Selfmanagement ▶ Seite 143

»Lass deine linke Hand nicht wissen, was deine rechte Hand tut.« Wer dieses Bibelzitat zum Leitfaden seines unternehmerischen Handelns macht, der überlässt das Organisieren dem Prinzip Zufall, vielleicht sogar dem Chaos. Organisation meint das Gegenteil dessen: das auf ein (unternehmerisches) Ziel ausgerichtete Gestalten von wohl durchdachtem, planvollem Vorgehen. Solange ein Unternehmer sein einziger Mitarbeiter ist, kommt es im Wesentlichen darauf an, dass er sich selbst organisiert. Der Ablauf seines Arbeitsalltags muss bestimmten Regeln folgen, ansonsten haben insbesondere Existenzgründer keine Chance, ihr Arbeitspensum zu bewältigen. Wenn jedoch die ersten Mitarbeiter eingestellt werden und das Unternehmen wächst, dann ist es Zeit, sich Gedanken über die Stellung des Einzelnen im System der Unternehmung zu machen. Jeder Mitarbeiter hat mit seinen besonderen Kenntnissen und Fähigkeiten seinen Platz im Unternehmen. Den kann er mehr oder weniger zufällig einnehmen. In kleineren Betrieben funktioniert dieses »Nichtsystem« auch eine Weile. Aber sobald die Mitarbeiterzahl steigt und die Arbeitsabläufe komplexer werden, ist es eine Führungsaufgabe, dem Unternehmen eine Grundstruktur zu geben. Und spätestens wenn Mitarbeiter »Hand in Hand« arbeiten sollen, Aufgaben also aufgeteilt werden und jeder einen Beitrag zur Zielerreichung leistet, dann müssen die Arbeitsabläufe des normalen Geschäftsalltags organisiert werden.

Gut organisierte Abläufe ersparen Reibungsverluste und damit Kosten.

Das ABC der Organisation

Hat das Unternehmen eine Organisation, oder ist das Unternehmen eine Organisation oder ...? Und was ist eigentlich eine Stabsstelle oder eine Instanz? Zur Einführung seien nachfolgend einige Begriffe erklärt.

Organisation

Wer im Brockhaus nachschlägt, findet dort folgende Erklärung des Begriffes Organisation: »planmäßiger Aufbau, Gliederung,

Ordnung; zweckbestimmter Zusammenschluss.« In der Organisationslehre versteht man unter der Organisation ein auf Dauer angelegtes, arbeitsteiliges System, in dem die menschlichen (personalen) und maschinellen (sachlichen) Aufgabenträger zur Erfüllung eines gemeinsam gesteckten Zieles untereinander verbunden sind. Organisationen sind demnach durchaus nicht nur gewinnorientierte Unternehmen. Auch Institutionen und gemeinnützige Unternehmungen sind als Organisationen aufzufassen. Dazu zählt ein Ministerium ebenso wie etwa eine Kindertagesstätte, die als Elterninitiative geführt wird. Bei der Organisation all dieser Einrichtungen ist zwischen drei Aspekten zu unterscheiden:

Aufbauorganisation Aufgaben, Personen und Sachmittel müssen einander formal zugeordnet werden. Im Interesse eines kostengünstigen und möglichst reibungslosen Arbeitsablaufes, müssen die Strukturen und Abläufe innerhalb des Unternehmens festgelegt und festgeschrieben werden. Diese Art von Strukturen wird auch als formal (eben geformt) bezeichnet.

> **Leitfrage zur Aufbauorganisation**
> Welche Personen und welche Maschinen sollen welche Aufgaben erledigen?

Neben den formalen entwickeln sich im Unternehmen auch informelle, also mehr oder weniger zufällige Strukturen. Diese im Auge zu behalten, ist meist ebenso wichtig, wie die Entwicklung und Kontrolle der formellen Strukturen.

Manche Unternehmenskulturen beruhen allein auf informellen Strukturen, weil diese auch ein nicht zu unterschätzendes kreatives Potenzial bergen. Im lockeren Gespräch finden Wissen und Visionen zusammen, die durchaus neue unternehmerische Chancen aufzudecken vermögen. Streng formal ausgerichtete Organisationen empfinden informelle Strukturen oft als »Sand im Getriebe«. Wenn hier von »Empfinden« die Rede ist, dann ist das durchaus ernst gemeint. Es gibt inzwischen ein Forschungsgebiet, das »Organisational Behaviour« genannt wird: Verhalten von Organisation. Das Unternehmen wird als Organismus betrachtet.

Bei einer Tasse Kaffee werden bisweilen abteilungsübergreifend Ränke geschmiedet und Entscheidungen oder Funktionsträger unterlaufen bzw. umgangen.

Ablauforganisation Der Ablauf der Organisation kann geplant und festgelegt werden, sobald alle einzelnen Arbeitsschritte ermittelt wurden.

> **Leitfrage zur Ablauforganisation**
> Wie, wo und wann sind in einem Unternehmen die einzelnen Aufgaben zu erfüllen?

Dabei sind einige Punkte im Auge zu behalten: (1) die zeitliche Reihenfolge, in der Arbeitsschritte einander folgen; (2) zeitgleich zu verrichtende Arbeitsgänge und (3) die räumliche Anordnung der Arbeitsplätze. Mit dem letztgenannten Aspekt verbinden sich Überlegungen bezüglich der Transport- und Wartezeiten.

Inzwischen sind am Markt professionelle Softwarepakete zu bekommen, die die Kommunikationsstrukturen in Unternehmen unterstützen. Da gibt es sogar »Marktplätze«, an denen Mitarbeiter im Intranet ein Problem gemeinsam lösen können.

Informationsorganisation Informationen werden in Organisationen heutzutage immer wichtiger. Durch die neuen Informationstechniken lassen sich im Unternehmen selbst sowie zwischen einem Unternehmen und den Geschäftspartnern immer schneller und problemloser Informationen austauschen. Wohl jeder Mitarbeiter hat inzwischen ein »intelligentes« Telefon auf seinem Schreibtisch, das Anrufe weiterschaltet, wenn er nicht zu erreichen ist. Kaum ein Arbeitsplatz kommt ohne Computeranschluss aus. Mailbox, elektronische Konferenzen, Bildschirmtext, Teletext – die Informationsstrukturen sind vielfältig. Um ihrer und der mit ihrer Nutzung verbundenen Informationsflut Herr zu werden, muss auch dazu ein Gefüge im Unternehmen selbst und in den Kommunikationswegen darum herum geschaffen werden.

> **Leitfragen zur Informationsorganisation**
> In welcher Weise sollen Informationen ausgetauscht werden (per Telefon, Aktennotiz ...)?
> Welche Mittel müssen für den zielgerichteten Infomationsaustausch bereitstehen?
> Über welche Information soll wer wann verfügen können?
> Welche Informationen dürfen nur einem bestimmten Personenkreis zur Verfügung stehen?

Organigramm

In einem Organigramm werden die Organisationsstrukturen einer Unternehmung zu einem bestimmten Zeitpunkt bildlich dargestellt. Es ist insofern ein Hilfsmittel der Organisation zur Darstellung des Soll- oder Ist-Zustandes innerhalb von Organisationen. Ein Organigramm der Aufbauorganisation bildet das System der organisatorischen Einheiten ab. Es gibt einen Überblick über die Gliederung der Aufgaben und die der Stellen und Abteilungen sowie über die Kommunikationsbeziehungen zwischen den organisatorischen Einheiten. Einige Beispiele finden Sie auf den nächsten Seiten, jeweils unter den unterschiedlichen Organisationsmodellen.

Ein Stellenbesetzungsdiagramm gibt Auskunft über die Profile der zu besetzenden Stellen. Es erleichtert das Personalmanagement, da die Eignungsprofile von Bewerbern schnell und unkompliziert zu ermitteln und abzugleichen sind. Funktionendiagramme sind in der Regel für Matrixorganisationen zu erstellen (→ Seite 139). Organigramme der Ablauforganisation bilden die Arbeitsfolgen in räumlicher und zeitlicher Gliederung ab. Arbeitsgliederungs-organigramme geben einen Überblick über die einzelnen Arbeitsschritte. So genannte Harmonogramme halten gleichzeitig zu verrichtende Abläufe fest.

Organigramme können durch zusätzliche Informationen ergänzt werden, wie z.B. Stellenbeschreibungen, Arbeitsanweisungen, Handbücher und andere Informationen mehr.

Außenstehende können aus einem Organigramm ablesen, wer mit bestimmten Anliegen ansprechbar ist.

Aufgabe

Eine Aufgabe ist zu verstehen als Soll-Leistung, die durch bestimmte Aktivitäten erreicht werden soll. Aufgaben sind zunächst kleinschrittig festzulegen und anschließend miteinander in ein System zu bringen.

Stelle

Eine Stelle ist die kleinste organisatorische Einheit eines Unternehmens. Mehrere Teilaufgaben sind hier zu einer Einheit zusammengefasst. Man unterscheidet:
- Ausführende Stellen (auf Ausführungs- und Leitungsebene)
- Instanzen (auf der Führungsebene)
- Stabsstellen (Beratung und Unterstützung, Informationsverarbeitung, Vorbereitung von Entscheidungen)

Stellenbeschreibungen geben Handlungshilfen, können aber auch einengen.

Stab

Aufgabe einer Stabsstelle ist die Beratung und Unterstützung sowie die Vorbereitung von Entscheidungen für die ausführenden Stellen. Entscheidend ist, dass Mitarbeiter einer Stabsstelle keine Anordnungsbefugnis besitzen. Der nicht zu bestreitende Vorteil bei der Einrichtung von Stäben ist, dass sie die Leitungseinheiten entlasten. Ihre Arbeit verbessert die Entscheidungen der Führungsebene insofern, als sie detaillierte Informationen zur Entscheidungsfindung bereitstellt. Nicht zu leugnen ist allerdings, dass

Mitarbeiter in Stabspositionen nicht selten darunter leiden, dass sie Entscheidungen nicht in der selbst für richtig gehaltenen Weise umsetzen können.

Arbeitsplatz

Ein Arbeitsplatz ist der konkrete Ort, an dem eine Aufgabe erledigt werden kann. Ein Arbeitsplatz ist zweckmäßig einzurichten, auf dass der dort arbeitende Mensch innerhalb des betrieblichen Gesamtsystems mit anderen zusammenwirken kann. Es sind Arbeitsmittel und Arbeitsgegenstände bereitzustellen. Der Arbeitsplatz ist die kleinste räumliche Einheit eines Unternehmens.

Mit der Gestaltung von Arbeitsplätzen verbinden sich vielfältige Überlegungen. Zunächst ist systematisch zu beschreiben, welche typischen Arbeitsvorgänge an einem bestimmten Platz zu erbringen sind. Daraus leiten sich die körperlichen und geistigen Anforderungen ab, die an einen Mitarbeiter zu richten sind, der hier arbeiten soll.

Abteilungen sind auch Einheiten für die betriebswirtschaftliche Beurteilung. So werden beispielsweise Kosten abteilungsweise erfasst.

Ziel dieser Analyse ist eine Arbeitsplatzbewertung. Die gibt Anlass, Vergütungsstrukturen, Leistungssysteme, Fragen der Stellenbesetzung und Inhalte der Mitarbeiterunterweisung zu klären.

Abteilung

In einer Abteilung werden mehrere Stellen, die gemeinsame oder inhaltlich zusammenhängende Aufgaben erfüllen, zu einer Gruppe zusammengefasst. Die Gruppe wird einer Leitungsstelle (Instanz) unterstellt, die üblicherweise als Abteilungsleitung bezeichnet wird.

Zusammenfassung: Organisationsstrukturen

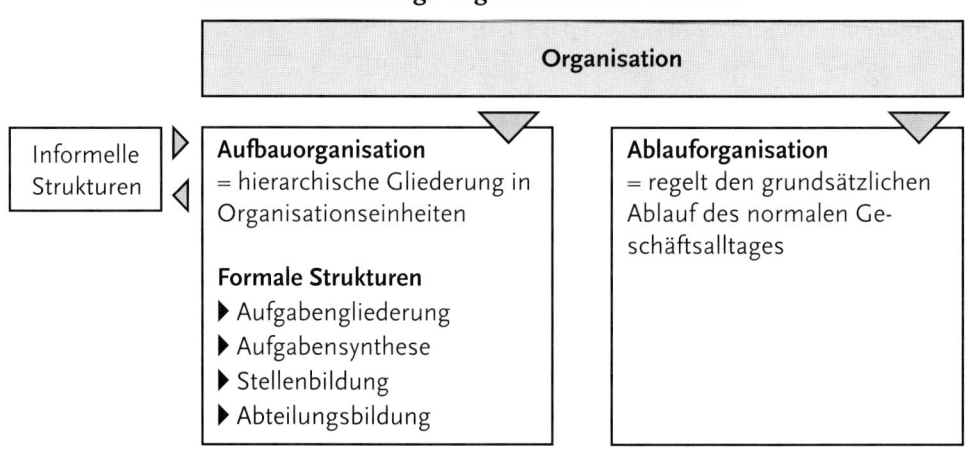

Organisation		
Informelle Strukturen	**Aufbauorganisation** = hierarchische Gliederung in Organisationseinheiten **Formale Strukturen** ▸ Aufgabengliederung ▸ Aufgabensynthese ▸ Stellenbildung ▸ Abteilungsbildung	**Ablauforganisation** = regelt den grundsätzlichen Ablauf des normalen Geschäftsalltages

Die Struktur des Unternehmens – Aufbauorganisation

Die Gestaltung einer Unternehmensstruktur ist Chefsache. Ziel ist es, die Gesamtaufgabe des Unternehmens so zu strukturieren, dass einzelne Handlungen im Interesse des Unternehmenszieles ermöglicht werden. Folgende Arbeitsschritte sind dazu notwendig:

1. Zerlegen in Teilaufgaben
2. Teilaufgaben so zusammenzufassen, dass sie von einer Arbeitskraft erledigt werden können, also eine Stelle bilden
3. Die entstandenen Stellen zu Abteilungen kombinieren

Die Gesamtaufgabe einer Unternehmung kann beispielsweise das Anbieten von Gärtnerdienstleistungen sein. Die Teilaufgaben sind: Führen von Kundengesprächen, Erstellen von Gartenplänen, Briefe schreiben, Unterlagen ablegen, Angebote für Materialien einholen, Bestellungen ausführen, Baumfällarbeiten, Pflaster verlegen, Pflanzungen, Gartenteich anlegen, Rechnungen stellen, Mahnungen schreiben und vieles andere mehr. Die Überlegung, wie Teilaufgaben zu bestimmen sind, muss verschiedene Punkte einbeziehen. Zum einen ist die Frage, wie weit eine solche Gliederung in die Tiefe geht. So kann etwa die weitergehende Unterteilung von Baumfällarbeiten in gärtnerische Fachleistungen und Hilfsarbeiten wie Reinigungsarbeiten zu der Erkenntnis führen, dass Menschen mit unterschiedlichen Fähigkeiten einen unterschiedlichen Anteil an solchen Teilaufgaben haben. Verbunden mit der Überlegung, wer welche Arbeitsmittel bzw. -geräte wofür einsetzt, können die Überlegungen dann fortgeführt werden.

Die einzelnen Teilaufgaben lassen sich zusammenfassen in Stellen wie: Sekretärin, Buchhalter, Ingenieur, Baustellenleiter und Baustellenarbeiter. Die Gliederung nach Stellen erfolgt zum einen der Überlegung, wer an welchem Ort arbeiten muss. Andererseits muss klar sein, wer an welcher Sache bzw. an welcher Aufgabe und mit wem arbeiten muss. Ist beides geklärt, können übergeordnete Funktionen bestimmt werden, also Abteilungen. Diese Zusammenfassung kann immer weiter reichen. So können Abteilungen zu Divisionen oder Bereichen gebündelt werden usw.

Diese Stellen werden zu den Abteilungen Geschäftsleitung, Verwaltung und Baustellenausführung zusammengefasst.

Um den Ablauf bei der Bildung einer Aufbauorganisation zu verdeutlichen, betrachten wir der Einfachheit halber den Existenzgründer, der am Anfang sein einziger Mitarbeit ist.

Bei der Stellenbildung werden Aufgaben zusammengefasst, die eine Einheit bilden, sodass eine Arbeitskraft die Aufgaben kennt und sie erledigen kann.

Neugründung eines Ein-Mann-Unternehmens

Der Gründer arbeitet (Gesamtaufgabe des Unternehmens!)

Die Aufträge nehmen zu, er braucht Verstärkung. Er überlegt, wie die Arbeit eigentlich genau aussieht, die er da tagtäglich macht, und welche Teilaufgaben darin enthalten sind.

Aufgabenanalyse

Dann überlegt der Gründer, welche Teilaufgaben er nicht selbst erledigen muss, sondern delegieren kann. Die nächste Überlegung läuft darauf hinaus, ob man diese Teilaufgaben so zusammenfassen kann, dass daraus eine neue Stelle wird, für die man eine Halb- oder Ganztagskraft einsetzen kann.

Aufgabensynthese und Stellenbildung

Mit dem Wachstum des Unternehmens wiederholt sich dieser Vorgang. Irgendwann ist dann die Größe erreicht, dass auf mehreren Stellen inhaltlich zusammenhängende Tätigkeiten durchgeführt werden. Es werden Abteilungen gebildet!

Abteilungsbildung

Die einzelnen Abteilungen bilden zusammen die

Gesamtstruktur des Unternehmens

Stellen und Abteilungen können nach folgenden Kriterien zusammengefasst werden: Gleichartigkeit der Aufgabenstellung (Funktionen), Ähnlichkeit der Objekte und regionale Zusammengehörigkeit.

Stellen und Abteilungen können nach verschiedenen Grundprinzipien gebildet werden. Die erste Möglichkeit ist die Zusammenfassung von gleichartigen Aufgaben zu einer Stelle. Dabei fasst man alle Aufgaben, die mit dem Erstellen, Bezahlen und Verbuchen von Rechnungen zu tun haben, im Rechnungswesen zusammen.

```
                    ┌─────────────────┐
                    │ Geschäftsleitung │
                    └─────────────────┘
     ┌──────────┬──────────┴──────────┬──────────────┐
┌─────────┐ ┌─────────┐ ┌──────────────────┐ ┌────────────┐
│ Einkauf │ │ Personal│ │ Rechnungswesen   │ │ Produktion │
└─────────┘ └─────────┘ └──────────────────┘ └────────────┘
```

Man kann Stellen jedoch auch bezogen auf das jeweilige Objekt bilden. Das könnte dann so aussehen:

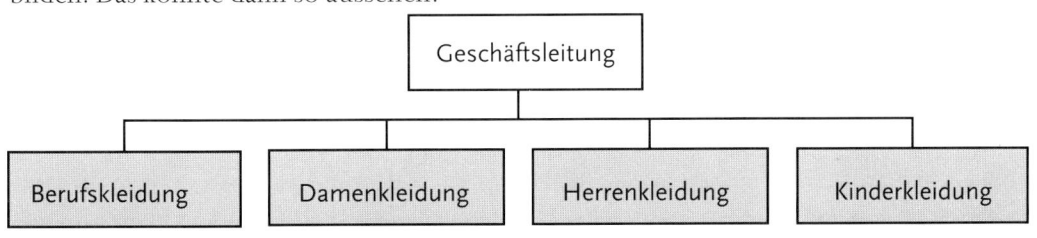

Oder man strukturiert nach Regionen. Dabei können verschiedene Aspekte als Grundlage dienen. Ein Unternehmen mit verschiedenen Standorten kann dieses als Basis nutzen.

Alternativ dazu können die Absatzmärkte für eine Einteilung genutzt werden, wenn Produkte beispielsweise in verschieden Länder exportiert werden.

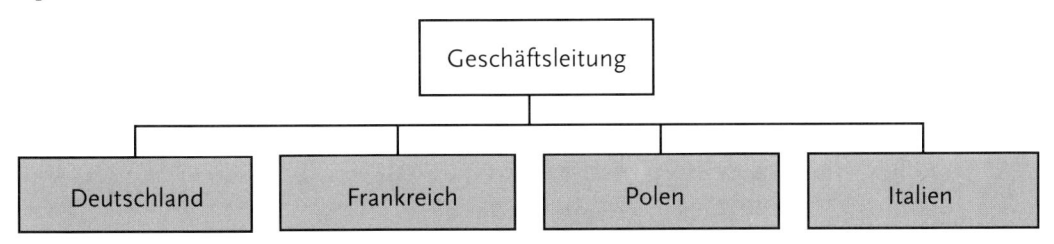

In der Praxis sind die verschiedenen Gliederungskriterien häufig miteinander kombiniert. Zumeist sind diese Strukturen dann das Ergebnis der Entwicklung des Unternehmens.

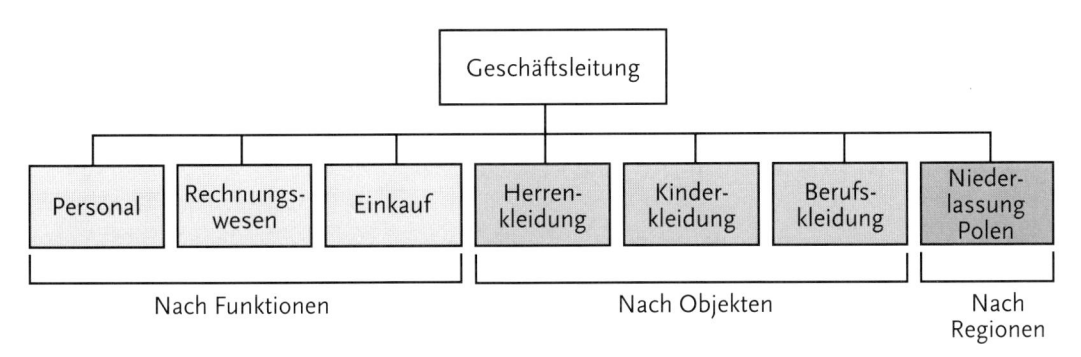

Mit der Bildung der einzelnen Abteilungen ist die Arbeit aber noch nicht beendet. Würde man an dieser Stelle aufhören, die Struktur der Organisation zu bestimmen, hätte man verschiedene Abteilungen, die irgendwie zusammengehören und auch irgendwie zusammenarbeiten.

Das Ergebnis könnte etwa so aussehen:

Parallel zu Aufbau- und Ablauforganisation ist das Informationssystem zu gestalten. In modernen Unternehmen stehen dafür meist hoch entwickelte elektronische Netzwerke zur Verfügung. Doch auch konventionell arbeitende Firmen müssen festlegen, wer was wann wem wie sagen muss.

Bei der Gestaltung einer solchen »Struktur« kommen schnell Probleme auf: Wer entscheidet bei welchen Problemen, wer informiert wen über wichtige Dinge, wer ist eigentlich Vorgesetzter von wem? Die einzelnen Unternehmensbereiche und -abteilungen müssen also noch in eine Form gebracht werden.

In der Praxis hängt die Organisationsform von vielen einzelnen individuellen Aspekten der Unternehmung ab. Aber es gibt bestimmte Grundformen, die sich in den meisten Unternehmen wieder finden.

Einliniensystem

Stellen Sie sich ein Unternehmen mit drei Mitarbeitern vor. Da gibt es beispielsweise den Chef, den Gesellen und den Auszubildenden. Die Kommunikation zwischen den dreien ist relativ eindeutig. Der Chef trifft die Entscheidungen und ordnet ihre Ausführung an. Der Geselle führt die wichtigsten Aufgaben selbst aus und trifft untergeordnete Entscheidungen, die er wiederum an den Auszubildenden weitergibt. Der Auszubildende gibt Informationen an den Gesellen zurück, und dieser informiert über alle wichtigen Dinge den Chef. Es gibt nur einen Weg, den Anordnungen und Informationen nehmen können. Deshalb spricht man hier von einem Einliniensystem. Auch wenn die Zahl der Gesellen oder Azubis im Unternehmen zunimmt, solange die Weisungen von oben nach unten auf einer Linie laufen, bleibt es ein Einliniensystem.

Beim Einliniensystem gibt es nur einen Weg für Anordnungen und Informationen.

Einliniensystem

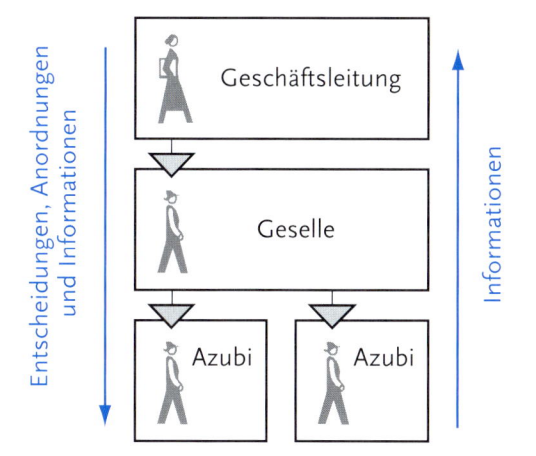

Anmerkung: Der Pfeil bezeichnet die Richtung der Weisungsbefugnis bzw. Informationsflüsse.

Das Einliniensystem eignet sich nur für kleinere Betriebe.

Dort, wo das Einliniensystem passt, bietet es Vorteile:

■ Das Einliniensystem ist einfach und übersichtlich.

■ Kompetenzen und Verantwortungen sind eindeutig zugeordnet.
Doch es hat einen wesentlichen Nachteil:

■ Ein so einfache Struktur findet in dem Moment ihre Grenzen, in dem das Unternehmen so groß wird, dass der formale Dienstweg einfach irgendwann zu lang ist!

Mehrliniensystem

Beim Mehrliniensystem sind einer Stelle jeweils mehrere weitere Stellen unterstellt. Aber jeder Einzelne hat auch mehrere Vorgesetzte. Auf das obige Beispiel bezogen heißt das, das Unternehmen hat zwei Geschäftsführer und mehrere Gesellen. Und alle Gesellen geben Weisungen an alle Azubis. Die Zuständigkeit der Gesellen kann sich beispielsweise auf deren Spezialgebiete beziehen.
Das Mehrliniensystem hat zwei Vorteile:

■ Zwischen den einzelnen Stellen kann auf kurzen Wegen kommuniziert werden.

■ Jeder Einzelne kann entsprechend seiner besonderen Kenntnisse und Fähigkeiten handeln.

Und es hat zwei Nachteile:

■ Aufgabenüberschneidungen und Kompetenzgerangel sowie unklare Verantwortungsbereiche sind an der Tagesordnung.

■ Mit zunehmender Größe und Komplexität des Unternehmens wird es unübersichtlich und schwierig zu handhaben.

Wenn jeder einzelnen Stelle mehrere Stellen unterstellt sind und jeder einzelne Mitarbeiter mehrere Vorgesetzte haben kann, dann liegt ein Mehrliniensystem vor.

Mehrliniensystem

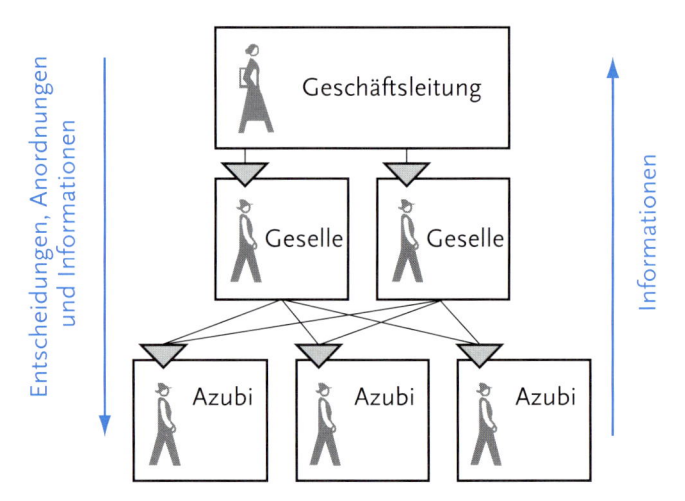

Anmerkung: Der Pfeil bezeichnet die Richtung der Weisungsbefugnis bzw. Informationsflüsse.

Stab-Linien-Organisation

Aufgabe von Stabsstellen ist die Beratung und Unterstützung sowie die Vorbereitung von Entscheidungen für die Geschäftsleitung.

Die Stab-Linien-Organisation baut auf dem Einliniensystem auf. Zur Entlastung der Führungsebene werden so genannte Stabsstellen geschaffen. Aufgabe einer solchen Stabsstelle ist die Beratung, Information, Unterstützung und Entscheidungsvorbereitung von Managern in Linienfunktion. Stabsstellen sollten also aufgrund der notwendigen fachlichen Voraussetzungen mit Fachleuten besetzt werden. Zu den typischen Bereichen für Stabsstellen zählen die Organisation, die Revision (→ Glossar, Seite 343), der Rechtsbereich und das Controlling (→ Glossar, Seite 324). Stabsstellen haben keine Weisungs- und Entscheidungsbefugnisse.

Das Stab-Linien-Modell konnte sich in der Praxis deshalb durchsetzen, weil es einige Vorteile hat:

■ Die Mitarbeiter der Führungsebene werden von Nebentätigkeiten entlastet.

■ Die Informationen können umfangreicher und damit besser aufbereitet werden, als es ein Manager allein im Alltag gewährleisten könnte.

In der Praxis zeigen sich jedoch auch eine ganze Reihe von Nachteilen:

■ Die personelle Trennung zwischen Entscheidungsvorbereitung und der eigentlichen Entscheidung kann zu Problemen führen, wenn die Stabsmitarbeiter von den Linienmitarbeitern nicht voll anerkannt werden.

- Wenn Linienmitarbeiter in den Augen des Stabsmitarbeiters die falsche Entscheidung treffen, sind Konflikte vorprogrammiert.
- Entscheidungen können »aufgebauscht« werden, unnötige Kosten entstehen und der Entscheidungsprozess verlangsamt sich unnötig.

Stab-Linien-Organisation

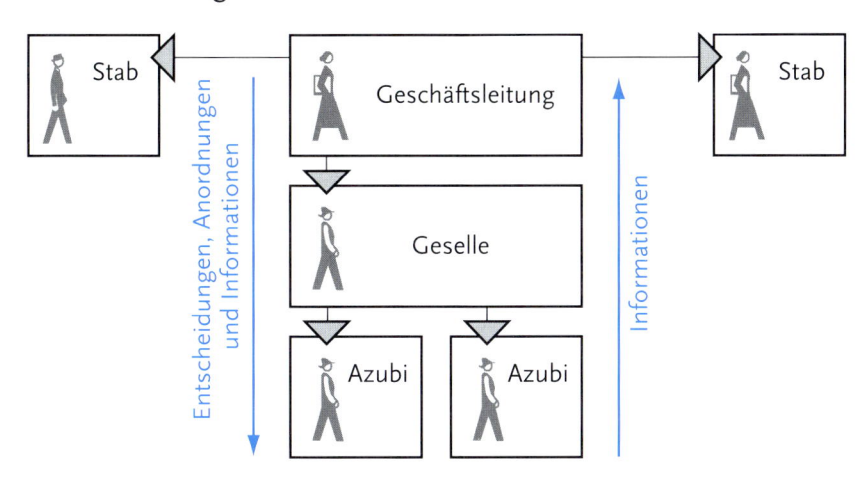

Anmerkung: Der Pfeil bezeichnet die Richtung der Weisungsbefugnis bzw. Informationsflüsse.

Matrixorganisation

Kennzeichen der Matrixorganisation ist die Mehrfachunterstellung. Die Stellenbildung auf der gleichen hierarchischen Stufe kann nach zwei oder mehreren Kriterien gleichzeitig erfolgen. Anhaltspunkte für die Zuordnung können Produkte oder Produktlinien sein oder Funktionen, Regionen oder Projekte.

Die Stellenbildung bei der Matrixorganisation erfolgt nach verschiedenen Kriterien.

Matrixorganisationen werden gern im Management von Projekten oder von Produkten eingesetzt. Diese Organisationen sind einer Matrix gleich aufgebaut, wie es die Abbildung zeigt. Verrichtungs-, also funktionsorientierte Instanzen und produkt- bzw. objektorientierte Instanzen sind gleichberechtigt. Die Schnittpunkte der Matrix geben an, wo Entscheidungen nur gemeinsam von zwei Instanzen getroffen werden können.

Die Matrixorganisation hat einige Vorteile:

- Es sind immer die richtigen Leute am Problemlösungsprozess beteiligt, weil die Spezialisten der verschiedenen Bereiche zuständig sind.
- Die direkten Verbindungswege sind vorteilhaft.

Matrixorganisation

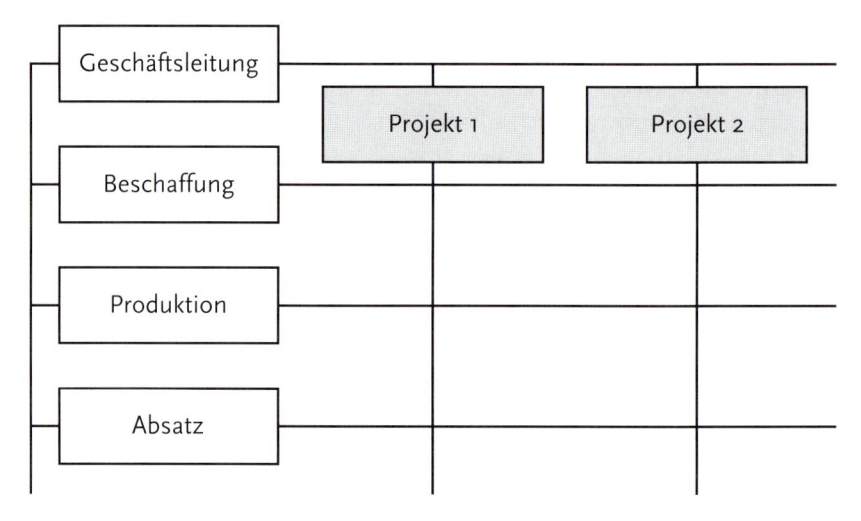

Die Nachteile sind jedoch nicht unerheblich:

- Auch hier ist wieder das Hauptproblem die Überschneidung von Verantwortung und Kompetenzen.
- Ein weiteres Problem ist der hohe Informations- und Kommunikationsbedarf sowie der damit verbundene Zeitaufwand.

Arbeiten im Team

Teamarbeit will gelernt sein. Wenn Strukturen dahingehend verändert werden, sind Schulungen unerlässlich.

Zu den neueren Organisationsformen gehört das Team. Im Team ist Gleichberechtigung großgeschrieben. Mehrere gleichberechtigte Personen arbeiten in einer Gruppe zusammen, um Aufgaben und Probleme gemeinsam anzugehen.

Teams können gebildet werden, um bestehende Organisationsstrukturen zu ergänzen. Sie können jedoch auch die Grundstruktur von Unternehmungen ausmachen, was allerdings dann doch relativ selten ist.

Besonders große, komplexe Aufgaben, die verschiedene Unternehmensbereiche betreffen und deren Bewältigung unterschiedliches Fachwissen erfordert, eignen sich für den Einsatz von Teams.

Teams haben folgende Vorteile:

- Kurze Kommunikationswege
- Flexibilität
- Einfache Koordination
- Erhöhte Motivation der Mitarbeiter

Andererseits ist die Arbeit im Team mit allen Problemen verbunden, die in Gruppen auftreten können. Dazu gehören beispielsweise:

- Die Gefahr langer Diskussionen
- Dominanz einzelner Mitarbeiter
- Frustration von Minderheiten, deren Idee keine Berücksichtigung gefunden hat

Bei der Entscheidung zur Teamarbeit müssen Vor- und Nachteile sorgfältig gegeneinander aufgewogen werden.

Das Arbeiten im Team will gelernt sein. Viele Bildungsträger bieten Seminare zu diesem Thema an.

Gut, wenn es läuft – Ablauforganisation

Thema der Aufbauorganisation ist die Strukturierung des Unternehmens in Stellen und Abteilungen. Inhalt der Ablauforganisation ist die Gestaltung der Arbeitsabläufe im Unternehmen. Die Aufbauorganisation und die Ablauforganisation können fließend ineinander übergehen, bzw. sie beeinflussen sich gegenseitig.

Die Arbeitsanalyse und, in einem zweiten Schritt, die Arbeitssynthese bilden die Grundlage für die Gestaltung der Ablauforganisation. Im ersten Schritt wird eine Arbeitsanalyse durchgeführt, d.h., Aufgaben werden in Einzelteile gegliedert. Diese Gliederung kann nach verschiedenen Merkmalen erfolgen, wie etwa Verrichtung, Objekt, Ort, Zeit oder die Person, die den Auftrag ausführt. Im zweiten Schritt, der Arbeitssynthese, werden die einzelnen Teile wieder zu Arbeitsgängen zusammengesetzt.

Dabei werden verschiedene Ziele verfolgt:

- Termineinhaltung
- Zeitminimierung
- Kapazitätsauslastung
- Qualitätssicherung

Aufgaben müssen zuerst in einzelne Teilaufgaben gegliedert werden und dann zu Arbeitsgängen zusammen gefügt werden.

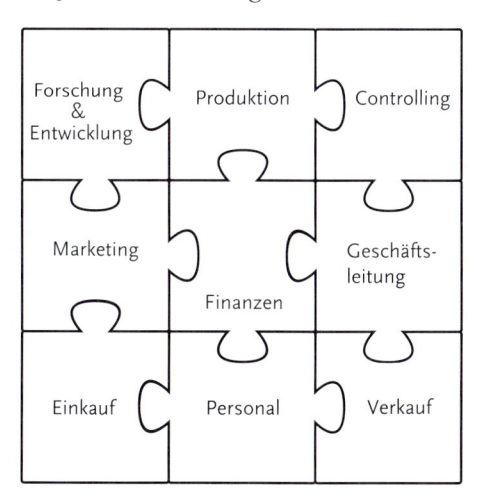

Eine gute Ablauforganisation fügt die Einzelteile des Unternehmens zu einem gut funktionierenden Ganzen zusammen.

141

Auch wenn diese Zielsetzung primär für den Ablauf des Fertigungsprozesses gilt, kann sie auch auf die Bereiche Beschaffung, Verwaltung und Vertrieb übertragen werden.

Und weil diese Ausführung jetzt ziemlich theoretisch war, soll sie anhand eines Beispiels verdeutlicht werden:

Eine gute Arbeitsorganisation stellt sicher, dass nichts übersehen oder vergessen wird.

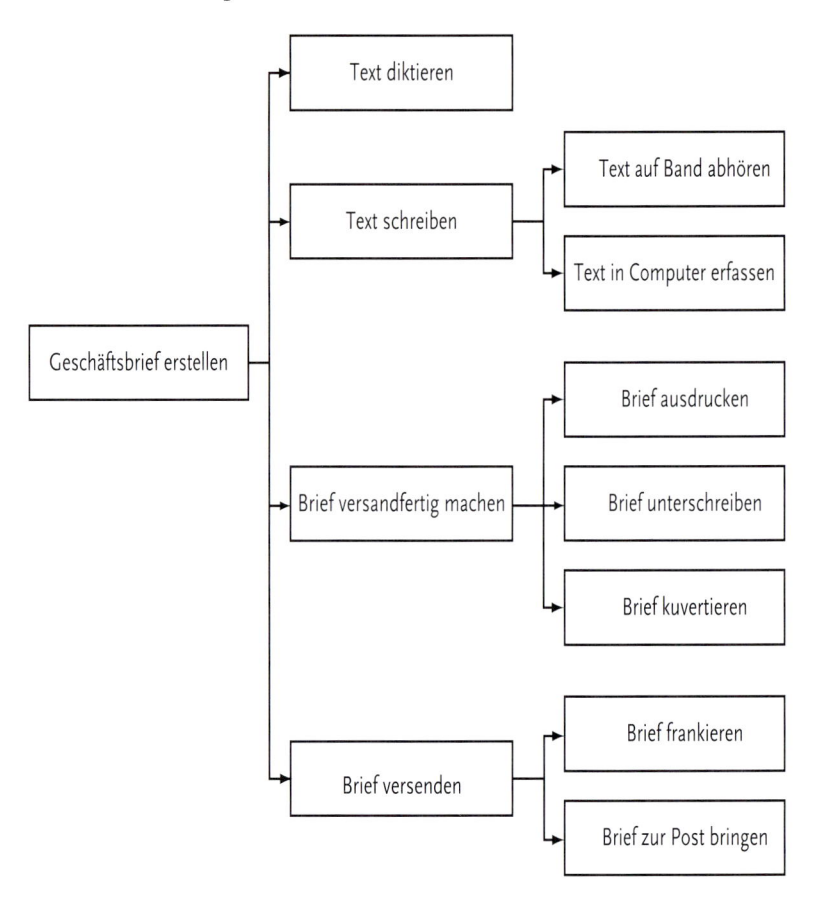

Stammtisch

Dagmar war letzte Woche zu einem Betriebsfest ihrer ehemaligen Firma eingeladen. »Es war ganz nett, wieder einmal die alten Kollegen zu treffen«, erzählt sie.

»Mit einer neuen Mitarbeiterin habe ich mich längere Zeit unterhalten«, berichtet Dagmar weiter. Im Laufe des Gespräches wurde deutlich, dass die Mitarbeiterin nach vier Wochen Betriebszugehörigkeit noch gar nicht so richtig wusste, wie ihre Aufgaben eigentlich aussehen. Auf Dagmars Nachfrage, ob sie denn keine Stellenbeschreibung habe, erzählte die Mitarbeiterin: »In meinem Arbeitsvertrag steht ›Aufgaben laut beiliegender Stellenbeschreibung‹, aber diese Stellenbeschreibung gibt es einfach noch nicht.« Es stellte sich heraus, dass die neue Mitarbeiterin von ihrem Vorgesetzten ganz gut betreut wird, aber dieser natürlich, wie bei Vorgesetzen so üblich, immer viel zu wenig Zeit für eine umfassende Einarbeitung hat.

Max meint: »Die könnten sich das Leben wirklich etwas einfacher machen. Wenn sie am Anfang mit der neuen Mitarbeiterin eine Stellenbeschreibung erarbeitet hätten, könnte viel Zeit gespart werden, und die Mitarbeiterin wäre nicht so unsicher. Aber in dem Unternehmen, in dem ich als Prokurist tätig bin, sieht es auch nicht besser aus.« Und er berichtet weiter, dass ihn kürzlich ein neuer Mitarbeiter um ein Organigramm des Unternehmens gebeten habe. Und da sei ihm aufgefallen, dass es kein aktuelles Organigramm gebe. In den letzten Jahren wurde das Unternehmen strukturell stark verändert. Es gab eine neue Geschäftsleitung, Unternehmenszweige wurden verkauft und neue Bereiche hinzugekauft.

Manche Unternehmen verzichten bewusst auf allzu genau festgelegte Strukturen, um den »Dienst nach Vorschrift« zu verhindern. Wer keine »Vorschrift« hat, ist manchmal motiviert, sein Bestes zu geben.

Anke fragt verwundert: »Ja, und was macht eure Organisationsabteilung?« Max erwidert: »Also, ehrlich gesagt, haben wir keine eigenständige Organisationsabteilung. Die Organisationsaufgaben sind auf andere Abteilungen mit verteilt.«

Dagmar ist verblüfft und fragt, woher der einzelne Mitarbeiter denn weiß, wem er Bericht zu erstatten hat und wen er in verschiedenen Angelegenheiten ansprechen kann oder wer das betriebsinterne Telefonbuch erstellt?

Max gibt eine Antwort, die alle überrascht. »Also hausinterne Telefonbücher gibt es nicht und wer wen zu welchen Anlässen anspricht, das ist Erfahrungssache. Und das alles kann sich mitunter auch schnell ändern.«

Sich selbst organisieren – Selfmanagement

Jeder Mensch hat die Fähigkeiten, die er im täglichen Arbeitsumfeld braucht, in sich. Je nachdem, wie gut er gelernt hat, sie zu nutzen, kann er verborgene Kräfte und ungeahnte Möglichkeiten erschließen, oder er blockiert sich und hindert sich selbst am Erreichen seiner Ziele.

Detaillierte Kenntnisse über die Möglichkeiten, sich selbst zu steuern, können über entsprechende Literatur oder Kurse erworben werden.

Die Fähigkeit, eigene Potenziale zu nutzen, wird als Selfmanagement bezeichnet.

Das Selfmanagement kann man grob in folgende Bereiche unterteilen:

- Zugang zu den eigenen Ressourcen schaffen
- Ziele und Motivation klären
- Zeitmanagement

Die individuellen Fähigkeiten und Verhaltensweisen einzelner Mitarbeiter beeinflussen jede betriebliche Entscheidung, das Verhalten am Markt und die Geschäftsbeziehungen.

Zugang zu den eigenen Ressourcen

Um einen Zugang zu den eigenen Ressourcen zu finden, bedarf es der kritischen Analyse und der ständigen Arbeit an der eigenen Persönlichkeit. Basis dafür ist ein ausreichend entwickeltes Selbstwertgefühl.

Es gibt eine Verhandlungsregel, die zu denken geben sollte: Frauen stellen bei einem »Nein« ihres Gegenübers die Verhandlung oft ein, Männer fühlen sich dadurch erst richtig herausgefordert.

Kommunikation ist eine dieser eigenen Ressourcen, die in der Priorität sehr hoch einzuordnen sind. Wie wir mit anderen kommunizieren, gehört zu den sehr früh erworbenen Verhaltensmustern. Schon im Elternhaus, im Kindergarten und in der Schule werden die Grundsteine dazu gelegt. Durch bewusstes Handeln und den gezielten Einsatz von Feedback kann man diese Muster aber ändern. Schon die Körperhaltung, die Mimik und die Gestik beeinflussen unsere Kommunikation. Wann haben Sie sich das letzte Mal bewusst auf einem Video überprüft? Nutzen Sie ruhig das letzte Geburtstagsvideo dazu.

Sie können Ihre kommunikativen Fähigkeiten unterstützen: Lernen Sie, die wissenschaftlichen Erkenntnisse über Kommunikation, Verhandlung und Gesprächsführung (etwa Fragetechniken, Zuhören können) richtig anzuwenden. Rhetorik beispielsweise kann gezielt geschult werden. Wir erreichen dadurch nicht nur mehr Interesse bei unseren Zuhörern, sondern stärken in der Regel auch das Selbstbewusstsein.

Konfliktmanagement Wenn die Kommunikation schwierig wird, ist besonderes Fingerspitzengefühl für psychologische Hintergründe gefordert.

Wer die Leitung von Mitarbeiterinnen und Mitarbeitern übernimmt, dem muss es immer wieder gelingen, mit Konfliktsituationen konstruktiv und produktiv umzugehen. Konflikte, die nicht angegangen werden, beeinträchtigen das Arbeitsklima und somit auch die Arbeitsergebnisse.

Zum Konfliktmanagement gehören einige Fertigkeiten:

- Konflikte erkennen und ihrem Charakter nach unterscheiden können
- Die Entstehung von Konflikten beurteilen
- Das eigene Konfliktverhalten analysieren

Selbst wenn man all diese Fähigkeiten in Seminarsituationen und in privater Runde beherrscht, kann man doch unter dem täglichen Arbeitsdruck ganz andere, nicht immer erwünschte Verhaltensweisen zeigen.

Stressbewältigung Stress wird ganz allgemein als ein Ungleichgewichtszustand zwischen den Anforderungen und den individuellen Leistungsvoraussetzungen, Zielen und Bedürfnissen einer Person bezeichnet.

Erfolgreich sind im Rahmen der Stressbewältigung Verhaltensweisen, die an dem zugrunde liegenden Problem ansetzen und auch langfristig für emotionale Ausgeglichenheit sorgen.

Es gibt drei wesentliche Schritte zur Stressbewältigung:

1. Die jeweilige Situation den eigenen Bedürfnissen und Fähigkeiten anpassen
2. Die Situation momentan akzeptieren, wenn es nicht anders geht
3. Sich von der Situation trennen, wenn Schritt 1 und 2 nicht zu verwirklichen sind

Erstellen Sie Ihr individuelles Programm zur Stressvermeidung. Beachten Sie dabei folgende Anregungen:

- Verschaffen Sie sich Klarheit über die gegebene Situation.
- Öffnen Sie sich für neue Einsichten.
- Gewinnen Sie Distanz zu den Dingen, und beißen Sie sich nicht an den Problemen fest.
- Betreiben Sie bewusstes Zeitmanagement. Organisieren Sie sich.
- Stärken Sie das eigene Selbstwertgefühl.
- Pflegen Sie das innere Gleichgewicht, nutzen Sie Entspannungstechniken.
- Legen Sie rechtzeitig ausreichende Pausen ein.
- Sorgen Sie für ausreichende Bewegung, treiben Sie Sport.
- Schaffen Sie sich zufrieden stellende Erlebnisse und persönlichen Freiraum.
- Entwickeln Sie ein positiven Verhältnis zu anderen Menschen.
- Versuchen Sie den üblichen »hausgemachten Stress« abzubauen.

Und noch etwas gehört dazu: Dauerhaft erfolgreich ist nur, wer in der Lage ist, Schwierigkeiten zu erkennen und sie zu lösen, wer Durchhaltevermögen besitzt und wer viel arbeitet.

Ziele und Motivation

Ein Mensch kann nur etwas erreichen, wenn er weiß, welches Ziel er anstrebt. Wenn wir das Ziel kennen, erkennen wir häufig auch den Weg dorthin. Es ist nicht immer leicht, im Angesicht der vielen Veränderungen, denen wir in diesen turbulenten Zeiten zunehmend ausgesetzt sind, an Zielen festzuhalten.

Prüfen Sie Ihre eigenen Ziele – sind sie

- Realistisch und erreichbar
- Konkret und messbar
- Zeitlich begrenzt
- Motivierend und sinnvoll
- Schriftlich fixiert

Wenn nicht, dann sollten Sie etwas ändern!

Im täglichen Arbeitsumfeld ist es wichtig, vollständige Aufgaben festzulegen. Sie sollten der Qualifikation entsprechen und stets neue Herausforderungen bereithalten, nur so bleibt die nötige Motivation erhalten. Über die Güte der ausgeführten Leistung sollte es angemessene Rückmeldungen geben.

Die Aufgabenerfüllung erfordert in der Regel vielfältige Zusammenarbeit und Kommunikation zwischen den Beschäftigten. Es ist daher wichtig, dass jeder über den Aufbau des Unternehmens informiert ist und weiß, was vor, hinter und nach seiner Position im Gesamtzusammenhang geschieht.

Das viel gepriesene positive Denken ist kein Allheilmittel, aber es hilft jedem ein wenig dabei, seine Ziele zu erreichen. Wer ständig an sich selbst zweifelt, ist kaum in der Lage, sich ehrgeizige Ziele zu setzen und diese nachdrücklich zu verfolgen.

Zeitmanagement

Wer ein konsequentes Zeitmanagement betreibt, der wird schnell erkennen, welche Probleme »hausgemacht« sind und welche äußeren Ursachen erwachsen.

Zeitmanagement hilft, von der Reaktion zur Aktion zu gelangen. Damit ist gemeint, dass jemand im eigenen Interesse selbst aktiv werden kann, statt ständig hinter den Ereignissen herzulaufen. Wem dies gelingt, der wird sein Tagesgeschäft effektiver und zufrieden stellender bewältigen. Es ist absolut notwendig, selbst über die verfügbare Zeit zu bestimmen.

Vielleicht können Sie Ihren Handlungsspielraum erweitern, um das Arbeitstempo oder die Arbeitsschritte an Ihre Fitness und Motivation anpassen zu können. Konzentrationsaufwändiges kann dann selbstbestimmt erledigt werden, wenn keine Kundenanrufe »nerven«. Stress wird vermieden. Wenn dies notwendig, aber nicht möglich ist, muss über personelle Entlastung nachgedacht werden.

**Checkliste: Die folgenden Fragen sollen helfen,
Ihren eigenen Umgang mit Zeit zu klären**

✎ Was heißt Zeit für mich?

....

....

✎ Wo und wer sind meine Zeitdiebe?

....

....

✎ Bestimme ich über meine Zeit? (Erreichbare Ziele setzen,
Delegieren lernen)

....

....

✎ Habe ich Zeitregeln, die mir bei meiner täglichen Arbeit
helfen? (Wichtiges ausdeuten, Tagespläne verwenden)

....

....

Arbeitsabläufe lassen sich häufig sehr schnell verbessern. Kalkulieren Sie zeitliche Spielräume ein, und vermeiden Sie ständige Arbeitsunterbrechungen. Wenn Sie unsicher sind, wie die Anforderungen denn nun wirklich aussehen, dann haben Sie ein Recht, klare Tätigkeitsbeschreibungen und Kompetenzdefinitionen zu verlangen.

Freiräume gewinnt niemand von selbst. Man muss sie sich schaffen, indem man Prioritäten setzt und Einzelnes zurückstellt.

Ziele des Zeitmanagements sind:

- Mit der eigenen Zeit bewusst und optimal umgehen
- Die Arbeit ein- und aufteilen, sodass mit dem gleichen Aufwand mehr geleistet werden kann
- Die häufigsten Zeitfallen kennen und vermeiden
- Mehr Sicherheit und Freude bei der Arbeit gewinnen
- Ein persönliches Aktionsprogramm zur Verbesserung der eigenen Arbeitstechnik erstellen

Sicherlich können Sie die umseitige Liste aus Ihren eigenen Erfahrungen heraus noch verlängern. Denken Sie auch an eines: Das Gedächtnis ist trügerisch. Wenn Sie wirklich etwas verändern wollen, dann schreiben Sie Ihre Abschätzungen auf. Schwierigkeiten und Versäumnisse werden nur zu gerne vergessen.

Und lassen Sie sich nicht von Kollegen anstecken, die Zeitmangel heucheln, um nicht als unwichtig zu gelten. Jeder durchschaut das sehr schnell, denn oft sind es gerade solche Menschen, die an jeder Ecke gern und willig ein »Schwätzchen halten«. Lernen Sie, Wichtiges von Unwichtigem zu unterscheiden.

Checkliste:		
Fragen zum eigenen Zeitmanagement	Ja	Nein
✍ Setze ich mir bei der Arbeit konkrete und überschaubare Ziele ?	❏	❏
✍ Stelle ich mir einen Tagesplan auf?	❏	❏
✍ Weiß ich, welche Ziele ich unbedingt erreichen muss?	❏	❏
✍ Halte ich den Tagesplan schriftlich fest und überprüfe mich am Abend?	❏	❏
✍ Liste ich die Aufgaben nach ihrer Wichtigkeit und halte mich bei der Erledigung an diese Reihenfolge?	❏	❏
✍ Setze ich mir bei jeder Arbeit zeitliche Grenzen?	❏	❏
✍ Plane ich Puffer ein?	❏	❏
✍ Wie oft treffen meine Zeitabschätzungen zu?	❏	❏
✍ Bevor ich eine Arbeit unterbreche: Überlege ich mir, ob die andere Tätigkeit wichtiger ist?	❏	❏
✍ Halte ich gesetzte Termine ein?	❏	❏
✍ Bespreche ich mit Mitarbeitern und Vorgesetzten konkrete Maßnahmen, wenn Situationen mich belasten?	❏	❏

Unterstützung beim Zeitmanagement kann über ein so genanntes »Time System« in Form von Ordnern und Papier bzw. auf elektronischem Wege erfolgen. Folgende Funktionen können in der Regel über solche Systeme abgedeckt werden:

- Tages-, Wochen-, Monats- und Jahreskalender
- Projektplanung mit Phasen, Meilensteinen etc.
- Aufgaben- und Aktivitätenplanung

Nur bei elektronischen Systemen gibt es darüber hinaus oft noch folgende Funktionen:

Nehmen Sie sich ruhig Zeit für Ihre Zeitplanung, denn wer möchte schon von sich selbst sagen: »Viel gearbeitet — und wieder das Wesentliche nicht geschafft!«

- Beliebige grafische Übersichten und Terminlisten
- Zugriff auf fremde Kalender (rechteabhängig)
- Suche nach gemeinsamen freien Zeiten inkl. Terminbuchung
- Flexible Such- und Statistikfunktionen
- Fristenmanagement mit Vorlage- und Fälligkeitsdatum
- Koordination im Multi-User-Betrieb (Nutzung durch viele Personen: Weitergabe von Aufgaben etc.)
- Grafische Übersichten
- Projektstatistik
- Kostenrechnung

Kreativitätstechniken – den Kopf für Neues freibekommen

Unternehmen brauchen neue Ideen! Unternehmen, die in Zeiten zunehmender Globalisierung und wachsenden Konkurrenzdrucks überleben und Arbeitsplätze sichern wollen, müssen kreativ und innovativ sein, und zwar in allen Unternehmensbereichen! Wenn Sie in führender Verantwortung stehen, sollten Sie sich von Zeit zu Zeit nachfolgende Fragen stellen:

- Passt Ihre Rechtsform noch zu Ihrem Unternehmen?
- Kooperationen können aus kleinen Unternehmen eine starke Gruppe machen! Wie können sie Ihr Unternehmen stärken?
- Überdenken Sie Ihr Leistungsangebot: Gibt es Produkte oder Dienstleistungen, mit denen Sie am Markt Vorteile gegenüber der Konkurrenz erzielen können?
- Wie kann Sie der Einsatz neuer Technologien weiterbringen?
- Gibt es Erfolg versprechende Alternativen zu Ihren bisherigen Vertriebskanälen?
- In welchen neuen Märkten, welchen neuen Kundensegmenten könnten Sie einen Einstieg wagen?
- Welche Fähigkeiten Ihrer Mitarbeiter, welche Stärken Ihres Unternehmens sind noch ungenutzt und können aktiviert werden?

So genannte Kreativitätstechniken haben das Ziel, die menschliche Schaffenskraft zu fördern. Ideen und Problemlösungen sind nicht nur das Ergebnis von Inspiration und Eingebung, sie sind oftmals das Produkt konsequenter Arbeit. Hier sollten Unternehmen ansetzen, um das Potenzial ihrer Mitarbeiter freizusetzen.

Es genügt nicht zu wissen, bei welchen Themen man ansetzen muss. Entscheidend sind die Fragen: Wie können neue Lösungen gefunden werden? Wie können Unternehmen sich weiterentwickeln?

Brainstorming

Ein klassisches Beispiel der Kreativitätstechniken ist das Brainstorming. Sechs bis zwölf Leute setzen sich zusammen und sammeln Einfälle zu einem bestimmten Thema. Zunächst geht es nur darum, möglichst viele Ideen zu einem Bereich zu sammeln. Je zwangloser die Atmosphäre, desto lockerer die Teilnehmer. Kritik an den Vorschlägen sollte in der Phase des Sammelns unterbleiben.

Mind Mapping

Eine weitere Methode ist Mind Mapping. Auch hier geht es darum, »einfach Gedanken zu sammeln«. Ansatz ist, dass die Gedanken einfach auf der ganzen Papierfläche erfasst werden. Es entsteht sozusagen ein »Bild der Ideen«. Entscheidend ist, dass die Einfälle nicht in geordneter, üblicherweise verwendeter Art von oben in ordentlicher Reihenfolge nach unten geschrieben werden. Vielmehr kann auf dem Papier eine Systematisierung wachsen.

Den kreativen Prozess organisieren

Daneben gibt es noch eine Reihe von Methoden, die z.B. auf dem Prinzip der Arbeitsteilung oder der Konkurrenz aufbauen.

Für den Einzelnen ist eine individuelle Unterstützung zur Aufdeckung eigener Ideen und Lösungen entscheidend. Für ein Unternehmen ist es jedoch wichtig, dass nicht nur die Kreativität des Einzelnen, sondern, sozusagen potenziert, die eigene Kreativität in Ergänzung durch das Team und in Ergänzung des Teams, also der anderen Menschen im Unternehmen, gefördert wird!

Wo sich Kreativität mit Analyse verbindet, wird ein Unternehmen wirklich stark sein.

Deshalb ist es notwendig, die Kreativität zu organisieren. Verschiedene Phasen eines Kreativitätsprozesses können in unterschiedlichen Organisationsformen erfolgen. Gearbeitet werden kann in Teams, Kleingruppen oder alleine.

Teamarbeit Kreativitätstechniken wie das Brainstorming bauen vollständig auf der Teamarbeit auf. Die Gruppe bleibt während des gesamten Arbeitsprozesses zusammen.

Kleingruppen Bei anderen Techniken wird das Team zeitweise in Kleingruppen gegliedert. Die Kleingruppen, üblicherweise drei bis sechs Teilnehmer können in Konkurrenz zueinander arbeiten. Sie können sich jedoch auch ergänzen, indem jede Kleingruppe aus einem besonderen Blickwinkel heraus arbeitet.

Einzelarbeit Andere Methoden fußen auf Einzelarbeit. Jeder Einzelne soll seine individuellen Möglichkeiten voll ausschöpfen. Darüber hinaus können diese Ansätze dann im Team weiterentwickelt werden.

Wenn Sie mit Ihrem Unternehmen nach vorn schauen, dann sollten Sie das mit Ihren Mitarbeitern oder Kolleginnen und Kollegen gemeinsam machen. Wenn die Verbesserung Ihrer Arbeitsabläufe und damit der Erfolg Ihres Unternehmens am Markt unter Mitwirkung Ihrer Mitarbeiter erfolgt, dann motiviert dies auch Ihre Mitarbeiter ungemein. Es verstärkt gleichzeitig die Identifikation mit Ihrem Unternehmen, also das »Wir-Gefühl«.

Welche positiven Auswirkungen ein gut motiviertes Team auf den Erfolg eines Unternehmens hat, wissen Sie selbst!

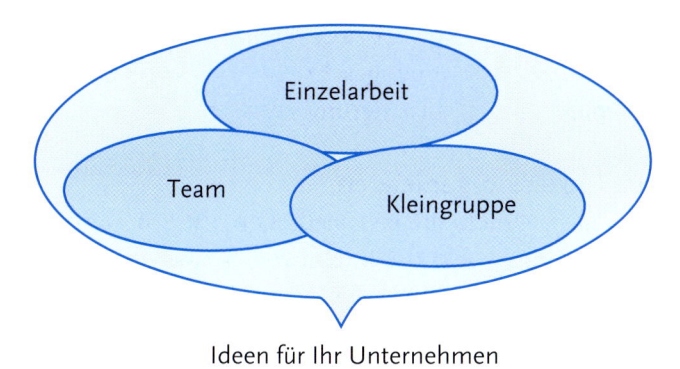

Ideen für Ihr Unternehmen

Kurzübersicht

Aufbauorganisation Die einzelnen Schritte zur Entwicklung einer Aufbauorganisation sind:
- Aufgabengliederung
- Aufgabensynthese
- Stellenbildung
- Abteilungsbildung

Die meisten Organisationsformen in Unternehmen basieren auf bestimmten Grundformen. Beispiele sind:
- Einliniensystem
- Mehrliniensystem
- Stab-Linien-System
- Matrixorganisation
- Das Team

In der Praxis ist die tatsächliche Organisationsform von einer Vielzahl individueller Unternehmensfaktoren abhängig.

Beim Aufbau einer Organisation ist immer auch zu klären, wie und in welchem Umfang Informationen weitergegeben werden.

Ablauforganisation Aufgabe der Ablauforganisation ist die Gestaltung der Arbeitsabläufe im Unternehmen. Dabei besteht ein enger Zusammenhang zwischen Aufbau- und Ablauforganisation, stets in enger Verknüpfung mit dem Management von Informationen.

Selfmanagement Sich selbst zu organisieren, ist eine der Aufgaben, die für den einzelnen Mitarbeiter im Vordergrund steht. Jeder Einzelne sollte seine Möglichkeiten und Grenzen kennen und regelmäßig kritisch reflektieren. Mindestens ebenso wichtig ist, dass der Einzelne für sich selbst eine Zielausrichtung definiert und daraus seine Motivation ableitet. Ein gutes Zeitmanagement ergänzt diesen Ansatz.

Chancen am Markt nutzen – Marketing

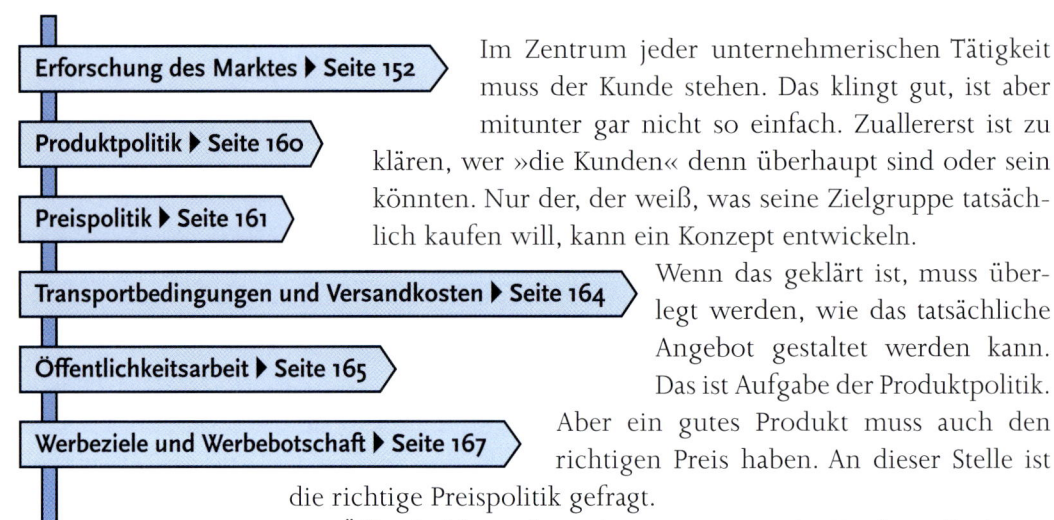

Im Zentrum jeder unternehmerischen Tätigkeit muss der Kunde stehen. Das klingt gut, ist aber mitunter gar nicht so einfach. Zuallererst ist zu klären, wer »die Kunden« denn überhaupt sind oder sein könnten. Nur der, der weiß, was seine Zielgruppe tatsächlich kaufen will, kann ein Konzept entwickeln.

Wenn das geklärt ist, muss überlegt werden, wie das tatsächliche Angebot gestaltet werden kann. Das ist Aufgabe der Produktpolitik. Aber ein gutes Produkt muss auch den richtigen Preis haben. An dieser Stelle ist die richtige Preispolitik gefragt.

Die Öffentlichkeitsarbeit ebenso wie gezielte Werbemaßnahmen prägen den Weg zum Kunden zusätzlich.

Der Markt und seine Erforschung

Ursprünglich war der Markt der Ort oder Platz, an dem sich Käufer und Verkäufer zum Austausch von Waren und Dienstleistungen trafen. Heute kennt man in dieser Form im Wesentlichen noch den Wochenmarkt.

Mittlerweile hat sich die Bedeutung des Begriffs stark verändert. Der Markt ist nicht mehr unbedingt der Platz, an dem man Waren austauscht. Dieser ist zumeist von untergeordneter Bedeutung. Der Schwerpunkt liegt jetzt auf dem Austausch eines bestimmten Produktes oder einer Dienstleistung gegen Geld. Einige Fragen helfen zu klären, was einen Markt im Einzelnen ausmacht:

Man spricht von einem Markt, wenn Angebot und Nachfrage zusammenkommen und ein Austausch von Waren oder Dienstleistungen stattfindet. Ein räumliches Zusammentreffen von Anbieter und Käufer ist nicht entscheidend.

- Wer kauft?
- Was wird gekauft?
- Wie viel wird gekauft?
- Was wird bezahlt?
- Warum wird gekauft?
- Wie wird gekauft?
- Wo wird gekauft?

Was einen Markt ausmacht

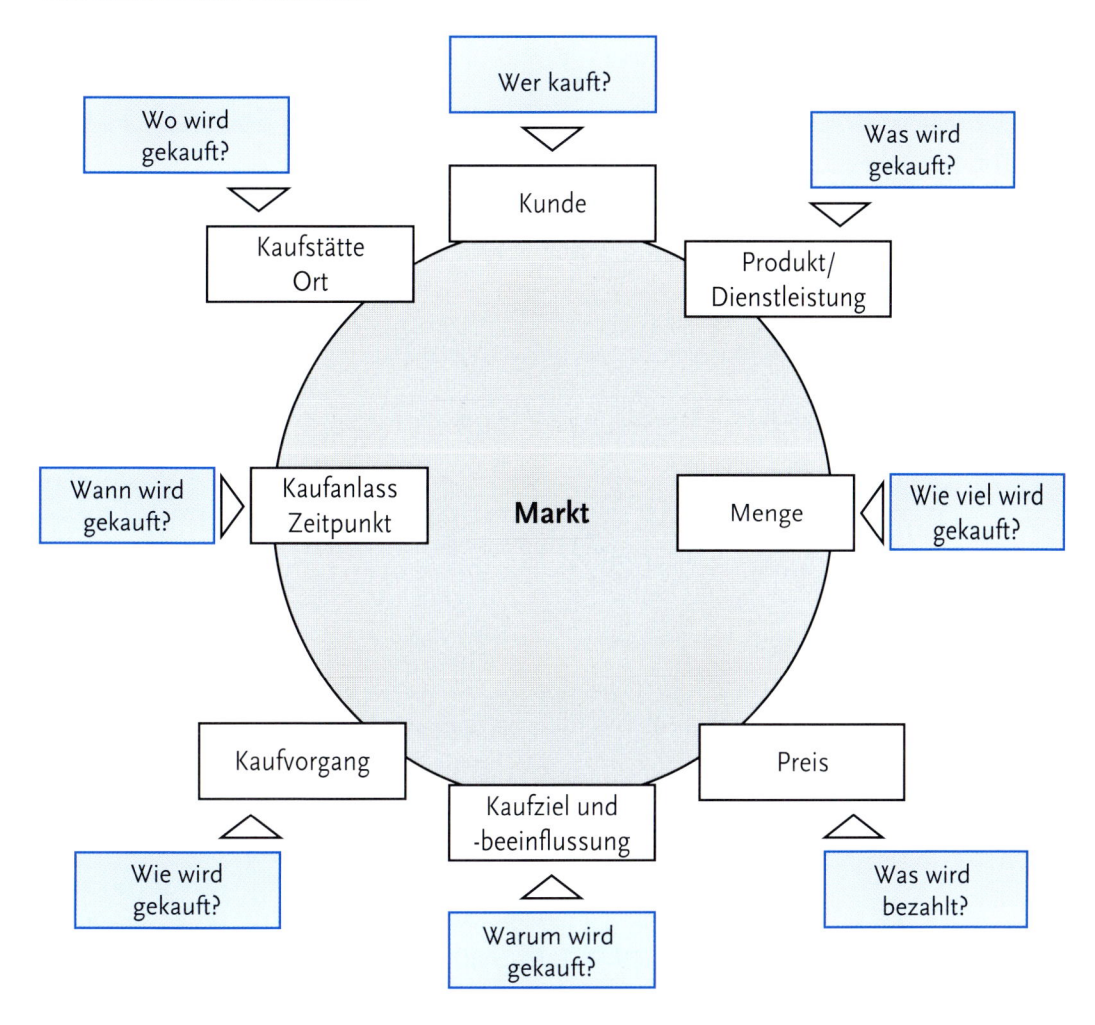

Und wer sind die Marktpartner?

Zunächst sind der Verkäufer und der Käufer die Marktpartner. Also im einfachsten Fall der Hersteller und die Käufer. Aber in den seltensten Fällen geht ein Produkt direkt vom Produzenten an den Nutzer. Wie auf der folgenden Seite dargestellt wird, sind häufig noch mehr Partner am Prozess des Verkaufens beteiligt.

Methoden der Marktforschung

Der Markt, auf dem man sich als Anbieter tummelt, muss beobachtet werden. Jedes Unternehmen muss seinen Markt kennen, um sein Angebot flexibel und angemessen an die Erfordernisse des Marktes anzupassen.

Marktpartner

Das Konsumenten-verhalten ändert sich ständig, Trends kommen und gehen, in wirtschaft-lich guten Zeiten wird anders eingekauft als in schlechteren. Das Kauf-verhalten im Winter unterscheidet sich von dem im Sommer.

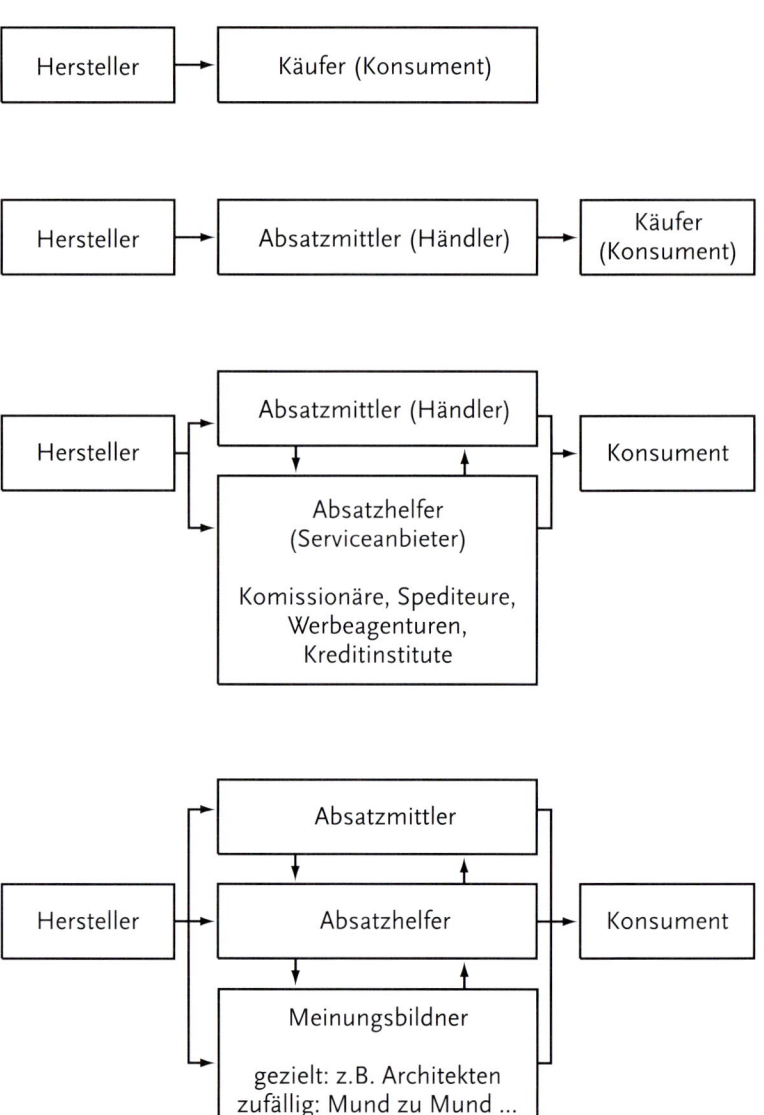

Die Sekundärmarkt-forschung (auch als Desk Research bezeichnet) wertet bereits vorhandenes Datenmaterial aus, um Aussagen über einen Markt zu erschließen.

Mancher Unternehmer bewegt sich auf einem Markt, bei dem die entscheidenden Faktoren sich nur zögernd verändern. Es ist jedoch selten, dass die Situation sich so gestaltet, dass Konsumentenverhalten und Konkurrenz nahezu gleich bleibende Größen sind. Der Markt ist immer dynamisch und kann sich schnell ändern. Deshalb muss er ständig beobachtet werden!

Grundsätzlich gibt es zwei Wege, um Informationen über die potenziellen Käufer zu erhalten. Zunächst wird oft bereits vorhandenes Material gesichtet. Datenmaterial, z.B. von statistischen Instituten, Datenbanken, Veröffentlichungen, Messen oder Ausstellungen können für eigene Zwecke ausgewertet werden. Der entscheidende Vorteil dieser Methode der Datenbeschaffung ist in den relativ geringen Kosten zu sehen. Da diese Art der Marktforschung sozusagen am eigenen Schreibtisch stattfinden kann, spricht man auch von Desk Research.

Die Primärmarktforschung kann infolge ihrer speziellen Ausrichtung gezielteres Datenmaterial liefern, ist jedoch üblicherweise mit relativ hohen Kosten verbunden. Da die Erhebungen sozusagen »auf dem freien Feld« stattfinden, spricht man auch von Field Research.

Die Erhebungstechniken der Primärmarktforschung sind:

- Befragung
- Test
- Beobachtung

Bei der Primärmarktforschung (auch als Field Research bezeichnet) werden die notwendigen Daten zur Erforschung eines Marktes mit einer konkreten Zielausrichtung unmittelbar ermittelt.

Befragung

»Entschuldigung! Hätten Sie mal fünf Minuten Zeit? Wir würden Sie gerne etwas fragen.« Wer ist diesen Damen und Herren, die sich gerne zentral auf Fußgängerzonen platzieren, nicht auch schon in etwas größerem Bogen ausgewichen. Solche Befragungen werden regelmäßig von Marktforschungsinstituten durchgeführt. Wichtig ist hierbei, dass die Befragten in irgendeiner Weise zur Teilnahme motiviert sind.

Persönliche Befragungen können in unterschiedlichen Formen durchgeführt werden:

Standardisiertes Interview Häufig angewendet wird das standardisierte Interview, in dem die einzelnen Fragen und deren Reihenfolge genau fest gelegt sind.

Strukturiertes Interview Bei einem strukturierten Interview dienen die vorgegebenen Fragen dem Fragenden nur als Leitfaden. Für die Befragung besteht sowohl durch den Interviewer als auch den Befragten ein gewisser Gestaltungsspielraum.

Freies Interview Und bei einem freien Interview sind lediglich bestimmte Themen vorgegeben. Die Ausgestaltung des Interviews bleibt dem Interviewer überlassen.

Ein standardisiertes Interview kann persönlich, schriftlich oder telefonisch geführt werden.

Schriftliches Interview Ein standardisiertes Interview kann, im Gegensatz zum persönlichen Interview, auch als schriftliches Interview erfolgen.

Telefonische Befragung Als besondere Form der mündlichen Befragung weist die telefonische Befragung einige Besonderheiten auf, die insbesondere durch die räumliche Distanz von Interviewer und Befragtem entstehen. Der Befragte hat z. B. eine geringere Hemmschwelle, das Interview abzubrechen, wenn ihm die Befragung zu schwierig, intim oder unverständlich wird. Dafür ist eine telefonische Befragung recht kostengünstig.

Panelerhebung Besondere Bedeutung bei den Befragungen kommt den Panelerhebungen zu. Bei einer Panelerhebung werden dieselben Personen über einen längeren Zeitraum wiederholt befragt. Damit sollen insbesondere Veränderungen in den Verhaltensweisen aufgezeigt werden. Bei einem Haushalts- oder Endverbraucherpanel führen die Käufer über einen längeren Zeitraum genau Buch über ihre Einkäufe. Damit können Informationen darüber gewonnen werden, wann Produktmarken gewechselt werden, wie der Produktpreis das Einkaufsverhalten beeinflusst und vieles mehr.

Test

Testmarkt Bei einem Markttest wird eine neues Produkt vor seiner endgültigen Markteinführung getestet. Dabei wird ein geographisch begrenzter Markt definiert und abgegrenzt, der so genannte Testmarkt. Der Testmarkt sollte dabei ähnliche Strukturen aufweisen wie der Gesamtmarkt. Wenn sich das Produkt auf dem Testmarkt bewährt und die Verkaufszahlen stimmen, dann kann es auch auf dem gesamten Markt ausgeliefert werden.

Aus Kostengründen werden Produkte auf so genannten Testmärkten, die räumlich abgegrenzt sind, ausprobiert oder getestet.

Beobachtung

Blindtest Man kann Konsumentenverhalten auch beobachten. Beispiel ist der Blindtest. Dabei werden den Versuchspersonen verschiedene Produkte zur Auswahl vorgesetzt, ohne dass deren Herkunft bekannt ist. Dann wird beobachtet, zu welchem Produkt die Testperson greift.

Feldbeobachtungen, z. B. in Geschäften, können ebenfalls Auskünfte über Käuferverhalten geben.

Checkliste: Fragen zur eigenen Marktforschung

✍ Wer ist Ihre Zielgruppe? ....

✍ Wie groß ist der Bedarf Ihres Produktes/Dienstleistung beispielsweise abhängig von der Einwohnerzahl insgesamt, der Zahl der Einwohner über 60 Jahre, der 30-Jährigen, der Kinder ...

Kurz: Wie groß ist Ihre Zielgruppe? ....

✍ Wer besitzt dieses Produkt bereits (Marktsättigung), und wer will es vielleicht noch erwerben? ....

✍ Wie groß ist die Kaufkraft Ihrer zukünftigen Kunden?

....

✍ Wie erreichen Sie diese Kunden? ....

✍ Wer sind Ihre Wettbewerber? ....

✍ Wie erreicht Ihre Konkurrenz die Kunden? ....

✍ Wie stark ist Ihre Konkurrenz? ....

✍ Wo liegen Übereinstimmungen, wo Unterschiede zum Angebot der Konkurrenz? ....

....

✍ Wie sieht die Preisgestaltung der Wettbewerber aus?

....

Marktforschung in kleinen Unternehmen

Als kleines oder mittleres Unternehmen kann man nur in sehr beschränktem Maße Primärmarktforschung betreiben. Die Kosten und der Aufwand übersteigen schnell die Möglichkeiten kleinerer Unternehmen.

Innerbetriebliche Daten auswerten

Kostengünstiger und häufig auch schneller durchführbar als eine umfassende Markterhebung ist die Auswertung vorhandener Daten. Eingangs muss geklärt werden, welche Daten im Unternehmen abrufbar sind. So kann man z. B. folgendes Datenmaterial aus der Sicht der Marktforschung betrachten:

- Datenmaterial des Rechnungswesens
- Absatzdaten
- Produktionsdaten
- Berichte von Kundenbesuchen
- Ergebnisse von Messen

Bei dem Versuch, neue Märkte zu erobern, sind die innerbetrieblichen Datenbestände als Basis einer fundierten Marktforschung keinesfalls ausreichend. Hier besteht die Möglichkeit, außerbetriebliche Quellen zu nutzen.

Es lohnt sich, im ersten Schritt diejenigen Daten auszuwerten, die dem Unternehmen keine zusätzlichen Kosten verursachen. Insbesondere bei dem Versuch, bestehende Kundengruppen zu analysieren, ist dieser Ansatz sehr hilfreich. Gekauftes Datenmaterial beschreibt die Zielgruppe nie so genau, wie die unternehmenseigenen Daten.

Offizielle Statistiken auswerten

Die erste Möglichkeit ist die Auswertung amtlicher Statistiken. Beispiele und Bezugsquellen solcher Statistiken sind:

Wirtschaft in Zahlen Jährlich erscheinende volkswirtschaftliche Daten, die auf den amtlichen Angaben des Statistischen Bundesamtes und des Statistischen Amtes der Europäischen Gemeinschaft beruhen. Die Broschüre ist beim Bundesministerium für Wirtschaft zu beziehen. Sie kann auch auf der Homepage des BMWi abgerufen werden (http://www.bmwi.de).

Bei hinzugekauftem Datenmaterial ist grundsätzlich der Preis und der Informationsgehalt abzuwägen. Wie genau stimmt beispielsweise die Zielgruppe mit den Untersuchungsdaten überein?

Jahrbuch des Statistischen Bundesamtes Das Statistische Bundesamt hält »Informationen statistischer Art für einen hoch industrialisierten Staat« bereit. Vielfältige Informationen beispielsweise zur Bevölkerung sowie die Strukturdaten können auch über Internet eingesehen werden (http://www.statistik-bund.de).

Monatsbericht der Deutschen Bundesbank Hier werden aktuelle Entwicklungen veröffentlicht. Der Monatsbericht sowie weitere Statistiken können auch auf der Homepage der Bundesbank gelesen werden (http://www.bundesbank.de).

Sie können aber auch Daten über Verbände und Institutionen erhalten:

Industrie- und Handelskammer Die regional zuständigen IHKs erheben Daten innerhalb ihres Bezirkes, die Kammermitglieder erhalten können. Ein Link zur zuständigen IHK gibt die Homepage des Deutschen Industrie- und Handelstages (http://www.diht.de).

Handwerkskammern Auch die Handwerkskammern untersuchen ihre regionalen Märkte. Über den Zentralverband des Deutschen Handwerks (http://www.zdh.de) sind entsprechende Informationen zu erhalten. Über die Berater der Kammern besteht die Möglichkeit, weitere Informationen im Bezug auf eingetragene Betriebe, Betriebsdichte und anderes mittels Datenbanksystem (Markt und Standort Informationssystem) zu erschließen.

Berufs- und Fachverbände Die Berufs- und Fachverbände führen fachbezogene Marktanalysen durch und sammeln spezielle Marktinformationen.

Kreditinstitute Über die Kreditinstitute besteht ebenfalls häufig die Möglichkeit, branchenbezogene Daten zu erhalten. So genannte Brancheninfos oder Branchenbriefe sind üblicherweise auch für Nichtkunden erhältlich und zumeist speziell auf Existenzgründer ausgerichtet.

Handbücher und Nachschlagewerke Es gibt eine Reihe von Handbüchern und Nachschlagewerken, die Zusammenhänge und Verbindungen der Unternehmen aufzeigen und ebenfalls hilfreich sind, insbesondere im Rahmen der Konkurrenzanalyse. Da das so genannte Benchmarking, der Vergleich mit Wettbewerbern, eine anerkannte Managementtechnik ist, gibt es in dieser Hinsicht inzwischen reichlich Fachliteratur.

Fachzeitungen und -zeitschriften/Tages- oder Wochenzeitungen informieren über bestimmte Märkte. Teilweise gibt es konkrete Verlagsuntersuchungen, die sich auf Marktsituationen in verschiedenen Branchen beziehen. Mittlerweile können konkrete Marktanalysen der Presse auch über Internet abgerufen werden. Sie können von allen Veröffentlichungen, in denen Anzeigen geschaltet werden können, so genannte IVW-Daten beziehen. Diese werden von den Verlagen gemeinsam mit dem Zentralausschuss der Werbewirtschaft (ZAW) erarbeitet. Sie geben einerseits Informationen über Anzeigenpreise und erforderliche technische Daten, andererseits aber auch nützliche Hinweise über die Leserschaft einer Veröffentlichung. Soweit sich diese mit dem eigenen Kundenkreis deckt, können solche Daten durchaus hilfreich sein.

Öffentliche/private Datenbanken bieten der Öffentlichkeit vielfältiges Datenmaterial an, insbesondere durch das Wachstum des Internets (Beispiel: Genios.de); nicht alle Datenbanken sind jedoch gebührenfrei zu benutzen.

Weitere Quellen zur Datenbeschaffung sind beispielsweise
- Öffentliche Bibliotheken
- Veröffentlichungen von Hochschulen
- Firmenveröffentlichungen
- Messen und Ausstellungen (die regionale Konsummesse kann ebenso gute Daten liefern wie die überregionale Fachmesse)
- Veröffentlichungen von Wirtschaftsinformationsdiensten und Marktforschungsinstituten

Bevor man seine benötigten Daten mühsam und unter Verursachung von zumeist hohen Kosten eigenständig erhebt, lohnt es sich, die verschiedenen Informationsquellen auf ihre Anwendbarkeit für die eigenen Anforderungen hin zu prüfen.

Was man aus einem »einfachen« Produkt alles machen kann

Ihr Kunde hat viele Gründe für eine Kaufent-scheidung! Haben Sie schon einmal überlegt, wann Sie selbst zu Markenartikeln greifen – und warum?

Haben Sie schon einmal überlegt, dass der Kunde mehr kaufen will als nur ein Produkt? Nehmen Sie beispielsweise ein Auto. Natürlich will der Kunde hier in erster Linie ein funktionstüchtiges Fortbewegungsmittel, dass sicher und störungsfrei läuft und obendrein eine vernünftige Lebensdauer hat. Davon gibt es viele am Markt. Aber kauft derjenige, der sich für einen schnittigen Sportwagen entscheidet, nicht noch mehr? Reizt ihn vielleicht das Gefühl von Freiheit und Abenteuer? Was steckt dahinter?

Produktkern

Grundsätzlich hat jedes Produkt einen Produktkern. Darunter ist der eigentliche Grundnutzen des Produktes zu verstehen.

Zusatznutzen

Der Zusatznutzen eines Produktes kann aus dem Produktdesign, der Verpackung oder der Markierung (Marken-artikel) bestehen.

Durch gezielte Vermarktungsmaßnahmen, das Marketing, kann ergänzend zum Produktkern ein Zusatznutzen geschaffen werden. Mit dem Produktdesign, also der Gestaltung von Produkten, lassen sich Mode und Prestige »mit verkaufen«, aber auch funktionale Aspekte. So ist es etwa für ein Handy von Vorteil, wenn es in jede Hemdtasche passt. Auf der Verpackung können Informationen oder Werbung abgebildet sein. Verpackung hilft, ein Produkt identifizierbar zu machen. Sie schützt und erleichtert den Transport. Besondere Bedeutung kommt der so genannten Markierung eines Produktes zu. Darunter versteht man die Kennzeichnung eines Produktes mit einem speziellen Produktnamen, Firmennamen oder Symbol. Man spricht hier von einem Markenartikel.

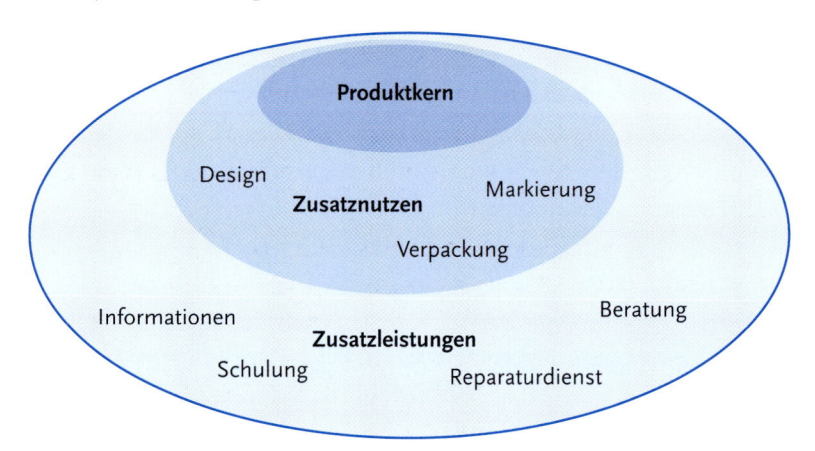

Zusatzleistungen Auch zusätzliche Leistungen können mit einem Produkt verkauft werden. Insbesondere bei wartungsintensiven Geräten werden Kaufverträge oftmals in der Gewissheit abgeschlossen, dass die benötigten Informationen »mit geliefert« werden; ebenso wie notwendige Schulungen und Beratungsleistungen angeboten werden oder bei eventuell auftretenden Problemen ein guter Kundendienst hinter dem Produkt steht.

Die Frage des richtigen Preises – Preispolitik

Zu Beginn meiner Selbstständigkeit hatte ich das Glück, einige feste Kunden zu haben. Die Honorare für meine Leistungen hatten sich im Laufe der Zeit entwickelt, ohne dass ich intensiver über die Preisfindung nachdenken musste. Ich kannte meine Auftraggeber als ehemalige Arbeitgeber oder entferntere Bekannte so gut, dass offen über die Honorarfrage gesprochen werden konnte. Als dann die erste Anfrage für ein Angebot sozusagen »von außerhalb« kam, bin ich ganz schön ins Schwimmen geraten. Ich wollte den Auftrag natürlich unbedingt bekommen, also durfte meine Forderung nicht zu hoch sein; andererseits wollte ich nicht durch einen zu niedrigen Preis auffallen oder sogar draufzahlen müssen. Eigentlich habe ich mich dann nur auf mein Gefühl verlassen und das Angebot erstellt. Ich hatte Glück und bekam den Auftrag. Aber einer sorgfältig kalkulierten und abgesicherten Preisbildung hatte ich das wohl eher nicht zu verdanken.

Preise werden gebildet, wenn man das erste Mal eine Leistung oder ein Produkt anbietet.

Wann macht sich ein Unternehmer eigentlich Gedanken über seine Preise? Spätestens, wenn er zum ersten Mal etwas anbietet, also ein neues Produkt bringt oder wenn er mit alten Produkten neue Märkte erobern will, z.B. im Ausland.

Neue Entwicklungen am Markt erfordern ebenfalls eine Anpassung der Preise, beispielsweise dann, wenn sich Kosten (Lohn- oder Materialkosten) verändern. Doch auch Nachfragestrukturen unterliegen Änderungen.

Preise werden gebildet, wenn man mit neuen Produkten / Dienstleistungen am Markt auftritt oder wenn man mit vorhandenen Produkten neue Märkte besetzen will.

Der Konkurrenzdruck kann ebenfalls ein Auslöser sein, die bereits vorhandene Preisstruktur zu verändern. Mitunter beginnt die Konkurrenz, die Preise zu verändern. Oftmals muss man dann mithalten, um nicht aus dem Markt gedrängt zu werden.

Wie Preise in Unternehmen gebildet werden, hängt von vielen individuellen Komponenten ab. Nicht zuletzt auch von der Risikofreudigkeit der Unternehmensleitung.

Preise müssen möglicherweise angepasst werden, wenn die Konkurrenz ihre Preise verändert.

Die Preisbildung kann sich an verschiedenen Daten orientieren:

- Kosten
- Gewinn
- Nachfrage
- Konkurrenz
- Branche/Umfeld

Bei einer kostenorientierten Preisfindung wird auf der Basis eindeutiger Daten ein Preis festgesetzt. Die Herstellungskosten werden durch die Gemeinkosten von Verwaltung und Vertrieb ergänzt. Durch Addition eines Gewinnzuschlags ermittelt man dann den Preis (→ Kostenrechnung, Seite 247).

Preisermittlung

Einzelkosten Material
+ Einzelkosten Personal
+ Gemeinkosten Material
+ Gemeinkosten Personal

_____

= Herstellungskosten
+ Gemeinkosten Verwaltung
+ Gemeinkosten Vertrieb

_____

= Selbstkosten (= totale Stückkosten)
+ Gewinn

_____

= Preis

Man kann die Preisbildung aber auch von der anderen Seite her betreiben. Statt sich nur an seinen eigenen Kosten zu orientieren, kann man den Preis auch bilden, indem man ihn sozusagen aus der Sicht des Kunden beurteilt. Die Überlegung lautet: Welchen persönlichen Wert hat das Produkt für den Kunden? Kauft der Kunde vielleicht einen Zusatznutzen mit dem Produkt ein, etwa Imageaufwertung oder Statuszuwachs, für das er bereit ist, einen höheren Preis zu zahlen?

Preise können aus verschiedenen Anlässen verändert werden: zu verschiedenen Zeiten, an unterschiedlichen Orten, für verschiedene Käuferschichten oder aufgrund abweichender Absatzmengen.

Preisdifferenzierung – manchmal sind Preise ganz schön flexibel

Haben Sie schon einmal auf dem Montmartre in Paris einen Regenschirm gekauft, weil ein plötzlicher Gewitterguss über Sie hereingebrochen ist? Ich schon. Der kleine schwarze Regenschirm hatte einen so hohen Preis, dass ich mir ernsthaft überlegt habe, ob ich das Ding wirklich kaufen soll. Aber der stürmische Regen hat mich sofort überzeugt. Und der Schirm hat mir dann auch ganz gute Dienste geleistet. Verblüfft war ich allerdings, dass dieser Schirm am nächsten Tag im selben Souvenirladen für den halben Preis zu haben war. Da strahlte allerdings auch die Sonne vom Himmel. Dies ist mein Paradebeispiel für Preisdifferenzierung.

Zeitliche Preisdifferenzierung

Im geschilderten Fall handelte es sich um eine zeitliche Preisdifferenzierung. Weniger auffällig, aber doch üblich ist, dass Saisonware ihren Preis verändert. Während das Snowboard im Sommer oft günstiger ist als im Winter, können Sie ein Kanu im Winter durchaus zu Schnäppchenpreisen erhalten. Und Ihnen ist sicher schon aufgefallen, dass es zur Weihnachtszeit wenige Angebote mit gesenkten Preisen gibt.

Der Erfolg eines Produktes hängt oftmals entscheidend von seinem Preis ab. Welche Methoden der Preispolitik jeweils angewendet werden, muss individuell auf das Produkt und die Käuferschicht abgestimmt werden.

Räumliche Preisdifferenzierung

»Dasselbe Fahrrad hättest du in Frankreich viel günstiger kaufen können!« Solche verspäteten Ratschläge hat jeder schon einmal bekommen. Was steckt dahinter? Oftmals können Anbieter auf verschiedenen regionalen Märkten unterschiedliche Preis durchsetzen und tun dies auch. Man spricht hier von einer räumlichen Preisdifferenzierung.

Preisdifferenzierung nach Käuferschichten

Eine Preisdifferenzierung nach Käuferschichten liegt vor, wenn Waren oder Dienstleistungen entsprechend bestimmter Käufermerkmale zugeschnitten werden. Beispielsweise wird eine einfache Uhr preisgünstig für jugendliche Käufer angeboten, während das etwas gediegenere Modell zu einem höheren Preis für eine gehobenere Käuferschicht gedacht ist.

Preisdifferenzierung nach Abnahmemengen

Oftmals werden Preise auch gemäß der Höhe der Abnahmemengen gestaltet. Auf diesem Wege bekommen gute Kunden einen Bonus oder Rabatt. Oftmals sinkt prozentual zur Abnahmemenge auch der Liefer- und Transportaufwand, ebenso die damit verbundenen Kosten. Der Anbieter kann diese Vergünstigung dem Käufer dann zumindest teilweise weiterreichen. Lieferant und Kunde haben beide Vorteile durch größere Liefermengen.

Versandkosten und Transportbedingungen

Die Transport- und Versandbedingungen sind ein Teil der Preispolitik. Die Frage, wann wer das Transportrisiko trägt, kann je nach Lieferumfang im Schadenfall Kosten in erheblicher Höhe verursachen. Deshalb sollte hier nichts dem Zufall überlassen werden.

Zu den Konditionen, über die sich Käufer und Verkäufer einigen müssen, gehören auch die Transportbedingungen. Im Zusammenhang damit stellt sich die Frage nach den Versandkosten. Manche Branchen haben spezifische Gewohnheiten, die dann zur Anwendung kommen. Wenn nichts vereinbart ist, dann gelten die Regeln des allgemeinen Verkehrsrechts! Und die sollten Sie im Bedarfsfall kennen.

Transportklauseln	
Ab Lager (Fabrik, Werk)	Der Lieferant trägt keine, der Käufer die gesamten von Lager zu Lager anfallenden Transportkosten.
Frei/franko Bahnhof, Versand- oder Verladestation	Der Lieferant trägt die Transportkosten von seinem Lager bis zur Verladestelle.
Frei/franko Waggon	Der Lieferant übernimmt auch die Verladekosten.
Frei/franko frachtfrei Bestimmungsort	Der Lieferant trägt die Frachtkosten bis zur Bestimmungsstation. Das Entladen muss der Käufer auf seine Kosten besorgen.
Frei Haus (Werk, Fabrik)/ franko frachtfrei	Der Lieferant trägt die gesamten Transportkosten.

Vertragsformeln bei Exportgeschäften (»Incoterms«)

Incoterms ist die Abkürzung für International Commercial Terms, auf Deutsch etwa Internationale Handelsformeln. Dabei handelt es sich um weltweit gültige Vereinbarungen für Überseetransporte und andere internationale Transporte (Bahn, Lastwagen …). Sie regeln, wer Risiko und Haftung für die Fracht beim Transport trägt.

■ EXW – Ab Werk (**ex w**orks) – Alle Kosten und Risiken gehen auf den Käufer über, wenn er die Ware beim Lieferanten in Empfang nimmt (es gilt auch ab Fabrik – ex factory).

■ FOR – Frei/franko Waggon … benannter Abgangsort (**F**ree **o**n **r**ail) – Alle Kosten und Risiken gehen auf den Käufer über, wenn die Ware auf der Bahn verladen ist.

■ FOT – Frei/franko Lastwagen … benannter Abgangsort (**F**ree **o**n **t**ruck) – Alle Kosten und Risiken gehen auf den Käufer über, wenn die Ware auf dem Lastwagen verladen ist.

■ FAS – Frei Längsseite Seeschiff … benannter Verschiffungshafen (**f**ree **a**longside **s**hip) – Der Verkäufer trägt alle Kosten und Risiken, bis die Ware bei der Verladeeinrichtung des Schiffes ist. Die Gefahren der Verladung trägt der Käufer.

- FOB – Frei an Bord ... benannter Verschiffungshafen (**f**ree **o**n **b**oard) – Der Verkäufer trägt alle Kosten und Risiken, bis die Ware auf dem Schiff verladen ist. Der Käufer stellt den Laderaum zur Verfügung.
- CFR – Kosten und Fracht ... benannter Bestimmungshafen (**c**ost **a**nd **f**reight) – Der Verkäufer trägt alle Kosten und Risiken bis zum Bestimmungshafen.
- EXS – Ab Schiff ... benannter Bestimmungshafen (**ex s**hip) – Der Verkäufer trägt alle Kosten und Risiken, bis die Ware im Bestimmungshafen entladen wird. Das Risiko geht beim Überschreiten der Reling an den Käufer über.
- CIF – Kosten, Versicherung, Fracht ... benannter Bestimmungshafen (**c**ost, **i**nsurance, **f**reight) – Der Verkäufer trägt alle Kosten und Risiken bis zum Bestimmungshafen, einschließlich der Entladung der Fracht. Zusätzlich muss eine Seeversicherung vom Verkäufer abgeschlossen werden.

Öffentlichkeitsarbeit – nicht zu unterschätzen

Jedes Unternehmen hat ein mehr oder weniger starkes Auftreten in der Öffentlichkeit. Welches Bild eine Unternehmen nach außen hin gibt, kann von der Unternehmung mehr oder weniger aktiv gesteuert werden. Alle Berührungspunkte mit Dritten sollten letztendlich Teil Ihrer Öffentlichkeitsarbeit (oder Publicrelations, kurz als PR bezeichnet) sein.

Wen spricht Öffentlichkeitsarbeit an?

Wo immer gezielt Informationen über Unternehmen veröffentlicht werden, ist dies erste Frage. Die Zielgruppe von Öffentlichkeitsarbeit ist nicht identisch mit der Zielgruppe von Werbemaßnahmen. Während die Werbung in erster Linie auf vorhandene und potenzielle Kunden ausgerichtet ist, sprechen PR-Maßnahmen eine breite Öffentlichkeit an. Sie versuchen, eine positive Beziehung zu Institutionen und Interessengruppen zu erreichen. Den aktuellen und zukünftigen Mitarbeitern präsentiert sich ein Unternehmen als attraktiver Arbeitgeber. Im Hinblick auf die Kunden schafft es die Grundlagen, auf denen Werbung aufbauen kann. Mögliche Kapitalgeber nehmen die Öffentlichkeitsarbeit ebenso wahr, wie Absatzmittler, Lieferanten, Behörden oder Verbände.

Die Öffentlichkeitsarbeit einer Unternehmung kann auch dazu dienen, die Unternehmenskultur nach außen und nach innen hin bekannt zu machen. Die Werte des Unternehmens werden damit für Dritte transparent.

Was soll Öffentlichkeitsarbeit erreichen?

Grundsätzlich soll Öffentlichkeitsarbeit die Grundlagen für gute Beziehungen zur Öffentlichkeit schaffen. Aufgaben der Publicrelations können beispielsweise sein:

■ Entwicklung und Pflege eines bestimmten Erscheinungsbildes der Unternehmung in der Öffentlichkeit und im Unternehmen selbst

■ Vermittlung von Informationen über das Unternehmen

■ Aufbau und Pflege von Verbindungen zu Gruppen, die für das Unternehmen von Bedeutung sind

■ Vertrauen in die Qualität der Produkte und Dienstleistungen des Unternehmens durch die breite Öffentlichkeit, zur Förderung des Absatzes

Wie kann Öffentlichkeitsarbeit aktiv gestaltet werden?

Mit der Veränderung der Medienlandschaft verändern sich auch die Möglichkeiten der Öffentlichkeitsarbeit. Insbesondere das Internet als Informationsmedium wächst in seiner Bedeutung.

Pressearbeit

Gezielte Informationen und Veröffentlichungen in Zeitschriften und Zeitungen gestalten den Auftritt eines Unternehmens in der Öffentlichkeit. Pressearbeit muss sehr bewusst erfolgen. Kontakte zur Presse müssen gepflegt werden.

Es ist unerlässlich, die richtigen Ansprechpartner zu kennen und gezielt zu informieren. Bei wichtigen Anlässen kann auch eine Pressekonferenz angemessen sein.

Es lohnt sich, die Öffentlichkeitskampagnen der großen Unternehmen anzuschauen. Ihre Pressearbeit ist bisweilen vorbildlich.

Betriebsbesichtigung

Wer nicht über die geeigneten Kenntnisse verfügt oder zu wenig Zeit hat, eine sinnvolle Öffentlichkeitsarbeit zu gestalten, der kann diese Dienstleistung auch einkaufen. Zahlreiche Agenturen haben sich darauf spezialisiert.

Will ein Unternehmen sich dem Publikum öffnen, Einzelnen zeigen, was es leisten kann, dann sind Betriebsbesichtigungen ein geeignetes Mittel. Schüler, die mit ihrer Klasse ein Unternehmen besuchen, haben vielleicht zum Zeitpunkt ihrer Berufswahl positive Erinnerungen und bewerben sich dort.

Sponsoring

Ein Unternehmen kann einer Person, einem Verein oder einer Institution Geld, Sachmittel oder Dienstleistungen zur Verfügung stellen. Das dient der Imagepflege, erhöht den Bekanntheitsgrad, pflegt Kontakte und zeigt gesellschaftliche Verantwortung. Gesponsert werden vor allem die Bereiche Sport, Kultur, Umwelt und Soziales, wobei das Sportsponsoring und das Umweltsponsoring besonders beliebt sind.

Weitere Möglichkeiten der Öffentlichkeitsarbeit sind die öffentlichkeitswirksame Gestaltung von Unternehmensbroschüren oder Geschäftsberichten, die Ausschreibung von Wettbewerben oder die Förderung öffentlich interessanter Projekte. Die Möglichkeiten der Publicrelations-Maßnahmen sind vielfältig und können überall dort anknüpfen, wo ein Unternehmen über Kontakte nach außen verfügt.

Werbung – Ziele, Botschaft und Medien

Zu einer guten Werbung gehört ein gutes Werbekonzept. Die Bestandteile eines Werbekonzeptes sind recht standardisiert.

Checkliste: Bestandteile eines Werbekonzeptes	
Produkt	Für welches Produkt/welche Dienstleistung wird geworben? ....
Zielgruppe	Wer soll ein Produkt kaufen? ....
Werbeziele	Was will eine Werbemaßnahme erreichen? ....
Werbebotschaft	Welche konkrete Aussage enthält die Werbung? ....
Werbemedium	Welche Mittel (Zeitung, Fernsehen, etc.) stehen für Werbung bereit? ....
Werbezeitraum	In welchem Zeitraum wird geworben? ....
Werbeort	Wo soll die Werbung stattfinden? ....
Werbeetat	Was kostet die Werbung? ....

Welche Zielgruppe ist angesprochen?

Wurde im Rahmen einer Marktanalyse festgestellt, welche Merkmale eine Zielgruppe hat, wie sie im Einzelnen beschaffen ist und wie die Konkurrenzsituation aussieht, dann ist die erste Annäherung an ein Werbekonzept geschafft. Jetzt ist es an der Zeit, noch einen Schritt weiter zu gehen. Die Kunden gehören in den Mittelpunkt der weiteren Überlegungen. Nur wer wirklich weiß, was eine Zielgruppe kaufen will, wird ein tragfähiges Konzept erarbeiten können.

Die erste und vornehmste Aufgabe bei der Erstellung eines Werbekonzeptes lautet: Identifizieren Sie Ihre Zielgruppe!

Werbeziele festlegen

Wir kommen jeden Tag mit Werbung in Berührung. Ob wir wollen oder nicht. In Zeitschriften, an Häuserwänden, auf Bussen und im Fernsehen sowieso, überall warten Werbebotschaften auf uns. Auch an Stellen, an denen wir mitunter überhaupt keine Werbung vermuten, z. B. mitten in einem Kinofilm. Diesen Effekt nutzen die Unternehmen.

Ziele einer guten Werbung sind im Einzelnen

- Bekanntmachung
- Information
- Positives Image
- Motivation zum Kauf

Ein positives Image eines Produktes ist noch kein Werbeerfolg, wenn sich letztendlich niemand zum Kauf entscheidet.

Ziel guter Werbung ist es, ein Produkt, eine Dienstleistung oder ein Unternehmen bekannt zu machen. Gute Werbung soll natürlich auch informieren. Der Kunde soll wissen, was das Produkt alles kann und wie gut es ist. Mit dem Bekanntheitsgrad und der Information soll auch ein positives Image geschaffen werden. Das kann sich auf das Produkt genauso wie auf einen Firmennamen beziehen. Und am Ende dieser Reihung von Zielen steht das Auslösen der Kaufhandlung. Eine Steigerung des Werbeerfolgs kann nur erreicht werden, wenn der begeisterte Kunde andere zum Kauf motivieren kann. Dazu bieten sich verschiedene Möglichkeiten an.

Werbeträger auswählen

Eine falsch platzierte Werbung ist herausgeworfenes Geld.

Sind Zielgruppe und Werbeaussagen bestimmt, dann bleibt zu klären, wie Letztere am besten an den richtigen Mann oder die richtige Frau gebracht werden können.

Anzeigen in Printmedien

Printmedien sind gedruckte Veröffentlichungen, so etwa

- Gemeindeblätter
- Tageszeitungen
- Fachzeitschriften
- Wochenzeitungen

Wer einen regional begrenzten Markt bedient, bietet sein Produkt oder seine Leistung am besten an, indem er den örtlichen Zeitungen einen Artikel über das Unternehmen oder insbesondere eine Neueröffnung nahe bringt. Das ist eine kostengünstige, aber mitunter sehr wirkungsvolle Methode, sich beim Kunden vorzustellen.

Kinowerbung, Radiospots

Ein Spot bei einem lokalen Sender liegt durchaus auch für kleinere Unternehmen im finanziellen Rahmen. Und haben Sie schon einmal darüber nachgedacht: »Ich bin im Kino immer gut gelaunt, weil ich es geschafft habe, mir ein bisschen Freizeit zu ergattern.« Werbung trifft hier auf aufnahmewillige Verbraucher.

Fernsehspots

Auch kleinere regionale Sender bieten die Möglichkeit, Spots zu schalten.

Plakatwerbung, Schaufenster oder Fassadenwerbung

Bei Einzelhandelsgeschäften ist es, mit Ausnahme der großen Diskountläden, allgemein üblich, mit Schaufenstern am eigenen Laden zu werben. Es kann aber auch für andere Bereiche durchaus sinnvoll sein.

Bei Plakatwerbung und Fassadenwerbung muss insbesondere beachtet werden, dass die Werbung in der allgemeinen Informationsüberflutung nicht untergeht. Es spricht übrigens nichts dagegen, eine (eigene) Hauswand werbewirksam zu gestalten.

Erkundigen Sie sich vor der Ausführung nach den Vorschriften Ihrer Gemeinde.

Taxi- und Buswerbung, Werbung auf dem eigenen PKW

Bei Taxi- oder Buswerbung handelt es sich im Wesentlichen um »mobile Plakatwerbung«, verbunden mit allen Vorteilen dieser Beweglichkeit. Ein Taxi, das regelmäßig im Stadtbereich fährt, wird eben von vielen gesehen. Trotzdem müssen hier dieselben Überlegungen angestellt werden.

Mit Werbung auf dem eigenen PKW hingegen geht man kaum ein Risiko ein. Die dazu notwendige Klebefolie kostet nicht allzu viel, kann aber einige Kunden erreichen.

Wichtig ist, dass der Werbeflächen tragende PKW auch tatsächlich für Sie wirbt. Wenn der Aschenbecher überquillt, die Beulen eine Geschichte besonderer Parkkünste erzählen oder das Fahrzeug überhaupt nicht zum vorgestellten Gewerbe passt, dann sollte eine werbende Gestaltung besser unterbleiben.

Wenn Sie einen Schnellimbiss in einem Gewerbegebiet eröffnen, dann müssen Sie an Stellen gehen, wo Sie die Mitarbeiter des Gebietes erreichen, z. B. morgens um acht Uhr vor den großen Bürogebäuden.

Flugblätter, Gutscheine, Infostand

Unternehmen sollten ihre Kunden dort informieren, wo diese sich aufhalten!

Das können Sie erreichen, indem Sie an von bestimmten Zielgruppen genutzten Orten gezielt Flugblätter oder Gutscheine verteilen oder sogar durch Infostände präsent sind. Die Kosten für Flugblätter sind verhältnismäßig gering. Wenn es also zum potenziellen Kundenkreis passt – warum nicht versuchen?

Tag der Offenen Tür, Veranstaltungen

Machen Sie sich die Neugierde und die Vergnügungslust Ihrer Kunden zunutze. Laden Sie sie ein!

Man sollte darauf achten, dass die angebotenen Attraktionen auch wirklich zu den Kunden passen und nicht nur Geld kosten. Den Sektempfang im Kinderladen fand ich persönlich nur mäßig gelungen; denn meine Kinder hatten die Rutsche als einzige Kinderattraktion schnell satt und drängten zum Weitergehen.

Persönliche Kontakte, Empfehlungen

Insbesondere für Existenzgründer, die noch keine bekannten Namen haben, sind persönliche Empfehlungen und Kontakte wichtig. Denn ihre Referenzliste ist üblicherweise noch kurz, und da ist jede Weiterempfehlung besonders wichtig.

Persönliche Kontakte und Empfehlungen sind in allen Branchen wichtig. Besondere Bedeutung haben sie jedoch in Bereichen, in denen Vertrauen und Zuverlässigkeit wichtig sind. Hier ist ein persönliches Gespräch oft hilfreicher als jede Werbung.

Direktwerbung, Werbebriefe

Auch bei dieser Werbemaßnahme ist es besonders wichtig, sich aus der Masse positiv hervorzuheben. Sie wissen selbst, wie viele Werbebriefe Sie ungeöffnet wegwerfen. Kunden wollen nicht überfordert werden. Die Aufforderung: »Rufen Sie uns doch zurück!« kann schon zu weit gehen. Rückantwortkarten oder Faxe sind da schon schneller ausgefüllt und zurückgesendet. Und wiederholte Nachfragen oder andere Aktivitäten des Werbetreibenden können den Erfolg der Werbeaktion nur erhöhen.

Werbegeschenke

Es gibt professionelle Anbieter von Werbegeschenken, die via Katalog bestellt werden können.

»Kleine Geschenke erhalten die Freundschaft.« Getreu diesem Motto kann man sich mit Taschen- oder Wandkalendern, Arbeitstabellen, Kugelschreibern oder Ähnlichem immer wieder in Erinnerung bringen.

Internet

Das Medium mit den größten Wachstumsraten ist aktuell das Internet. Wer nicht mit seiner eigenen Homepage wirbt, gilt schon fast als veraltet.

Werbung texten

Bei der Gestaltung jedweder Werbung müssen Sie zunächst prüfen, welche Informationsbedürfnisse Ihre Adressaten, also die Kunden, haben. Wenn Sie sich darauf beschränken, eine Aussage über Ihr Produkt zu machen, und dann hoffen, dass die richtigen Kunden schon irgendwie darauf »anspringen« werden, dann werden Sie damit wahrscheinlich wenig Erfolg haben.

Werbung ist ein Medium, das überzeugen will. Um zu überzeugen, muss man Kommunikationsstrukturen kennen. Dann können die Texte oder die umfassenderen Werbekonzepte darauf abgestimmt werden. Es gibt keine allgemein gültigen Regeln für gute Texte (abgesehen von sprachlichen Regeln). Ebenso wie Bilder unterliegen auch Texte geschmacklichen Kriterien. Es gibt jedoch eine Formel, mit der sich der Aufbau guter Werbung auf den Punkt bringen lässt.

Trotz der Überflutung mit Bildern in allen Medien sind es Worte, an die man sich erinnert und die Bedeutungswelten über das innere Vorstellungsvermögen erschließen.

> **AIDA – die Formel für gute Werbung**
> AIDA steht für:
> A = Attention – Achtung/Aufmerksamkeit erzeugen/Aufmerksamkeit bekommen
> I = Interest – Interesse für das Angebot wecken
> D = Desire – den Wunsch nach dem Produkt/der Leistung auslösen
> A = Action – Erzeugung von Aktivität/Aktionsaufforderung

Texten ist in erster Linie der gekonnte Umgang mit Worten – mit Worten, die vor allem die Zielgruppe kennt und versteht. Der aktive Wortschatz wird zu 85 Prozent von der Umgangssprache bestimmt, die restlichen 15 Prozent sind Fachbegriffe, die im Beruf oder durch Lesen hinzukommen.

Stammtisch

Michael und **Ulf** überlegen momentan, wie sie ihre Kunden von morgen gezielt ansprechen können. »Wie baut ihr denn eure Werbung auf?«, fragen die beiden am Abend die anderen.

Achim erwidert: »Zuerst einmal pflegen wir unsere Kunden- und Werbedateien wirklich von Hand. Das bedeutet, dass wir in die Richtung unserer Kunden und potenziellen Kunden immer ein offenes Auge und Ohr haben. Sobald sich ein Ansprechpartner ändert und wir davon erfahren, berichtigen wir die Angaben in unserer Datei. Das ist viel Arbeit, aber es lohnt sich. Unsere Erfahrung ist, dass die direkte Ansprache einzelner Personen mehr Erfolg hat als ein allgemeines Anschreiben. Die landen im Papierkorb.«

Dagmar hakt nach: »Und was macht ihr dann konkret mit den Daten?« »In regelmäßigen Abständen erstellen wir Werbebroschüren, die das Unternehmen oder spezielle Arbeitsschwerpunkte unseres Ingenieurbüros vorstellen«, erzählt Achim. »Wir achten auch darauf, dass hin und wieder ein Bericht in Fachzeitschriften von uns erscheint.«

Eine Homepage muss professionell gestaltet sein. Ein hausbackener Auftritt im Internet überzeugt nicht.

Anke will noch etwas wissen: »Habt ihr denn auch eine Homepage?« Und Achim berichtet, dass sie recht große Schwierigkeiten mit der Homepage hatten: »Mit dem Ansatz, ›das machen wir schnell nebenbei, wir sind doch technisch ganz fit‹, sind wir ein bisschen auf die Nase gefallen.« Die Arbeit, die mit der Erstellung einer wirklich professionellen Homepage verbunden ist, hatten alle unterschätzt. Deshalb hat es sehr viel länger gedauert, bis die Internet-Präsenz erreicht war.

Josef schiebt eine Bemerkung nach: »Dazu kann ich euch auch etwas erzählen. Wir schalten eigentlich seit ewigen Zeiten Zeitungsanzeigen. Aber sich da von der Konkurrenz abzuheben, ist ganz schön schwierig. Anzeigen von Bauträgern sind doch alle sehr ähnlich.« Josef berichtet weiter, dass er schon länger vorgeschlagen hat, dass man eine eigene Homepage im Internet einrichtet. »Aber ich bin bei meinem Schwiegervater und auch bei den anderen im Unternehmen eigentlich immer auf taube Ohren gestoßen.« Dann hat die Hausbank des Unternehmens einen Infoabend veranstaltet: ›Unternehmen werben im Internet‹. »Und stellt euch vor«, erzählt Josef weiter: »Am nächsten Tag sprechen mich drei Leute aus der Firma an, dass eine Homepage im Internet unbedingt nötig sei. Ist das nicht ein Ding?«

Kurzübersicht

Marktforschung Wer seine potenziellen Kunden und deren Kaufverhalten kennen lernen will, muss den Markt beobachten. Dazu kann bereits vorhandenes Material ausgewertet werden (Sekundärforschung). Oder es werden selbst Daten mit einer speziellen Ziel-

setzung und den entsprechenden Techniken zusammengetragen (Primärforschung).
Erhebungstechniken der Primärforschung sind die Befragung, der Test oder die Beobachtung.

Produktpolitik Aufgabe der Produktpolitik ist die Gestaltung des Produkt- oder Dienstleistungsprogrammes einer Unternehmung. Dabei gilt es zu beachten, dass mit jedem Produkt neben einem Produktkern auch ein Zusatznutzen sowie Zusatzleistungen verbunden sein können. Oft zahlen Kunden für diese Zusatznutzen viel mehr, als sie für das Podukt zu zahlen bereit wären.

Preispolitik Aufgabe der Preispolitik ist es, für die am Markt angebotene Leistung den richtigen Preis zu definieren. Die Festsetzung des Preises kann beispielsweise kosten- oder kundenorientiert erfolgen. Die richtige Preisfestsetzung ist eine strategische Entscheidung, die das Überleben einer Unternehmung am Markt mitbestimmt.

Die Preispolitik wird ergänzt durch die Transport- und Versandbedingungen, die im Zusammenhang mit einer Lieferung anfallen.

Preisdifferenzierung Preise müssen für das gleiche Produkt nicht immer die gleiche Höhe haben. Sie können aus verschiedenen Anlässen verändert werden, z.B. können Preise unterschiedlich sein:

- Zu verschiedenen Zeiten
- An verschiedenen Orten
- Für verschiedene Kunden
- Aufgrund verschiedener Absatzmengen

Öffentlichkeitsarbeit Durch gezielte Öffentlichkeitsarbeit kann ein Unternehmen sein Erscheinungsbild beeinflussen. Sie schafft die Grundlage für ein positives Image in der Öffentlichkeit und ist Grundlage für die Kundenakquisition. Auch neue Mitarbeiter reagieren auf die Darstellung eines Unternehmens in der Öffentlichkeit.

Werbung Der Kunde steht im Mittelpunkt der Überlegungen für ein Werbekonzept einer Unternehmung. Für ein gutes Werbekonzept müssen folgende Punkte definiert werden: die Zielgruppe der Werbemaßnahmen, die Werbeziele, die Werbebotschaft, das Werbemedium, der Werbezeitraum, der Ort, an dem geworben wird, und natürlich der Werbeetat.

Investieren und finanzieren – die Kasse muss stimmen!

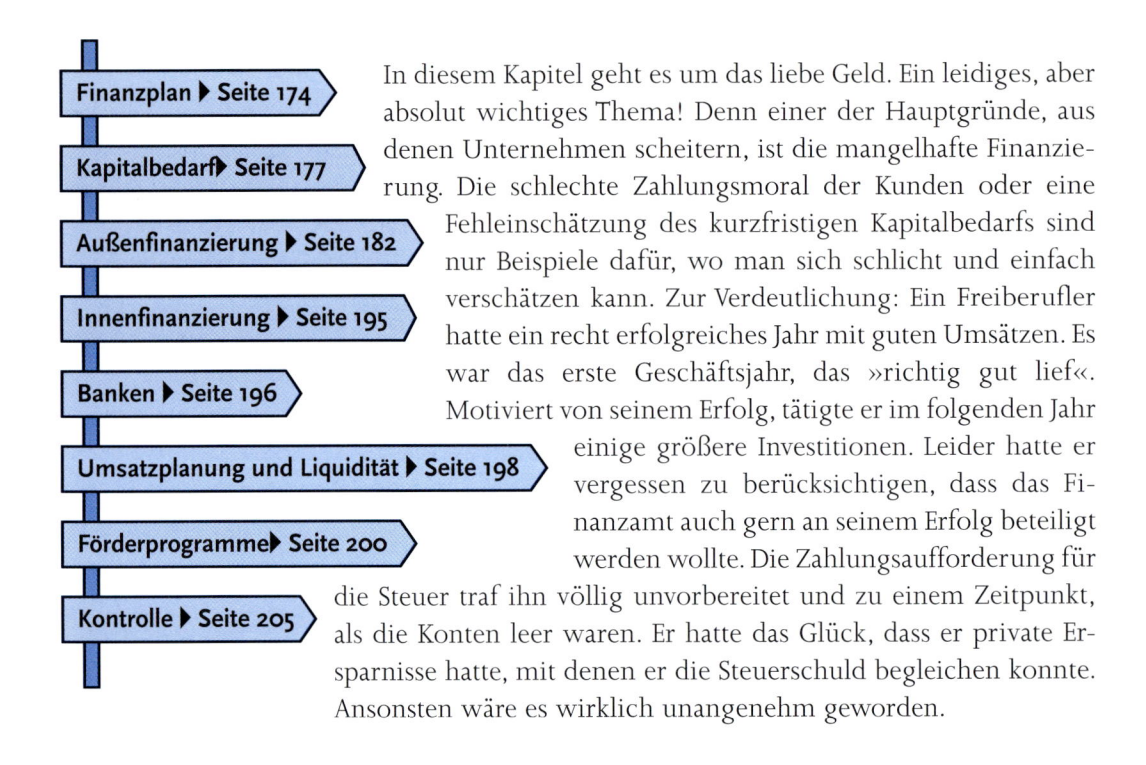

Finanzplan ▶ Seite 174

Kapitalbedarf ▶ Seite 177

Außenfinanzierung ▶ Seite 182

Innenfinanzierung ▶ Seite 195

Banken ▶ Seite 196

Umsatzplanung und Liquidität ▶ Seite 198

Förderprogramme ▶ Seite 200

Kontrolle ▶ Seite 205

In diesem Kapitel geht es um das liebe Geld. Ein leidiges, aber absolut wichtiges Thema! Denn einer der Hauptgründe, aus denen Unternehmen scheitern, ist die mangelhafte Finanzierung. Die schlechte Zahlungsmoral der Kunden oder eine Fehleinschätzung des kurzfristigen Kapitalbedarfs sind nur Beispiele dafür, wo man sich schlicht und einfach verschätzen kann. Zur Verdeutlichung: Ein Freiberufler hatte ein recht erfolgreiches Jahr mit guten Umsätzen. Es war das erste Geschäftsjahr, das »richtig gut lief«. Motiviert von seinem Erfolg, tätigte er im folgenden Jahr einige größere Investitionen. Leider hatte er vergessen zu berücksichtigen, dass das Finanzamt auch gern an seinem Erfolg beteiligt werden wollte. Die Zahlungsaufforderung für die Steuer traf ihn völlig unvorbereitet und zu einem Zeitpunkt, als die Konten leer waren. Er hatte das Glück, dass er private Ersparnisse hatte, mit denen er die Steuerschuld begleichen konnte. Ansonsten wäre es wirklich unangenehm geworden.

Der Finanzplan – gute Planung ist (fast) alles!

Fangen wir wieder einmal mit dem Existenzgründer an. Jeder Existenzgründer sollte ein Unternehmenskonzept haben. Und zu einem richtigen Unternehmenskonzept gehört ein Finanzplan. Also: Ohne Finanzplan keine Existenzgründung!

Als typische Fehler, die grade Existenzgründern bei der Finanzierung unterlaufen, kann man nennen:

Einen guten Finanzplan muss jeder Unternehmer immer in der Schublade liegen haben.

- Fehlplanung des Kapitalbedarfs
- Zu geringes Eigenkapital
- Zu hohe Schulden bei Lieferanten und Dienstleistern
- Nutzung von Kontokorrentkrediten für Investitionen
- Öffentliche Finanzierungshilfen werden nicht beantragt
- Zu späte Verhandlungen mit den Banken

Natürlich muss ein Finanzplan nicht nur bei einer Neugründung erstellt werden. Auch wenn bestehende Unternehmen erworben werden oder eine Beteiligung geplant ist, muss eine solche Planung erstellt werden.

Aufgaben der Finanzplanung

Aber mit der Erstellung des Finanzplans zum Zeitpunkt der Gründungsphase hat man seine Hausaufgaben noch nicht abschließend erledigt. Die Finanzplanung muss auch Bestandteil des täglichen Geschäftsalltags sein. Wichtigste Aufgaben sind die Sicherstellung der Zahlungsfähigkeit der Unternehmung und die Bereitstellung der finanziellen Mittel für den betrieblichen Alltag. Die Finanzplanung ist also die Basis aller finanziellen Entscheidungen im Unternehmen.

Eine der Hausaufgaben der Finanzplanung ist es, jederzeit die Bankkonten des Unternehmens im Auge zu behalten und über die Kontostände Bescheid zu wissen.

Der Finanzplan kann als Ergänzung zu anderen Teilplänen der Unternehmung gesehen werden, beispielsweise zu Marketing- und Personalplänen. Bei der Entwicklung des Unternehmenskonzepts im Rahmen einer Existenzgründung ist der Finanzplan die Ergänzung des Unternehmenskonzepts.

Bestandteile der Finanzplanung sind:

- Ermittlung des Kapitalbedarfs
- Ermittlung der Finanzierungsalternativen und Entscheidung der Finanzierung

Die Finanzen sind das Schicksal einer Firma.

- Umsatzvorschau
- Liquiditätssicherung

Bei der Finanzplanung unterscheidet man zwischen langfristigen und kurzfristigen Finanzplänen. Die Hauptaufgabe langfristiger Finanzplanung ist es aufzuzeigen, wie die zukünftige betriebliche Geschäftstätigkeit finanziert werden kann. Spätestens wenn man als Unternehmer langfristige Kredite zur Finanzierung für größerer Investitionen benötigt, muss man anfangen, »in die Zukunft hinein« zu rechnen.

Die erwarteten Umsätze müssen dabei ebenso wie feststehende Ausgaben, beispielsweise die Büromiete, und die geschätzten Ausgaben in die Planung einbezogen werden. Wichtig ist die Berücksichtigung gewisser Puffer.

Cash-Management

Aufgabe der kurzfristigen Finanzplanung ist die Sicherheit der täglichen Zahlungsfähigkeit.

Demgegenüber soll durch die kurzfristige Finanzplanung in erster Linie die tägliche Zahlungsbereitschaft sichergestellt werden. Dabei sollen nicht nur die Geldströme in die Unternehmung und aus der Unternehmung heraus überwacht werden. Vielmehr sollen auch rechtzeitig die richtigen Maßnahmen ergriffen werden, damit es gar nicht erst zu Engpässen kommt. Man spricht hier auch vom Cash-Management. Dementsprechend gehören zu den Aufgaben des Cash-Managements folgende Bereiche:

- Planung und Überwachung der Liquidität
- Beschaffung erforderlicher Mittel (zu günstigen Konditionen)
- Anlage überschüssiger Mittel (zu guten Konditionen)
- Ausnutzung von Zahlungsfristen
- Inanspruchnahme von Skonti
- Beschleunigung der Zahlungsabwicklung

Cash-Management

Überwachung der Geldströme in das Unternehmen hinein 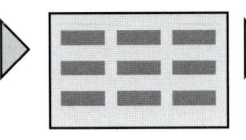 Überwachung der Geldströme aus dem Unternehmen heraus

Zielsetzung der Finanzplanung:

Finanzielles Gleichgewicht

▶ Planung und Überwachung der Liquidität
▶ Rechtzeitige Beschaffung erforderlicher Mittel (zu günstigen Konditionen)
▶ Anlage überschüssiger Mittel (zu guten Konditionen) oder außerordentliche Kredittilgungen
▶ Ausnutzung von Zahlungsfristen
▶ Inanspruchnahme von Skonti

Die Ermittlung des Kapitalbedarfs – wie viel Geld ist nötig?

Nur wer weiß, wie viel Geld er braucht und was er eigentlich finanzieren will, kann mit der Planung beginnen. Grundlage der Finanzplanung ist die Ermittlung des Kapitalbedarfs.

Je nach Gegenstand eines Unternehmens, der Betriebsgröße, der Organisation der Arbeitsabläufe, der Produktionsverfahren oder der geplanten Investitionen leitet sich der Kapitalbedarf ab. Neben diesen unternehmensinternen Faktoren hängt der Kapitalbedarf jedoch auch von externen Faktoren ab, die Unternehmen nur bedingt beeinflussen können. Zu nennen sind hier Aspekte wie die am Markt aktuellen Zinssätze, Inflationsrate, Steuersätze, Lohnniveau oder die Zahlungsmoral der Kunden.

Einfluss auf den Kapitalbedarf haben in erster Linie individuelle Unternehmensfaktoren, wie Personal, Miete, Maschinenkosten etc. Aber auch externe Faktoren können sich auf den Kapitalbedarf auswirken, z. B. ein neuer Wettbewerber.

Interne Faktoren
▶ Betriebsgröße
▶ Produktions- und Absatzprogramm
▶ Vorhandenes Kapital
▶ Liquidität

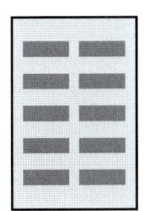

Externe Faktoren
▶ Bedingungen des Geld- und Kapitalmarktes (Zinssätze)
▶ Inflationsrate
▶ Allgemeines Lohnniveau
▶ Preisniveau der eingesetzten Güter
▶ Zahlungsgewohnheiten der Kunden
▶ Technologische Entwicklung
▶ Rechtliche Aspekte (insbesondere Steuern)

Um den tatsächlichen Kapitalbedarf zu ermitteln, müssen Sie einige Teilaspekte berücksichtigen. Wichtig sind die folgenden:

1. Der langfristige Kapitalbedarf – Wie viel Geld benötigen Sie für Ihre geplanten Investitionen wie Immobilien und Grundstücke, Einrichtungen, Maschinen oder Fahrzeuge.

2. Der mittel- und kurzfristige Kapitalbedarf – Darunter versteht man das notwendige Vorrats- und Lagervermögen.

3. Die laufenden Betriebskosten – Wenn Sie jetzt nicht in der Situation sind, sich mit dem Thema Unternehmensfinanzierung aus der Sicht einer sicheren Anstellung heraus zu beschäftigen, sondern vielmehr der Unternehmer selbst sind, dann beachten Sie die

4. Kosten der eigenen Lebenshaltung – Und als Existenzgründer dürfen Sie die folgende Position auf keinen Fall vergessen, denn hier können auch nochmals beträchtliche Summen entstehen, die bezahlt sein wollen:

5. Die Gründungskosten

Ganz wichtig bei der Finanzplanung: Rechnen Sie einen etwa zehnprozentigen Sicherheitspuffer in jede dieser Positionen mit ein, damit Preisveränderungen oder vergessene Faktoren das Konzept nicht kippen.

Überprüfen Sie, welche Positionen für Ihr Unternehmen wichtig sind und in der Kapitalbedarfsberechnung berücksichtigt werden müssen.

Checkliste: Wie hoch ist der Kapitalbedarf?	
I. Langfristiger Kapitalbedarf:	
Lizenzen/Patente	.... DM
Grundstücke und Immobilien (einschl. Nebenkosten für Makler, Notar, u.a.)	.... DM
Maschinen	.... DM
Kraftfahrzeuge	.... DM
Betriebs- und Geschäftsausstattung	.... DM
Lagerausstattung	.... DM
10% Sicherheitsreserve	.... DM

II. Mittel- und kurzfristiger Kapitalbedarf:	
Installationskosten (z.B. für Maschinen, Einrichtung, EDV)	.... DM
Anschaffung von Waren und Materialien	.... DM
Hilfs- und Betriebsstoffe	.... DM
10% Sicherheitsreserve	.... DM

III. Laufende Kosten:	
Personal	.... DM
Miete, Pacht, Leasing	.... DM
Energiekosten	.... DM
Versicherungen	.... DM
Telefon, Fax, Internet	.... DM
Porto, Vertriebskosten	.... DM
Beiträge, Gebühren, Steuern	.... DM
Fachzeitschriften, Informationskosten	.... DM
Kfz-Kosten	.... DM
Wartung, Reinigung	.... DM
Werbung, Spesen	.... DM
Sonstige Betriebskosten	.... DM
10% Sicherheitsreserve	.... DM

IV. Unternehmergehalt:	
Private Miete (oder Ähnliches)	.... DM
Mietnebenkosten	.... DM
Haushaltsgeld	.... DM
Kleidung	.... DM
Schule	.... DM
Freizeit	.... DM
Urlaub	.... DM
Sparleistungen	.... DM
Private Versicherungen	.... DM
Überraschendes, wie etwa ein Wasserrohrbruch (= 10 % Sicherheitsreserven)	.... DM

V. Gründungskosten:	
Beratungen	.... DM
Schulungen und Weiterbildungen	.... DM
Gebühren für Genehmigungen, Eintragungen, usw.	.... DM
Sonstige Kosten, z.B. Erstellung eines Firmendesigns	.... DM
10% Sicherheitsreserven	.... DM

Diese Aufstellung entspricht den Anforderungen eines kleinen Unternehmens. Bei Daimler-Chrysler sieht die Kapitalbedarfsermittlung sicher anders aus; aber das Prinzip ist vergleichbar.

Für die Ermittlung des Kapitalbedarfs sollte man sich etwas Zeit nehmen. Denn nur ein verlässlich berechneter Kapitalbedarf stellt sicher, dass Ihr Unternehmen über einen längeren Zeitraum hinweg überhaupt handlungsfähig ist und Durststrecken überwunden werden können. Oft ist eine Leistung bereits erbracht, und alle für deren Erbringung notwendigen Kosten sind bereits angefallen. Und nun zahlt der Auftraggeber vielleicht erst später, oder der Zeitraum bis zu einem gesetzten Zahlungsziel muss überbrückt werden. Gleichzeitig muss die Durchführung des nächsten Auftrags sichergestellt sein. Dies alles muss finanziert werden.

Überlegen Sie, wie Sie Ihren Kapitalbedarf gering halten können.

Wo kann gespart werden?

Es gibt übrigens noch ein paar Möglichkeiten, den Kapitalbedarf nicht gar zu sehr in die Höhe zu treiben. Nehmen Sie einen Rotstift, und gehen Sie die Liste Ihrer Anschaffungen nochmals Punkt für Punkt durch. Muss jeder Gegenstand neu erstanden werden, oder kann man manches auch gebraucht erwerben? Oftmals besteht als Alternative zum Kauf auch die Möglichkeit, Dinge zu leasen, zu mieten oder zu pachten. Dadurch erhöht sich zwar die Belastung der regelmäßigen Zahlungen, aber es wird weniger Kapital gebunden.

Es ist nicht immer leicht, alle Positionen des Kapitalbedarfs zu beziffern. Aber die Mühe zahlt sich aus.

1	Investitionen – langfristiger Kapitalbedarf:	
1.1	Lizenzen und Patente	...... – ...... DM
1.2	Ablöse für Firmenwert (bei Übernahme)	...... – ...... DM
1.3	Grundstücke und Immobilien (einschl. Nebenkosten)	...... – ...... DM
1.4	Maschinen	...... – ...... DM
1.5	Kraftfahrzeuge	..... 25.000 DM
1.6	Betriebs- und Geschäftsausstattung	..... 20.000 DM
1.7	Lagerausstattung	...... – ...... DM
	Summe Postion 1	.... 45.000 DM

2	Kurz- und mittelfristiger Kapitalbedarf:	
2.1	Installationskosten für Einrichtung, EDV, ...	.... 7.000 DM
2.2	Erste Anschaffung von Waren und Materialien (Rohstoffe)	.... – .... DM
2.3	Erste Anschaffung von Betriebs- und Hilfsstoffen	.... – .... DM
	Summe Position 2	.... 7.000 DM

3	Gründungskosten:	
3.1	Beratungskosten	.... 1.500 DM
3.2	Schulungskosten	.... 2.000 DM
3.3	Gebühren für Genehmigungen, Eintragungen, Anmeldungen ...	.... 1.000 DM
3.4	Sonstige Kosten, z.B. Erstellung des Firmenlogos	.... 700 DM
	Summe Position 3	.... 5.200 DM

4	**Laufende Kosten:**	
4.1	Miete	.... 1.000 DM
4.2	Personalkosten	.... 310 DM
4.3	Versicherungen	.... 200 DM
4.4	Telefon	.... 250 DM
4.5	Porto	.... 100 DM
4.6	Kfz-Kosten	.... 150 DM
4.7	Werbung	.... 100 DM
4.8	Reisekosten	.... 200 DM
4.9	Zinsen	.... − ...... DM
	Summe Position 4	.... 2.310 DM

5	**Private Kosten:**	
5.1	Miete	.... 1.100 DM
5.2	Haushaltsgeld	.... 800 DM
5.3	Kleidung	.... 150 DM
5.4	Schule	.... − ...... DM
5.5	Freizeit	.... 150 DM
5.6	Urlaub	.... 200 DM
5.7	Versicherungen	.... 120 DM
5.8	Sparleistungen	.... 75 DM
	Summe Position 5	.... 2.595 DM

Zusammenfassung Kapitalbedarf:	
Position 1	45.000 DM
Position 2	7.000 DM
Position 3	5.200 DM
Position 4 x 3 Monate	6.930 DM
Position 5 x 3 Monate	4.815 DM
Summe	68.945 DM
Zzgl.10% Sicherheitsreserve	7.000 DM
Kapitalbedarf gesamt	75.945 DM

Wenn man den Kapitalbedarf eines Unternehmens ermittelt hat, ist zu klären, wie dieser aus eigenen oder fremden Mitteln zu decken ist.

Und gerade Existenzgründer sollten noch ein paar kritische Fragen mehr stellen: Können vielleicht Eigenleistungen erbracht werden? Manchmal helfen einem Freunde auch aus, z.B. beim Streichen der Büroräume. Oder gibt es Gegenstände auf der Investitionsliste, die in erster Linie Statussymbol und erst in zweiter Linie notwendig sind? Manchmal darf das Auto auch ein bisschen kleiner sein! Und leider müssen gerade Existenzgründer auch noch ihren privaten Bereich unter die Lupe nehmen und schauen, ob im Bereich Freizeit, Urlaub oder Vergnügungen noch ein paar Punkte reduziert werden können.

Kleineren Unternehmen kann es übrigens erhebliche Kosteneinsparungen bringen, wenn sie ihr Unternehmen in so genannten Technologieparks, Dienstleistungs- oder Existenzgründerzentren ansiedeln. Dort steht einem häufig nicht nur ein Büro zur Verfügung, sondern eine komplette Infrastruktur vom Telefon über den Kopierer bis hin zu Sekretariatsdienstleistungen. Und als zusätzlicher Pluspunkt kommt der direkte Kontakt zu anderen Unternehmen hinzu. Der Austausch von Informationen, Ratschlägen, gegenseitiger Unterstützung bis hin zu Kooperationen kann insbesondere am Anfang eines Unternehmens hilfreich und Kosten sparend sein.

Finanzierung – den Kapitalbedarf decken

Wenn klar ist, wie viel Kapital eigentlich langfristig benötigt ist, wird es Zeit, über die Quellen des Kapitals nachzudenken. Es gibt unterschiedliche Wege der Beschaffung.

Außenfinanzierung

Eine Finanzierungsart ist die Außenfinanzierung. Bei der Außenfinanzierung erhält das Unternehmen das Kapital von Einzelpersonen, Banken oder über den Geld- oder Kapitalmarkt. Wenn das Kapital dem Unternehmen für einen bestimmten Zeitraum überlassen wird, spricht man von Kreditfinanzierung. Wenn Sie eine Lieferung nicht sofort begleichen, sondern das Zahlungsziel ausnutzen, liegt ein Lieferantenkredit vor. Andere Kreditfinanzierungen sind Bankkredite, Darlehen oder Hypothekendarlehen.

Wird das Kapital von den Eigentümern als Beteiligungskapital zur Verfügung gestellt, spricht man von Beteiligungsfinanzierung. Während bei einer Kreditfinanzierung Fremdkapital zugeführt wird, fließt dem Unternehmen im Rahmen einer Beteiligungsfinanzierung Eigenkapital zu.

Die Beteiligungsfinanzierung gehört zur Außenfinanzierung. Die Finanzmittel werden beispielsweise durch Gesellschafter, Partner, Kommanditisten oder Komplementäre oder durch Aktionäre bereitgestellt. Auch stille Teilhaber sind möglich.

Innenfinanzierung

Demgegenüber steht die Innenfinanzierung. Hier erfolgt die Finanzierung aus dem Unternehmen heraus, ohne dass Fremdkapital eingebracht wird oder neue Gesellschafter in das Unternehmen aufgenommen werden. Möglichkeiten der Innenfinanzierung liegen bei der Selbstfinanzierung, also der Finanzierung durch Zurückbehaltung von erzielten Gewinnen, die Finanzierung aus Rückstellungen (→ Glossar, Seite 344) sowie aus Abschreibungen (→ Glossar, Seite 316) und der Vermögensumschichtung.

Die Innenfinanzierung wird auch als Geldbeschaffung aus eigener Ertragskraft bezeichnet.

Finanzierungsmöglichkeiten einer Unternehmung

Innenfinanzierung	Außenfinanzierung
▸ Selbstfinanzierung ▸ Finanzierung durch Rückstellungen ▸ Finanzierung aus Abschreibungen ▸ Vermögensumschichtung	▸ Beiteiligungsfinanzierung (Eigenkapital) ▸ Kreditfinanzierung (Fremdkapital)

Der Weg zu mehr Eigenkapital – Beteiligungsfinanzierung

Damit es nicht zu langweilig wird, zuerst einmal wieder eine Definition: Eigenkapital ist das Kapital, welches dem Unternehmen dauerhaft zur Verfügung stehen soll.

Existenzgründer und Eigenkapital

Betrachten wir das Thema Finanzierung zunächst aus der Sicht der Existenzgründer. Unabhängig von der gewählten Rechtsform müssen Existenzgründer über Eigenkapital verfügen.

Steht der Kapitalbedarf eines Unternehmens fest, so ist zu klären, wie dieser aus eigenen oder fremden Mitteln gedeckt werden kann.

Eigenkapital bei Gründung

15 bis 20 Prozent des benötigten Kapitals zur Unternehmensgründung sollte man als Existenzgründer aus eigenen Mitteln bereitstellen können.

Mal Hand aufs Herz: Schaffen Sie es, ein Fünftel Ihres Bedarfs aus selbst Erspartem zu finanzieren? Prüfen Sie alle Möglichkeiten, und suchen Sie Ihre Kapitalquellen. Vielleicht gibt es Immobilien oder Grundstücke, die Sie zur Sicherheit heranziehen können, oder gibt es Familienmitglieder, die Sie von einer Beteiligung überzeugen können? Manchmal genügt es, die Unternehmensgründung zeitlich etwas zu verschieben, um noch ein bisschen zu sparen. Ansonsten prüfen Sie die Möglichkeiten der Beteiligungsfinanzierung.

Eigenkapital und Rechtsform

Rechtsform	Eigenkapital	Beschreibung
Einzelunternehmen	Eigenkapital des Unternehmers	Der Einzelunternehmer bringt Teile seines Privatvermögens als Einlagen in das Geschäftsvermögen ein. Da der Einzelunternehmer für die Verbindlichkeiten, also Schulden, des Unternehmens mit seinem Privatvermögen voll haftet, gibt es keine gesetzlichen Vorschriften über die Mindesthöhe des Eigenkapitals.
Offene Handelsgesellschaft	Kapitalkonten der Gesellschafter	Die Beteiligungsfinanzierung erfolgt durch Einlagen der Gesellschafter. Es gibt keine gesetzlichen Vorschriften über die Mindesthöhe des Eigenkapitals. Die Gesellschafter haften mit ihrem Privatvermögen.
Partnerschafts-gesellschaft	Kapitalkonten der Partner	Die Beteiligungsfinanzierung erfolgt durch Einlagen der Partner. Partner haften persönlich und solidarisch mit Privat- und Partnerschaftsvermögen. Die Haftung aus der Tätigkeit kann vertraglich beschränkt werden. Es gibt keine Mindesthöhe des Eigenkapitals.
Kommandit-gesellschaft	Kommanditkapital Kapitalkonten der Komplementäre	Die Komplementäre (Vollhafter) haften voll, also mit ihrem Privatvermögen für die Verbindlichkeiten der Gesellschaft. Die Kommanditisten (Teilhafter) haften nur mit ihren Einlagen, sind jedoch auch von der Geschäftsführung ausgeschlossen.
Gesellschaft mit beschränkter Haftung	Stammkapital der Gesellschafter Rücklagen Gewinnvortrag Eventuell Nachschusskapital	Das Stammkapital muss mindestens 50 000 DM betragen. Eine Nachschusspflicht kann vereinbart werden. Die Haftung ist auf die Stammeinlagen beschränkt.
Genossenschaft	Anteilscheinkapital Rücklagen Gewinnvortrag Eventuell Nachschusskapital	Die Beteiligungsfinanzierung erfolgt durch die Übernahme eines oder mehrerer Geschäftsanteile durch eine nicht geschlossene Zahl von Genossen. Die Haftung erfolgt nur in Höhe des Vermögens der Genossenschaft.
Aktiengesellschaft	Gezeichnetes Kapital (Aktienkapital, Grundkapital) Kapitalrücklagen Gewinnrücklagen Gewinnvortrag	Die Mindesthöhe des gezeichneten Kapitals einer AG beträgt 100 000 DM. Für die einzelne Aktie gilt ein Mindestnennbetrag von 5 DM. Für die Verbindlichkeiten haftet nur das Gesellschaftsvermögen.

Beteiligungskapital kommt grundsätzlich bei Gründung in das Unternehmen. Genauso kann es aber auch irgendwann im Laufe des Bestehens der Unternehmung zugeführt werden, als »Finanzspritze« vom Eigentümer, um neue Gesellschafter in das Unternehmen einzubringen oder um beispielsweise Mitarbeiter am Unternehmen zu beteiligen.

Je nach Rechtsform der Unternehmung ergeben sich verschiedene Auswirkungen auf die Struktur des Eigenkapitals.

Es gibt verschiedene Möglichkeiten, das Eigenkapital des Unternehmens zu erhöhen!

Kapital von »Fremden« – Kreditfinanzierung

Wenn die Möglichkeiten der Finanzierung durch Eigenkapital ausgeschöpft sind, muss man sich als Unternehmer nach Alternativen umschauen. Ein Weg ist die Beschaffung von Geld- und Sachmitteln durch Dritte. Im Gegensatz zum Eigenkapital steht das Fremdkapital nur auf Zeit zur Verfügung. Es entsteht ein Kreditverhältnis, das nach geplanter Laufzeit in kurz- und langfristige Kreditfinanzierung eingeteilt wird. Der Fremdkapitalgeber hat in der Regel einen Anspruch auf Verzinsung und Rückzahlung.

Es besteht bei Fremdkapitalgebern also kein Beteiligungsverhältnis; sie haben keine Mitsprache-, Kontroll- oder Entscheidungsbefugnisse. Soweit die Theorie. In der Praxis ist es manchmal doch etwas anders. Da kann die Situation im Falle einer starken Abhängigkeit im Bezug auf Mitsprache und Kontrolle schon einmal zugunsten des Kreditgebers verrutschen.

Fremdkapital steht dem Unternehmer immer nur für einen begrenzten Zeitraum zur Verfügung.

Arten der Kreditfinanzierung		
Kurzfristig	Langfristig	Sonderformen
Kundenanzahlung	Langfristige Darlehen	Factoring
Lieferantenkredit	Hypothekendarlehen	Leasing
Kontokorrentkredit	Investitionsdarlehen	
	Förderprogramme	

Bei der Finanzierung sollte man als vorsichtiger Kaufmann übrigens ein paar Grundsätze berücksichtigen.

Die Goldene Regel der Finanzierung
Langfristige Investitionen müssen langfristig finanziert werden.

Kurzfristiger Kapitalbedarf kann auch kurzfristig finanziert werden.

Der Grundsatz der flexiblen Finanzierung fordert, dass ein Unternehmen jederzeit auf seine schwankenden Kapitalbedürfnisse reagieren können muss. Damit verbunden ist die Forderung, dass das Unternehmen jederzeit die Möglichkeit hat, weiteres Eigen- oder Fremdkapital aufzunehmen, sowie über eine entsprechende Liquiditätsreserve verfügt, um eventuell auftretende Lücken zu schließen.

Leider ist auch dieser Grundsatz in den meisten Fällen Theorie. Aber schon mit einem guten Namen und einer hohen Kreditwürdigkeit schaffen Sie sich als Unternehmer Möglichkeiten, ihrem eventuell schwankenden Kapitalbedarf Rechnung zu tragen.

Kurzfristige Fremdfinanzierung

Die üblichen Fremdfinanzierungsarten sind:

Für den Unternehmer ist die Anzahlung auch eine gewisse Absicherung, dass der Kunde die Ware tatsächlich abnimmt.

Kundenanzahlung Dieser Kredit entsteht, wenn ein Kunde vor Erhalt der Ware einen Teilbetrag oder den gesamten Rechnungsbetrag bezahlt. Üblich sind solche Kundenanzahlungen vor allem im Baubereich und in der Investitionsgüterindustrie. Insbesondere kleine Handwerksbetriebe und Existenzgründer haben oft nicht die finanziellen Mittel, teure Anlagen vorzufinanzieren.

Die Rückzahlung dieses Kredites erfolgt dann nicht in Geld, sondern durch Lieferung und zumeist auch Einbau der Ware.

Lieferantenkredit Der Lieferant verlangt die Bezahlung seiner Rechnung nicht zum Zeitpunkt seiner Lieferung, sondern er gewährt dem Käufer eine Zahlungsfrist. Das Zahlungsziel liegt zumeist bei 14, 30 oder 90 Tagen. Der Lieferantenkredit ist im Gegensatz zum Bankkredit zumeist formlos und erfolgt ohne besondere Sicherheiten.

Aber aufgepasst: Beim Lieferantenkredit muss man genau hinschauen, denn scheinbar kostet ein Lieferantenkredit zunächst nichts. Aber meistens kann der Kunde bei Zahlung einer relativ kurzen, festgelegten Frist, z.B. innerhalb von zehn Tagen, einen Skontoabzug von zwei bis drei Prozent in Anspruch nehmen. Der Skontoabzug entspricht hier dem Zinssatz, den der Kunde bezahlen muss, wenn er die Skontofrist nicht ausnutzt. Wenn auf Ihrer Rechnung also steht: »Zahlbar innerhalb 30 Tage, bei Sofortzahlung drei Prozent Skonto«, bedeutet dies bei genauem Hinschauen einen Jahreszins von 36 Prozent: 1 Monat – 3 Prozent ≈ 12 Monate – 36 Prozent. Also ganz schön teuer!!

Kontokorrentkredit Ein Kontokorrentkredit ist nichts anderes als die Erlaubnis der Bank, das laufende Geschäftskonto um einen bestimmten Betrag zu überziehen. Die Höhe (die Kreditlinie) und der Zinssatz sind zwischen dem Kreditgeber und dem Unternehmer frei auszuhandeln. Nur wenn ein bestimmter Kreditbetrag tatsächlich in Anspruch genommen wird, müssen Zinsen bezahlt werden. Darin liegt der große Vorteil des Kontokorrentkredits. Dadurch ist er besonders geeignet, um den kurzfristig schwankenden Kapitalbedarf auszugleichen. Aber aufgepasst: Die Zinsen sind hier, im Verhältnis zu anderen Kreditarten, verhältnismäßig hoch. Wenn der vereinbarte Kontokorrentkredit-Rahmen überzogen wird (was im Geschäftsalltag ganz schnell gehen kann!), dann wird zusätzlich noch eine Überziehungsprovision fällig.

Von einem Blankokredit spricht man übrigens, wenn der Kontokorrentkredit ohne Sicherheiten gewährt wird.

Langfristige Kreditfinanzierung
Zu den langfristigen Fremdfinanzierungen gehören:

Langfristige Darlehen Die rechtlichen Grundlagen für einen Darlehensvertrag sind die Paragrafen 607 bis 610 BGB.

§ 607 [Wesen des Darlehens] Wer Geld oder andere vertretbare Sachen als Darlehen empfangen hat, ist verpflichtet, dem Darleiher das Empfangene in Sachen von gleicher Art, Güte und Menge zurückzuerstatten.

Gelddarlehen werden zumeist von Banken gewährt. Bei kleineren und mittleren Unternehmen besteht unter Umständen auch die Möglichkeit, Darlehen von Verwandten, Bekannten oder Mitarbeitern. Üblicherweise werden Sicherheiten verlangt.
Die Möglichkeit, ein Darlehen von Verwandten oder Freunden zu bekommen, ist ein guter Weg, außerhalb der normalen Kreditwege an Geld zu kommen. Üblicherweise sind damit weniger Formalitäten und ein günstigerer Zinssatz verbunden.
Bei privaten Darlehen muss man auf Folgendes achten: Die Zinsen sind nur als Betriebsausgaben steuerlich absetzbar, wenn ein Kreditvertrag abgeschlossen wird. Und vergessen Sie nicht: Der Kreditgeber muss die Zinseinnahmen ebenfalls versteuern.
Folgende Punkte müssen in dem Kreditvertrag enthalten sein:
■ Die Höhe des Kredits
■ Der vereinbarte Zinssatz
■ Die Zahlungsbedingungen

Darlehen werden manchmal auch von Verwandten und Bekannten gegeben. Achten Sie aber auch hier auf eine korrekte Abwicklung!

- Die Rückzahlung des Kredits
- Die Kündigungsmöglichkeiten
- Sicherheiten des Darlehensnehmers

Hypothekendarlehen Ein Hypothekendarlehen wird gemäß BGB durch die Eintragung einer Hypothek auf ein Grundstück im Grundbuch gesichert.

§1113 [Begriff] (1) Ein Grundstück kann in der Weise belastet werden, dass an denjenigen, zu dessen Gunsten die Belastung erfolgt, eine bestimmte Geldsumme zur Befriedigung wegen einer ihm zustehenden Forderung aus dem Grundstücke zu zahlen ist (Hypothek).

Die Grundpfandrechte unterteilen sich in die Hypothek und die Grundschuld.

Grundpfandrechte

Hypothek (§ 1113 BGB) Es muss eine persönliche Geldforderung bestehen. Wird der Kredit zurückgezahlt, dann geht der Anspruch aus der Hypothek unter.	Grundschuld (§ 1191 BGB) Die Grundschuld setzt keine persönliche Forderung des Gläubigers voraus. Die Grundschuld bleibt auch dann erhalten, wenn der Kredit zurückbezahlt ist.

Die Förderdatenbank des Bundeswirtschaftsministeriums kann eingesehen werden unter http://www.bmwi.de. Dort kann eingesehen werden, wer fördert, wie gefördert wird und wer Träger des Förderungsprogrammes ist. Zu den einzelnen Programmen können auch gezielt Informationsmaterialien angefordert werden.

Investitionsdarlehen Investitionsdarlehen werden zur Anschaffung von Anlagegütern (Fuhrpark, Maschinen etc.) genutzt. Die Laufzeit sollte der Nutzungs- bzw. Lebensdauer der finanzierten Güter entsprechen.

Öffentliche Fördermittel Fördermittel gibt es insbesondere von Bund und Ländern. Zahlreiche Programme sind speziell für die Existenzgründung und -sicherung gedacht. In der Förderdatenbank des Bundeswirtschaftsministeriums sind die aktuellen Förderprogramme zusammengestellt.

Sonderformen

Bei den Finanzierungen gibt es auch noch Sonderformen. Während Factoring und Forfaitierung eher zur kurzfristigen Finanzierung zählen, kann man Leasing als langfristige Finanzierung ansehen.

Factoring

Beim Factoring übernimmt ein so genannter Factor die Forderungen eines Unternehmens, die aus Warenlieferungen oder durch Dienstleistungen entstanden sind. Der Factor lässt die Forderungen auf sich übertragen, verwaltet sie und zieht sie ein. Das Unternehmen erhält seine Forderungen sofort vom Factor. Dieser streckt das Geld sozusagen bis zum tatsächlichen Geldeingang vor. Neben der Finanzierungsfunktion können von dem Factoring-Institut entsprechend der Ausgestaltung des Factoring-Vertrages Aufgaben übernommen werden:

Übernahme des Delkredererisiko Der Factor übernimmt das Risiko der Forderungsausfälle. Wird das Delkredererisiko übernommen, dann spricht man vom echten Factoring, im Gegensatz zum unechten Factoring ohne Übernahme des Ausfallrisikos.

Inkasso und Mahnwesen Der Factor erstellt die Rechnungen und übernimmt die Überwachung der Zahlungseingänge.

Debitorenbuchhaltung und Statistiken Das Factoring-Institut übernimmt die Buchführung und die Bereitstellung von zusätzlichen Informationen zur Beurteilung der Geschäftsentwicklung. Die Möglichkeiten weiterer Versicherungs- und Dienstleistungsangebote sind vielfältig. Die Kosten des Factoring liegen, je nach Umfang der übernommenen Aufgaben, bei einem halben bis zwei Prozent des Bruttoumsatzes.

Wird der Kunde auf der Rechnung darüber informiert, dass die Forderung an das Factoring-Institut übertragen wurde, und er die Forderung direkt dort begleicht, spricht man von offenem Factoring. Der Factor ist in diesem Falle in der Lage, bei Zahlungsverzug entsprechende Schritte einzuleiten. Er kann also selbst mahnen oder rechtliche Schritte anbahnen. Wenn Sie Ihrem Kunden nicht offen legen wollen, dass Sie die Forderungen abtreten, besteht die Alternative des verdeckten Factoring. Hier stellt das Unternehmen die Rechnung, und es gibt auch keine Hinweise auf die Forderungsabtretung. Der organisatorische Aufwand ist in diesem Fall zwar etwas größer, aber unerwünschte Außenwirkungen werden so vermieden.

Factoring kann auch eine interessante Alternative sein, wenn man die Personalkapazitäten im Verwaltungsbereich gering halten möchte.

Beim echten Factoring muss auch die Außenwirkung beachtet werden. Es kann sowohl positiv, sprich professionell beim Kunden wirken, wenn ein Unternehmen seine Forderungen verkauft, als auch einen negativen Beigeschmack haben. Nach dem Motto: »Der hat es aber nötig.« Beachten Sie diesen Aspekt bei Ihrer Entscheidung.

Leasing

Eine Sonderform der Finanzierung ist das Leasing. Als Leasing bezeichnet man die entgeltliche Nutzung eines Gutes, ohne dass man daran Eigentum erwirbt. Es kann also ein Gegenstand genutzt werden, ohne dass man sein Kapital bindet. Gezahlt werden zumeist monatliche Leasingraten, die jedoch als Geschäftskosten geltend gemacht werden können. Daraus ergeben sich Vorteile:

- Die vorhandenen flüssigen Mittel des Unternehmens werden nicht durch den Kauf eines Gegenstandes gebunden und können für andere Investitionen genutzt werden. Oder es können Zahlungen aus den Erträgen geleistet werden, die der Leasinggegenstand einbringt. Man spricht hier vom Pay-as-you-earn-Effekt.

- Da der Vermieter der Eigentümer des Leasingobjektes bleibt, ist es nicht notwendig, Sicherheiten zu stellen.

- Bei längerfristigen Leasingverträgen kann in der Regel über Höhe und Zeitpunkt der Zahlungsraten verhandelt werden. Leasing bietet damit die Möglichkeit, Investitionskosten entsprechend der Nutzung zu tilgen, und trägt damit den betriebsindividuellen und objektbezogenen Gegebenheiten Rechnung.

- Leasingraten sind für die gesamte Mietzeit zum Zeitpunkt des Vertragsabschlusses festgesetzt. Sie können dementsprechend bei den laufenden Kosten fest kalkuliert werden.

- Die Leasingraten können als Kosten steuerlich abgesetzt werden.

- Leasing erhöht die Flexibilität des Unternehmens.

Wegen seiner guten Produktkenntnisse kann der Leasinggeber Beraterfunktionen ausfüllen.

- Im Leasingvertrag ist oftmals auch ein Service (Wartung, technische Unterstützung) enthalten bzw. wird zu besonderen Konditionen angeboten.

Leasingverträge mit Wartung

Operate Leasing Saisonabhängige Vermietung von Ausrüstungsgegenständen mit vollem Service und auf Wunsch Personal

Maintenance Leasing Wartung des Leasingobjekt übernimmt der Leasinggeber

Finanzierungsleasing Wartung und Instandhaltung übernimmt der Leasingnehmer

---

Das klingt alles ganz gut! Aber man muss bei Leasing auch folgendes bedenken: Es fließt zwar insgesamt weniger Geld ab, als wenn ein Gegenstand gekauft wird, aber nach Ablauf der Leasingzeit steht man mit leeren Händen da! Bei der Entscheidung für oder gegen Leasing muss man also die individuelle Situation der Unternehmung betrachten und dementsprechend entscheiden.

Sale-and-lease-back Eine besondere Variante des Leasing ist das Sale-and-lease-back: Bestimmte Gegenstände, beispielsweise das Geschäftsgebäude, werden an eine Leasinggesellschaft verkauft und anschließend zurück geleast.

Sale-and-lease-back ist auch bei Liquiditätsengpässen ein Ausweg.

Kommunales Leasing kommt häufig zum Einsatz, wenn Städte und Gemeinden in finanziellen Schwierigkeiten stecken, Schulen, Krankenhäuser oder Ähnliches nicht kaufen, sondern leasen.

Vergleich: Kauf – Ratenzahlung – Leasing

1. Kauf

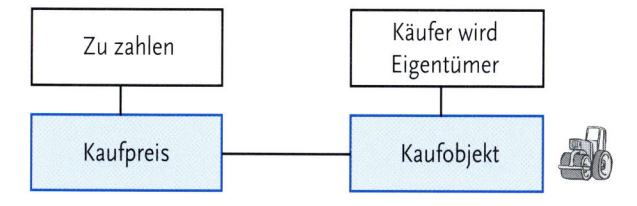

2. Ratenzahlung

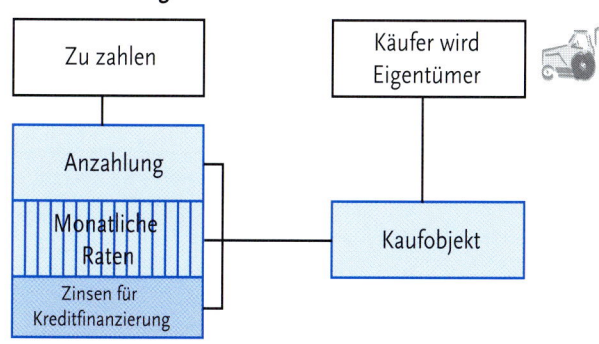

3. Leasing

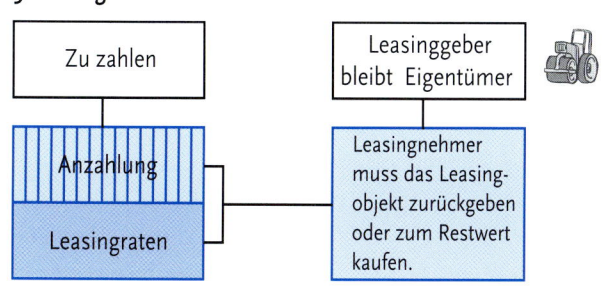

Erscheinungsformen des Leasing

Leasing kann nach verschiedenen, vereinbarungsabhängigen Gesichtspunkten gegliedert werden:

1. Leasingobjekt
2. Stellung des Leasinggebers
3. Rückzahlungsumfang
4. Kündbarkeit

Leasing kann auch vertraglich mit verschiedenen Serviceleistungen verknüpft sein.

1. Leasingobjekt	
Konsumgüterleasing	**Investitionsgüterleasing**
■ Vermietung höherwertiger Konsumgüter, z.B. Autos, Kühlschränke, Fernsehgeräte, Waschmaschinen Meist eingeschlossen: ein Wartungs- und Reparaturdienst	■ Equipment-Leasing: Vermietung beweglicher Anlagegüter, wie Werkzeuge, Maschinen, Computer Laufzeit: 3–6 Jahre ■ Immobilien-Leasing: Vermietung von unbeweglichem Anlagevermögen, z.B. Industrieanlagen, Verwaltungsgebäude oder sonstige Gebäude Laufzeit: 10–30 Jahre häufig Sale-and-lease-back-Verträge

2. Stellung des Leasinggebers		
Hersteller-Leasing	**Händlerorientiertes Leasing**	**Leasinggesellschaften**
Zwischen Hersteller und Mieter des Investitionsobjektes wird keine Finanzinstitution geschaltet ■ Direktes Leasing	Händler schließt Leasingvertrag ab, häufig sind Serviceleistungen mitverbunden	Leasinggeber kauft beim Produzenten und vermietet, z.B. bei Autos

3. Rückzahlungsumfang

Vollamortisationsverträge

Bei dieser Form »amortisiert« der Vermieter während der Leasingperiode die Anschaffungs- oder Herstellungskosten, die Beschaffungs-, Vertriebs- und Finanzierungskosten sowie die Steuern vollständig, und er sichert sich einen angemessenen Gewinn.

Teilamortisationsverträge

Nach Vertragsablauf hat der Leasingnehmer folgende Möglichkeiten:
■ Kauf des Leasingobjektes zum Restwert
■ Miete des Leasingobjekts zu stark reduzierten Sätzen
■ Rückgabe des Leasinggegenstandes an die Leasinggesellschaft

4. Kündbarkeit

Operating-Leasing

Kurzfristiges, in der Regel jederzeit kündbares Mietverhältnis
■ Hohes Risiko für den Leasinggeber, da das Leasingobjekt in der kurzen Leasingzeit nicht amortisiert werden kann

Financial-Leasing

Der Mieter übernimmt in einem langfristigen und für einen bestimmten Zeitraum unkündbaren Leasingvertrag das Investitionsobjekt. Dieses wird während der Dauer des Leasingvertrages vollständig amortisiert.

Was bei einem Leasingvertrag zu beachten ist:

Grundsätzlich ist der Leasingvertrag formfrei, er muss also für seine Gültigkeit nicht in Schriftform vorliegen. Aber aufgrund der Komplexität eines Leasingvertrags wird er eigentlich immer schriftlich abgeschlossen.

Besonders berücksichtigt werden müssen die einmalige Zahlung einer Leasinggebühr bei Abschluss des Leasingvertrages, ebenso wie die Höhe der laufenden Leasingraten sowie die damit verbundenen Leistungen. Die Möglichkeit, einen Leasingvertrag ohne große Probleme ordnungsgemäß zu beenden, sollte in jedem Falle im Vertrag enthalten sein.

Übrigens: Steuerlich werden Leasingverträge so gehandhabt, dass der Leasinggeber das Objekt aktiviert (→ Seite 235) und der Leasingnehmer die Raten als Betriebsausgaben (→ Seite 272) absetzt.

Abwicklung eines Leasinggeschäftes

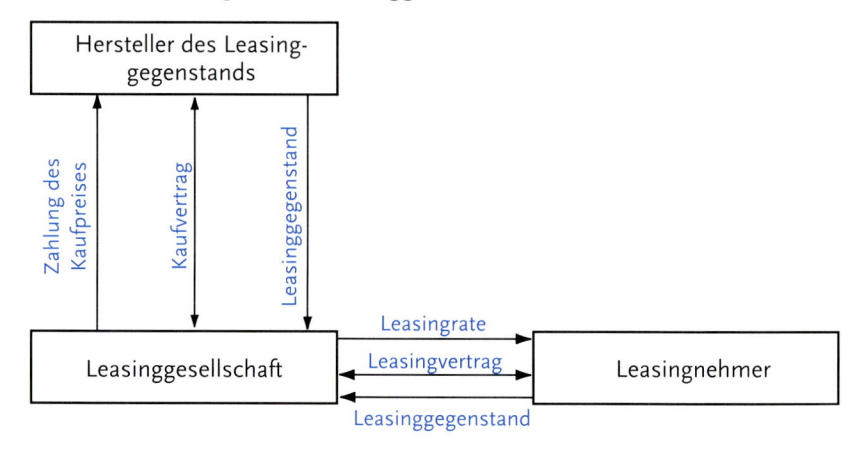

Checkliste:

Bestandteile eines Leasingvertrags	Erledigt	Noch zu erledigen
In einen Leasingvertrag gehören folgende Punkte:		
✍ Die Vertragspartner, nämlich Leasingnehmer und Leasinggeber	❑	❑
✍ Das Leasingobjekt	❑	❑
✍ Die monatlichen Leasingraten, die sich aus folgenden Komponenten zusammensetzen:		
1. Die einmalige Leasinggebühr bei Vertragsabschluss (0,5–5% des Kaufpreises)	❑	❑
2. Die Vertragsdauer (Beginn und Ablauf)	❑	❑
3. Fälligkeit und Zahlung (Einzugsermächtigung, Dauerauftrag)	❑	❑
4. Versicherungen	❑	❑
✍ Abnahme des Leasinggegenstands (Feststellung der Mängelfreiheit bei Übergabe)	❑	❑
✍ Eigentum des Leasinggegenstandes (Das Leasingobjekt ist Eigentum des Leasinggebers)	❑	❑
✍ Regelung der Unterhaltskosten (Üblicherweise übernimmt die Unterhaltskosten der Leasingnehmer, bei so genannten Full-Service-Vertägen übernimmt der Leasinggeber die Unterhaltskosten, bei entsprechend hohen Leasingraten)	❑	❑
✍ Regelungen bei Beschädigungen oder Untergang des Leasingobjekts	❑	❑
✍ Veränderungen des Leasinggegenstands	❑	❑
✍ Verzugszinsen	❑	❑
✍ Kündigungsmöglichkeiten	❑	❑
✍ Möglichkeiten bei Ende der Vertragsdauer	❑	❑

Innenfinanzierung –
Finanzierung »aus dem Unternehmen heraus« geht auch!

Innenfinanzierung?! Genau: Es wird im Unternehmen gearbeitet, Produkte oder Leistungen werden verkauft, und am Ende des Geschäftsjahres bleibt noch etwas übrig. Diesen finanziellen Mitteln stehen, zumindest in dieser Periode, keine Auszahlungserfordernisse, wie beispielsweise bestimmte Ausgaben oder eine Gewinnausschüttung, gegenüber.

Arten der Innenfinanzierung sind:

- Finanzierung durch Abschreibungen
- Finanzierung durch Rückstellungen
- Selbstfinanzierung
- Vermögensumschichtung

Die Finanzierung durch Abschreibung und die Selbstfinanzierung möchte ich Ihnen etwas näher erklären.

Finanzierung durch Abschreibung

Eine Möglichkeit ist die Finanzierung aus Abschreibungen. Um eines gleich klarzustellen: Wir reden hier nicht über das Verbuchen von Abschreibungen. Damit ist noch keine Finanzierung erfolgt.

Unter Abschreibung versteht man ja eigentlich die leistungsbedingte Wertminderung eines über einen längeren Zeitraum genutzten Wirtschaftsgutes. Mit diesem Wirtschaftsgut wird ein bestimmtes Produkt im Rahmen des betrieblichen Leistungsprozesses erstellt. Wird nun die Wertminderung des Wirtschaftsgutes bei der Berechnung des Verkaufspreises eingerechnet und dieses Produkt dann verkauft, so fließen dem Unternehmen Mittel zu. Und diese Mittel können irgendwann eingesetzt werden, um eine Ersatzinvestition zu tätigen. Da die finanziellen Mittel aber einfließen, bevor die Ersatzinvestition getätigt werden muss, kann das Geld in der Zwischenzeit für andere Dinge genutzt werden.

Wenn der Wertverlust eines Gegenstandes berechnet und bei der Berechnung des Verkaufpreises berücksichtigt wird, dann steht dem Unternehmen mit Verkauf der Produkte oder Dienstleistungen sozusagen Geld aus Abschreibungen zur Verfügung.

Fallbeispiel: Ein Brezelbackofen in einer Bäckerei kostet 2 500 DM und hat eine erwartete Nutzungsdauer von vier Jahren. Aufgrund seiner Verkaufszahlen weiß der Bäcker, dass im Verkaufspreis seiner Brezeln 10 Pfennig enthalten sein müssen, damit er nach vier Jahren einen neuen Backofen kaufen kann. Nach dem ersten Jahr hat der Bäcker auf diesem Weg bereits 500 DM erwirtschaftet, die ihm jetzt vorübergehend (sprich zur Anschaffung eines neuen Ofens) zur Verfügung stehen.

forum

Vom Umgang mit den Banken – wie bekomme ich gute Konditionen?

Je besser Sie sich auf Ihre Bankgespräche vorbereiten und je besser das Konzept in Ihrem Gepäck ist, desto größer sind Ihre Erfolgschancen. Beachten Sie bitte die nachfolgenden Aspekte:

■ Gehen Sie nicht zur erstbesten Bank. Verhandeln Sie zunächst mit Ihrer Hausbank, und nutzen Sie Ihren Heimvorteil.

■ Verhandeln Sie aber nicht nur mit einer Bank, denn Konkurrenz belebt das Geschäft ...

■ Vereinbaren Sie für Ihre Finanzierungsgespräche rechtzeitig Termine – das ist professionell und lässt dem Verhandlungspartner Zeit zur Vorbereitung.

■ Prüfen Sie, ob die Bank zu Ihnen und Ihrer Geschäftsidee passt. Fragen Sie beispielsweise andere Selbstständige.

■ Verhandeln Sie rechtzeitig mit den Kreditinstituten! Wenn das Kind schon in den Brunnen gefallen ist und Sie das Geld dringend brauchen, wird es schwierig, gute Konditionen auszuhandeln.

■ Gehen Sie mit dem von Ihnen erarbeiteten Unternehmenskonzept in die Verhandlungen.

■ Es ist vorteilhaft, wenn Sie bereits erste Kunden aufweisen können. Stellen Sie also eine Referenzliste zusammen, und nehmen Sie diese mit ins Gespräch.

■ Klären Sie die aktuellen Konditionen, wie beispielsweise den effektiven Jahreszins oder die Laufzeiten vor den Verhandlungen.

■ Überlegen Sie, welche Förderprogramme Sie eventuell in Anspruch nehmen können.

■ Scheuen Sie sich nicht davor, die Bankgespräche gemeinsam mit einem Berater zu führen.

■ Sie wissen, dass Banker zumeist doch eher eine konservative Weltanschauung pflegen. Berücksichtigen Sie dies bei der Wahl Ihrer Kleidung!

■ Unterschreiben Sie nie sofort! Lassen Sie sich nach einem Gespräch immer die Zeit, alles nochmals in Ruhe zu überdenken und im Zweifel den Rat Sachkundiger hinzuzuziehen!

■ Vergessen Sie nicht: In jedem Angebot steckt ein Verhandlungsspielraum. Scheuen Sie sich nicht, diesen herauszufinden. Verhandeln Sie!

■ Achten Sie darauf, dass Ihr Gesprächspartner bei der Bank kompetent ist. Erfragen Sie vor der Terminabsprache, wer Ihr Ansprechpartner ist. Seien Sie ruhig selbstbewusst: Zweigstellenleiter und

Firmenkundenbetreuer sind beileibe nicht nur für die großen Kunden da!

■ Erkundigen Sie sich bei anderen Selbstständigen nach deren Erfahrungen mit Banken im Allgemeinen und den von ihnen kontaktierten Banken insbesondere.

■ Wenn Sie dem Bankangestellten glaubhaft machen, dass Ihr Projekt auch seines ist, dann haben Sie gewonnen. Er wird sich in Ihrem Interesse engagieren.

Zinsentwicklung in Zahlen
Einstand unter Banken

Bindung	5 Jahre			10 Jahre		
Jahr	Spanne	Mittelwert Jahr	Mittelwert seit	Spanne	Mittelwert Jahr	Mittelwert seit
1980	7,74% − 9,52%	8,46%	7,11%	7,72% − 9,42%	8,43%	7,49%
1981	9,02% − 12,07%	10,64%	7,03%	9,01% − 11,07%	10,23%	7,43%
1982	7,76% − 10,34%	9,03%	6,82%	7,82% − 10,17%	9,00%	7,27%
1983	7,12% − 8,59%	7,96%	6,68%	7,55% − 8,72%	8,21%	7,16%
1984	6,92% − 8,37%	7,76%	6,60%	7,37% − 8,56%	8,07%	7,09%
1985	6,24% − 7,92%	6,92%	6,51%	6,87% − 8,07%	7,37%	7,02%
1986	5,27% − 6,52%	5,84%	6,48%	6,27% − 7,04%	6,75%	6,99%
1987	5,02% − 6,32%	5,54%	6,53%	6,24% − 7,12%	6,59%	7,02%
1988	5,12% − 6,5%	5,77%	6,62%	6,33% − 7,04%	6,63%	7,05%
1989	6,08% − 8,03%	7,13%	6,71%	6,7% − 7,95%	7,20%	7,10%
1990	7,78% − 9,18%	8,88%	6,66%	7,75% − 9,15%	8,81%	7,08%
1991	8,5% − 9,2%	8,83%	6,39%	8,31% − 9,04%	8,55%	6,87%
1992	7,28% − 8,83%	8,24%	6,04%	7,37% − 8,42%	8,01%	6,63%
1993	5,26% − 7,29%	6,28%	5,67%	6,19% − 7,37%	6,72%	6,40%
1994	5,24% − 7,58%	6,59%	5,55%	6,18% − 8,01%	7,22%	6,34%
1995	5,31% − 7,61%	6,39%	5,29%	6,39% − 7,97%	7,14%	6,11%
1996	4,88% − 5,9%	5,42%	4,92%	6,01% − 6,81%	6,50%	5,77%
1997	4,57% − 5,4%	4,95%	4,67%	5,54% − 6,29%	5,90%	5,41%
1998	3,57% − 5,0%	4,40%	4,40%	4,23% − 5,66%	4,93%	4,93%

Diese Zahlen zeigen im Überblick, wie groß die Verhandlungsspanne allein beim Zinssatz ist. Weitere Verhandlungspositionen sind Tilgungskonditionen, Disagiozahlungen, erforderliche Sicherheiten, Nebenkosten und Anderes mehr.

Insgesamt benötigtes Kapital zur Anschaffung eines Backofens:

Zur Verfügung stehendes Kapital, wenn die Brezeln verkauft werden und die Abschreibung im Verkaufspreis berücksichtigt ist.

1. Jahr   2. Jahr   3. Jahr   4. Jahr

Selbstfinanzierung

Auch Gewinne können zur Finanzierung genutzt werden.

Wenn während eines Geschäftsjahres Gewinne erwirtschaftet werden und wenn diese Gewinn im Unternehmen zurückbehalten werden, spricht man von Gewinnthesaurierung. Wenn vom thesaurierten Gewinn nichts an die Gesellschafter ausgeschüttet und auch nicht an den Fiskus abgeführt wird, dann spricht man von Selbstfinanzierung.

Voraussetzung für die Selbstfinanzierung ist, dass von einem Unternehmen überhaupt Gewinne erwirtschaftet werden.

Aus der Sicht der Unternehmung ist die Selbstfinanzierung eine sehr gute Finanzierungsart. Aus dem Blickwinkel der Eigenkapitalgeber müssen hingegen zwei Aspekte Berücksichtigung finden: Wenn die Gewinne nicht an die Kapitalgeber ausgeschüttet werden, bekommen sie zunächst einmal schlicht und ergreifend kein Geld. Auf der anderen Seite wird mit den einbehaltenen Gewinnen ja ein Unternehmenswachstum finanziert, und damit erhöht sich der Wert des Unternehmens – und auf diesem Wege erhöht sich auch der Wert der Unternehmensanteile. Bei Aktien wäre dies in Gestalt steigender Aktienkurse wahrnehmbar.

Umsatz und Liquidität

Umsatzschätzungen sind eine der schwierigsten Aufgaben für Existenzgründer.

Eine Geldquelle, nämlich die entscheidende, haben wir bisher vernachlässigt: die Unternehmensumsätze. Damit Sie wissen, was Sie sich in den nächsten Jahren an finanziellen Verpflichtungen zumuten können, ist es unumgänglich, eine reale Einschätzung Ihrer künftigen Umsätze vorzunehmen.

Umsatzvorschau

Die Einschätzung der Umsätze erfolgt auf der Basis der durchgeführten Markt- und Konkurrenzanalysen. Unternehmen müssen im Rahmen einer guten Preisgestaltung kalkulieren, welche Umsätze sie erwarten können.

Hilfreich können in diesem Zusammenhang auch Betriebs-vergleiche sein. Sie können diese Daten für verschiedene Branchen bei Verbänden und Kammern erhalten.

Bedenken Sie, dass mit Umsatzprognosen auch Einschätzungen von Kapazitäten vorzunehmen sind. Das gilt für Maschinenkapazitäten ebenso wie für Mitarbeiter und die persönliche Arbeitskraft des Unternehmers.

Liquidität

Selbst wenn der anfängliche Kapitalbedarf und die verfügbaren finanziellen Mittel gut aufeinander abgestimmt sind, können finanzielle Probleme auftreten. Vielleicht zahlt ein Kunde seine Rechnung nicht, warum auch immer, und die Einnahme war verbindlich eingerechnet. Plötzlich kann das Unternehmen eigene Lieferantenrechnungen nicht mehr begleichen oder die Löhne und Gehälter seiner Mitarbeiter nicht ausbezahlen. Eine solche Situation hat schon manchen Unternehmer in den Ruin getrieben. Man sollte monatliche Einnahmen und Ausgaben gegenüberstellen. Die Zahlungseingänge dürfen nicht aus dem Blick geraten, sie müssen realistisch eingeschätzt werden: Kunden, die grundsätzlich erst nach der zweiten Mahnung bezahlen, dürfen auch erst mit dem Zahlungseingang zu einem deutlich späteren Zeitpunkt einkalkuliert werden. Sie haben als Unternehmer verschiedene Möglichkeiten, um Liquiditätsengpässe abzuschwächen oder zu verhindern.

Wie kann eine Unterdeckung vermieden werden?

Es gibt einige Aspekte, die man beachten sollte, um nicht unerwartet in Situationen mit zu geringer Finanzausstattung zu geraten:

- Achten Sie auf eine ordentliche Rechnungsstellung! Nur gestellte Rechnungen können auch bezahlt werden.
- Räumen Sie Kunden keine zu langen Zahlungsziele ein.
- Schaffen Sie durch Skontogewährung Anreize für schnelle Zahlungen.
- Behalten Sie Ihre Zahlungseingänge im Auge. Es genügt nicht, die Rechnungen in die Post zu legen. Es muss auch regelmäßig kontrolliert werden, ob die Zahlungen eingehen.
- Entwickeln Sie ein Mahnwesen. Wer nach den ersten drei Wochen nicht bezahlt hat, bekommt die erste Mahnung, nach zehn Tagen die zweite Mahnung und dann nochmal die dritte Mahnung.

Hinweis für Existenzgründer: Seien Sie nicht zu optimistisch, aber gehen Sie auch nicht mit Pessimismus an die Sache. Eine halbwegs realistische Planung kann zukünftiges unternehmerisches Handeln erleichtern!

Liquidität bedeutet, stark vereinfacht, genug Geld in der Kasse zu haben, um zu arbeiten.

Speziell für Existenzgründer: Fördermöglichkeiten in der Gründungs- und der Nachgründungsphase

Bevor Sie sich finanziell binden, sollten Sie sich nach den aktuellen Förderprogrammen erkundigen. Sowohl der Bund als auch die Länder, aber auch Einrichtungen wie Stiftungen und Kirchen haben eigene Programme. Kostenlose Broschüren, z. B. vom Bundeswirtschaftsministerium und der Deutschen Ausgleichsbank oder der Kreditanstalt für Wiederaufbau, informieren ausführlich über die bestehenden Förderprogramme und ihre Voraussetzungen.

Hausbankprinzip

Es gilt das Hausbankprinzip, das heißt, die Fördermittel müssen über die Hausbank beantragt werden. Dabei ist Vorsicht geboten, denn manchmal stehen Eigeninteressen der Bank einer differenzierten Beratung entgegen. Der Verkauf eigener Produkte, also von Krediten, ist für die Bank zumeist sehr viel vorteilhafter.

Bundesmittel vor Landesmittel

Außerdem gilt das Prinzip Bundesmittel vor Landesmittel: Wenn Förderprogramme des Bundes nicht genutzt werden, obwohl die Voraussetzungen vorliegen, werden diese Förderbeträge bei der Landesförderung abgezogen. Damit entgehen diese Mittel dem Antragsteller.

Eine wichtige Voraussetzung ist auch, dass der Antragsteller fachliche und betriebswirtschaftliche Qualifikationen nachweisen kann. Das angestrebte Ziel der Existenzgründung muss inzwischen keine Vollexistenz mehr sein. Auch Nebenerwerbe sind förderungsfähig. Allgemein lassen sich die öffentlichen Förderprogramme in folgende Förderbausteine aufteilen:

1. Vergabe zinsgünstiger Kredite
2. Eigenkapitalhilfen
3. Bürgschaften
4. Zuschüsse
5. Beteiligungsprogramme von Bund und Ländern

Das Bundesministerium für Wirtschaft stellt einen Überblick über die Förderprogramme des Bundes, der Länder und der Europäischen Gemeinschaft bereit. Sie können dort auch eine Liste mit den Adressen aller Institutionen anfordern, die mit Beratungsprogrammen oder dem Gründercoaching beschäftigt sind.

Bundesministerium für Wirtschaft
Informationsstelle zu Förderprogrammen
Scharnhorststr. 36
10115 Berlin
Telefon 030/2014-76 48
Fax 030/2014-7033

Beispiel: DtA-Startgeld

Ziel	Durch die Gewährung eines Startgeldes für betrieblich bedingte Investitionen und Betriebsmittel soll Gründern mit vergleichsweise geringem Finanzierungsbedarf der Schritt in die Selbstständigkeit ermöglicht werden.
Antragsberechtigt	Natürliche Personen und kleine Unternehmen im Bereich der gewerblichen Wirtschaft sowie Angehörige der freien Berufe.
Voraussetzungen	Aktive Mitunternehmerschaft des Antragstellers Der Gesamtfinanzbedarf darf 100 000 DM nicht übersteigen. Das Unternehmen darf höchsten 100 Beschäftigte haben.
Art und Höhe	Darlehen Darlehenshöchstbetrag: 100 000 DM
Antragsverfahren	Anträge sind über jedes Kreditinstitut an die Deutsche Ausgleichsbank (DtA) Wielandstr. 4 53173 Bonn Telefon 02 28/831-0 Info-Line 02 28/831-2400 Fax 02 28/831-2255 Fax-Bestellservice 02 28/831-2130 Internet http://www.dta.de zu richten.
Besonderheit	Eine Förderung ist auch dann möglich, wenn das Unternehmen zunächst als Nebenerwerb geführt wird.

Aktuelle Informationen finden Sie in der Förderdatenbank des Bundesministeriums für Wirtschaft (http://www.bmwi.de).

Mahnen Sie Privatkunden am Monatsanfang – da ist wieder Geld auf dem Konto! Mahnen Sie Unternehmen nicht zum Zeitpunkt fälliger Lohn- und Gehaltszahlungen – da ist das Konto meistens leer!

■ Sie können sich die Arbeit erleichtern, wenn Sie standardisierte Mahnbriefe entwerfen und diese zumindest als Basis Ihrer Mahnschreiben verwenden. Die individuelle Anpassung des Schreibens kann seine Effektivität erhöhen.

■ Ein deutlicher Hinweis auf Verzugszinsen kann die Zahlungsbereitschaft der Kunden erhöhen, ebenso der Hinweis, dass ein Inkassobüro eingeschaltet wird.

■ Je nach Situation und Kunde können natürlich persönliche Gespräche mit Zahlungserinnerung geführt werden.

■ Scheuen Sie sich aber nicht, Vorgänge säumiger Zahler einem Rechtsanwalt zu übergeben.

Was tun bei drohender Unterdeckung?

Wenn ein Unternehmen sich trotz aller Vorsichtsmaßnahmen plötzlich in der Situation wiederfindet, dass es nicht liquide genug auf den alltäglichen Finanzbedarf reagieren kann, dann bleiben einige Notbremsen:

■ Vereinbaren Sie mit Kunden Teilzahlungen oder Anzahlungen.

■ Bitten Sie Kunden, die Kosten für große Materiallieferungen direkt zu übernehmen, sodass Sie nicht zwischenfinanzieren müssen.

■ Nutzen Sie kurzfristig Ihren Kontokorrentkredit aus.

■ Verschieben Sie eigene Käufe und Zahlungen.

■ Nutzen Sie Lieferantenkredite.

■ Treten Sie Forderungen an Ihr Kreditinstitut ab.

Beispiel: Liquiditätsrechnung für einen Monat

Monat	Einzahlungen	Ausgaben
1. Liquide Mittel		
Kassenbestand	1.000 DM	
+ Bank-/Postscheckguthaben	3.800 DM	
= Liquide Mittel	4.800 DM	
2. Zugänge an liquiden Mitteln		
Umsatzerlöse	10.000 DM	
+ Sonstige Erlöse	200 DM	
+ Private Einlagen	–	
+ Öffentliche Mittel/Darlehen	–	
= Zugänge an liquiden Mitteln	10.200 DM	

3.	**Abgänge an liquiden Mitteln aufgrund von Investitionen**		2.200 DM
	...		
=	Abgänge an liquiden Mitteln aufgrund von Investitionen	2.200 DM	

4.	**Abgänge an liquiden Mitteln aufgrund von Sonstigen Ausgaben**		
+	Personal		400 DM
+	Gründungskosten		3.500 DM
+	Kfz-Kosten		750 DM
+	Steuern		150 DM
+	Zinsen + Tilgung		–
+	Werbungskosten		100 DM
+	Telefonkosten		150 DM
=	Abgänge an liquiden Mitteln aufgrund von Sonstigen Ausgaben	5.050 DM	

5.	**Liquidität**		
	Liquide Mittel	4.800 DM	
+	Zugänge an liquiden Mitteln	10.200 DM	
–	Abgänge an liquiden Mitteln		7.250 DM
+	Nicht beanspruchter Kreditrahmen	5.000 DM	
=	**Liquidität**	**12.750 DM**	

Diese Liquiditätsberechnung sollte immer für mehrere Monate im Voraus erstellt werden!

Die Finanzplanung ist also der Lebensnerv jedes Unternehmens. Die beste Geschäftsidee und das spritzigste Marketingkonzept helfen wenig, wenn es nicht gelingt, die Geldströme zuverlässig zu lenken. Nur wenn die monatlichen Kosten bekannt sind, kann man beurteilen, ob der Betrieb ausreichend viel erwirtschaftet, um auch in der Zukunft überlebensfähig zu sein.

Und nur wenn man weiß, wann welche Mittel bereitstehen bzw. bereitgestellt werden müssen, und sei es durch Aufnahme von Fremdkapital, kann man fortlaufend seinem Geschäft nachgehen. Vergessen Sie bei Ihrer Kalkulation auf keinen Fall den Puffer für Unvorhergesehenes!

Um Forderungsausfälle besser zu verhindern, können Sie sich vom Rationalisierungskuratorium der Deutschen Wirtschaft (RKW) die Broschüre »Insolvenzrisiken bei Geschäftspartnern frühzeitig erkennen und vermeiden« bestellen (Düsseldorfer Str. 40, 65760 Eschborn, Tel. 06196/495-0).

Es kostet Existenzgründer gerade in der Planungs- und Anlaufphase viel Zeit und Überlegung, den Finanzplan zu erstellen. Nehmen Sie sich diese Zeit! Je zuverlässiger Ihre Planung ist, desto eher werden Sie potenzielle Geldgeber überzeugen und desto mehr Sicherheit gewinnen Sie selbst.

Stammtisch

Wer einen Finanzplan hat, der kann daraus Budgets ableiten und konkrete Ziele festlegen.

Michael und **Ulf** kommen zum Stammtisch und erklären mit etwas schiefem Lächeln, dass sie sich heute beide wohl nur ein Mineralwasser leisten könnten. Sie hätten jetzt einmal ausgerechnet, wie viel Geld sie in den nächsten Monaten benötigen, um mit ihrem Gartenbaubetrieb über die Runden zu kommen. Sie sind zu dem Ergebnis gekommen, dass ihre vorhandenen finanziellen Mittel für die nötigsten Anschaffungen und die nächsten Monate wohl ausreichen würden, auch bei vorsichtiger Einschätzung ihrer zukünftigen Auftragseinschätzung.

Dagmar fragt die beiden, ob sie denn keine Fördermittel in Anspruch nehmen wollten? Michael antwortet, dass sein Großvater ihm gerne etwas zukommen lassen würde. Zum Aufbau seines Betriebes würde dieses Geld schon genügen. »Ich würde euch empfehlen zu prüfen, ob ihr nicht einen günstiges Existenzgründerdarlehen in Anspruch nehmen könnt. Erkundigt euch doch einmal bei eurer Bank. Dann könnt ihr den Zuschuss deines Großvaters tatsächlich als eiserne Reserve behalten und kommt nicht gleich in finanzielle Engpässe, wenn die Aufträge nicht ganz so schnell hereinkommen, wie ihr hofft«, empfiehlt Dagmar.

Achim schaltet sich ein: »Zum Thema Umsatzvorschau und Kapitalbedarf kann ich euch auch eine Geschichte erzählen. Wir haben kürzlich einen größeren Planungsauftrag abgeschlossen und konnten etwa 100 000 DM in Rechnung stellen. Im Hinblick darauf haben wir beschlossen, in einen neuen CAD-Arbeitsplatz zu investieren. Der Arbeitsplatz wurde zügig eingerichtet, und der Lieferant stellte uns natürlich sofort die Rechnung. Bedauerlicherweise hatte unser Kunde jedoch seine Rechnung noch nicht beglichen.«

Achim erzählt weiter: »Ungeschickterweise war allen entgangen, dass dieser Kunde seine Rechnungen, auch bei großen Beträgen, immer erst nach langem Hin und Her bezahlt. Es handelte sich eigentlich um einen guten Kunden, aber er verzögerte die Zahlungen grundsätzlich jedes Mal. Problematisch war, dass wir das Geld für die Investition natürlich auch nicht aus dem Laufenden nehmen konnten. So kam es, das wir den CAD-Arbeitsplatz über unseren Kontokorrentkredit zwischenfinanzieren mussten. So wurde die Sache für uns um einiges teurer.«

Dagmar lacht: »Mit Ruhm bekleckert habt ihr euch bei der Vorgehensweise wirklich nicht. Aber zum Glück ist ja kein allzu großer Schaden entstanden – und vielleicht plant ihr eure Investitionen das nächste Mal etwas besser ein.«

Kontrolle muss sein!

Die laufenden finanziellen Geldflüsse in das Unternehmen hinein und aus dem Unternehmen heraus müssen nicht nur geplant werden. Genauso wichtig wie die Planung ist die Überwachung der Zahlungsströme. Die Zahlen aus der Finanzplanung müssen mit den tatsächlichen Werten überprüft werden. Das notwendige Datenmaterial für die Kontrollaufgabe kommt aus der Finanzbuchhaltung.

Soll-Ist-Abweichungen

Der wichtigste Punkt der Finanzkontrolle ist, dass bei einer Abweichung auch eine Reaktion erfolgt. Wenn beispielsweise erkennbar ist, dass das Girokonto des Betriebs »in die Miesen« geht, weil einige Kunden schlechter zahlen als erwartet, dann muss reagiert werden, und es müssen Gegenmaßnahmen ergriffen werden. Vielleicht ist eine kurzfristige Finanzspritze aus der privaten Kasse der Unternehmerin möglich, oder es gibt Gelder des Unternehmens, die zu besonderen Konditionen angelegt sind und die zur Überwindung des Liquiditätsengpasses genutzt werden können. Die kurzfristigen Reaktionen auf veränderte finanzielle Bedingungen verlangen immer eine gewisse Kreativität.

Nur wer weiß, aus welchen Gründen sich seine Finanzen positiv oder negativ entwickeln, kann richtig reagieren und negative Trends stoppen sowie positive Trends fördern.

In Sachen Finanzkontrolle unterscheidet man zwischen der statischen Finanzkontrolle und der dynamischen Finanzkontrolle. Während bei der statischen Finanzkontrolle auf einen bestimmten Zeitpunkt bezogen kontrolliert wird, also JETZT, betrachtet die dynamische Finanzkontrolle die Entwicklung der Zahlen über einen bestimmten Zeitraum hinweg.

Finanzkontrolle	
Statische Finanzkontrolle Auf den Zeitpunkt bezogen	**Dynamische Finanzkontrolle** Veränderungen finanzieller Größen werden über einen Zeitraum hinweg erfasst und analysiert

Kennzahlen der statischen Finanzkontrolle

Diskontierung nennt man die Abzinsung zukünftiger Zahlungen auf den gegenwärtigen Zeitpunkt.

Die statische Finanzkontrolle bewertet zu einem bestimmten Zeitpunkt. Sie ist insofern kurzfristig und gibt keinen Ausblick auf die Zukunft. Sie will ermitteln, welche Verhältnisse zwischen flüssigen Mitteln, kurzfristigen Forderungen und Vorräten zu den kurzfristigen Verbindlichkeiten gegeben sind. Die flüssigen Mittel umfassen: Kassenbestände, Bankguthaben, Postbankguthaben, Schecks und diskontfähige Wechsel.

Zu den kurzfristigen Verbindlichkeiten, also Zahlungsverpflichtungen, zählen Verbindlichkeiten aus Lieferungen und Leistungen, Kontokorrentkredite, kurzfristige Rückstellungen, erhaltene Anzahlungen, Schuldwechsel, der Posten »Sonstige Verbindlichkeiten« sowie der Bilanzgewinn, der ausgeschüttet wird.

Einzelne Grade der Liquidität erlauben eine Bewertung, wie rasch das Unternehmen seinen kurzfristigen Zahlungsverpflichtungen nachkommen kann. Es lassen sich folgende Kennzahlen unterscheiden.

(1) Liquidität

1. Stufe = liquide Mittel – kurzfristiges Fremdkapital
   (Bar- oder Kassaliquidität)
2. Stufe = liquide Mittel + Geldforderungen – kurzfristiges
   Fremdkapital
3. Stufe = Umlaufvermögen – kurzfristiges Fremdkapital
   (= Nettoumlaufvermögen = Net Working Capital)

Relative Liquidität

= Verhältnis zwischen Vermögensteilen und Verbindlichkeiten

$$\text{Liquiditätsgrad } 1 = \frac{\text{liquide Mittel}}{\text{kurzfristiges Fremdkapital}} \times 100$$

$$\text{Liquiditätsgrad 2} = \frac{\text{liquide Mittel + Geldforderungen}}{\text{kurzfristiges Fremdkapital}} \times 100$$

$$\text{Liquiditätsgrad 3} = \frac{\text{Umlaufvermögen}}{\text{kurzfristiges Fremdkapital}} \times 100$$

Die finanzielle Struktur des Unternehmens sollte so beschaffen sein, dass die Banken oder andere Fremdkapitalgeber das Unternehmen für kreditwürdig halten.

(2) Vermögensstruktur

$$\text{Investitionsverhältnis} = \frac{\text{Umlaufvermögen}}{\text{Anlagevermögen}} \times 100$$

$$\text{Umlaufintensität} = \frac{\text{Umlaufvermögen}}{\text{Gesamtvermögen}} \times 100$$

$$\text{Anlageintensität} = \frac{\text{Anlagevermögen}}{\text{Gesamtvermögen}} \times 100$$

(3) Kapitalstruktur

$$\text{Verschuldungsgrad} = \frac{\text{Fremdkapital}}{\text{Gesamtkapital}} \times 100$$

$$\text{Eigenfinanzierungsgrad} = \frac{\text{Eigenkapital}}{\text{Gesamtkapital}} \times 100$$

$$\text{Finanzierungsverhältnis} = \frac{\text{Fremdkapital}}{\text{Eigenkapital}}$$

$$\text{Anspannungskoeffizient} = \frac{\text{Eigenkapital}}{\text{Fremdkapital}} \times 100$$

Zum Umlaufvermögen (UV) → Glossar, Seite 347.

(4) Deckung der Anlagen

$$\text{Anlagendeckungsgrad 1} = \frac{\text{Eigenkapital}}{\text{Anlagevermögen}} \times 100$$

$$\text{Anlagendeckungsgrad 2} = \frac{\text{Eigenkapital + langfristiges Fremdkapital}}{\text{Anlagevermögen}} \times 100$$

$$\text{Anlagendeckungsgrad 3} = \frac{\text{Eigenkapital + langfristiges Fremdkapital}}{\text{Anlagevermögen + eiserne Bestände (des UV)}} \times 100$$

(5) Rentabilität

$$\text{Eigenkapitalrentabilität} = \frac{\text{Gewinn}}{\varnothing \text{ Eigenkapital}} \times 100$$

$$\text{Gesamtkapitalrentabilität} = \frac{\text{Gewinn} + \text{Fremdkapitalzinsen}}{\varnothing \text{ Gesamtkapital}} \times 100$$

→ Return on Investment (ROI)

Gesamtkapitalrentabilität = Umsatzrendite × Kapitalumschlag

$$= \frac{\text{Gewinn} + \text{Fremdkapitalzinsen}}{\text{Umsatz}} \times \frac{\text{Umsatz}}{\varnothing \text{ Gesamtkapital}} \times 100$$

Der Cash-flow gibt einen Hinweis auf die Finanzkraft des Unternehmens.

Der Cash-flow beziffert den Überschuss, der sich ergibt, wenn man von den Einnahmen die Ausgaben abzieht. Er lässt erkennen, in welchem Maße ein Unternehmen Finanzmittel aus eigener Kraft erwirtschaftet hat. Selbst erwirtschaftete Mittel stehen zur freien Verfügung. Je höher der Cash-flow ist, desto positiver ist die Liquiditätslage des Unternehmens zu beurteilen.

1. Direkte Berechnung (ausgehend vom Umsatz)

	liquiditätswirksame Erträge
./.	liquiditätswirksame Mittel
=	Cash-flow

2. Indirekte Berechnung

	Gewinn
+	nicht liquiditätswirksame Aufwendungen
./.	nicht liquiditätswirksame Erträge
=	Cash-flow

Und denken Sie daran: Ein häufiger Konkursgrund ist das fehlende Finanzkonzept und eine mangelhafte Finanzierung!

Kurzübersicht

Finanzplan Der Finanzplan muss den unternehmerischen Arbeitsalltag immer begleiten: Die Zahlungsfähigkeit des Unternehmens muss ebenso sichergestellt sein, wie die Bereitstellung der finanziellen Mittel für den Arbeitsalltag. Zu einem guten Finanzplan gehört die Ermittlung des Kapitalbedarfs sowie der Finanzierungsalternativen ebenso wie die Umsatzvorschau und die Liquiditätssicherung.

Kapitalbedarf Zur Ermittlung des Kapitalbedarfs muss man den lang- und kurzfristigen Kapitalbedarf ebenso beachten wie die laufenden Betriebskosten. Als Unternehmer sollten Sie grundsätzlich auch die Kosten Ihrer eigenen Lebenshaltung berücksichtigen. Existenzgründer müssen unbedingt den Posten Gründungskosten hinzurechnen.

Finanzierung Grundsätzlich stehen dem Unternehmer die Wege der Innen- und Außenfinanzierung offen. Je nach gewählter Finanzierungsart fließt in das Unternehmen Eigen- oder Fremdkapital. Während das Eigenkapital zum Verbleib im Unternehmen gedacht ist, muss Fremdkapital nach Ablauf einer Zeitspanne zurückgezahlt werden. Shareholder, also Anteilseigner, sehen oft gern einen hohen Verschuldungsgrad. Sie meinen, dies motiviere das Management zu besseren Leistungen, weil es den Rückzahlungsverpflichtungen und der Kontrolle durch die Banken ausgesetzt ist. Zudem wird ein Gewinn nur nach Eigenkapitalanteil aufgeschlüsselt, der sich ja durch Kredite nicht verändert, wohl aber durch weitere Beteiligungen.

Umsatz und Liquidität Entscheidende Aufgabe der Geschäftsführung ist es, zukünftige Umsätze zu prognostizieren. Aus ihnen leitet sich auch die Entwicklung der Liquidität des Unternehmens ab. Kurz gefasst heißt das: Es muss immer darauf geachtet werden, dass genug Geld in der Kasse ist, um zu arbeiten. Anderenfalls droht eine Zahlungsunfähigkeit.

Da die Eigenkapitalquote in vielen Unternehmen rückläufig ist, spielt der Cashflow für die Beurteilung der Kreditwürdigkeit eines Unternehmens eine immer größere Rolle.

Finanzkontrolle Die Geldflüsse, Cashflow genannt, in das Unternehmen hinein und aus dem Unternehmen heraus müssen kontrolliert werden. Der Geschäftsleitung stehen dafür eine Reihe von Kennzahlen zur Verfügung. Entscheidend ist, dass sofort reagiert wird, wenn im Rahmen der Kontrolle Abweichungen aufgedeckt werden; denn nur durch eine unmittelbare Reaktion hat die Finanzkontrolle eine positive Steuerungswirkung für das Unternehmen.

Bücher führen – Zahlen verstehen

- Aufgaben und Stellung der Buchführung im Unternehmen ▶ Seite 210
- Buchführungspflicht ▶ Seite 213
- Grundsätze ordnungsmäßiger Buchführung ▶ Seite 214
- Ablage und Aufbewahrung der Unterlagen ▶ Seite 216
- Doppelte Buchführung ▶ Seite 219
- Einnahmen-Überschuss-Rechnung ▶ Seite 220
- Bücher, Inventur und Inventar ▶ Seite 221
- Konten, Kontenpläne und Kontenrahmen ▶ Seite 226
- Geschäftsvorfälle ▶ Seite 228
- Jahresabschluss ▶ Seite 230

Buchführung – ein Thema, bei dem oft aufgestöhnt wird. Irgendwie denkt man bei Buchführung häufig an Ärmelschoner und Abakus oder an penibel geschriebene Zahlenreihen. Natürlich muss man bei dem Führen von Büchern sorgfältig vorgehen und die Zahlen sollten am Ende auch stimmen. Aber wer gelernt hat, mit den Zahlen eines Unternehmens umzugehen und, was fast noch wichtiger ist, diese Zahlen auch zu interpretieren, hat einen Überblick über das gesamte Unternehmen und kann in jeden Bereich hineinschauen. Und das ist weder extrem schwierig noch in irgendeiner Form langweilig. Und das Allerbeste: Die mühsame Rechenarbeit übernimmt heutzutage der Computer. Damit sind wir eigentlich schon mitten im Thema.

Buchführung im Gesamtgefüge der Unternehmung

Die Zahlen der Buchführung sind die Grundlage vieler unternehmerischer Entscheidungen.

Die Buchführung ist eine der zentralen Aufgaben im Gesamtgefüge eines Unternehmens. Sie ist eine Komponente des betrieblichen Rechnungswesen. Die Bestandteile des betrieblichen Rechnungswesens sind die Bereiche Buchführung (Geschäfts- oder Finanzbuchhaltung), Kosten- und Leistungsrechnung, Statistik und Planungsrechnung.

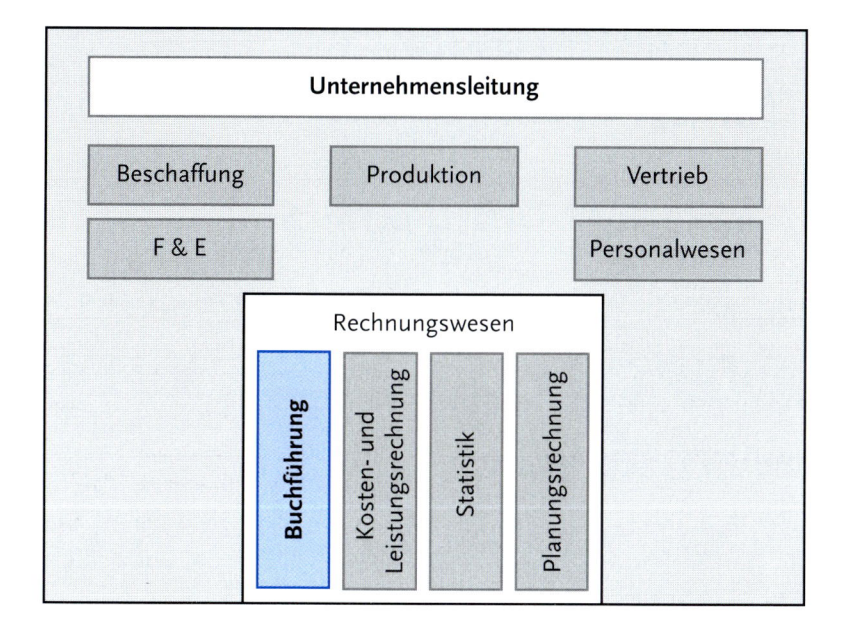

Die Daten der Buchführung sind Basis für sämtliche Bereiche des Rechnungswesens genauso wie für die Planungen, Entscheidungen und Kontrollen im Finanzbereich der Unternehmung.

Sie erfasst alle außerbetrieblichen Zu- und Abgänge, d.h., sie hält den Wertefluss ebenso wie den Werteverbrauch und den Wertezuwachs eines Unternehmens fest. Das sind alle Einnahmen und Ausgaben, alle Aufwendungen und Erträge und damit alle Veränderungen von Vermögen und Schulden einer Unternehmung. Lassen Sie sich bitte an dieser Stelle nicht verwirren, die einzelnen Begriffe werden noch im Einzelnen erklärt.

Während die Buchführung eine Zeitraumrechnung ist, d.h., die einzelnen Vorgänge im Unternehmen werden über bestimmte Zeitabschnitte erfasst, zumeist ein Geschäftsjahr, kann man den Jahresabschluss entsprechend als Zeitpunktrechnung bezeichnen.

Aufgabe der Buchführung ist die lückenlose, geordnete und nachprüfbare Erfassung aller Geschäftsvorgänge eines Unternehmens

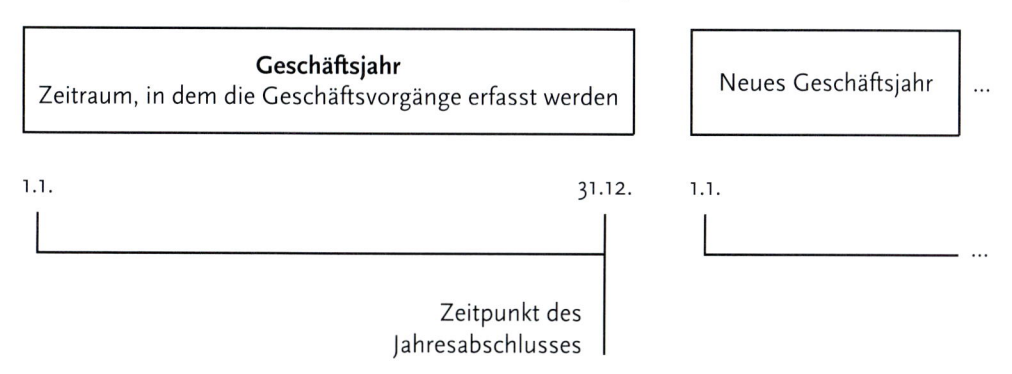

Die entscheidende Aufgabe der Buchführung ist die Informationsaufgabe. »Klar!«, werden Sie sagen, »für das Finanzamt«. Stimmt, aber nicht nur! Neben den steuerlichen Aspekten hat die Buchführung weitere wichtige Informationsaufgaben innerhalb und außerhalb der Unternehmung. Sie ist für die Geschäftsführung ebenso wichtig wie für die Mitarbeiter. Aber auch Kunden, Lieferanten und Banken, kurz allen, die Informationen über ein Unternehmen benötigen, stellt die Buchführung hilfreiche Daten zur Verfügung.

Buchführung ist wichtig für

Die Unternehmensleitung, weil sie
▶ Überblick über Vermögen und Schuld verschafft
▶ Alle monetären Veränderungen erfasst
▶ Die Datengrundlage für weitere betriebliche Statistiken, Planungen, etc. bildet
→ Information und Dokumentation

Die Finanzbehörden
▶ Als Besteuerungsgrundlage
▶ Zur Kontrolle des Unternehmens
▶ Als Beweismittel bei Rechtsstreitigkeiten

Die Banken,
▶ Zur Überprüfung der Kreditwürdigkeit des Unternehmens
▶ Als Beweismittel bei Rechtsstreitigkeiten

Die Kunden und Lieferanten, weil sie
▶ Durch Bilanzen bzw. Jahresabschluss Informationen über das Unternehmen erhalten
▶ Als Beweismittel bei Rechtsstreitigkeiten

Buchführung und Finanzamt

Für die Buchführung im Unternehmen gibt es gesetzliche Grundlagen. Wer als Kaufmann bestimmte Voraussetzungen erfüllt, ist buchführungspflichtig. Die Buchführung ist für die Finanzämter die Besteuerungsgrundlage. Selbstverständlich soll aus staatlicher Sicht sichergestellt werden, dass die Finanzämter die richtige Höhe der abzuführenden Steuern bemessen können. Doch andererseits kann die Buchführung durchaus auch als Selbstschutz für den Unternehmer verstanden werden. Denn wer will schon zu viele Steuern zahlen?

Die Buchführung wird nicht im Wesentlichen für das Finanzamt gemacht, sie dient auch der eigenen Information.

Wer muss Bücher führen?

Nicht jeder Unternehmer ist zum Führen von Büchern verpflichtet. Wer Bücher führen muss und wer nicht, das ist gesetzlich im Handelsrecht und im Steuerrecht geregelt.

> Vorschriften über das Führen von Büchern finden sich im

Handelsrecht	Steuerrecht
§ 238 und §§ 1, 2, 3 und 6	§ 140 und §§ 141
Handelsgesetzbuch (HGB)	**Abgabenordung (AO)**

§ 238 Abs. 1 Satz 1 des Handelsgesetzbuches (HGB) sagt:

»Jeder Kaufmann ist verpflichtet, Bücher zu führen und in diesen seine Handelsgeschäfte und die Lage seines Vermögens nach den Grundsätzen ordnungsmäßiger Buchführung ersichtlich zu machen. Die Buchführung muss so beschaffen sein, dass sie einem sachverständigen Dritten innerhalb angemessener Zeit einen Überblick über die Geschäftsvorfälle und über die Lage des Unternehmens vermitteln kann. Die Geschäftsvorfälle müssen sich in ihrer Entstehung und Abwicklung verfolgen lassen.«

Kaufleute Wenn Sie also als Unternehmer auch Kaufmann sind, dann müssen Sie Bücher führen. Dass muss man natürlich nicht selbst tun. Steuerberater helfen gern weiter.

Prinzipiell ist jeder Kaufmann zum Führen von Büchern verpflichtet.

Wenn Sie, insbesondere als Existenzgründer, unsicher im Bezug auf Ihre Buchführungspflicht sind, dann sollten Sie Beratung von sachverständiger Seite suchen. Es gibt zum einen die Möglichkeit, sich durch ein Gespräch bei dem für Sie zuständigen Finanzamt zu informieren.

Man kann aber auch Informationen und Beratungen bei der zuständigen Industie- und Handelskammer bekommen. Als Handwerker bekommen Sie entsprechende Hilfen von der Handwerkskammer. Die Adresse Ihrer regional zuständigen IHK erfahren Sie beim Dachverband, dem Deutschen Industrie- und Handelstag, sowie beim Zentralverband des Deutschen Handwerks (ZDH); die Adressen aller Institutionen finden Sie im Anhang dieses Buches (→ Adressen, Seite 302).

Keingewerbetreibende und Vertreter der freien Berufe sind von der Pflicht zum Führen von Büchern befreit.

Kleingewerbetreibende, also diejenigen die »kleine Betriebe« haben (→ Einkommensgrenzen, Seite 11) und unterhalb der Größenmerkmale des § 140 AO liegen, müssen keine Bücher führen.

Freiberufler Eine weitere Gruppe, die von der Buchführungspflicht befreit ist, sind die Freiberufler. Darunter versteht man die selbstständig Tätigen, die keinen gewerblichen, landwirtschaftlichen oder forstwirtschaftlichen Betrieb haben, also beispielsweise Architekten, Künstler oder Steuerberater (→ freie Berufe, Seite 15). Wenn Sie zu diesen freien Berufen (im Sinne des § 18 EStG) gehören, wird Ihnen die Möglichkeit eingeräumt, Ihre Gewinne nicht mit Hilfe einer Bilanz zu ermitteln, sondern mit einem vereinfachten Verfahren (§ 4 Abs. 3 EStG).

> § 4 Abs. 3 EStG:
> »Steuerpflichtige, die nicht auf Grund gesetzlicher Vorschriften verpflichtet sind, Bücher zu führen und regelmäßig Abschlüsse zu machen, und die auch keine Bücher führen und keine Abschlüsse machen, können als Gewinn den Überschuss der Betriebseinnahmen über die Betriebsausgaben ansetzen. (...)«

Eine Buchführung lohnt sich mitunter auch für diejenigen, die der Buchführungspflicht nicht unterliegen.

Auch wenn ein Unternehmen dem Gesetz nach nicht buchführungspflichtig ist, sollte geprüft werden, ob eine Buchführung nicht doch vorteilhaft ist. Die mit ihrer Hilfe ermittelten Daten geben umfangreiche Informationen zur Unterstützung der eigenen unternehmerischen Entscheidungen. Unternehmen, die auf Wachstum ausgelegt sind, können möglicherweise die gesteckten Grenzwerte (→ Kleingewerbetreibende, Seite 11) bald überschreiten. Vielleicht steht dann ein Wechsel der Rechtsform an und das Unternehmen wird ohnehin bald buchführungspflichtig.

Wie Sie Ihre Bücher richtig führen

Die Daten des Unternehmens, die von der Buchführung zu Verfügung gestellt werden, müssen zuverlässige und vergleichbare Aussagewerte und für Dritte nachvollziehbar sein. Deshalb gibt es die Grundsätze ordnungsmäßiger Buchführung (GoB). Diese sind nicht zusammenhängend im Gesetz festgehalten. Neben verschiedenen Rechtsquellen zählen dazu auch die Rechtsprechung, die Praxis, die wissenschaftliche Diskussion sowie die normale Urteilsfähigkeit.

Da aus der modernen Buchführung der Einsatz der EDV nicht mehr wegzudenken ist, sind ergänzend die Grundsätze ordnungsmäßiger Speicherbuchführung (GoS) erarbeitet worden. Wichtig ist hierbei, dass die auf modernen Datenträgern gespeicherte und mit Hilfe des Computers geführte Buchhaltung während der Aufbewahrungsfrist verfügbar ist und innerhalb eines angemessenen Zeitraumes lesbar gemacht werden kann.

Grundsätze ordnungsmäßiger Buchführung

Dem allgemeinen Geschäftsgebrauch folgend wurden einige Grundsätze der ordnungsmäßigen Buchführung festgeschrieben:

Die GoB sind zwar nicht verbindlich festgelegt, aber es hat sich trotzdem ein verbindlicher Rahmen entwickelt.

Grundsatz der formellen Richtigkeit Keine Buchung ohne Beleg (Rechnung, Quittung, Eigenbeleg). Die buchführungspflichtigen Vorgänge müssen vollständig, richtig und sachlich geordnet gebucht werden. Keine Veränderungen von Buchungen und Belegen. Verboten ist Radieren, Überschreiben, Löschen oder Überspielen von Datenträgern.

Grundsatz der Zeitfolge Die Buchungen müssen fortlaufend und zeitnah erfolgen. So sind beispielsweise Kasseneinnahmen und -ausgaben täglich aufzuzeichnen.

Grundsatz der Klarheit und Nachprüfbarkeit Die Buchungen müssen klar und übersichtlich sein, ein sachverständiger Dritter muss sich innerhalb einer angemessenen Zeit einen Überblick verschaffen können.

Grundsatz der Vollständigkeit Alle Belege müssen lückenlos erfasst werden. Bei der Erfassung von Kundenrechnungen darf nicht »aus Versehen« eine Rechnung vergessen werden.

Grundsatz der materiellen Richtigkeit Die Geschäftsvorfälle sollen ihrem tatsächlichen Inhalt entsprechend gebucht werden. Wenn eine Rechnung über 20,05 DM lautet, darf sie nicht der Einfachheit halber mit 20,00 DM in der Buchführung erscheinen.

Grundsatz der periodengerechten Abgrenzung Alle Buchungen müssen in dem Zeitraum vorgenommen werden, zu dem sie wirtschaftlich auch gehören. Die Verschiebung von Einnahmen oder Ausgaben ist nicht erlaubt.

Was muss mit Belegen geschehen?

Das A und O eine guten Buchführung ist der sachgerechte Umgang mit den zur Buchführung gehörenden Unterlagen, insbesondere den Belegen.

> **Bedeutung der Belege in der Buchführung**
> Der Beleg ist das Bindeglied zwischen Geschäftsvorfall und Buchführung. Deswegen gilt:
> Keine Buchung ohne Beleg!

Man unterscheidet zwischen Fremdbelegen (externe Belege) und Eigenbelegen (interne Belege).

Fremdbelege	Eigenbelege
Eingangsrechnungen	Durchschriften von Ausgangsrechnungen
Quittungen	Quittungsdurchschriften
Gutschriften	Durchschriften von Gutschriften
Bankbelege	Lohn- und Gehaltslisten
Postbelege	Belege über Privatentnahmen
Steuerbescheid	Belege über Storno- und Umbuchungen sowie Abschlussbuchungen
Erhaltene Geschäftskorrespondenz	Durchschriften versandter Geschäftskorrespondenz

Verarbeitung von Belegen

Belege müssen vor dem Verbuchen sachlich und rechnerisch geprüft und dann sortiert werden.

Die Belege durchlaufen in der Buchführung drei Bearbeitungsstufen:

1. Vorbereitung der Belege zur Buchung, dazu gehört die Überprüfung der sachlichen und rechnerischen Richtigkeit sowie das Sortieren der Belege nach Belegart, z.B. Ausgangsrechnungen, Eingangsrechnungen oder Bankbelege.
2. Buchung der Belege. Wenn die Belege ordnungsgemäß verbucht sind (dazu später mehr), können sie abgelegt werden.
3. Ablage und Aufbewahrung der Belege. Gleich, ob Sie Ihre Belege in Papierform in Ordnern aufbewahren oder ob Sie zu modernen Archivierungsmedien greifen, überlegen Sie sich eine passende Systematik für Ihre Ablage. Wenn Sie anfangen, Ihre Belege zu suchen oder noch schlimmer, wenn Sie auf Anraten Ihres Steuerbe-

raters die Unterlagen der letzten drei Jahre umsortieren müssen, dann wissen Sie, wie gut die Zeit anlegt sein kann, sich am Anfang zu überlegen, wohin man welche Belege ablegt.

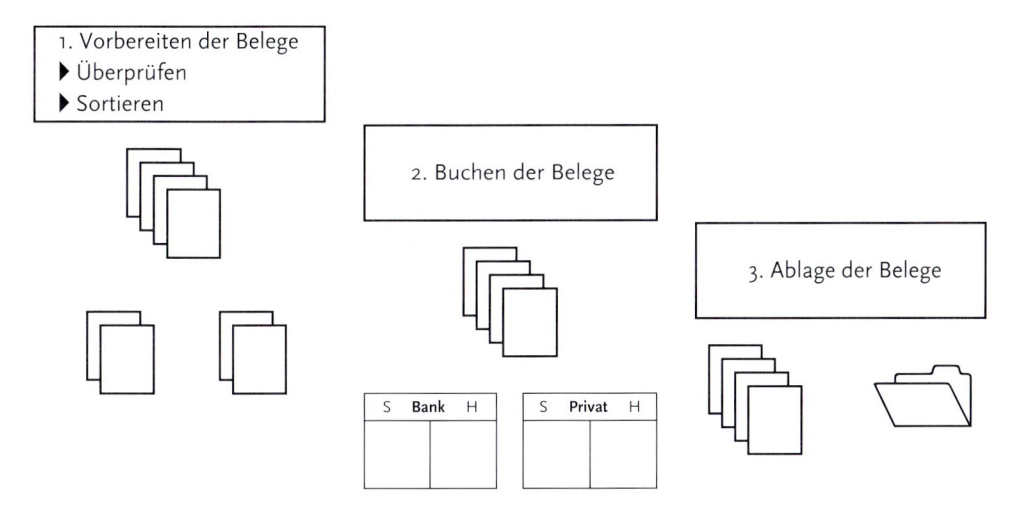

Aufbewahrungspflichten

In Paragraf 257 HGB und Paragraf 147 AO regelt der Gesetzgeber die Aufbewahrungspflichten der Buchführungsunterlagen:

- Welche Unterlagen (§ 257 Abs. 1,2) aufzubewahren sind
- Wie lange (§ 257 Abs. 4,5) sie aufbewahrt werden müssen
- In welcher Form sie aufbewahrt werden müssen (§ 257 Abs. 3)

§ 257 HGB (Aufbewahrung von Unterlagen, Aufbewahrungsfristen) sagt:

»(1) Jeder Kaufmann ist verpflichtet, die folgenden Unterlagen geordnet aufzubewahren:

1. Handelsbücher, Inventare, Eröffnungsbilanzen, Jahresabschlüsse, Lageberichte, Konzernabschlüsse, Konzernlageberichte sowie die zu ihrem Verständnis erforderlichen Arbeitsanweisungen und sonstigen Organisationsunterlagen,

2. die empfangenen Handelsbriefe,

3. Wiedergaben der abgesandten Handelsbriefe,

4. Belege für Buchungen in den von ihm nach § 238 Abs. 1 zu führenden Büchern (Buchungsbelege).«

»(4) Die in Absatz 1 Nr. 1 und 4 aufgeführten Unterlagen sind zehn Jahre und die sonstigen in Absatz 1 aufgeführten Unterlagen sechs Jahre aufzubewahren.«

»(5) Die Aufbewahrungsfrist beginnt mit dem Schluss des Kalenderjahrs, ...«

Auch elektronisch ausgeführte bzw. verarbeitete Unterlagen sind entsprechend zu archivieren.

Der Gesetzgeber schreibt vor, die Eröffnungsbilanzen (→ Glossar, Seite 327), Jahresabschlüsse (→ Glossar, Seite 335) und Konzernabschlüsse (→ Glossar, Seite 338) im Original aufzubewahren. Alle anderen Unterlagen können auf Bild- oder Datenträgern aufbewahrt werden.

Stammtisch

Anke und ihr Mann kommen heute ziemlich schlecht gelaunt zum Stammtisch. Sie hatten heute eine Steuerprüfung. In diesem Zusammenhang haben sie eine drei Jahre alte Lieferantenrechnung gesucht. Anja erzählt, dass sie zwei Stunden zwischen staubigen Ordnern gesucht hat. Am Schluss hat sie diese Rechnung völlig falsch einsortiert wieder gefunden. »Dabei sind unsere Unterlagen ansonsten eigentlich ganz gut abgelegt, aber da muss wohl irgendeiner bei der Belegablage geschlafen haben«, schließt Anja ihre Erzählung ab.

EDV kann eine Buchführung nicht nur unterstützen, sie macht sie auch wirtschaftlicher.

Dagmar kennt solche Fälle aus Erfahrung: »Zum Thema schlechte Ablage kann ich euch auch etwas erzählen! In dem Unternehmen, in dem ich früher tätig war, durfte ich ganz am Anfang meiner Tätigkeit alle alten und laufenden Ordner neu sortieren. Die Geschichte fing ganz ähnlich wie bei euch an, Anja. Auf Anfragen der Sachbearbeiterin des Steuerberaters suchte ich mal eine alte Eingangs- oder Ausgangsrechnung, mal aktuelle Rechnungen, und manchmal versuchte ich irgendwelche Zahlungen irgendwelchen Belegen zuzuordnen. Das war richtig zeitaufwändig, weil in den Unterlagen ein ziemliches Chaos herrschte. Die Sachbearbeiterin, ein Frau mit viel Erfahrung, merkte schnell, dass es um unsere Ablage nicht zum Besten stand.« Schmunzelnd berichtet Dagmar weiter:» Die Sachbearbeiterin hat dann einen Termin mit mir vereinbart und mich in die Geheimnisse einer ordentlichen Ablage eingeweiht .... Tja, und dann habe ich mehrere Tage lang sortiert und Ordner beschriftet. Aber danach haben wir immerhin 99 Prozent der benötigten Unterlagen auf Abruf gefunden.«

Matthias und Uwe sind etwas überrascht: »Wir haben unsere Unterlagen bisher auch immer nur auf große Stapel gelegt und diese dann zumeist einfach weiter in die Ordner geschoben. Es sieht wohl so aus, dass wir jetzt doch lieber gleich ein gutes System in unsere Ablage bringen, statt in drei Jahren ein Riesenchaos vor uns zu haben.«

Warum immer alles zweimal gebucht wird (doppelte Buchführung)

An jede Buchführung werden gewisse Mindestanforderungen gestellt. Dazu gehört im Einzelnen:

1. Alle Geschäftsvorfälle müssen fortlaufend erfasst werden.
2. Alle Forderungen und Verbindlichkeiten müssen – in einem so genannten Kontokorrentbuch – aufgezeichnet werden.
3. Es müssen jährlich Abschlüsse der Buchführung mit einer Bestandsaufnahme durchgeführt werden.

Die doppelte Buchführung hat sich im Wirtschaftsleben durchgesetzt. Man nennt sie kurz: Doppik.

Einfache Buchführung

Es gibt wohl ein paar kleinere Unternehmen des Einzelhandels oder des Handwerks, die eine einfache Buchführung verwenden. Bei der einfachen Buchführung wird jeder Geschäftsvorfall genau einmal gebucht. Vorteil der einfachen Buchführung ist, dass sie schnell und unkompliziert in der Durchführung ist. Nachteilig ist allerdings, dass sie kaum Auswertungsmöglichkeiten zulässt und keine Detailinformationen, beispielsweise über Raumkosten, zur Verfügung stellt. Die einfache Buchführung hat im Wesentlichen folgende Merkmale:

- Alle Geschäftsvorfälle werden zeitnah geordnet in einem Kassen- bzw. Tagebuch erfasst.
- Die Geschäftsvorfälle werden nicht sachlich gegliedert. Man hat also keine Übersicht über die Kfz-Kosten oder über die Ausgaben für Bürobedarf.
- Es gibt nur Bestandskonten, aber keine Erfolgskonten.
- Der Erfolg, also Gewinn oder Verlust des Unternehmens kann nur durch den Vergleich des Betriebsvermögens jeweils am Anfang und am Ende des Geschäftsjahres ermittelt werden. Er ist mit folgender Gleichung zu ermitteln: Endkapital – Anfangskapital + Entnahmen – Einlagen.

Doppelte Buchführung

Normalerweise kommt in den Unternehmen die doppelte Buchführung zur Anwendung. Sie ist zwar auf den ersten Blick komplizierter, weil eben jeder Geschäftsvorfall mindestens zweimal erfasst werden muss, aber sie bietet demgegenüber eine Vielzahl von Vorteilen. Der entscheidende Punkt ist, dass die doppelte Buchführung die Geschäftsvorfälle sachlich und zeitlich gliedert und dadurch vielfältige betriebswirtschaftliche Auswertungen des

Bei der doppelten Buchführung werden die einzelnen Geschäftsvorfälle sowohl sachlich als auch zeitlich gegliedert.

Zahlenmaterials ermöglicht. Dadurch kann sie die wesentliche Aufgabe der Buchführung, nämlich die Information aller am Wirtschaftsprozess der Unternehmung Beteiligten, sehr gut erfüllen. Die Merkmale der doppelten Buchführung sind:

- Jeder Geschäftsvorfall wird mindestens zweimal erfasst.

Sachliche Ordnung bedeutet: Alle Kfz-Kosten werden auf ein Kfz-Konto erfasst, alle Raumkosten auf ein entsprechendes Konto usw.

- Alle Geschäftsvorfälle werden in sachlicher Ordnung erfasst und in zeitlicher Ordnung dargestellt.
- Es ist eine doppelte Gewinnermittlung möglich. Das Betriebsvermögen vom Anfang und vom Ende des Geschäftsjahres kann verglichen werden, und Aufwendungen und Erträge können einander am Geschäftsjahresende gegenübergestellt werden. Eine Bewertung des betrieblichen Erfolges ist problemlos möglich.

> **Geschäftsjahr**
> Ein Geschäftsjahr muss grundsätzlich nicht mit dem Kalenderjahr übereinstimmen. Es kann auch vom 01.04. bis 31.03. gehen. Wichtig ist allerdings, dass es die Dauer von zwölf Monaten nicht übersteigt.

Die Einnahmen-Überschuss-Rechnung für Freiberufler und Kleingewerbetreibende

Wenn Sie zu den freien Berufen oder den Kleingewerbetreibenden gehören, dann dürfen Sie Ihren Gewinn oder Verlust durch eine Einnahmen-Überschuss-Rechnung ermitteln. Hier werden die jährlichen Betriebserlöse den Betriebsausgaben und Abschreibungen gegenübergestellt.

Dabei gilt das Zufluss- und Abflussprinzip, d.h., die Einnahmen müssen wirklich erst in dem Kalenderjahr erfasst werden, in dem die Zahlung auch wirklich erfolgt ist (§ 11 Abs. 1 EStG). Ausgaben hingegen müssen erfasst werden, wenn sie anfallen (§ 11 Abs. 2 EStG). Hierdurch entsteht für Steuerpflichtige ein gewisser Spielraum, durch den die Höhe des Gewinns in einem gewissen Rahmen bestimmt werden kann.

Wenn Sie bei einer Einnahmen-Überschuss-Rechnung jahrelang nur Verluste machen, dann kann es passieren, dass das Finanzamt Ihr Unternehmen als Liebhaberei bezeichnet und sich die Steuern zurückholt!

Wie Sie eine Einnahmen-Überschuss-Rechnung erstellen, zeigt das folgende Beispiel:

Einnahmen-Überschuss-Rechnung

Heinz Marburger ...., 69192 Heidelberg
Anlage zur »Gewinnermittlung nach § 4 Abs. 3 ESTG«
per 31.12. ....

A.	**Betriebseinnahmen**		
	Umsatzerlöse	14.890,50 DM	
	Mehrwertsteuer	2.233,57 DM	
	Summe Betriebseinnahmen		17.124,07 DM
B.	**Betriebsausgaben**		
	1. Wareneingang (inkl. Bezugskosten) Roh-, Hilfs- und Betriebsstoffe	-4.560,20 DM	
	2. Steuerberatung	-575,10 DM	
	3. Geringwertige Wirtschaftsgüter	-1.300,00 DM	
	4. Abschreibungen AFA auf Anlagevermögen	-632,45 DM	
	5. KFZ-Kosten pauschal	-500,00 DM	
	6. Telefon pauschal	-100,00 DM	
	7. Büromaterial	-345,12 DM	
	8. Bewirtung 80%	-192,00 DM	
	9. Porto	-52,00 DM	
	10. Vorsteuer	-1.310,30 DM	
	11. Umsatzsteuer Vorjahr	-1.520,40 DM	
	12. Werkstattkosten	-2.530,00 DM	
	13. USt Vorauszahlungen	-1.450,70 DM	
	14. Schuldzinsen	-1.972,86 DM	
	15. Haus- und Grundsteuer	-190,50 DM	
	Summe Betriebsausgaben		−17.231,63 DM
C.	**Verlust**		**-107,56 DM**

Bücher, Inventur, Inventar

Die Bezeichnung Bücher stammt aus der Zeit, als man noch alle
Geschäftsvorfälle in fest gebundenen Büchern aufzeichnete.
Früher wurden Bücher in Klarschrift geführt, also einer Schrift,
die ohne weitere Hilfsmittel von jedem zu lesen ist.

Bücher führen – Zahlen verstehen

Der Begriff »Bücher« ist aus der Geschichte der Buchführung erwachsen. Moderne »Bücher« bestehen aus losen Blättern, Karteien, Magnetbändern, Disketten oder auch CDs.

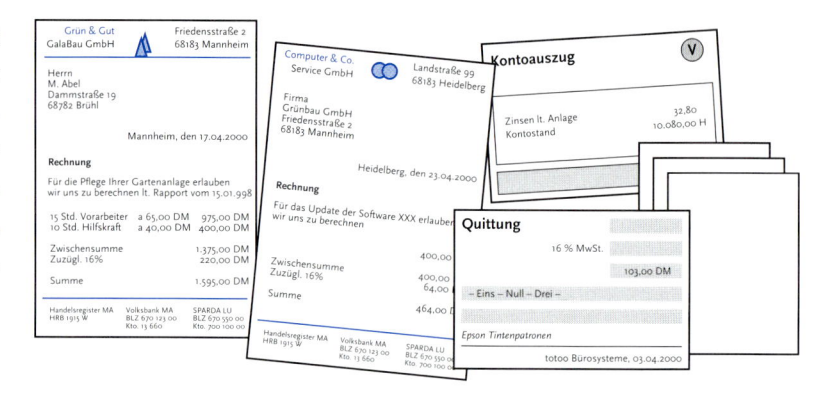

Ausgangs-rechung

Eingangs-rechung

Kassenbeleg Kontoauszüge

Sonstige Belege

Grundbuch (Journal):
▶ Eröffnungsbuchungen
▶ Laufende Buchungen
▶ Vorbereitende Abschluss-buchungen
▶ Abschlussbuchungen

JOURNAL	Monat/Jahr	GRUNDBUCH		Seite	
Datum	Beleg-Nr.	Bezeichnung des Vorgangs	Kontierung	Betrag	
17.04.00	B 06	totoo Bürobedarf			103,00
17.04.00	AR 04	Computer & Co. – Update			1.594,00
23.04.00	ER 11	Zinsen Konto			464,00
...	...	...			32,80

Hauptbuch:

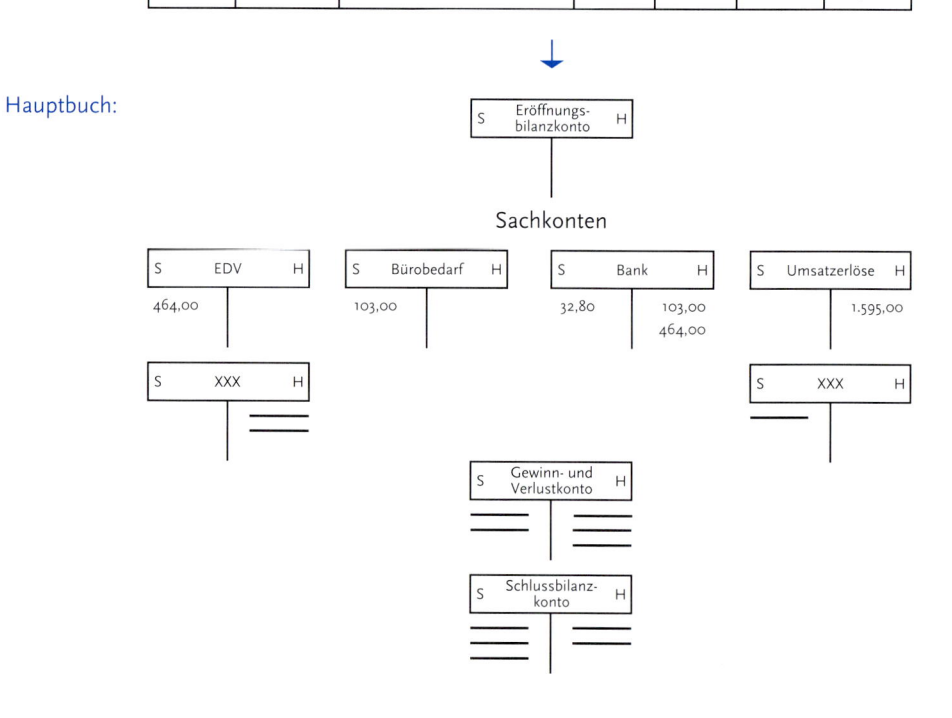

222

Was sind Bücher?

Im Zeitalter moderner EDV sind die Daten der Buchführung zumeist in irgendeiner Form digital gespeichert und können bei Bedarf ausgedruckt werden. An der Logik der Buchführung hat sich deshalb jedoch nichts geändert.

Bei der doppelten Buchführung werden die Geschäftsvorfälle in folgenden Büchern aufgezeichnet:

■ Inventar- und Bilanzbuch – Hier werden die jährlichen Aufstellungen aller Vermögenswerte und Schulden festgehalten.

■ Grundbuch bzw. Journal – Darin werden alle Geschäftsvorfälle in zeitlicher Reihenfolge anhand der anfallenden Belege aufgezeichnet. Dabei muss das Datum, die Belegnummer, die Bezeichnung des Vorgangs und der Betrag angegeben werden.

■ Hauptbuch – Die sachliche Gliederung aller Geschäftsvorfälle erfolgt auf den Sachkonten im Hauptbuch.

■ Neben- und Hilfsbücher – Sie werden geführt, um bestimmte Einzelinformationen gezielt abrufen zu können. Beispiele sind das Kontokorrent- oder Geschäftsfreundebuch, in dem alle Forderungen und Verbindlichkeiten festgehalten werden, Lohn- und Gehaltsbücher oder Anlagebücher.

Was ist eine Inventur?

Die Paragrafen 240 HGB und 140 und 141 AO verpflichten den Kaufmann dazu, Vermögen und Schulden des Unternehmens zu einem bestimmten Zeitpunkt festzustellen, insbesondere

1. Bei der Gründung oder der Übernahme eines Unternehmens
2. Am Schluss jedes Geschäftsjahres
3. Bei der Auflösung oder Veräußerung des Unternehmens

Die Inventur muss einmal pro Geschäftsjahr durchgeführt werden. Die Vermögensteile (→ Glossar, Seite 348) und Schulden des Unternehmens müssen zu einem bestimmten Zeitpunkt erfasst werden nach Art (Bezeichnung), Menge (Stückzahl, Gewicht, Länge, usw.) und Wert (in DM zum Stichtag).

Die Tätigkeit der Bestandsaufnahme von Vermögen und Schulden nennt man Inventur.

Was ist ein Inventar?

Das Inventar ist das Ergebnis der Inventur. Dabei handelt es sich um ein Verzeichnis, in dem der Kaufmann alle Grundstücke, seine Forderungen und Schulden, den Betrag seines baren Geldes sowie sonstige Vermögensgegenstände genau nach Art, Menge und Wert zu einem bestimmten Zeitpunkt aufzuführen hat. In diesem Sinne ist das Inventar ein Bestandsverzeichnis.

Das Ergebnis der Inventur wird in einem Inventar festgehalten.

Inventar der Grünbau GmbH, Mannheim zum 31.12.....

Konto	Bezeichnung	DM	Summe A.	Summe B.
A.	**Vermögen**			
I.	**Anlagevermögen** Immaterielle Vermögensgegenstände			
0135	EDV-Software		**5.150,00**	
	Sachanlagen			
0440	Maschinen	4.270,00		
0500	Betriebs- und Geschäftsausstattung	20.500,00		
0520	PKW	10.500,00		
0540	LKW	50.700,00		
0620	Werkzeuge	1,00		
0650	Büroeinrichtung	1.505,00		
			87.476,00	
II.	**Umlaufvermögen**			
	Vorräte			
1000	Roh-, Hilfs- und Betriebsstoffe	8.670,00		
1080	Unfertige Leistungen	150.000,00		
			158.670,00	
	Forderungen			
1200	Forderungen aus Lieferungen u. Leistungen	110.200,50		
1420	UST-Forderungen	150,00		
			110.350,50	
	Schecks, Kassenbestand, Postgiro- und Bankguthaben			
1600	Kasse	1.212,20		
1800	Voba Mannheim	21.488,80		
1810	Sparda Mannheim	320,00		
			23.021,00	
B.	**Schulden**			
I.	**langfristige Schulden**			
3105	Anleihen Restlaufzeit > 1 Jahr	15.607,00		
				15.607,00

	II.	kurzfristige Schulden				
3310		Verbindlichkeiten aus Lieferungen u. Leistungen	45.601,20			
3730		Verbindlichkeiten Lohn- und Kirchensteuer	5.412,70			
3740		Verbindlichkeiten Soziale Sicherheit	7.280,30			
				58.294,20		
	C.	**Ermittlung des Eigenkapitals**				
		Summe Vermögen		**384.667,50**		
		Summe Schulden			**73.901,20**	
		= Eigenkapital				**310.766,30**

§ 240 HGB (Inventar)

»Jeder Kaufmann hat zu Beginn seines Handelsgewerbes seine Grundstücke, seine Forderungen und Schulden, den Betrag seines baren Geldes sowie sonstige Vermögensgegenstände genau zu verzeichnen und dabei den Wert der einzelnen Vermögensgegenstände und Schulden anzugeben.

Er hat demnächst für den Schluss eines jeden Geschäftsjahrs ein solches Inventar aufzustellen. Die Dauer des Geschäftsjahres darf zwölf Monate nicht überschreiten. Die Aufstellung des Inventars ist innerhalb der einem ordnungsmäßigen Geschäftsgang entsprechenden Zeit zu bewirken.«

Gliederung des Inventars

Ein Inventar wird gegliedert in

A Vermögen

B Schulden

C Reinvermögen = Eigenkapital

Die einzelnen Inventarpositionen werden noch feiner untergliedert. Zur Ermittlung des Eigenkapitals der Unternehmung werden die Schulden vom Vermögen abgezogen. Die Differenz ist das Eigenkapital oder Reinvermögen der Unternehmung.

Vermögenswerte und Schulden werden nach ihrer Liquidität bzw. Laufzeit, also nach dem Grad ihrer Umsetzbarkeit in Bargeld, weiter unterteilt.

> **Formel für Ermittlung des Reinvermögens**
> Vermögen – Schulden = Reinvermögen/Eigenkapital

Das Inventar muss 10 Jahre aufbewahrt werden. Im Einzelnen stehen folgende Positionen in einem Inventar:

Nach dem Grad der Liquidität unterscheidet man zwischen Anlage- und Umlaufvermögen.

A. Vermögen
  I. Anlagevermögen
  – Grundstücke
  – Gebäude
  – Maschinen und maschinelle Anlagen
  – Fahrzeuge
  – Werkzeuge
  – Betriebs- und Geschäftsausstattung
  II. Umlaufvermögen
  – Roh-, Hilfs- und Betriebsstoffe
  – unfertige Erzeugnisse
  – Fertigerzeugnisse
  – Forderungen
  – Postgiro- und Bankguthaben
  – Bargeld.
B. Schulden
  I. Langfristige Schulden
  – Hypotheken
  – Darlehensschulden
  II. Kurzfristige Schulden
  – Schulden aus Lieferungen und Leistungen
  – Bankschulden
  (Schulden, die innerhalb von 90 Tagen fällig werden)
C. Ermittlung des Eigenkapitals (Reinvermögens)
  Summe des Vermögens (A)
  – Summe der Schulden (B)
  = Eigenkapital (Reinvermögen)

Konten, Kontenpläne, Kontenrahmen

Es gibt einige weitere Fachbegriffe, die man beherrschen muss, wenn man ein Rechnungswesen aufbauen möchte.

Konten

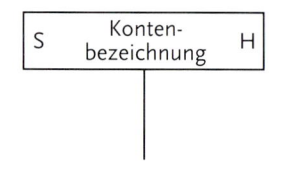

Ein Konto ist die Zusammenstellung gleichartiger Geschäftsvorfälle in zeitlicher Reihenfolge auf einem Blatt. Ein Konto hat immer zwei Seiten. Die linke Seite bezeichnet man als Soll, die rechte Seite als Haben. Soll und Haben auf einem Konto sind zunächst einmal Platzhalter. Erst mit der Art des Kontos fällt ihnen eine bestimmte Bedeutung zu.

Bestandskonten leiten sich aus dem bestehenden Vermögen und den Schulden ab. Bestandskonten sind beispielsweise Konten mit den Bezeichnungen: Gebäude, Maschinen, Forderungen, Bank, Eigenkapital, Verbindlichkeiten.

Soll steht links, Haben rechts in einem T-Konto.

Erfolgskonten Daneben werden so genannte Erfolgskonten geführt. Dort werden Kosten (betriebliche Aufwendungen) und Leistungen (betriebliche Erträge, die das Eigenkapital des Unternehmens verändern) erfasst.

Kontenrahmen Unter einem Kontenrahmen versteht man die systematische Zusammenstellung verschiedener Konten und ihre Zusammenfassung in bestimmte Gruppen, die so genannten Kontenklassen.
Zur Vereinfachung des Arbeitsaufwandes wurden von Wirtschaftsverbänden und DATEV (Datenverarbeitungsorganisation der steuerberatenden Berufe in Deutschland) standardisierte Kontenrahmen entwickelt.

Während der Kontenrahmen ein generelles Ordnungsmittel für die Konten der Buchführung für viele Unternehmen ist, stellt der Kontenplan ein spezielles Ordnungsmittel für die Konten der Buchführung einer Unternehmung dar.

Kontenplan Aus einem gewählten Kontenrahmen entwickelt man für sein Unternehmen einen individuellen Kontenplan. Man wählt die Konten aus, die im Unternehmen benötigt und tatsächlich geführt werden.

Auszug aus einem standardisierten Kontenrahmen

Sonstige betriebliche Aufwendungen

6300	Sonstige betriebliche Aufwendungen
6305	Raumkosten
6310	Miete
6315	Pacht
6320	Heizung
6325	Gas, Strom, Wasser (Verwaltung, Vertrieb)
6330	Reinigung
6335	Instandhaltung, betrieblicher Räume
6340	Abgaben für betrieblich genutzten Grundbesitz
6345	Sonstige Raumkosten
6350	Sonst. Grundstücksaufwendungen
6400	Versicherungen
6420	Beiträge
6430	Sonstige Abgaben
6440	Ausgleichsabgabe i.S.d. Schwerbehindertengesetzes
6450	Reparaturen und Instandhaltung von Bauten
6460	Reparaturen und Instandhaltung von technischen Anlagen u. Maschinen
6470	Reparaturen und Instandhaltung von Betriebs- und Geschäftsausstattung
6485	Reparaturen und Instandhaltung von anderen Anlagen
6490	Sonstige Reparaturen und Instandhaltungen
6500	Fahrzeugkosten

Anpassung

Auszug aus einem invividuellen Kontenplan

Konten-nr.	Kontenbe-zeichnung	(Klasse 6)
06140	Aufwendungen für Altersvorsorge	
06310	Miete Heddesheim	
06325	Gas, Strom, Wasser	
06330	Reinigung	
06335	Instandhaltung betrieblicher Räume	
06390	Spenden	
06400	Versicherungen	
06420	Beiträge	
06460	Reparatur/Instandh. Anlagen u. Maschinen	
06500	Fahrzeugkosten	
06530	Laufende Kfz-Betriebskosten	
06550	Garagenmieten	
06600	Werbekosten	
06645	Nicht abzugsfähige Betriebsausgaben	
06650	Reisekosten Arbeitnehmer	
06660	Reisekosten 13,1 % an Verpflegungsmehraufwendungen	
06690	Km-Geld-Erstattung 8,7 % Vorsteuer	
06702	Tagung Dresden	
06740	Ausgangsfrachten	

Und so wird gebucht!

Aus jedem Geschäfts-vorgang wird ein Buchungssatz!

Der Ablauf ist eigentlich ganz einfach. Zuerst ist da ein Geschäftsvorgang, beispielsweise der Kauf eines Geschäftsfahrzeuges. Zu diesem Geschäftsvorgang gibt es einen Beleg, nämlich die Rechnung. Aus dem Geschäftsvorgang bzw. den dazugehörigen Belegen wird ein Buchungssatz gebildet, der dann zu einer Buchung führt. Der Buchungssatz gibt in einfacher Form an, auf welche Konten ein Geschäftsvorfall zu buchen ist. Er benennt zuerst das Konto, auf dem im Soll zu buchen ist. An zweiter Stelle steht das Konto, auf dem in Haben gebucht wird. Soll und Haben werden durch das Wort »an« miteinander verbunden.

Vom Geschäftsvorfall zur Buchung

Geschäfts-vorfall

> Kauf eines Geschäftsfahrzeuges auf Ziel (d.h., die Rechnung muss beispielsweise innerhalb der nächsten 14 Tage bezahlt werden)

Beleg

> Eingangsrechnung über ein Fahrzeug zum Preis von 24 000 DM

Autohaus Hauser

An
Müller GmbH
Kurze Strasse 17
68119 Mannheim

Mannheim, den 16.04.2000

Rechnung

Modell XLS
Baujahr 1996
Km-Stand: 63.873

Inkl. 16% MwSt.   24.000,00 DM

Buchungs-satz

> Fahrzeuge (Soll) an kurzfristige Verbindlichkeiten (Haben) 24 000 DM Zielkauf von Auto XLS von Autohaus Hauser

Soll an Haben ... DM

Eintragung ins Grund-buch

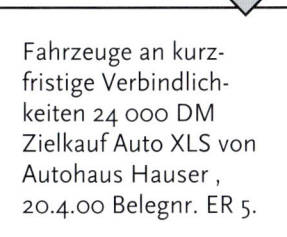

Fahrzeuge an kurz-fristige Verbindlich-keiten 24 000 DM Zielkauf Auto XLS von Autohaus Hauser , 20.4.00 Belegnr. ER 5.

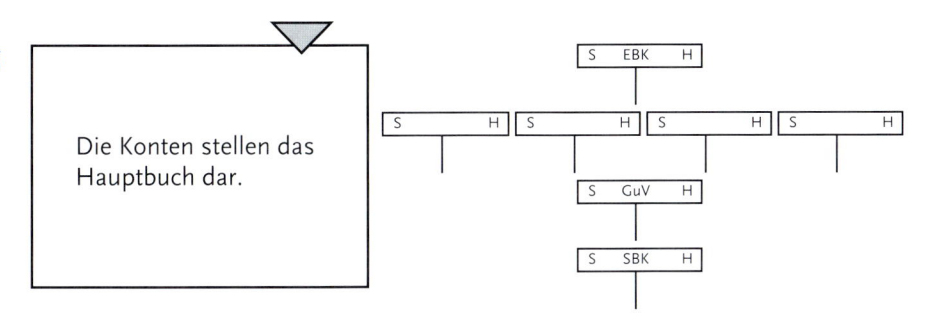

JOURNAL	Monat/Jahr	GRUNDBUCH		Seite ....
Datum	Beleg-Nr.	Bezeichnung des Vorgangs	Kontierung	Betrag
17.04.00	B 06	totoo Bürobedarf		103,00
17.04.00	AR 04	Computer & Co. – Update		1.594,00
23.04.00	ER 11	Zinsen Konto		464,00
...	...	...		32,80

Eintragung ins Haupt-buch

Die Konten stellen das Hauptbuch dar.

Wenn Sie Buchführung außer Haus machen lassen, dann ist die Checkliste für Sie vollständig.

Wenn Sie Ihre Belege selbst buchen, dann müssen Sie bei jedem Geschäftsvorfall noch einen extra Haken für diesen Vorgang machen, um sicherzustellen, dass sie auch wirklich nichts vergessen haben.

Checkliste:
Routinetätigkeiten für die Buchführung organisieren

	Erledigt	Noch zu erledigen
✍ Kundenrechnungen schreiben, versenden, (buchen) und in Kopie ablegen	❏	❏
✍ Eingangsrechnungen bezahlen, Skontoabzüge beachten	❏	❏
✍ Eingangsrechnungen als bezahlt kennzeichnen (buchen) und ablegen	❏	❏
✍ Bank- und Postgirobelege kontrollieren (gegebenenfalls Vorgänge buchen, die nur auf den Auszügen belegt sind, z.B. Kontogebühren oder Bankzinsen)	❏	❏
✍ Kassenbuch führen (buchen) und Kassenbelege ablegen	❏	❏
✍ Sonstige monatliche Belege bearbeiten (buchen) und ablegen	❏	❏
✍ Zahlungseingänge überprüfen (buchen) und gegebenenfalls Mahnungen erstellen	❏	❏

Am Schluss – der Jahresabschluss

§ 242 Abs. 1 Satz 1 HGB (Pflicht zur Aufstellung):
»Der Kaufmann hat zu Beginn seines Handelsgewerbes und für den Schluss eines jeden Geschäftsjahrs einen das Verhältnis seines Vermögens und seiner Schulden darstellenden Abschluss (Eröffnungsbilanz, Bilanz) aufzustellen.«

Der Jahresabschluss gibt Auskunft über die Vermögens-, Finanz- und Ertragslage eines Unternehmens.

Nach Paragraf 242 HGB ist jeder Kaufmann am Ende des Geschäftsjahres verpflichtet, einen Jahresabschluss zu erstellen. Der Jahresabschluss besteht aus Bilanz und Gewinn- und Verlustrechnung.

Kapitalgesellschaften, das heißt Aktiengesellschaften (AG), Kommanditgesellschaften auf Aktien (KGaA) und Gesellschaften mit beschränkter Haftung (GmbH) müssen die Bilanz und die GuV-Rechnung um einen Anhang erweitern (§ 264 HGB). Im Anhang sind nähere Angaben zu den einzelnen Posten der Bilanz und der GuV-Rechnung zu machen sowie Erläuterungen zu den verwendeten Methoden zu geben, bei denen ein Wahlrecht besteht, etwa Abschreibungsmethoden (§ 284 HGB).

Bilanz

Die Aufgabe des Jahresabschlusses besteht in der Rechenschaftslegung und der Information über die Vermögens-, Finanz- und Ertragslage des Unternehmens.

In der Bilanz wird das Inventar zu einzelnen Positionen zusammengefasst. Die Bilanz ist eigentlich nichts anderes als dessen Kurzfassung. Während im Inventar der gesamte Fuhrpark mit jedem einzelnen Fahrzeug aufgeführt wird, steht in der Bilanz nur der Überbegriff »Betriebs- und Geschäftsausstattung«.

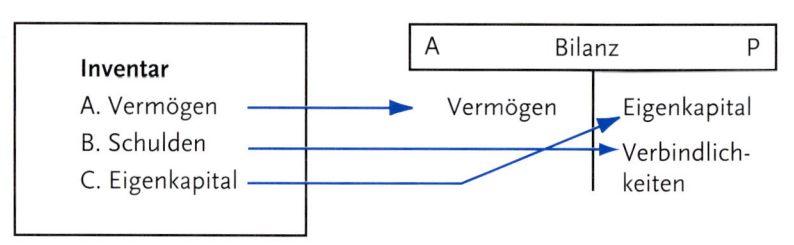

Je nach Zielsetzung und Zielgruppe, für die die Bilanz erstellt wird, kann zwischen zwei Bilanzarten unterschieden werden:

■ Handelsbilanz Adressaten sind Unternehmer, geschäftsführende Organe, Gesellschafter, Belegschaft, potenzielle Anleger oder Kreditgeber, Konkurrenten, Presse.

■ Steuerbilanz Die Steuerbilanz wird für die Finanzverwaltung erstellt und ist Besteuerungsgrundlage.

Häufig wird nur eine Bilanz, nämlich eine Steuerbilanz erstellt. Das spart Kosten und vermindert den Aufwand.

Beispiel der Zusammenfassung einer Position vom Inventar zur Bilanz

Inventar der Grünbau GmbH, Mannheim, zum 31.12.....			Aktiva	Bilanz zum 31.12.20..	Passiva
...					
1.2 Betriebs- und Geschäftsausstattung			I. Sachanlagen		
1. LKW IVECO 7,5 to	35.000 DM		1. Grundstücke und Bauten	50.000 DM	
2. LKW MB 7,5 to	40.000 DM		2. Betriebs- und Geschäftsaus-		
3. Transporter Ford 2,8 to	18.000 DM		stattung	120.000 DM	
4. PKW VW Golf	27.000 DM	120.000 DM	...		
2. Umlaufvermögen					
...					

Eine Bilanz zeigt die Form eines Kontos. Ein Bilanzkonto hat zwei Seiten, die sich gegenüberstehen. Die beiden Seiten der Bilanz (italienisch bilancia = Waage) weisen dabei immer die gleiche Summe aus, d. h., unter dem Strich steht auf der linken Seite derselbe Betrag wie rechts.

Aktiva	Bilanz	Passiva
Die linke Seite heißt in der Bilanz Aktivseite (Aktiva). Dort wird das **Vermögen** des Unternehmens aufgeführt.	Die rechte Seite der Bilanz heißt Passivseite (Passiva). Dort werden das **Eigenkapital** und die **Verbindlichkeiten** des Unternehmens aufgeführt	

Die Summen beider Seiten einer Bilanz sind immer gleich!

Aus der Bilanz geht unmittelbar hervor, woher das Kapital kommt und wie es im Einzelnen angelegt ist. Während die Aktivseite über die Verwendung des Kapitals (Mittelverwendung oder Investition) informiert, gibt die Passivseite Auskunft über die Herkunft der finanziellen Mittel (Mittelherkunft oder Finanzierung).
Finanziert der Unternehmer oder der Gesellschafter oder Teilhaber das Vermögen aus eigenen Mitteln, spricht man von Eigenkapital. Stellen Dritte, etwa Banken, die Mittel zur Anschaffung von Vermögensgegenständen zur Verfügung, spricht man von Fremdkapital. Die Bilanzstruktur bildet also ganz deutlich den Vermögens- und Kapitalaufbau ab.

Aktiva	Bilanz	Passiva

Vermögensformen	Kapitalquellen
Wie ist das Vermögen angelegt?	Woher stammt das Kapital?
Mittelverwendung = **Investition**	Mittelherkunft = **Finanzierung**

Die freien Zeilen einer Bilanz werden üblicherweise mit einer Buchhalternase durchgestrichen, um den nachträglichen Eintrag weiterer Daten zu verhindern.

Die Gliederung der Bilanz ist für Kapitalgesellschaften in Paragraf 266 HGB vorgeschrieben. Diese Gliederung wird auch von anderen Bilanzpflichtigen beachtet.

§ 151 AktG

Aktivseite

I. Ausstehende Einlagen auf das Grundkapital, davon eingefordert:

II. Anlagevermögen:

A. Sachanlagen und immaterielle Anlagewerte:

1. Grundstücke und grundstücksgleiche Rechte mit Geschäfts-, Fabrik- und anderen Bauten;

2. Grundstücke und grundstücksgleiche Rechte mit Wohnbauten;

3. Grundstücke und grundstücksgleiche Rechte ohne Bauten;

4. Bauten auf fremden Grundstücken, die nicht zu Nummer 1 oder 2 gehören;

5. Maschinen und maschinelle Anlagen;

6. Betriebs- und Geschäftsausstattung;

7. Anlagen im Bau und Anzahlungen auf Anlagen;

8. Konzessionen, gewerbliche Schutzrechte und ähnliche Rechte sowie Lizenzen an solchen Rechten.

B. Finanzanlagen:

1. Beteiligungen;

2. Wertpapiere des Anlagevermögens, die nicht zu Nr. 1 gehören;

3. Ausleihen mit einer Laufzeit von mindestens vier Jahren; davon durch Grundpfandrecht gesichert:

III. Umlaufvermögen:

A. Vorräte:

1. Roh-, Hilfs- und Betriebsstoffe;

2. unfertige Erzeugnisse;

3. fertige Erzeugnisse, Waren.

B. Andere Gegenstände des Umlaufvermögens:

1. geleistete Anzahlungen, soweit sie nicht zu II A Nr. 7 gehören;

2. Forderungen aus Lieferungen und Leistungen; davon mit einer

Restlaufzeit von mehr als einem Jahr:

3. Wechsel; davon bundesbankfähig:

4. Schecks;

5. Kassenbestand, Bundesbank- und Postscheckguthaben;

6. Guthaben bei Kreditinstituten;

7. Wertpapiere, die nicht zu Nummer 3, 4, 8 oder 9 oder zu II B gehören

8. eigene Aktien unter Angabe ihres Nennbetrags;

9. Anteile an einer herrschenden oder an der Gesellschaft mit Mehrheit beteiligten Kapitalgesellschaft oder bergrechtlichen Gewerkschaft unter Angabe ihres Nennbetrags, bei Kuxen ihrer Zahl;

10. Forderungen an verbundene Unternehmen;

11. Forderungen aus Krediten, die

a) unter § 89,

b) unter § 115

fallen;

12. sonstige Vermögensgegenstände.

IV. Rechnungsabgrenzungsposten

V. Bilanzverlust

Passivseite

I. Grundkapital

II. Offene Rücklagen:

1. gesetzliche Rücklage;

2. Rücklage für eigene Aktien;

3. andere Rücklagen (freie Rücklagen).

III. Wertberichtigungen

IV. Rückstellungen

1. Pensionsrückstellungen;

2. andere Rückstellungen.

V. Verbindlichkeiten mit einer Laufzeit von mindestens vier Jahren:

1. Anleihen; davon durch Grundpfandrecht gesichert

2. Verbindlichkeiten gegenüber Kreditinstituten; davon durch Grundpfandrecht gesichert:

3. sonstige Verbindlichkeiten; davon durch Grundpfandrecht gesichert:

Von Nummern 1 bis 3 sind vor Ablauf von vier Jahren fällig:

VI. Andere Verbindlichkeiten:

1. Verbindlichkeiten aus Lieferungen und Leistungen;

2. Verbindlichkeiten aus der Annahme gezogener Wechsel und der Ausstellung eigener Wechsel;

Schulden heißen in einer Bilanz Verbindlichkeiten; Außenstände werden als Forderung bezeichnet.

3. Verbindlichkeiten gegenüber Kreditinstituten, soweit sie nicht zu V gehören;

4. erhaltene Anzahlungen;

5. Verbindlichkeiten gegenüber verbundenen Unternehmen;

6. sonstige Verbindlichkeiten.

VII. Rechnungsabgrenzungsposten

VIII. Bilanzgewinn.

Auch wenn der Gesetzgeber keinen konkreten Termin zur Erstellung des Jahresabschlusses festsetzt, sollte jedes Unternehmen im eigenen Interesse Wert auf eine zügige Aufstellung legen. Je schneller die Daten vorliegen, desto schneller kann man auf Entwicklungen reagieren.

Bilanz			
Aktiva	der Grünbau GmbH, Mannheim zum 31.12. ..		Passiva
A. Vermögen		**B. Schulden**	
I. Anlagevermögen Immaterielle Vermögensgegenstände	5.150,00	I. langfristige Schulden	15.607,00
		Sachanlagen	58.294,20
Sachanlagen	87.476,00	II. kurzfristige Schulden	158.670,00
II. Umlaufvermögen Vorräte	158.670,00		
Forderungen	110.350,50	**C. Eigenkapital**	310.766,30
Schecks, Kassenbestand, Postgiro- und Bankguthaben	23.021,00		
	384.667,50		384.667,50

Grundsätzlich gilt:

■ Die Bilanz ist nach den Grundsätzen ordnungsmäßiger Buchführung zu erstellen (§ 243 Abs. 1 HGB).

■ Sie muss klar und übersichtlich sein (§ 243 Abs. 2 HGB).

■ Sie muss innerhalb einer angemessenen Zeit aufgestellt werden (§ 243 Abs. 3 HGB).

■ Sie muss in deutscher Sprache und in Deutscher Mark (EURO) aufgestellt werden (§ 244 HGB).

■ Sie ist vom Kaufmann unter Angabe des Datums zu unterzeichnen (§ 245 HGB).

Das Geschäftsjahr in der Buchhaltung

Ein Geschäftsjahr in der Buchhaltung verläuft vereinfacht dargestellt von der Eröffnungsbilanz über die Bestandskonten zur Schlussbilanz wie folgt:

Eröffnungsbilanz Zuerst wird die Eröffnungsbilanz aufgestellt.

Kontoeröffnung Aus der Eröffnungsbilanz werden die Anfangsbestände mit Hilfe des Eröffnungsbilanzkontos auf Bestandskonten (Aktiv- und Passivkonten) vortragen.

Buchung Dann können die Geschäftsvorfälle gebucht werden. (Bestands- und Erfolgskonten)

Kontenabschluss Zum Geschäftsjahresende werden zuerst die Erfolgskonten abgeschlossen, dann die Schlussbestände auf den Bestandskonten ermittelt und anschließend die Konten über das Schlussbilanzkonto abgeschlossen.

Schlussbilanz Zuletzt wird die Schlussbilanz aufgestellt.

Bewertungsgrundsätze

Bei der Aufstellung des Jahresabschlusses müssen Vermögensteile und Schulden bewertet werden. Die Paragrafen 252 bis 256 HGB schreiben eine Reihe von Bewertungsgrundsätzen vor:

§ 252 Satz 1 HGB (Allgemeine Bewertungsgrundsätze)

»Bei der Bewertung der im Jahresabschluss ausgewiesenen Vermögensgegenstände und Schulden gilt insbesondere Folgendes:

1. Die Wertansätze in der Eröffnungsbilanz des Geschäftsjahrs müssen mit denen der Schlussbilanz des vorhergehenden Geschäftsjahrs übereinstimmen. *1. Grundsatz der Bilanzidentität*

2. Bei der Bewertung ist von der Fortführung der Unternehmenstätigkeit auszugehen, sofern dem nicht tatsächliche oder rechtliche Gegebenheiten entgegenstehen. *2. Grundsatz der Fortführung der Unternehmenstätigkeit*

3. Die Vermögensgegenstände und Schulden sind zum Abschluss-Stichtag einzeln zu bewerten. *3. Grundsatz der Einzelbewertung*

4. Es ist vorsichtig zu bewerten, namentlich sind alle vorhersehbaren Risiken und Verluste, die bis zum Abschluss-Stichtag entstanden sind, zu berücksichtigen, selbst wenn diese erst zwischen dem Abschluss-Stichtag und dem Tag der Aufstellung des Jahresabschlusses bekannt geworden sind; Gewinne sind nur zu berücksichtigen, wenn sie am Abschluss-Stichtag realisiert sind. *4. Grundsatz der Vorsicht* / *5. Grundsatz der periodengerechten Aufwands- und Ertragsabgrenzung*

5. Aufwendungen und Erträge des Geschäftsjahrs sind unabhängig von den Zeitpunkten der entsprechenden Zahlungen im Jahresabschluss zu berücksichtigen.

6. Die auf den vorhergehenden Jahresabschluss angewandten Bewertungsmethoden sollen beibehalten werden.«

Rückstellungen

Die Rückstellungen sollen sicherstellen, dass ein Unternehmen für bestimmte betriebswirtschaftliche Erfordernisse in der Zukunft genügend liquide Mittel zur Verfügung hat.

Im Geschäftsalltag gibt es Aufwendungen, die wirtschaftlich zum aktuellen Wirtschaftsjahr gehören, die aber erst im Folgejahr zu Ausgaben führen und dabei jedoch in Höhe und/oder Fälligkeit am Abschluss-Stichtag noch nicht feststehen. Für diese Verbindlichkeiten, deren Höhe geschätzt werden muss, werden Rückstellungen gebildet, und zwar aufgrund von betriebswirtschaftlichen Erfordernissen und gesetzlichen Vorschriften. Rückstellungen dienen, wie sonstige Verbindlichkeiten auch, der zeitlichen Abgrenzung und damit der periodengerechten Erfolgsermittlung. Das Handelsrecht unterscheidet Rückstellungen, die gebildet werden müssen (Passivierungspflicht: § 249 Abs. 1 HGB), und Rückstellungen, die gebildet werden dürfen (Passivierungswahlrecht: § 249 Abs. 1 Satz 3 und Abs. 2 HGB).

Passivierungspflicht besteht für:

■ Ungewisse Verbindlichkeiten
Beispiele: zu erwartende Steuernachzahlungen, Jahresabschlusskosten, Prozesskosten, Garantieverpflichtungen, Pensionen
■ Drohende Verluste aus schwebenden Geschäften
Beispiel: erheblicher Preisrückgang von gekauften, jedoch noch nicht gelieferten Rohstoffen
■ Unterlassene Aufwendungen für Instandhaltung, die im folgenden Geschäftsjahr innerhalb von drei Monaten nachgeholt werden
■ Gewährleistungen ohne rechtliche Verpflichtungen (Kulanzleistungen)

Passivierungswahlrecht besteht für:

■ Unterlassene Instandhaltungsaufwendungen, die nach drei Monaten, aber noch innerhalb des folgenden Geschäftsjahres nachgeholt werden
■ Bestimmte, ihrer Eigenart nach genau umschriebene Aufwendungen, die dem Geschäftsjahr oder einem früheren Geschäftsjahr zuzuordnen sind
Beispiele: Großreparaturen, Betriebsverlegungen

Abschreibungen

§ 253 Abs. 2 HGB

»Bei Vermögensgegenständen des Anlagevermögens, deren Nutzung zeitlich begrenzt ist, sind die Anschaffungs- und Herstellungskosten um planmäßige Abschreibungen zu vermindern. Der Plan muss die Anschaffungs- oder Herstellungskosten auf die Geschäftsjahre verteilen, in denen der Vermögensgegenstand voraussichtlich genutzt werden kann. Ohne Rücksicht darauf, ob ihre Nutzung zeitlich begrenzt ist, können bei Vermögensgegenständen außerplanmäßige Abschreibungen vorgenommen werden, um die Vermögensgegenstände mit dem niedrigeren Wert anzusetzen, der ihnen am Abschluss-Stichtag beizulegen ist; sie sind vorzunehmen bei einer voraussichtlich andauernden Wertminderung.«

Es gibt Gegenstände des Anlagevermögens, deren Nutzungsdauer nicht zeitlich begrenzt ist. Ein Beispiel für unbegrenzte Nutzungsmöglichkeit ist Grund und Boden. Im Allgemeinen ist die Nutzungsdauer von Anlagegütern zeitlich beschränkt; die Sachanlagen verlieren im Laufe ihrer Nutzung an Wert. Wertminderungen der abnutzbaren Anlagegüter haben verschiedene Gründe:

Durch ihre Nutzung verlieren Anlagegüter im Laufe der Zeit an Wert. Diesem Werteverlust wird durch die Abschreibungen in der Buchführung Rechnung getragen.

- Durch Nutzung, z.B. Verschleiß oder Substanzabbau (Erdölförderung, Bergbau)
- Durch technischen Fortschritt, z.B. im Bereich der EDV
- Durch den Lauf der Zeit, z.B. bei Rechten und Patenten

Um diese Wertminderung im Rahmen der Buchführung aufzuzeigen und zu erfassen, werden Abschreibungen durchgeführt, d.h., die Wertminderung wird in Geld bewertet und von den ursprünglichen Anschaffungs- oder Herstellungskosten eines Gegenstandes abgezogen.

Hier geht es um den Erfolg – Gewinn- und Verlustrechnung

Die Gewinn- und Verlustrechnung ist, genau wie die Bilanz, Bestandteil des Jahresabschlusses. Die Bilanz ermittelt den Erfolg eines Geschäftsjahres, indem die Vermögens- und Kapitalpositionen saldiert werden –, und zwar am Bilanz-Stichtag. Demgegenüber stellt die Gewinn- und Verlustrechnung sämtliche Erträge und Aufwendungen eines Geschäftsjahres gegenüber und ermittelt den Saldo.

Bei der Gewinn- und Verlustrechnung werden Erträge und Aufwendungen einander gegenübergestellt, aber nicht Einnahmen und Ausgaben.

Aufwendungen und Erträge stimmen nur teilweise in einem Geschäftsjahr miteinander überein. Grundsätzlich ist es wichtig, dass alle Geschäftsvorfälle, die ein bestimmtes Wirtschaftsjahr betreffen, auch im Abschluss dieses Jahres berücksichtigt werden.

Es gibt jedoch Geschäftsvorfälle, bei denen die zeitliche Zuordnung nicht ganz einfach ist. Das ist beispielsweise dann der Fall, wenn eine Zahlung und der dazugehörige Aufwand oder Ertrag nicht in das gleiche Wirtschaftsjahr fallen. Diese Situation liegt z.B. vor, wenn die Kfz-Versicherung über 1 200 DM am 1.3. für ein ganzes Jahr bezahlt wird. Die Zahlung für Januar und Februar des Folgejahres ist dann schon vorweggenommen.

Die Gewinn- und Verlustrechnung grenzt also den Erfolg mehrerer Geschäftsjahre gegeneinander ab, indem jedem Geschäftsjahr die Erträge und Aufwendungen zugerechnet werden, die dort auch verursacht worden sind.

In folgenden Fällen ist eine zeitliche Abgrenzung im Geschäftsalltag notwendig:

- Sonstige Verbindlichkeiten Aufwand im alten Jahr, Ausgabe erst im neuen Jahr.
- Sonstige Forderungen Ertrag im alten Jahr, Einnahme erst im neuen Jahr.
- Aktive Rechnungsabgrenzung Ausgabe im alten Jahr, Aufwand im neuen Jahr.
- Passive Rechnungsabgrenzung Einnahme im alten Jahr, Ertrag im neuen Jahr.

Aufbau der Gewinn- und Verlustrechnung

Liegt ein Gewinn vor, so ist der Saldo des GuV-Kontos im Soll. Liegt ein Verlust vor, so ist der Saldo des GuV-Kontos im Haben.

Für die Gewinn- und Verlustrechnung gelten die Grundsätze ordnungsmäßiger Buchführung und Bilanzierung (→ Seite 215) sinngemäß, d.h., sie muss vor allen Dingen klar und übersichtlich sein. In Paragraf 157 AktG ist für Aktiengesellschaften eine Mindestgliederung vorgeschrieben, die in der Praxis auch von Unternehmen mit anderen Rechtsformen angewendet wird, ohne dass hierzu eine rechtliche Verpflichtung besteht. Für den Aufbau stehen grundsätzlich zwei Alternativen zur Verfügung:

Aufbau nach dem Bruttoprinzip Alle Aufwendungen und Erträge werden ohne Saldierung einander gegenübergestellt. Dadurch ist sichergestellt, dass ein vollständiger Überblick erhalten bleibt.

Aufbau nach dem Nettoprinzip Aufwendungen und Erträge werden miteinander saldiert, z.B. bei gleichartigen Ertrags- oder Aufwandspositionen. Die Aussagekraft der Daten wird durch das Aufrechnen deutlich reduziert.

Für die Darstellung der Gewinn- und Verlustrechnung ist neben der Kontenform auch die Staffelform zulässig. Vorteil der Staffelform ist die größere Übersichtlichkeit Bildung von Zwischensummen.

§ 157 Gliederung der Gewinn- und Verlustrechnung (in Staffelform)

1. Umsatzerlöse   ....

2. Erhöhung oder Verminderung des Bestands an fertigen und unfertigen Erzeugnissen   ....

3. Andere aktivierte Eigenleistungen   ....

4. Gesamtleistung   ....

5. Aufwendungen für Roh-, Hilfs und Betriebsstoffe sowie für bezogene Waren   ....

6. Rohertrag /Rohaufwand   ....

7. Erträge aus Gewinngemeinnschaften, Gewinnabführungs- und Teilgewinnabführungsverträgen   ....

8. Erträge aus Beteiligungen   ....

9. Erträge aus anderen Finanzanlagen   ....

10. Sonstige Zinsen und ähnliche Erträge   ....

11. Erträge aus dem Abgang von Gegenständen des Anlagevermögens und aus Zuschreibungen zu Gegenständen des Anlagevermögens   ....

12. Erträge aus der Herabsetzung der Pauschalwertberichtigung zu Forderungen   ....

13. Erträge aus der Auflösung von Rückstellungen   ....

14. Sonstige Erträge
davon außerordentliche   ....

15. Erträge aus Verlustübernahme   ....

16. Löhne und Gehälter   ....

17. Soziale Abgaben   ....

18. Aufwendungen für Altersversorgung und Unterstüzung   ....

19. Abschreibungen und Wertberichtungen auf Sachanlagen und immaterielle Anlagewerte   ....

20. Abschreibungen und Wertberichtigungen auf Finanzanlagen mit Ausnahme des Betrags, der in die Pauschalwertberichtigung zu Forderungen eingestellt ist   ....

21. Verluste aus Wertminderungen oder dem Abgang von Gegenständen des Umlaufvermögens außer Vorräten (§ 151 Abs. 1 Aktivseite III B) und Einstellung in die Pauschalwertberichtigung zu Forderungen   ....

22. Verluste aus dem Abgang von Gegenständen des Anlagevermögens   ....

.... 23. Zinsen und ähnliche Aufwendungen

24. Steuern

.... a) Vom Einkommen, vom Ertrag und vom Vermögen ....

.... b) Sonstige ....

.... 25. Aufwendungen aus Verlustübernahme

.... 26. Sonstige Aufwendungen

Die Nutzung des Bewertungs- und Auslegungsspielraums ist, solange dies im gesetzlichen Rahmen erfolgt, durchaus in Ordnung.

Auswertung des Jahresabschlusses

Auch wenn ein Kaufmann seinen Jahresabschluss nicht unbedingt selbst erstellen können muss und dafür lieber Profis ans Werk lässt, muss er dennoch in der Lage sein, die Daten auszuwerten.

Die Auswertung des Jahresabschlusses ist für den Kaufmann oder die Kauffrau keine gesetzliche Pflicht! Es ist vielmehr eine Chance, das Unternehmen einzuschätzen, aus vergangenen Entwicklungen zu lernen und entsprechende Maßnahmen zur Verbesserung einzuleiten.

Bilanzpolitik Der Kaufmann hat bei der Aufstellung seines Jahresabschlusses einen erheblichen Bilanzierungs- und Bewertungsspielraum, den er auch benötigt, um die Vielfalt der tatsächlichen Gegebenheiten abbilden zu können. Dieser Spielraum kann natürlich auch zur Ergebnisbeeinflussung genutzt werden. Aus Erfahrung weiß man, dass der Kaufmann bei einer guten wirtschaftlichen Entwicklung dazu neigt, das Vorsichtsprinzip sehr eng auszulegen, bei schlechteren Entwicklungen werden hingegen oft gewagtere Bewertungen vorgenommen.

Eine Bilanz gibt grundsätzlich Auskunft über die Finanzierung (Kapitalstruktur), den Vermögensaufbau, die Anlagendeckung (Investierung) und die Zahlungsfähigkeit (Liquidität) eines Unternehmens.

Um die Daten eines Jahresabschlusses analysieren und auswerten zu können, müssen alle Informationen des Jahresabschlusses, also Bilanz, Gewinn- und Verlustrechnung und Anhang ausgewertet werden. Dazu gibt es verschiedene Möglichkeiten:

- Vergleich der Jahresabschlüsse einer Unternehmung über mehrere Jahre hinweg (innerbetrieblicher Vergleich) und
- Vergleich der Jahresabschlüsse mehrerer Unternehmen, die z.B. eine ähnliche Struktur haben oder einer vergleichbaren Branche angehören (außerbetrieblicher Vergleich).

Kurzübersicht

Aufgabe der Buchführung ist die Erfassung aller Geschäftsvorgänge eines Unternehmens. Die Daten der Buchführung sind

Informationsgrundlage für alle unternehmerischen Planungen, Entscheidungen und Finanzkontrollen. Ergänzend dient sie als Instrument zur Information außerhalb des Unternehmens stehender Kreise (Finanzamt, Banken, Kunden, Lieferanten).

Buchführungspflicht Zum Führen von Büchern sind prinzipiell alle Kaufleute verpflichtet. Freiberufler und Kleingewerbetreibende können ihren Überschuss mit Hilfe einer Einnahmen-Überschuss-Rechnung ermitteln.

Grundsätze ordnungsmäßiger Buchführung Die Ergebnisse der Buchführung einer Unternehmung müssen zuverlässige und vergleichbare Aussagewerte haben und für Dritte nachvollziehbar sein. Deshalb müssen Bücher nach den Grundsätzen ordnungsmäßiger Buchführung geführt werden. Mit dem Einsatz moderner Techniken in der Buchführung wurden die Grundsätze ordnungsmäßiger Speicherbuchführung ergänzend entwickelt.

Man kann die Kennzahlen des Unternehmens, die aus der Bilanz abzuleiten sind, in kürzeren Intervallen, beispielsweise vierteljährlich oder besser noch monatlich betrachten und so den Überblick behalten. Die Daten der Buchhaltung stehen ja eigentlich zur Verfügung, im besten Fall sogar tagesgenau.

Aufbewahrungspflicht für Unterlagen der Buchführung:

Nach Handelsrecht		Nach Steuerrecht	
Unterlagen nach § 257 Abs.1 HGB	Aufzubewahren	Unterlagen nach § 147 AO	Aufzubewahren
1. Handelsbücher, Inventare, Bilanzen, GuV-Rechnungen sowie Arbeitsanweisungen und Organisations-unterlagen	10 Jahre	1. Handelsbücher, Inventare, Bilanzen, GuV-Rechnungen sowie Arbeitsanweisungen und Organisations-unterlagen	10 Jahre
2. Empfangene Handelsbriefe	6 Jahre	2. Empfangene Handelsbriefe	6 Jahre
3. Wiedergaben der abgesandten Handels-briefe (Kopie)	6 Jahre	3. Wiedergaben der abgesandten Handels- und Geschäftsbriefe (Kopie)	6 Jahre
4. Buchungsbelege	10 Jahre	4. Buchungsbelege	10 Jahre
		5. Sonstige Unterlagen, soweit sie für die Besteuerung von Bedeutung sind	6 Jahre

Jahresabschluss Nach Paragraf 242 HGB ist jeder Kaufmann am Ende des Geschäftsjahres verpflichtet, einen Jahresabschluss zu erstellen. Der Jahresabschluss besteht aus der Bilanz, der Gewinn- und Verlustrechnung sowie einem Anhang.

Von Kosten und Leistungen

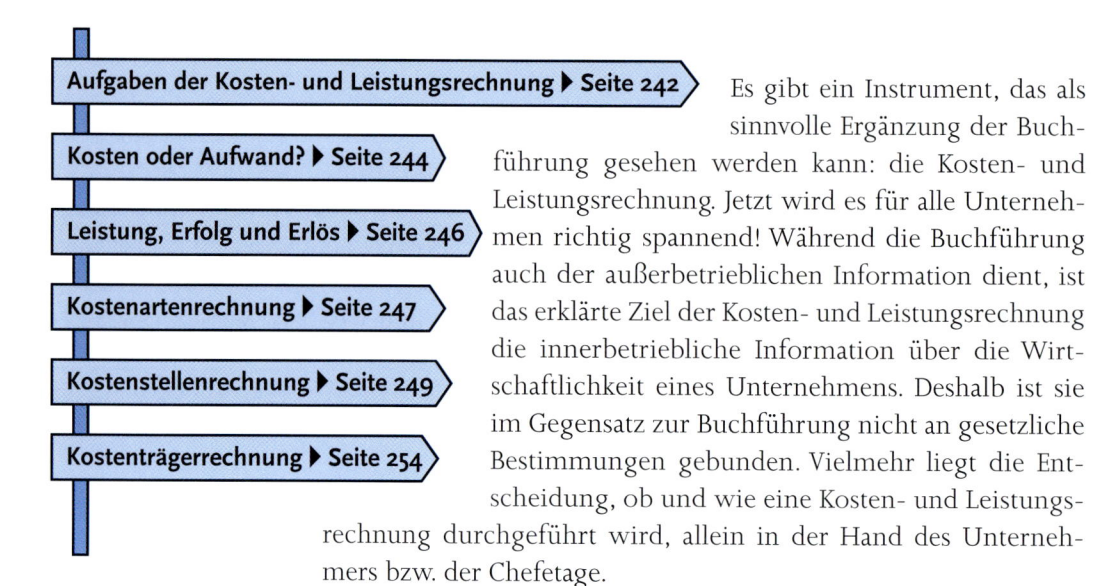

Aufgaben der Kosten- und Leistungsrechnung ▶ Seite 242

Kosten oder Aufwand? ▶ Seite 244

Leistung, Erfolg und Erlös ▶ Seite 246

Kostenartenrechnung ▶ Seite 247

Kostenstellenrechnung ▶ Seite 249

Kostenträgerrechnung ▶ Seite 254

Es gibt ein Instrument, das als sinnvolle Ergänzung der Buchführung gesehen werden kann: die Kosten- und Leistungsrechnung. Jetzt wird es für alle Unternehmen richtig spannend! Während die Buchführung auch der außerbetrieblichen Information dient, ist das erklärte Ziel der Kosten- und Leistungsrechnung die innerbetriebliche Information über die Wirtschaftlichkeit eines Unternehmens. Deshalb ist sie im Gegensatz zur Buchführung nicht an gesetzliche Bestimmungen gebunden. Vielmehr liegt die Entscheidung, ob und wie eine Kosten- und Leistungsrechnung durchgeführt wird, allein in der Hand des Unternehmers bzw. der Chefetage.

Gewinn ist der Betrag, der alle Kosten übersteigt.

Wer an dieser Stelle denkt, dass dieses Instrument nur wichtig für die »Großen« ist, der täuscht sich. Ohne einen Überblick über alle im Unternehmen entstehenden Kosten wird »aus dem Bauch heraus« gewirtschaftet. Das kann zwar mitunter auch eine Weile gut gehen, aber wer langfristig existieren will, der benötigt vernünftiges Zahlenmaterial. Es stellt die Basis bereit, auf der man kalkulieren kann. Und diese Grundlage schafft die Kosten- und Leistungsrechnung.

Wer sich als Klein- oder Mittelunternehmer, warum auch immer, diese Arbeit nicht machen will, der kann auch für die Kosten- und Leistungsrechnung eine gute Unterstützung bei seinem Steuerberater finden. Oftmals besteht die schwierigste Hürde aber nur darin, die Grundstruktur für das eigene Unternehmen zu erstellen. Hat man die Basisarbeit erst einmal, möglichst zusammen mit einem Profi geleistet, dann kann man die monatlichen Auswertungen ganz gut in den Griff bekommen.

Aufgabe der Kosten- und Leistungsrechnung

Was leistet die Kosten- und Leistungsrechnung nun wirklich für ein Unternehmen? Sowohl der nationale als auch der internationale Wettbewerb wird immer stärker. Eine Auswirkung dieser Veränderung ist einschneidend: Steigende Kosten können nicht einfach über den Preis weitergegeben werden. Es wird zum überlebensnotwendigen Faktor, alle relevanten Faktoren im Unternehmen zu überwachen. An dieser Stelle setzt die Kosten- und Leistungsrechnung an.

Zuerst einmal werden sämtliche Kosten und Leistungen des Unternehmens vollständig und genau erfasst bzw. aus der Buchführung übernommen. Auf dieser Grundlage können dann große wie kleine Unternehmen die gleichen kaufmännischen Tätigkeiten ausführen.

Je geringer die Kosten sind, desto besser! Anfallende Kosten müssen kontrolliert und alle entscheidenden Faktoren überwacht werden.

- Selbstkosten (Herstellungskosten sowie Verwaltungs- und Vertriebskosten) und Angebotspreise kalkulieren
- Kosten überwachen
- Leistungen erfassen und das Betriebsergebnis ermitteln
- Wirtschaftlichkeit überprüfen (eine Wirtschaftlichkeitskontrolle durchführen)
- Grundlage für weitere Planungen schaffen

Die Teilaufgaben der Kosten- und Leistungsrechnung sind dementsprechend die Kostenerfassung, -planung und -vorgabe sowie die Kostenkontrolle.

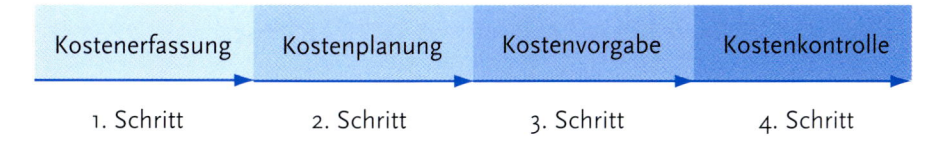

Kostenerfassung	Kostenplanung	Kostenvorgabe	Kostenkontrolle
1. Schritt	2. Schritt	3. Schritt	4. Schritt

Preispolitik und Kosten

Die Preispolitik der Unternehmung erfolgt mit Hilfe der Kostenrechnung. Für die Verkaufpreise können Preisober- und Preisuntergrenzen berechnet werden. So wird deutlich, bei welchem Preis man in die Gewinnzone kommt, wann kostendeckend gearbeitet wird und bei welchem Preis das Unternehmen draufzahlt.

Mit Hilfe der Kosten- und Leistungsrechnung können Verkaufspreise unter Berücksichtigung aller Einflussfaktoren ermittelt werden.

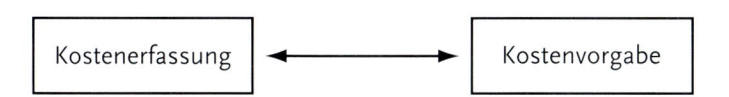

Um ein Unternehmen erfolgreich steuern zu können, muss man die Erfolge, die in der Vergangenheit erwirtschaftet worden sind, kennen und interpretieren können. Dazu werden den erzielten Umsatzerlösen die angefallenen Kosten gegenübergestellt.

Die aufbereiteten Daten der Kostenrechnung stehen für unternehmerische Entscheidungen und Planungen vor allem in den Unter-

Die unternehmensspezifische Kosten- und Leistungsrechnung bietet eine gute Grundlage für unternehmerische Entscheidungen.

nehmensbereichen Investitionen, Produktion und Absatz bereit. Entscheidungen in diesen Unternehmensbereichen verlieren erst bei Anwendung der Kostenrechnung ihren Lotteriecharakter.

Aufwand und Kosten

Ein Unternehmen bietet üblicherweise bestimmte Produkte und Dienstleistungen an. Man spricht hier von der betrieblichen Leistungserstellung. Um diese betriebliche Leistungserstellung zu ermöglichen, müssen zuvor Güter und Dienstleistungen eingesetzt werden, also z.B. Rohmaterialien, Energie, Fahrzeug- und Maschineneinsätze, aber auch menschliche Arbeit. Mit Hilfe der Kosten- und Leistungsrechnung wird versucht, diesen Leistungserstellungsprozess wertmäßig zu erfassen, ihn also in möglichst genaue Zahlen zu fassen.

Was sind Kosten?

Die folgenden Definitionen sollen Ihnen dabei helfen nachzuvollziehen, wie Geschäftsvorfälle den Unternehmenserfolg beeinflussen. Entscheidend ist dabei, dass die Geschäftsvorfälle dabei nicht immer mit einem direkten Geldfluss verbunden sind.

Kosten sind also der bewertbare Verbrauch von Gütern und Diensten mit dem Ziel der Erstellung und des Absatzes betrieblicher Leistungen. Der Begriff Kosten ist durch drei Merkmale bestimmt:
1. Mengenmäßiger Verbrauch von Gütern und Dienstleistungen
2. Güterverbrauch erfolgt leistungsbezogen, also mit dem Ziel der betrieblichen Leistungserstellung
3. Verbrauchte Mengen an Gütern und Dienstleistungen werden bewertet

Abgrenzung des Begriffs Kosten

Auszahlung Abgang von Bar- und Buchgeld

Ausgabe Auszahlung + Schuldenzugang – Forderungsabgang

Aufwand Zu Anschaffungsausgaben bewerteter Güterverbrauch der Unternehmung, d.h. alle Vorgänge, die zu einer Ausgabe oder zu einer Verbindlichkeit für die Unternehmung führt, stellen Aufwand dar, wobei es völlig gleichgültig ist, ob dieser Aufwand betrieblich bedingt ist oder außerbetriebliche Ursachen hat.

Kosten Bewerteter leistungsbezogener Güterverbrauch

Was ist neutraler Aufwand?

Den nichtbetrieblichen Aufwand, der den Unterschied zwischen Kosten und Aufwand darstellt, bezeichnet man in der Sprache der Kostenrechnung als neutralen Aufwand. Neutraler Aufwand liegt beispielsweise vor, wenn ein Unternehmen für einen wohltätigen Zweck spendet.

Je nach Ursache des neutralen Aufwandes unterscheidet man nach Entstehung des Aufwandes:

1. Leistungsfremder bzw. betriebsfremder Aufwand, d.h., die Aufwendungen stehen in keinem Zusammenhang mit der betrieblichen Tätigkeit.

2. Zeitraumneutraler oder periodenfremder Aufwand, d.h. die Aufwendungen sind zwar durch die betriebliche Tätigkeit verursacht, aber sie gehören zu dem laufenden Geschäftsjahr, z.B. Steuernachzahlungen oder Mietvorauszahlungen.

3. Außergewöhnlicher Aufwand, d.h. Aufwendungen, die betriebsbedingt sind, jedoch nicht typisch für den normalen Betriebsablauf. Sie würden das Kostenbild erheblich stören. Beispiele dafür sind Großreparaturen als Folge von Feuer- oder Explosionsschäden.

Neutrale Aufwendungen werden bei der Kosten- und Leistungsrechnung nicht berücksichtigt. Sie werden auf so genannten Abgrenzungskonten der Geschäftsbuchhaltung ausgefiltert.

Neutrale Aufwendungen, also Aufwendungen, die nicht betriebsbedingt sind, werden in der Kosten- und Leistungsrechnung nicht berücksichtigt.

Was sind kalkulatorische Kosten?

Kosten, die keinen Aufwand im eigentlichen Sinne darstellen, weil sie nicht zu einer Geldausgabe führen, bezeichnet man als kalkulatorische Kosten.

Beispiele für kalkulatorische Kosten sind

- Kalkulatorische Zinsen
- Kalkulatorische Abschreibungen
- Kalkulatorische Miete
- Kalkulatorische Wagnisse
- Kalkulatorischer Unternehmerlohn

Zielsetzung beim Ansatz von kalkulatorischen Kosten ist es, eine Vergleichbarkeit unterschiedlicher Betriebe herzustellen, und zwar im Bezug auf

- Die Rechtsform, durch den kalkulatorischen Unternehmerlohn
- Die Finanzierungsweise, durch die kalkulatorischen Zinsen
- Die Bilanzierungsweise, durch kalkulatorische Abschreibungen
- Den Eintritt von Wagnissen, durch kalkulatorische Wagniskosten

Die kalkulatorischen Kosten sind nicht mit einer tatsächlichen Geldausgabe verbunden.

Leistung und Ertrag

Leistungen können im Unternehmen für Dritte, sprich Kunden, erbracht werden. Leistungen können aber auch als Vorleistung für andere Unternehmensbereiche erbracht werden. Man spricht in diesem Zusammenhang von innerbetrieblicher Leistung.

Leistung ist in der Kosten- und Leistungsrechnung das bewertete Ergebnis der betrieblichen Tätigkeit, also der erzeugten Güter und Dienstleistungen.

Der Leistungsbegriff kann differenziert werden in Kundenleistungen und innerbetriebliche Leistungen, wobei ein Unternehmensbereich für einen anderen arbeitet.

Analog zu den obigen Begriffsdefinitionen können folgende Begriffspaare gebildet werden:

Auszahlung – Einzahlung

Ausgabe – Einnahme

Aufwand – Ertrag

Kosten – Leistung

Was ist Leistung?

Der Leistungsbegriff kann folgendermaßen abgegrenzt werden:
- Einzahlung – Zugang von Bar- und Buchgeld
- Einnahme – Einzahlung + Forderungszugang – Schuldenabgang
- Ertrag – Zu bewertende Güterentstehung in der Unternehmung
- Leistung – Bewertete Güterentstehung im Rahmen des definierten Leistungserstellungsprozesses

Was ist neutraler Ertrag?

Der neutrale Ertrag, also ein Ertrag, der nicht betriebsbedingt ist, wird in der Kosten- und Leistungsrechnung nicht berücksichtigt.

Den nichtbetrieblichen Ertrag, der den Unterschied zwischen Leistung und Ertrag ausmacht, nennt man in der Sprache der Kostenrechnung neutraler Ertrag. Neutraler Ertrag liegt beispielsweise vor, wenn ein Unternehmen Erträge aus Spekulationsgeschäften hat. Entsprechend der Ursachen kann man unterscheiden zwischen
- Leistungsfremdem, betriebsfremdem Ertrag
- Zeitraumneutralem, periodenfremdem Ertrag

Unter Zusatzleistungen versteht man Leistungen, denen keine Erträge gegenüberstehen, beispielsweise selbst erstellte Patente oder betriebliches Know-how.

> **Betriebserfolg**
> Der Betriebserfolg ergibt sich aus der Gegenüberstellung von Ertrag und Kosten. Er ist ein Gewinn, wenn die Erlöse die Kosten übersteigen, und ein Verlust, wenn die Erlöse niedriger als die Kosten sind.

Die Kostenrechnung erfasst die Kosten innerhalb einer Zeitperiode und stellt sie den Leistungen des gleichen Zeitraums gegenüber. Um möglichst viele Informationen über die Kosten zu erhalten, genügt es nicht, die Kosten einer Periode als Gesamtsumme zu betrachten. Der Unternehmer muss mehr wissen. Deshalb teilt man die Kostenrechnung in drei Gruppen auf.

Eine wesentliche Funktion der Kostenrechnung liegt darin, dass sie Kalkulationshilfen zur Ermittlung der Preise bereitstellt.

Kostenrechnung	
Kostenartenrechnung	Welche Kosten sind entstanden?
Kostenstellenrechnung	Wo sind Kosten entstanden?
Kostenträgerrechnung	Wofür sind die Kosten entstanden?

Welche Kosten entstehen eigentlich im Unternehmen – Kostenartenrechnung

Die Kostenartenrechnung beantwortet die Frage, welche Kosten während eines bestimmten Zeitraums entstanden sind.
Dabei werden die Kosten, gegliedert nach Arten, gesammelt und den Leistungen einer Periode gegenübergestellt. Für die gezielte Verteilung der Kosten wird eine Aufteilung in Einzelkosten und Gemeinkosten vorgenommen.

Man unterscheidet zwischen variablen und fixen Kosten. Variable Kosten können je nach Beschäftigungslage verändert werden, fixe Kosten bleiben immer gleich, egal, wie viel ein Unternehmen aktuell zu tun hat.

Kosten

Einzelkosten
Die Einzelkosten können dem entsprechenden Produkt (Kostenträger) unmittelbar zugerechnet werden. Es besteht ein direkter Zusammenhang zwischen dem Produkt und den Kosten, z.B.: Materialkosten, Fertigungslöhne.

Gemeinkosten
Gemeinkosten sind diejenigen Kosten, die zwar auch im Zusammenhang mit dem betrieblichen Leistungsprozess entstehen, die aber dem einzelnen Produkt nicht unmittelbar zugeordnet werden können, z.B. Raum- oder Verwaltungskosten.
Die Gemeinkosten werden also zunächst global gesammelt und dann mit Hilfe individueller Schlüsselgrößen auf die Kostenträger (Produkte) verteilt.

Sie müssen in Ihrem individuellen Kostenplan festlegen, welche Kostenaufschlüsselung für Sie als Informationsgrundlage notwendig ist.

Wie weit die einzelnen Kostenarten untergliedert werden, hängt von dem Informationsbedürfnis der Unternehmung ab. Große Unternehmen mit einem umfangreichen Produktprogramm haben normalerweise eine wesentlich tiefere Gliederung als kleinere Betriebe. Auch Branchenzugehörigkeit kann sich in der Gliederung widerspiegeln. Der individuelle Kostenplan ist die organisatorische Grundlage der Kostenartenrechnung.

Zu den Kostenarten gehören im Einzelnen:

- Personalkosten (Löhne und Gehälter)
- Sachkosten (für Roh-, Hilfs- und Betriebsstoffe)
- Betriebsmittelkosten
- Kapitalkosten
- Beraterhonorare und sonstige Dienstleistungen
- Strom-, Telefon- und Versicherungskosten
- Steuern, Gebühren und Beiträge

Aufgabe der Kostenartenrechung ist, neben der vollständigen Erfassung aller Kosten des Unternehmens, die Kostenkontrolle. Wenn Ihnen »die Kosten weglaufen«, müssen Sie erkennen können, welche Kosten im Einzelnen ansteigen und warum.

Ihre Kosten sind zu hoch, und Sie wissen noch nicht, wo Sie ansetzen sollen? Überprüfen Sie doch gezielt die wichtigsten Aspekte.

Die Kostenrechnung muss auf veränderte Kostenstrukturen und Preisentwicklungen reagieren.

Checkliste: Kostensenkung	Ja	Nein
✍ Werden die Maschinenkapazitäten voll ausgenutzt?	❑	❑
✍ Passt der Fuhrpark zu den tatsächlichen Nutzungsanforderungen?	❑	❑
✍ Sind die Mitarbeiter ausgelastet, oder gibt es viele interne Aufgaben als »Lückenfüller«?	❑	❑
✍ Werden geeignete Arbeitsmittel eingesetzt? Anmerkung: Ein Grafiker an einem zu kleinen Rechner kann Stunden mit Wartezeiten verbringen.	❑	❑
✍ Wird die Energie effizient genutzt?	❑	❑
✍ Fremdbezug oder Eigenfertigung: Gibt es Produkte oder Leistungen, die kostengünstiger »eingekauft« werden könnten, oder umgekehrt, die günstiger selbst erstellt werden könnten?	❑	❑
✍ Können die Lagerbestände reduziert werden?	❑	❑
✍ Gibt es günstigere Materialien?	❑	❑
✍ Besteht die Möglichkeit des Recycling?	❑	❑

Wo entstehen Kosten – Kostenstellenrechnung

Die Kostenstellenrechnung beantwortet die Frage: »Wo sind die Kosten entstanden?«

Aufgabe der Kostenstellenrechnung ist es, den einzelnen Kostenstellen, also beispielsweise Abteilungen oder einzelnen Unternehmensbereichen, die bei den Kostenarten gesammelten Gemeinkosten dort zuzurechnen, wo sie entstehen. Dadurch kann die Wirtschaftlichkeit der einzelnen Bereiche miteinander verglichen und kontrolliert werden.

Gemeinkosten sind die Kosten, die zwar im Zusammenhang mit dem betrieblichen Leistungserstellungsprozess stehen, aber nicht einzeln zurechenbar sind.

Gemeinkosten (aus der Kostenartenrechnung)	werden verteilt auf die einzelnen Kostenstellen:	▸ Fertigungsstellen ▸ Materialstellen (Einkauf/Lager) ▸ Verwaltungsstellen (Geschäftsführung) ▸ Buchhaltung) ▸ Vertriebsstellen

Die Kostenstellenrechnung verteilt die im Unternehmen entstehenden Kosten auf einzelne Kostenstellen.

Eine Kostenstelle kann dabei nach verschiedenen Kriterien gebildet werden:

Betriebliche Funktionen Die in der Praxis am häufigsten vorkommende Methode der Stellenbildung erfolgt nach betrieblichen Funktionen, zumeist Abteilungen.

Verantwortungsbereiche Eine Kostenstellenbildung kann auch nach Verantwortungsbereichen erfolgen.

Betriebsräume Die Kostenstellenbildung nach Betriebsräumen kommt eher selten vor, da in den Räumen häufig die verschiedensten Tätigkeiten ausgeübt werden.

Wie viele Kostenstellen ein Unternehmen einrichtet, hängt von den individuellen Gegebenheiten ab, z.B. von der Größe des Unternehmens, der Unternehmensstruktur, den Produkten oder der Branche.

Die Anzahl und Aufteilung der Kostenstellen erfolgt in einem Kostenstellenplan.

Die Kostenstellenrechung kann in Kontenform dargestellt werden oder in tabellarischer Form.

Man unterscheidet die Kostenstellen in:

Hauptkostenstellen Diese geben ihre Leistungen zumeist unmittelbar in die für den Absatz bestimmten Produkte oder Leistungen.

Nebenkostenstellen Diese geben ihre Leistungen in aller Regel an die Hauptkostenstellen ab.

Allgemeine Hilfskostenstellen Sie geben ihre Leistungen an fast alle übrigen Kostenstellen ab, beispielsweise das betriebseigene Heizkraftwerk.

Buchhalterische Kostenstellenrechnung

Diese Methode nutzen häufig Klein- und Mittelbetriebe zur Darstellung ihrer Kostenrechnung.

Die Kostenstellenrechnung kommt in zwei Formen vor. Eine Möglichkeit ist die kontenmäßige Darstellung, auch buchhalterische Kostenrechnung genannt. Dabei wird für jede Kostenstelle innerhalb des Kontenrahmens ein eigenes Konto abgebildet. Die Kosten werden, getrennt nach Kostenarten, auf der linken Seite, also im Soll gebucht. Im Haben wird die Entlastung gebucht, die durch Erbringen einer innerbetrieblichen Leistung erfolgt oder durch das Erbringen einer Leistung, die direkt einem Kostenträger – also einer Absatzleistung – zugerechnet werden kann.
Dieses Verfahren stößt dort auf seine Grenzen, wenn die Übersicht aufgrund der Anzahl der Kostenstellen verloren geht.

Statistische Kostenstellenrechnung

In der Praxis häufiger vorkommend ist die statistische Kostenstellenrechnung in tabellarischer Form. Die Auswertungen werden dabei mit einem so genannten Betriebsabrechnungsbogen (BAB) durchgeführt.

Stammtisch

Achim kommt heute ziemlich geschafft zum Stammtisch. »Heute war ein Tag!«, stöhnt er. »Heute Morgen haben ich erfahren, dass unsere kaufmännische Mitarbeiterin, die schon drei Wochen fehlt, noch mindestens eine Woche krank ist, und dann kam die betriebswirtschaftliche Auswertung des letzten Monats ins Haus. Und die hat mich auch nicht unbedingt aufgeheitert.« Achim erzählt, dass die Unternehmenszahlen des letzten Monats ganz schön schlecht sind und dass er die Auswertungen sehr lange studiert hat, um herauszufinden, warum das so ist.

Josef ist neugierig: »Und hast du den Grund gefunden?« »Oh ja, obwohl das gar nicht so einfach war«, erwidert Achim. »Es gab nämlich nicht nur einen Grund, wie beispielsweise eine teure außergewöhnliche Reparatur oder so etwas. Die Gründe für das schlechte Ergebnis steckten nämlich im Detail.« Bei genauer Analyse der Daten stellte sich heraus, dass die Personalkosten um 50 Prozent höher lagen als im Vormonat. Diese Tatsache ließ sich noch verhältnismäßig einfach erklären: Die Erfolgsbeteiligung des letzten Abrechnungszeitraumes war ausgezahlt worden, und um ein großes Projekt pünktlich zu beenden, waren spontan zwei Aushilfen beschäftigt worden. Die Kfz-Kosten waren ebenfalls deutlich höher als im Vormonat und erheblich höher als im Vorjahr. Aber auch das konnte geklärt werden: Da demnächst mit den ersten Schneefällen zu rechnen war, mussten alle im Sommer neu angeschafften Fahrzeuge mit Winterreifen ausgestattet werden. Und dann gab es noch einen Ausfall in der EDV-Anlage; die Folge waren hohe Kosten für den Servicetechniker.

Dagmar vermutet blind: »Die Kosten alleine können doch nicht der Grund für dieses schlechte Monatsergebnis sein?« »Nein«, führt Achim weiter aus, »die Umsätze wichen viel zu stark von den Vergleichszahlen ab.« Der Vergleich ergab, dass der Umsatz ein Drittel unter dem erwarteten Umsatz lag. »Und keiner konnte sich so recht erklären, warum. Alle Projekte verliefen normal, und alle Kundenrechnungen waren auch gestellt worden! So dachten wir wenigstens!« Nach einer kleinen Pause erzählt Achim weiter: »Normalerweise bekommt unsere kaufmännische Mitarbeiterin von allen Projektleitern die Information, was im Einzelnen in Rechnung gestellt werden kann. So auch im letzten Monat. Direkt nachdem die einzelnen Projektleiter ihre Daten weitergereicht hatten, ist die kaufmännische Mitarbeiterin krank geworden. Jeder dachte, die Kundenrechnungen seien rausgeschickt worden. Das stimmte aber nicht. Die Mitarbeiterin hatte es nicht mehr geschafft, die letzten Rechnungen zu schreiben; die lagen alle noch unfertig in der Schublade.«

Achim stöhnt: »Wir haben heute natürlich erst einmal Rechnungen geschrieben, denn unser Konto muss dringend aufgefüllt werden. Das war zwar ein ziemlich dummer Fehler von uns, aber ehrlich gesagt ist mir dieses Ergebnis lieber, als wenn ich festgestellt hätte, dass unsere Umsätze tatsächlich in den Keller gehen!«

Die Zahlungsströme müssen genauso sorgfältig kontrolliert werden, wie die Kosten.

Kosten kontrollieren – Kosten minimieren: Controlling ergänzt Kostenrechnung

Ein guter Controller ist der Unternehmensberater im Unternehmen. Der Controller hat zu allen Bereichen des Unternehmens von der Unternehmensleitung über die Marketingabteilung zum Personalwesen, der Buchführung und dem Vertrieb direkten Kontakt. Im Zentrum des Controlling steht aber die Kostenrechnung. Die Kostenrechnung, basierend auf den Daten der Buchführung, bildet die Grundlage der Finanzplanung des Controllers.

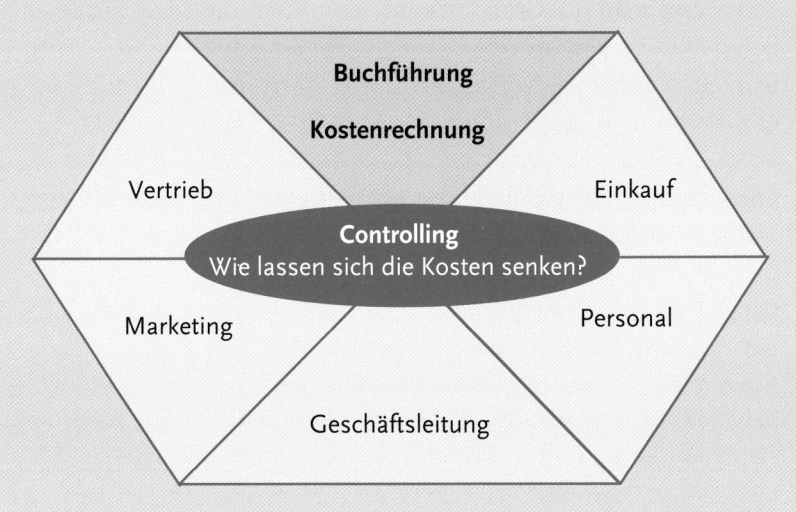

Während die Geschäftsleitung die Zielausrichtung der Unternehmung festlegt, muss der Controller dafür sorgen, dass diese Ziele auch tatsächlich erreicht werden.

Die Kernfrage des Controllers lautet: Wie lassen sich Kosten senken?

Controlling ist Steuerung in die Zukunft hinein. Zur Aufgabe des Controllers gehört die Planung, wie Unternehmensziele erreicht werden können. Der Soll-Ist-Vergleich, als Instrumentarium des Controlling, überprüft erreichte Ergebnisse und deren Übereinstimmung mit den Zielvorgaben.

Die Arbeit eines guten Controllers hat folgende Bestandteile:

1. Zielvorgabe

Sind in Ihrem Unternehmen eindeutige Ziele definiert? Gibt es Vorgaben, die erreicht werden sollen, beispielsweise im Bezug auf den Umsatz?

Wichtig für die Zielerreichung ist Folgendes: Die Unternehmensleitung muss die Mitarbeiter in den Zielbildungsprozess einbeziehen, und die Mitarbeiter müssen die Zielvorgaben kennen!

2. Regelmäßige Überprüfung

Zielvorgaben machen nur Sinn, wenn ihr Erreichen auch überprüft wird und daraus Schlussfolgerungen gezogen werden können. Der Ursachenanalyse kommt hier eine besondere Bedeutung zu. Es genügt nicht festzustellen, dass Ziele nicht erreicht oder überschritten wurden. Wichtig ist die Frage nach dem Warum! Nur wenn man die Gründe kennt, kann man die richtigen Maßnahmen festlegen, um aus der vorhandenen Situation die Schritte in Richtung der Zielvorstellungen der Unternehmung anzubahnen. Wenn der aktuelle Krankenstand in der Unternehmung sehr hoch ist, weil eine Grippewelle durch das Unternehmen rollt, dann müssen eigentlich keine Maßnahmen, außer vielleicht der Ausgabe von Vitamin C, eingeleitet werden. Wenn der Krankenstand jedoch sehr hoch ist, weil die Leute demotiviert und frustriert sind, dann muss man eine weitergehende Ursachenanalyse betreiben und entsprechende Maßnahmen einleiten.

Machen Sie sich eine Liste der Daten, die Sie regelmäßig im Auge behalten müssen, und legen Sie sich standardisierte Auswertungen an, die Ihren individuellen Anforderungen entsprechen.

Monatlich kontrolliert werden müssen zum Beispiel:

- Umsatzdaten
- Offene Posten
- Liquidität (Kontostände)
- Laufende Kosten (Personal-, Material-, Energiekosten)
- Einmalige Kosten (Reparaturkosten, Investitionen)
- Eigene Verbindlichkeiten
- Kapitalbedarf
- Mitarbeiterdaten (Krankenstand, Überstunden, Urlaub, Aushilfen)
- Auftragseingänge
- Auftragsbestand (Auftragspolster)

Und machen Sie nicht den Fehler, diese Daten zu vernachlässigen. Wenn Sie beispielsweise rechtzeitig merken, dass Ihr Auftragsbestand rückläufig ist, können Sie in aller Ruhe Ihre Akquisitionsaktivitäten verstärken. Wenn Sie zu spät beginnen, neue Kunden zu werben, kann das für Ihren Betrieb Leerlauf, wenn nicht gar das endgültige Aus bedeuten. Deshalb:

Bauen Sie ein gutes Controllingsystem auf!

Wer trägt die Kosten – Kostenträgerrechnung

Bei der Kostenträgerrechnung werden die angefallenen Kosten je Leistungseinheit (Kostenträger) ermittelt. Dabei kann unterteilt werden in:

Kostenträgerrechnung

Kostenträgerzeitrechnung	Kostenträgerstückrechnung
▶ Periodenbezogene Betriebs-erfolgsrechnung (kurzfristige Erfolgsrechnung)	▶ Kalkulatorische Stück-rechnung Kosten auf die Leistungsein-heit zugerechnet

Was ist Kostenträgerstückrechnung?

Kalkulationszahlen und Werte der Zwischen- und Nachkalkulation unterstützen das Controlling.

Demgegenüber ist die Aufgabe der Kostenträgerstückrechnung die Ermittlung der Kosten, die für die Erstellung und den Absatz einer Leistungseinheit entstanden sind. Während sie im Rahmen der Vorkalkulation insbesondere der Preisbildung und der Angebotskalkulation dient, ist ihre Aufgabe im Rahmen der Nachkalkulation die Kontrolle der gesetzten Preise. Bei Produkten mit einer ungewöhnlich langen Produktionsdauer wird die Kostenträgerstückrechnung auch zur Zwischenkalkulation eingesetzt.

Kalkulation der Kosten für eine Leistungseinheit

	Materialeinzelkosten
+	Materialgemeinkosten
+	Fertigungseinzelkosten
+	Fertigungsgemeinkosten (+ Forschungs- und Entwicklungsgemeinkosten)
=	Herstellungskosten
+	Verwaltungs(gemein)kosten
+	Sondereinzelkosten des Vetriebs
+	Vertriebsgemeinkosten
=	Gesamtkosten (= Selbstkosten)
+	**Gewinn**
=	**Preis**

Was ist Kostenträgerzeitrechnung?

Bei der Kostenträgerzeitrechnung werden die Einzel- und Gemeinkosten innerhalb eines bestimmten Zeitraums auf einen einzelnen Kostenträger verrechnet. Ziel dieser Verrechnungsmethode ist, den erzielten Betriebserfolg aus der betrieblichen Tätigkeit einer Abrechnungsperiode zu ermitteln.

Die Kostenträgerzeitrechnung kann nach zwei verschiedenen Verfahren erfolgen:

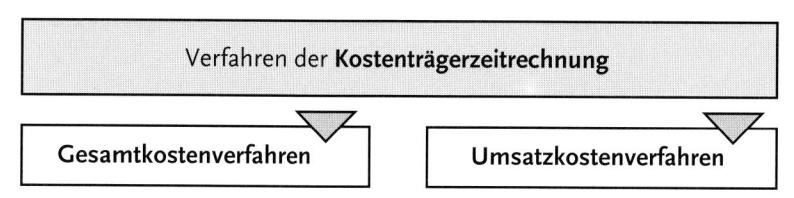

Gesamtkostenverfahren

Beim Gesamtkostenverfahren werden die gesamten Kosten eines Abrechnungzeitraumes dem gesamten Erlös der Rechnungsperiode gegenübergestellt.

Erzeugte und abgesetzte Leistungseinheiten müssen innerhalb eines Abrechnungzeitraumes nicht übereinstimmen.

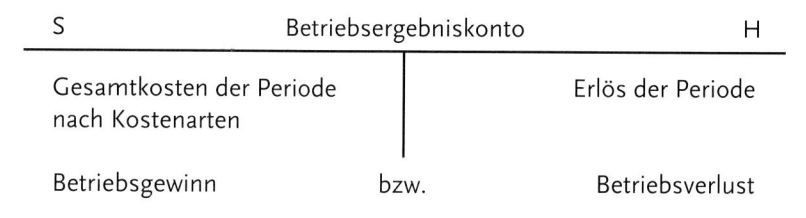

Problem dieser Methode: Während sich die Kosten auf die erzeugten Leistungseinheiten beziehen, bezieht sich der Erlös auf die abgesetzten Leistungseinheiten. Mit dieser Methode wird das Betriebsergebnis also nur korrekt, wenn Produktion und Absatz innerhalb des Abrechnungzeitraumes mengenmäßig übereinstimmen. In diesem Falle müssen die Veränderungen der Bestände von fertigen und unfertigen Leistungen unbedingt mit berücksichtigt werden.

Umsatzkostenverfahren

Beim Umsatzkostenverfahren wird das Betriebsergebnis eines Abrechnungszeitraums durch eine Gegenüberstellung der Umsätze der einzelnen Erzeugnisarten mit den für die jeweiligen Umsätze angefallenen Selbstkosten ermittelt. Das Umsatzkostenverfahren unterscheidet sich vom Gesamtkostenverfahren lediglich durch den Ausweis der Bestandsveränderung.

Werden die Herstellkosten bei beiden Verfahren einheitlich bewertet, führen sie zu gleichen Ergebnissen.

S	Betriebsergebniskonto	H
Selbstkosten der in dem Abrechnungszeitraum abgesetzten Erzeugnisse (= Umsatzkosten), gegliedert nach Kostenarten	(Umsatz-)Erlöse der in dem Abrechnungszeitraum abgesetzten Erzeugnisse (= Umsätze), gegliedert nach Erzeugnisarten
Betriebsgewinn	bzw. Betriebsverlust

Entscheidender Vorteil des Umsatzkostenverfahrens ist, dass der Erfolgsbeitrag jeder einzelnen Erzeugnisart aufgezeigt wird. Grundlage ist allerdings eine ausführliche Kostenträgerstückrechnung.

Kostenrechnungssysteme

Im Mittelpunkt der Kosten- und Leistungsrechnung steht der betriebliche Prozess der Leistungserstellung. Kostenrechnungssysteme sollen helfen zu beurteilen, wie der Güterverbrauch im Einzelnen aussieht. Er muss ermittelt, prognostiziert, als Richtwert vorgegeben und im Verbrauch kontrolliert werden.

Dem Güterverbrauch (Input) auf der einen Seite steht die Güterausbringung (Output) auf der anderen Seite gegenüber. Die Kostenrechnung unterscheidet sich also erheblich von der Bilanzierung oder der Liquiditätsrechnung, die beide bereits ausführlich vorgestellt wurden.

Aus den vielfältigen unternehmenstypischen Aufgaben leiten sich die unterschiedlichsten Ansprüche an das Kostenrechnungssystem ab. Man ist gut beraten, solche Systeme mit fachkundiger Unterstützung aufzubauen.

Die Betreuung von Kostenrechnungssystemen außer Haus ist problematisch, weil die betreuenden Kräfte trotz aller Sachkunde nicht hinreichend viel Kenntnisse über die innerbetrieblichen Abläufe haben.

Ein häufiger Fehler ist es, für viel Geld moderne, prestigeträchtige Systemlösungen zu kaufen und zu installieren, bei der sorgfältigen Datenerfassung aber zu sparen. Wenn fachunkundige Kräfte bei der Kontierung falsche und/oder unvollständige Daten in das Kostenrechnungssystem einspeisen, dann können zwangsläufig nur falsche Rechenergebnisse herauskommen. Dann stellt das betriebliche Rechnungswesen nicht nur falsche Daten zur Verfügung, sondern auch das Controlling ist insgesamt vollkommen unzuverlässig.

Bei den Kostenrechnungsystemen ist zwischen Vollkostenrechnung und Teilkostenrechnung zu unterscheiden. Bei der Vollkostenrechnung werden die gesamten Kosten einer Periode auf die einzelnen Kostenträger verteilt. Demgegenüber wird bei der Teilkostenrechnung nur ein Teil der in einer Periode entstandenen Kosten den Kostenträgern zugerechnet.

Vollkostenrechnung	Teilkostenrechnung
Die gesamten Kosten einer Periode werden auf die einzelnen Kostenträger verteilt. ■ Ist-Kosten ■ Normalkosten ■ Plankosten	Nur ein Teil der insgesamt entstandenen Kosten einer Abrechnungsperiode wird den Kostenträgern zugerechnet. ■ Deckungsbeitragsrechnung ■ Direct Costing

Deckungsbeitragsrechnung Bei der Deckungsbeitragsrechnung werden die Kosten in fixe und variable Kosten gegliedert und den Produkten werden zunächst nur die variablen Kosten zugerechnet.

Was mit einem Produkt über die variablen Kosten hinaus erwirtschaftet wird, ist sein Beitrag zur Deckung der Gemeinkosten oder ggf. ein Gewinnbeitrag.

Kurzübersicht

Aufgabe der Kosten- und Leistungsrechnung ist die Bereitstellung von Daten zur innerbetrieblichen Information. Sie ist Basis für

■ Die Ermittlung von Angebotspreisen
■ Kostenüberwachung
■ Leistungserfassung und Ermittlung des Betriebsergebnisses
■ Wirtschaftlichkeitsprüfung
■ Basis für weitere Planungen und Entscheidungen

Die Kosten- und Leistungsrechnung gliedert sich in die Kostenartenrechnung, Kostenstellenrechnung und die Kostenträgerrechnung.

Kostenartenrechnung Bei der Kostenartenrechnung wird ermittelt, welche Kosten entstanden sind.

Kostenstellenrechnung Die Kostenstellenrechnung ermittelt, wo die Kosten entstanden sind.

Kostenträgerrechnung Die Kostenträgerrechnung sagt aus, wofür die Kosten entstanden sind, d.h., sie ordnet die Kosten einer Leistungseinheit zu.

Über Gewinn freut sich auch das Finanzamt

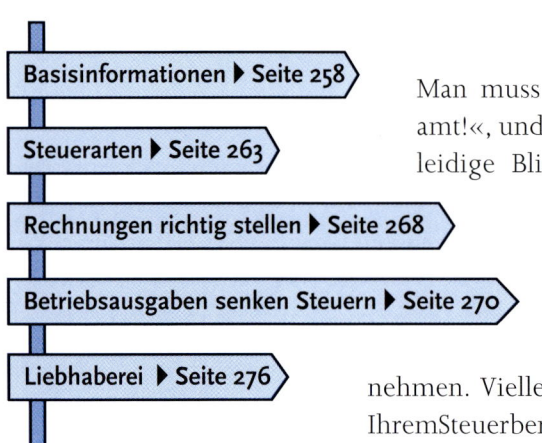

- Basisinformationen ▶ Seite 258
- Steuerarten ▶ Seite 263
- Rechnungen richtig stellen ▶ Seite 268
- Betriebsausgaben senken Steuern ▶ Seite 270
- Liebhaberei ▶ Seite 276

Man muss nur laut tönen: »Ich muss zum Finanzamt!«, und schon bekommt man von allen Seiten mitleidige Blicke zugeworfen. Dabei ist alles halb so schlimm. Erstens gibt es Menschen, die Ihnen beim Umgang mit dem Finanzamt helfen. Und zweitens haben Sie die wichtigsten Themen schon im Griff, wenn Sie sich ein wenig Zeit für die nächsten Seiten nehmen. Vielleicht fällt Ihne das nächste Gespräch mit IhremSteuerberater dann auch viel leichter!

Was Sie über Steuern unbedingt wissen sollten

Es gibt ein paar grundsätzliche Dinge, die Sie im Bezug auf Steuern wissen müssen:

Steuerpflichtige und ihre Steuern
Das Gesetz definiert Steuern folgendermaßen:

§ 3 Abs. 1 Satz 1 AO
»Steuern sind Geldleistungen, die nicht eine Gegenleistung für eine besondere Leistung darstellen und von einem öffentlich-rechtlichen Gemeinwesen zur Erzielung von Einnahmen allen auferlegt werden, bei denen der Tatbestand zutrifft, an den das Gesetz die Leistungspflicht knüpft; die Erzielung von Einnahmen kann Nebenzweck sein.«

Nach dem Gesetz muss Steuern zahlen, wer steuerpflichtig ist.

§ 33 Abs. 1 AO
»Steuerpflichtiger ist, wer eine Steuer schuldet, für eine Steuer haftet, eine Steuer für Rechnung eines Dritten einzubehalten und abzuführen hat, wer eine Steuererklärung abzugeben, Sicherheit zu leisten, Bücher und Aufzeichnungen zu führen oder andere ihm durch die Steuergesetze auferlegte Verpflichtungen zu erfüllen hat.«

Was heißt das im Einzelnen?

Arbeitnehmer und Steuern

Arbeitnehmer müssen zunächst einmal – vereinfacht dargestellt – nur ihre Lohnsteuerkarte abgeben, damit sie ihre Pflicht erfüllen und ihre Lohnsteuer an das Finanzamt abgeführt werden kann (durch den Arbeitgeber).

Selbstständige und Steuern

Für Selbständige sieht das etwas anders aus. Sie müssen sich darum kümmern, dass alle ihre anfallenden Steuern in der richtigen Höhe und zum richtigen Zeitpunkt an das Finanzamt abgeführt werden. Und ergänzend müssen sie, wenn sie als Arbeitgeber auftreten, auch die Lohnsteuerzahlungen ihrer Mitarbeiter pünktlich abführen.

Als selbstständig Tätiger müssen Sie unbedingt wissen, welche Steuerarten das Finanzamt in welcher Höhe von Ihnen erhebt.

Pflichten des Steuerpflichtigen

Als Steuerpflichtiger haben Sie verschiedene Rechte und Pflichten im Zusammenhang mit Ihrer Besteuerung. Ihre Steuern errechnen sich aus Ihrer Besteuerungsgrundlage.

Besteuerungsgrundlage

Damit die Besteuerungsgrundlage richtig ermittelt werden kann, müssen sie bestimmte Unterlagen zur Verfügung stellen und bestimmte Auskünfte erteilen.

Auskunftspflicht (§ 93 Nr. 1 AO) Auskünfte über die für die Besteuerung erheblichen Sachverhalte müssen von Beteiligten (und anderen Personen) erteilt werden.

Pflicht zur Vorlage von Unterlagen (§ 97 Nr. 1 AO) Die Finanzbehörde kann von den Beteiligten (und anderen Personen) die Vorlage von Büchern, Aufzeichnungen, Geschäftspapieren und anderen Urkunden zur Einsicht und Prüfung verlangen.

Pflicht zur Anzeige der Erwerbstätigkeit (§ 138 Nr. 1 AO) Auf amtlich vorgeschriebenen Vordrucken ist die Aufnahme einer Erwerbstätigkeit, wie die Eröffnung eines Betriebes der Land- und Forstwirtschaft, eines gewerblichen Betriebs oder einer Betriebsstätte, der Gemeinde unverzüglich mitzuteilen. Die Gemeinde unterrichtet dann das zuständige Finanzamt.

Führen von Büchern und Aufzeichnungen (§ 140–146 AO) Die Pflicht zum Führen von Büchern ist im Einzelnen geregelt (→ »Wer muss Bücher führen«, Seite 213).

Pflicht zu Aufbewahrung von Unterlagen (§ 147 AO) Es ist genau geregelt, welche Unterlagen für welchen Zeitraum aufzubewahren sind (→ Aufbewahrungsfristen, Seite 241).

Abgabe der Steuererklärungen (§ 149 AO) Wer zur Abgabe einer Steuererklärung verpflichtet ist, regeln die Steuergesetze.

Was tun bei Zweifeln am Steuerbescheid?

Wenn Sie glauben, dass Ihr Steuerbescheid nicht korrekt ist, dann müssen Sie gemäß den Paragrafen 347 und 355 AO innerhalb eines Monats reagieren und bei Ihrem Finanzamt einen Einspruch gegen den Steuerbescheid einreichen.

Sie müssen gleichzeitig mit dem Einspruch die Aussetzung der Vollziehung beantragen, da ansonsten die angeforderten Beträge an das Finanzamt trotzdem bezahlt werden müssen.

Wenn der Einspruch erfolglos bleibt, besteht die Möglichkeit gerichtlicher Rechtsbehelfe. Eine Klage gegen die Einspruchsentscheidung des Finanzamtes ist beim Finanzgericht einzureichen.

Was tun bei versäumter Einspruchsfrist?

Freundlicherweise findet sich auf der Rückseite eines jeden Steuerbescheids eine »Rechtsbehelfsbelehrung«, die einen über alle wichtigen Tatsachen informiert.

Wenn der Monat vorbei ist und Sie noch keinen Einspruch eingelegt haben, dann haben Sie trotzdem noch eine Möglichkeit. Wenn Sie die Frist ohne Verschulden versäumt haben, dann stellen Sie gemäß Paragraf 110 AO beim Finanzamt einen Antrag auf Wiedereinsetzung in den vorigen Stand.

Folgende Fällen werden üblicherweise anerkannt:

Plötzliche Erkrankung Wenn Sie jedoch innerhalb der Einspruchsfrist wieder gesund werden, dann können Sie eine Wiedereinsetzung in den vorigen Stand nicht beantragen.

Verzögerungen der Post Wenn Sie für Ihren Einspruch die normalen Postlaufzeiten einschließlich der Feiertage kalkuliert haben, dann gilt die Verzögerung als Grund ohne Verschulden.

Reisen Unter bestimmten Bedingungen kann auch der Urlaub oder eine Dienstreise als Grund anerkannt werden. Aber in diesem

Fall sind Sie auf der sicheren Seite, wenn Sie vor dem Urlaub Ihrem Finanzamt mitteilen, dass Sie eine bestimmte Zeit nicht anwesend sind. Bitten Sie in diesem Zusammenhang darum, Ihnen den Steuerbescheid erst nach einem bestimmten Termin zuzustellen.

Was tun bei falschen Angaben?

Das kommt ganz darauf an ...

Es kann schon einmal vorkommen, dass sich auch in einer Steuererklärung Fehler einschleichen. Prinzipiell sollte man natürlich sein zuständiges Finanzamt davon in Kenntnis setzen und die Angaben korrigieren.

Grundsätzlich wird in diesem Zusammenhang unterschieden in Ordnungswidrigkeiten und Steuerstraftaten.

Ordnungswidrigkeit

Bei einer Ordnungswidrigkeit kann ein Bußgeld drohen.

Zu den Ordnungswidrigkeiten gehören unter anderem leichtfertige Steuerverkürzungen, beispielsweise durch unvollständige Angaben und Steuergefährdung. Hier handelt ordnungswidrig, wer vorsätzlich oder leichtfertig Belege ausstellt, die in tatsächlicher Hinsicht unrichtig sind, und wer dadurch ermöglicht, Steuern zu verkürzen oder nicht gerechtfertigte Steuervorteile zu erlangen.

Die Paragrafen 377 bis 384 AO regeln die Bußgeldvorschriften.

Straftat

Strafverfahren werden durchgeführt, wenn Steuerstraftaten vorliegen. Dazu gehören beispielsweise die Steuerhinterziehung und das pflichtwidrige Verwenden von Steuerzeichen.

Es besteht die Möglichkeit der Selbstanzeige. Wenn man seine Angaben korrigiert, bevor ein Straf- oder Bußgeldverfahren eingeleitet wird, dann bleibt das Vergehen straffrei.

Kein Recht auf Akteneinsicht!

Man wüsste ja manchmal doch ganz gerne, was denn in der eigenen Steuerakte beim Finanzamt so alles drin steht; denn darin befinden sich ja nicht nur die Steuererklärungen und -bescheide, sondern auch die Bearbeitungshinweise der Finanzbeamten. Aber bedauerlicherweise hat man während eines laufenden Besteuerungs- oder Einspruchsverfahrens kein Recht auf Akteneinsicht. Das Finanzamt kann jedoch Akteneinsicht gewähren; dazu müssen jedoch Gründe genannt werden. Ein Steuerberaterwechsel kann solch ein Grund sein.

Wenn Sie gegen einen Steuerbescheid Einspruch erhoben haben, dann muss das Finanzamt Ihnen die Besteuerungsunterlagen mit-

Die Abgabenordnung gilt für alle Steuern und Steuervergütungen, die durch Bundesrecht oder Recht der Europäischen Union geregelt und von Bundes- oder Landesfinanzbehörden verwaltet werden.

teilen (§ 364 AO); konkret heißt das, Sie dürfen immer noch nicht alle Unterlagen und Zusatzinformationen, wie beispielsweise Bemerkungen des Sachbearbeiters erfragen, können aber sehr wohl bestimmte Berechnungsgrundlagen erfragen. Die Inhalte der genannten Unterlagen müssen Ihnen dann mitgeteilt werden.

Sie müssen übrigens Ihre eigenen Steuerunterlagen nach der Kontrolle des Finanzamtes und Zugang des Steuerbescheides nicht weiter aufbewahren, wenn Sie nicht zur Buchführung verpflichtet sind.

Zuständiges Finanzamt

Grundsätzlich sind die Steuern an das zuständige Finanzamt abzuführen. Die örtliche Zuständigkeit unterliegt folgenden Regelungen:

Natürliche Personen	§ 19 Abs. 1 AO	Für die Besteuerung natürlicher Personen nach dem Einkommen und Vermögen ist das Finanzamt örtlich zuständig, in dessen Bezirk der Steuerpflichtige seinen Wohnsitz oder in Ermangelung eines Wohnsitzes seinen gewöhnlichen Aufenthalt hat (Wohnsitzfinanzamt).
Betriebe der Land- und Forstwirtschaft	§ 18 Abs. 1 Nr. 1 AO	Zuständig ist das Finanzamt, in dessen Bezirk der Betrieb oder dessen wertvollster Teil liegt (Lagefinanzamt).
Gewerblicher Betrieb mit Geschäftsleitung in Deutschland Gewerblicher Betrieb ohne Geschäftsleitung in Deutschland	§ 18 Abs. 1 Nr. 2 AO	Zuständig ist das Finanzamt, in dessen Bezirk sich die Geschäftsleitung befindet. Zuständig ist das Finanzamt, in dessen Bezirk die Betriebsstätte, bzw. bei mehreren Betriebsstätten die bedeutendste unterhalten wird (Betriebsfinanzamt).
Freiberufler	§ 18 Abs. 1 Nr. 3	Zuständig ist das Finanzamt, in dessen Bezirk die Berufstätigkeit vorwiegend ausgeübt wird.

Steuergesetze und Abgabenordnung

Während die einzelnen Steuergesetze regeln, in welchen Fällen die Steuer entsteht, sind in der Abgabenordnung die grundsätzlichen Regelungen darüber enthalten, wie die Steuer festzusetzen und wann sie zu entrichten ist.

Steuern können nach verschiedenen Kriterien eingeteilt werden:

Einteilung der Steuern			
Nach der Ertrags-kompetenz	**Besitz- und Verkehrsteuern**	**Zölle und Verbrauchsteuern**	**Andere Einteilungs-methoden**
Bundessteuern Landessteuern Gemeinschaftssteuern Gemeindesteuern Kirchensteuer	*Besitzsteuern:* – vom Einkommen: Einkommensteuer (einschließlich Lohnsteuer und Kapitalertragsteuer) Körperschaftsteuer Solidaritätszuschlag Gewerbesteuer } Kirchensteuer } teilw. – vom Vermögen: Erbschaftsteuer Grundsteuer Gewerbesteuer } Kirchensteuer } teilw. *Verkehrsteuern:* Umsatzsteuer (ohne Einfuhrumsatzsteuer) Grunderwerbsteuer Kraftfahrzeugsteuer Rennwett- und Lotteriesteuer Spielbankabgabe Versicherungsteuer Feuerschutzsteuer	*Zölle:* für Ein- und Ausfuhr *Verbrauchsteuern:* Branntweinsteuer Biersteuer Schaumweinsteuer Zwischenerzeugnis- steuer Mineralölsteuer Stromsteuer Tabaksteuer Kaffeesteuer *auf Einfuhren:* Einfuhrumsatzsteuer	1. Direkte Steuern/ indirekte Steuern Beispiele: Lohnsteuer/Tabaksteuer 2. Personen (= Subjekt-) steuern/ Real (= Objekt-)steuern Beispiele: Einkommensteuer/ Grundsteuer 3. Vom Gewinn zu entrichtende Steuern Beispiele: Einkommensteuer/ Gewerbesteuer 4. Allgemeine Steuern/ zweckgebundene Steuern Beispiele: Einkommensteuer/ Mineralölsteuer (teilweise) 5. Laufende Steuern/ einmalige Steuern Beispiele: Einkommensteuer/ Grunderwerbsteuer 6. Veranlagungssteuer/ Fälligkeitssteuern Beispiele: Einkommensteuer/ Versicherungsteuer 7. Abhängige Steuern/ selbstständige Steuern Beispiele: Gewerbeertragsteuer/ Kraftfahrzeugsteuer

Aus: Unsere Steuern von A-Z 08 / 1999 Bundesfinanzministerium

Einkommensteuer

Nach Paragraf 1 EStG sind nur natürliche Personen einkommensteuerpflichtig. Wenn Sie Ihren Wohnsitz oder Ihren gewöhnlichen Aufenthalt im Inland haben, dann sind Sie uneingeschränkt einkommensteuerpflichtig. Eine beschränkte Steuerpflicht liegt vor, wenn Sie weder Ihren gewöhnlichen Aufenthalt noch einen Wohnsitz haben, aber inländische Einkünfte beziehen.

Die Einkommensteuer errechnet sich gemäß Paragraf 2 EStG aus der Höhe Ihres persönlichen Einkommens, das Sie durch Ihre unternehmerischen Tätigkeiten erzielen, und der Summe aller anderen Einkünfte. Die Verluste bestimmter Einkunftsarten können mit den positiven Einkünften verrechnet werden.

Wenn Sie als Existenzgründer Unternehmensverluste machen, dann erkennt das Finanzamt diese Verluste zumeist problemlos an. Nach fünf Jahren ist die Schonfrist jedoch zumeist um. Dann will das Finanzamt wissen, ob Sie tatsächlich eine Gewinnerzielungsabsicht haben und ob Sie in naher Zukunft mit Gewinnen rechnen können.

Abgabefrist Einkommensteuer

Wenn Sie Steuern nachzahlen müssen, achten Sie darauf, dass Sie rechtzeitig zahlen. Ansonsten wird ein Säumniszuschlag fällig.

Die Frist zur Abgabe Ihrer Einkommensteuererklärung beim Finanzamt läuft eigentlich bis zum 31. Mai des Folgejahres. Werden Steuerberater mit der Erstellung der Steuererklärung beauftragt, dann verlängert sich die Frist bis zum 30. September des Folgejahres. Da es aber nicht zu Ihren Pflichten gehört, dem Finanzamt mitzuteilen, ob Sie einen Steuerberater haben oder nicht, können Sie diese Frist durchaus auch nutzen. Wenn man sich mit »seinem Finanzamt« aber gut stellen möchte, spricht auch nichts gegen den schriftlichen Antrag einer Fristverlängerung.

Das Finanzamt sendet Ihnen dann einen Einkommensteuerbescheid zu. Das Ergebnis kann eine Erstattung oder eine Nachzahlung sein.

Wenn Sie nicht in der Lage sind, fristgerecht zu zahlen, dann können Sie vor Ablauf der Zahlungsfrist ein Stundungsgesuch beim Finanzamt einreichen. Sie müssen Ihren Wunsch nach Zahlungsaufschub allerdings begründen.

Basierend auf Ihrem Einkommensteuerbescheid kann das Finanzamt dann vierteljährliche Einkommensteuervorauszahlungen festsetzen (§ 37 EStG). Die Vorauszahlungen können auf folgende Einkünfte erhoben werden:

- Positive Einkünfte aus Vermietung und Verpachtung
- Renteneinkünfte
- Gewinne aus gewerblicher oder freiberuflicher Tätigkeit oder aus Land- und Forstwirtschaft

Diese sind dann jeweils am 10. März, 10. Juni. 10. September und am 10. Dezember fällig. Ändert sich Ihre Einkommenssituation aufgrund steigender Kosten oder sinkender Einnahmen, dann können Sie einen Herabsetzungsantrag stellen. Wenn Sie Glück haben, müssen Sie weniger oder keine Einkommensvorauszahlungen mehr leisten.

Körperschaftsteuer

Die Körperschaftsteuer wird auf die ausgeschütteten und nicht ausgeschütteten Gewinne von juristischen Personen, sprich Unternehmen (GmbH, AG, ...) erhoben (§1 KStG). Sie entspricht der Einkommensteuer bei natürlichen Personen.

Lohnsteuer für beschäftigte Arbeitnehmer

Die Lohnsteuer wird nach Paragraf 38 EStG für Einkommen aus nicht selbstständiger Tätigkeit berechnet.

Da die Lohnsteuer im Abzugsverfahren erhoben wird, müssen Unternehmer gemäß Paragraf 41 EStG die Lohnsteuer für ihre Mitarbeiter an das Finanzamt weiterleiten. Sie benötigen deshalb von jedem Mitarbeiter zu Beginn des Arbeitsverhältnisses bzw. am Anfang eines jeden Kalenderjahres eine Lohnsteuerkarte.

Im Buchhandel sind Lohnsteuertabellen erhältlich. Einfacher ist es natürlich, die Lohnabrechnung mit Hilfe einer Lohn- und Gehaltssoftware durchzuführen. Der an die Finanzbehörde abzuführende Steuerbetrag wird dabei, sozusagen als Nebenprodukt der Gehaltsabrechnung, automatisch ermittelt.

Die richtigen Steuerabzugsbeträge können Sie mit Hilfe von Lohnsteuertabellen ermitteln.

> **Abführungspflicht des Arbeitgebers**
> Arbeitgeber haften für die richtige Einbehaltung und Abführung der Lohnsteuer ihrer Mitarbeiter.

Wenn die Jahreslohnsteuer aller Mitarbeiter eines Unternehmens 6 000 DM übersteigt, muss sie monatlich abgeführt werden, zwischen 1 600 und 6 000 DM gilt eine vierteljährliche Abgabepflicht und unter 1 600 DM genügt die Anmeldung jährlich – jeweils spätestens 10 Tage nach Ablauf des Anmeldezeitraums. Bei Verspätung drohen Säumniszuschläge.

Ab 6 000 DM Lohnsteuer pro Jahr:	10.01., 10.02., 10.03. ...
1 600 bis 6 000 DM Lohnsteuer pro Jahr:	10.04., 10.07., 10.10., 10.01.
Bis 1 600 DM Lohnsteuer pro Jahr:	10.01.

Gewerbesteuer

Die Gewerbesteuer ist direkt an Ihre Gemeinde zu entrichten.

Ihre Gewerbesteuer müssen Sie an Ihr zuständiges Stadt- oder Gemeindesteueramt abführen. Die Höhe ergibt sich aus dem Gewerbeertrag. Der Gewerbeertrag ist der Gewinn aus dem Gewerbebetrieb, der nach den Vorschriften des Einkommensteuergesetzes ermittelt wird. Der Gewerbeertrag wird dann um so genannte »Hinzurechnungen« und »Kürzungen« korrigiert. Dies regeln im Einzelnen die Paragrafen 8 und 9 GewStG.

Ihre Gewerbesteuererklärung muss ebenfalls bis zum 31. Mai des Folgejahres beim Finanzamt sein. Auch hier drohen bei Fristverletzungen Säumniszuschläge.

Umsatzsteuer

Die Umsatzsteuer müssen Sie als Unternehmer auf Ihre Rechnungen aufschlagen. Da die Umsatzsteuer aber eine Endverbrauchersteuer ist, dürfen Sie alle Umsatzsteuerbeträge, die Sie selbst beim Kauf von Waren und Dienstleistungen gezahlt haben, wieder abziehen. Der Differenzbetrag muss dann an das Finanzamt weitergeleitet werden. Die Umsatzsteuer beträgt momentan 16 Prozent, bei Waren wie Literatur, Lebensmitteln und Pflanzen gilt der ermäßigte Satz von sieben Prozent.

Ermittlung der Umsatzsteuer-Zahllast an das Finanzamt	
Summe der ausgewiesenen Umsatzsteuer aller Ausgangsrechnungen (Verkäufe)	} Umsatzsteuer
− Summe der ausgewiesenen Umsatzsteuer aller Eingangsrechnungen (Einkäufe)	} Vorsteuer
= Umsatzsteuer-Zahllast	

Prinzip der Soll-Versteuerung

Grundsätzlich wird die Umsatzsteuer nach dem Prinzip der Soll-Versteuerung berechnet, d.h., die Umsatzsteuer entsteht zum Zeitpunkt der Lieferung und Leistung. Nach Ablauf des Voranmeldezeitraums muss sie gemeldet und bezahlt werden. Dabei ist es unwesentlich, ob der Kunde tatsächlich gezahlt hat und die Umsatzsteuer auf Ihrem Konto eingegangen ist oder nicht.

Sinn und Zweck des Vorsteuerabzugs ist es, eine Steueranhäufung (Kumulierung) auf den jeweils folgenden Umsatzstufen zu vermeiden und eine wettbewerbsneutrale Versteuerung zu ermöglichen.

Ausnahme: Ist-Versteuerung

Sie können unter bestimmten Voraussetzungen jedoch auch eine Ist-Versteuerung beantragen:

■ Bei Betriebseröffnung: Der Gesamtumsatz darf im Jahr der Betriebseröffnung nicht mehr als 250 000 DM betragen.

■ In der Folgezeit: Der Gesamtumsatz im vorangegangenen Kalenderjahr darf nicht mehr als 250 000 DM betragen.

■ Sie sind von der Verpflichtung befreit, Bücher zu führen.

■ Sie sind Freiberufler.

Wenn Ihre jährliche Umsatzsteuer 1 000 DM übersteigt, müssen Sie Ihre Steuererklärung vierteljährlich abgeben, spätestens bis zum 10. des Folgemonats. Also spätestens am 10. April, 10. Juli, 10. Oktober oder 10. Januar.

Ist Ihre Jahressteuer höher als 12 000 DM, müssen Sie sie monatlich anmelden.

Ab 12 000 DM Umsatzsteuer pro Jahr:	10.01., 10.02.,10.03. ...
1 000 bis 12 000 DM Umsatzsteuer pro Jahr:	10.04., 10.07., 10.10., 10.01.
Bis 1 000 DM Umsatzsteuer pro Jahr:	10.01.

Wenn Ihre steuerpflichtigen Einnahmen einschließlich der darauf entfallenden Umsatzsteuer insgesamt 32 500 DM nicht übersteigt, können Sie die Kleinunternehmer-Regelung nach Paragraf 19 UStG in Anspruch nehmen (→ Kleinunternehmer, Seite 11). Wenn keine Rechnung mit ausgewiesener Umsatzsteuer ausgestellt wurde, muss auch keine Umsatzsteuer abgeführt werden. Die Kleinunternehmer-Regelung gilt auch noch im Folgejahr, wenn der voraussichtliche Umsatz 100 000 DM nicht übersteigt.

Wird die Kleinunternehmer-Regelung angewendet, kann allerdings auch kein Vorsteuerabzug geltend gemacht werden.

Rechnungen richtig stellen

Um ein Unternehmen erfolgreich zu führen, müssen regelmäßig Rechnungen gestellt werden. Diese sind nicht beliebig zu gestalten. Der Inhalt von Rechnungen unterliegt gewissen gesetzlichen Bestimmungen: Paragraf 14 des Umsatzsteuergesetzes verpflichtet Unternehmen, Rechnungen mit gesondertem Umsatzsteuerausweis auszustellen. Folgende Angaben müssen grundsätzlich auf der Rechnung enthalten sein:

1. **Der Name und die Anschrift** des leistenden Unternehmers

2. **Der Name und die Anschrift** des Leistungsempfängers

3. **Die Menge und die handelsübliche Bezeichnung** des Gegenstandes der Lieferung oder die Art und den Umfang der sonstigen Leistung

4. **Der Zeitpunkt der Lieferung** oder der anderweitigen Leistungserbringung

5. **Die Steuer**, die auf das Entgelt (Nummer 5) entfällt

6. **Das Entgelt für die Lieferung** oder sonstige Leistung
Übrigens, auf den so genannten Kleinbetragsrechnungen bis zu 200 DM müssen Entgelt und Umsatzsteuer nicht getrennt ausgewiesen werden. Der Steuersatz genügt in diesem Fall.
Wenn Sie ein Rechnungsformular gestalten, denken Sie auch an die Außenwirkung:
■ Jedes Schriftstück an den Kunden hinterlässt einen bestimmten Eindruck!
■ Gestalten Sie den Vordruck übersichtlich und mit Firmenlogo!
■ Auch eine Kundenrechnung ist Bestandteil Ihres Unternehmensimages bzw. Ihrer Außenwirkung!
Ein funktionierendes elektronisches Rechnungssystem ist auch eine gute Grundlage für die Überwachung bzw. Handhabe des weiteren Zahlungsflusses. Sie haben mit Hilfe der Buchführung im Auge, wer wann bezahlt, und können im Bedarfsfall Ihre bereits geschriebenen Rechnungen schnell und richtig zu einer Zahlungserinnerung oder Mahnung umformulieren. Die Investition in die richtige Software spart Zeit und Arbeit.

① Sperling & Fichte
Buchenkopf 14
78563 Niedernberg

② BÜRO – Wesendonck GmbH
Frau Gerta Wesendonck
Schumannstraße 10

78563 Niedernberg

Fax
(0 91 21) 20 49 –13

Ihr Zeichen, Ihre Nachricht vom	Unser Zeichen, unsere Nachricht vom	Telefon, Name (0 91 21) 20 49 –11	Datum
gw/ert 2000-05-02	fi/ml	Frau Fichte	2000-05-04

Rechnung Nr. 00/1034

③ 2 Stück Bürostuhl der Marke Ergofit, Seriennr. 67 58

④ geliefert frei Haus am 15.04.2000

Einzelpreis   1.548,79 DM

⑤ gesamt netto   3.097,58 DM

zzgl. 16% MwSt. 495,61 DM

⑥ Zahlungsbetrag 3.593,19 DM

Zahlbar innerhalb 30 Tage.
Bei Zahlung innerhalb 14 Tage 2% Skonto.

Sperling & Fichte GbR • Buchenkopf 14 • 78563 Niedernberg • Telefon (0 91 21) 20 49–11 • Fax (0 91 21) 20 49–13
Bankverbindung: Konto 46 88 37 • Raiffeisenbank Niedernberg/Hochthal • BLZ (660 401 02) de

Stammtisch

Dagmar ist heute richtig sauer! Sie hat heute einen Brief vom Finanzamt bekommen. »Am 15.09. hätte ich eine Steuernachzahlung für das Vorjahr bezahlen müssen«, erzählt sie. »Die Nachzahlung an sich hat mich schon geärgert, wie das halt so ist, wenn man bezahlen muss! Aber es kommt noch dicker!« Und sie berichtet weiter: »Der Scheck lag schon lange zur Bezahlung bereit. Aber am fünfzehnten war natürlich wieder der Wurm drin: Meine Tochter wurde krank, und mein Auto sprang nicht an. Also kam ich nicht zum Finanzamt. Ich bin dann aber am sechzehnten ganz früh morgens hin gefahren und habe den Scheck eingeworfen. Aber heute schicken die mir doch eine Aufforderung zur Zahlung eines Säumniszuschlages!«

Max meint, dass das echtes Pech ist: »Wahrscheinlich war der Pförtner einfach vor dir da! Aber den Zuschlag kannst du wenigstens wieder von der Steuer absetzen.«

Bei ganz knappen Terminüberschreitungen lohnt es sich, mit dem Finanzbeamten über einen Erlass des Säumniszuschlags zu verhandeln. In Einzelfällen kann man damit Erfolg haben.

Betriebsausgaben – wofür Ihr Unternehmen Geld ausgeben darf

§ 4 (4) EStG
»Betriebsausgaben sind die Aufwendungen, die durch den Betrieb veranlasst sind.«

»Das kannst du doch von der Steuer absetzen«, ist ein häufig verwendeter Satz, wenn es um Überlegungen geht, etwas zu kaufen oder eine Dienstleistung in Anspruch zunehmen. Besonders Privatpersonen, aber auch Geschäftsleute, erleichtern sich damit oftmals eine Kaufentscheidung.

Dahinter steht die Tatsache, dass bestimmte Ausgaben von vorhandenen Einnahmen abgezogen werden können und so den Gewinn und damit die Steuerschuld mindern. Die gesparten Steuern können dann sozusagen dazu beitragen, den Einkauf zu finanzieren.

Im Unternehmen entsteht eine Vielzahl von Betriebsausgaben. Nach Paragraf 4 Abs. 4 EStG sind Betriebsausgaben Aufwendungen, die durch den Betrieb veranlasst sind. Aber nicht alle Betriebsausgaben sind uneingeschränkt abzugsfähig vom Gewinn. Ein Blick ins Gesetz gibt Aufschluss.

Der Gesetzgeber führt in § 4 Abs. 5 EStG Betriebsausgaben auf, die den Gewinn einer Unternehmung nicht schmälern dürfen. Damit soll vermieden werden, dass unangemessene Ausgaben die Steuerschuld verringern.

Beispiel: Nach § 4 Abs. 5 Satz 4 dürfen Aufwendungen für Jagd oder Fischerei, für Segeljachten oder Motorjachten sowie für ähnliche Zwecke und für die hiermit zusammenhängenden Bewirtungen nicht den Gewinn mindern.

In diesem Kapitel soll natürlich nicht über die betriebliche Absetzbarkeit von Segeljachten gesprochen werden. Aber es gibt eine Vielzahl von Aufwendungen, die im Geschäftsalltag vorkommen, bei denen es weniger eindeutig ist, ob sie als abzugsfähige Betriebsausgaben anerkannt sind oder nicht. Dazu zählen:

- Geschenke an Geschäftsfreunde
- Bewirtungsaufwendungen
- Reisekosten
- Pkw-Nutzung

Geschenke an Geschäftsfreunde

§ 4 Abs. 5 Satz 1 EStG

»Die folgenden Betriebsausgaben dürfen den Gewinn nicht mindern: Aufwendungen für Geschenke an Personen, die nicht Arbeitnehmer des Steuerpflichtigen sind. Satz 1 gilt nicht, wenn die Anschaffungs- oder Herstellungskosten der dem Empfänger im Wirtschaftsjahr zugewendeten Gegenstände insgesamt 75 Deutsche Mark nicht übersteigen.«

»Kleine Geschenke erhalten die Freundschaft!« Diese Aussage trifft auch oder gerade für den Geschäftsalltag zu. Kleine Aufmerksamkeiten können die geschäftliche Zusammenarbeit fördern und verbessern. Das sieht auch der Gesetzgeber so. Geschenke an Geschäftsfreunde werden bis zu 75 DM pro Person und Jahr anerkannt.

Wichtig ist, dass der Empfänger des Geschenkes namentlich genannt wird, beispielsweise durch eine kurze handschriftliche Notiz auf dem Beleg.

Überschreiten die Aufwendungen für Geschenke an Geschäftsfreunde 75 DM pro Person und Jahr, dann ist der Abzug jedoch vollständig ausgeschlossen, d.h., wenn Sie als Unternehmer Geschenke für 76 DM machen, handelt es sich dabei in Höhe von 76 DM um nichtabzugsfähige Ausgaben.

Als Geschäftsfreunde werden Personen verstanden, die nicht in einem Betrieb als Angestellte oder Arbeiter beschäftigt sind, also z. B. Kunden, Lieferanten, Journalisten, Personen des öffentlichen Lebens.

Bewirtungsaufwendungen

§ 4 Abs. 5 Satz 2 EStG:

»Die folgenden Betriebsausgaben dürfen den Gewinn nicht mindern: (...)

2. Aufwendungen für die Bewirtung von Personen aus geschäftlichem Anlass soweit sie 80 von Hundert der Aufwendungen übersteigen, die nach der allgemeinen Verkehrsauffassung als angemessen anzusehen und deren Höhe und betriebliche Veranlassung nachgewiesen sind. Zum Nachweis hat der Steuerpflichtige schriftlich folgende Angaben zu machen: Ort, Tag, Teilnehmer und Anlass der Bewirtung sowie Höhe der Aufwendungen. Hat die Bewirtung in einer Gaststätte stattgefunden, so genügen Angaben zu dem Anlass und den Teilnehmern der Bewirtung; die Rechnung ist beizufügen.«

Achten Sie darauf, dass Quittungen über Bewirtungen maschinengeschrieben sind! Andernfalls darf das Finanzamt sie zurückweisen.

Damit Bewirtungsaufwendungen als abzugsfähige Betriebsausgaben anerkannt werden, müssen bestimmte Voraussetzungen erfüllt sein:

1. Die Bewirtung muss aus geschäftlichem Anlass erfolgen. Dabei ist es egal, ob

- Bereits Geschäftsbeziehungen zu dieser Person bestanden
- Geschäftsbeziehungen mit dieser Person aufgenommen werden sollen
- Die bewirtete Person nur Besucher des Unternehmens ist (Öffentlichkeitsarbeit)

2. Die Bewirtung darf nach allgemeiner Verkehrsauffassung nicht unangemessen sein, oder sie muss eindeutig im Vordergrund des Anlasses stehen.

Aufwendungen, die beispielsweise durch das Anbieten von Kaffee und Gebäck oder belegten Brötchen entstehen, können in vollem Umfang abgezogen werden.

3. Die betriebliche Veranlassung der Aufwendungen ist durch schriftliche Angaben über den Ort, das Datum, die Teilnehmer, den Anlass der Bewirtung und die Höhe der Aufwendungen nachzuweisen.

Anerkennung von Bewirtungsrechnungen

Bewirtungsrechnungen werden nur unter bestimmten Voraussetzungen anerkannt. Diese sind:

- Maschinelle Erstellung und Registrierung
- Genaue Angaben über die in Anspruch genommenen Leistungen nach Art, Umfang, Entgelt und den Tag der Bewirtung enthalten, d.h., die Angabe »für Speisen und Getränke« genügt nicht

- Angaben über den Ort der Bewirtung
- Angaben über die Teilnehmer
- Angaben über den Anlass der Bewirtung
- Angaben über die Höhe der Aufwendungen
- Name und die Anschrift der Gaststätte

Grundsätzlich gilt, dass bei geschäftlichem Anlass sowie Vorliegen aller anderen Voraussetzungen die anfallenden Bewirtungskosten nur in Höhe von 80 Prozent als Betriebsausgaben abziehbar sind, dass also 20 Prozent der angemessenen und ordnungsgemäß ausgewiesenen Bewirtungskosten den Gewinn nicht mindern dürfen. Die ausschließliche Bewirtung von Arbeitnehmern ist voll abzugsfähig, unterliegt aber der Lohnsteuer, wenn eines der folgenden Kriterien nicht erfüllt ist:

- Der Anlass ist ein außergewöhnlicher Arbeitseinsatz.
- Das Essen findet im Betrieb statt.
- Der Wert der Verpflegung pro Arbeitnehmer darf 60 DM nicht übersteigen.

Um die Abzugsfähigkeit grundsätzlich prüfen zu können, sind Bewirtungsaufwendungen nach Paragraf 4 Abs. 7 EStG einzeln und getrennt von den anderen Betriebsausgaben aufzuzeichnen.

Reisekosten

Eine Geschäftsreise liegt vor, wenn ein Selbstständiger aus beruflichen Gründen vorübergehend außerhalb seiner Wohnung und außerhalb seiner Betriebsstätte tätig ist.

Voraussetzungen für die steuerliche Anerkennung einer Geschäftsreise sind genaue Aufzeichnungen, aus denen der Tag, der zeitliche Beginn und das Ende sowie der Zweck der Reise hervorgeht. Einige Positionen sind abzugsfähig.

Im Schreibwarenhandel gibt es Vordrucke zur Abrechnung von Reisekosten.

Fahrtkosten

Für die Geschäftsreise können Fahrtkosten durch Nutzung eines Geschäftswagens, eines privaten PKWs oder öffentliche Verkehrsmittel entstehen.

Geschäftswagen Wird der Geschäftswagen genutzt, dann sind grundsätzlich alle Kosten Betriebsausgaben, z. B. Kosten für Benzin oder Versicherungen.

Privatfahrzeug Bei der Nutzung eines privaten Fahrzeugs können die tatsächlichen Kosten ermittelt werden oder Kilometerpauschalen angesetzt werden. Die Kostenermittlung erfolgt in der Regel mit Hilfe eines Fahrtenbuchs, in dem Kilometerstand, gefahrene Kilometer und Ziel und Zweck einer Fahrt festzuhalten sind.

Unter umweltpolitischen Gesichtspunkten ist es bedenklich, dass die Reisekostenabrechnung nach Kilometerpauschale von vielen eher als Steuersenkungsprogramm denn als tatsächliche Kostenerstattung genutzt wird. Autofahren ist insofern vorteilhafter als die Nutzung öffentlicher Verkehrsmittel.

Kilometerpauschalen

Bei Benutzung eines	ist die Pauschale pro Kilometer	bei Mitnahme pro Person gilt eine Pauschale pro km
PKW	0,52 DM	0,03 DM
Motorrad/Motorroller (über 50 ccm)	0,23 DM	0,02 DM
Moped/Mofa (unter 50 ccm)	0,14 DM	
Fahrrad	0,07 DM	

Stand: 1999

Öffentliche Verkehrsmittel Bei Nutzung öffentlicher Verkehrsmittel können die Auslagen in voller Höhe angesetzt werden, auch die 1. Klasse bei Bahnfahrten.

Verpflegungskosten

Für die Verpflegung im Rahmen einer Geschäftsreise dürfen nur Pauschalbeträge angesetzt werden. Entscheidend für die Höhe der Beträge ist die gesamte Dauer der Abwesenheit. Die aktuellen Beträge sind:

Abwesenheitsdauer	Verpflegungspauschale
24 Stunden am Kalendertag	46,00 DM
14 bis 24 Stunden	20,00 DM
8 bis 14 Stunden	10,00 DM
unter 8 Stunden	–

Stand: 1997

Übernachtungskosten

Der Arbeitgeber darf dem Arbeitnehmer Übernachtungskosten bei Inlandsreisen pauschal in Höhe von 39 DM steuerfrei ersetzen.
Übernachtungskosten bei Reisen des Unternehmers innerhalb Deutschlands können jedoch grundsätzlich nur steuerlich abgesetzt werden, wenn sie durch Beleg nachgewiesen werden.
Ist auf dem Übernachtungsbeleg nur der Gesamtpreis für Übernachtung mit Frühstück ausgewiesen, dann muss der Rechnungsbetrag um 9 DM (für Hotel-Übernachtungen in Deutschland) gekürzt werden.

Reisenebenkosten

Reisenebenkosten können sein: Parkgebühren, Gepäckbeförderung, berufliche Telefonate, Eintrittsgelder u. Ä.

Diese Regeln, die bei Geschäftsreisen von Selbstständigen gelten, werden übrigens auch für den Werbekostenabzug bei Dienstreisen eines Arbeitnehmers angewendet.

Es lohnt sich, alle Quittungen zu sammeln, die im Rahmen von Geschäftsreisen anfallen.

Private Nutzung des Betriebs-PKW

Sowohl für Selbstständige als auch für Angestellte besteht, steuerlich gesehen, die Möglichkeit, ein unternehmenseigenes Fahrzeug privat zu nutzen. Der Privatanteil des Selbstständigen wird dabei genauso ermittelt wie der geldwerte Vorteil des Angestellten für die private Nutzung des Firmenwagens.

Es gibt zwei Methoden der Ermittlung des Privatanteils:

- Die Pauschalierungsmethode
- Die Fahrtenbuchmethode.

Pauschalierungsmethode

Wird die Pauschalierungsmethode angewendet, dann sind keine weiteren Aufzeichnungen erforderlich. Der Privatanteil des PKWs, der steuerlich zu berücksichtigen ist, beträgt grundsätzlich ein Prozent des Listenpreises pro Monat (zwölf Prozent pro Jahr). Entscheidend ist der Listenpreis zum Zeitpunkt der Zulassung, die Sonderausstattung des Fahrzeuges wird mitberücksichtigt.

Dabei ist es egal, ob das Fahrzeug neu gekauft, gebraucht gekauft, geleast oder bereits abgeschrieben ist. Hinzukommen kann ein Anteil für die Fahrten zwischen der Wohnung und der Arbeitsstätte, nämlich nochmals 0,03 Prozent des Listenpreises pro Kilometer.

Fahrtenbuchmethode

Die Fahrtenbuch- oder Nachweismethode basiert darauf, dass

- Alle Fahrzeugkosten durch Belege nachgewiesen werden
- Ein Fahrtenbuch geführt wird, aus dem alle Privatfahrten, Fahrten zwischen Wohnung und Arbeitsstätte und Geschäftsfahrten hervorgehen

Beim Führen eines Fahrtenbuchs ist darauf zu achten, dass alle Eintragungen fortlaufend und zeitnah erfolgen. Für Geschäftsfahrten müssen folgende Angaben zu entnehmen sein:

- Datum
- Kilometerstand zu Beginn der Fahrt

Vorsicht: »fortlaufend und zeitnah« heißt ständig und sofort. Das kann ziemlich lästig werden.

- Gefahrene Kilometer
- Reiseziel
- Reiseroute
- Reisezweck
- Geschäftspartner

Die Nachweismethode ist relativ aufwändig, aber oftmals steuerlich günstiger.

Für Fahrten zwischen Wohnung und Arbeitsstätte genügt ein kurzer Vermerk, und bei privaten Fahrten reicht eine Kilometerangabe aus. Erleidet der Unternehmer auf einer Privatfahrt einen Unfall, so dürfen die dadurch entstehenden Ausgaben oder Vermögensverluste nicht als Betriebsausgaben abgezogen werden. Die entstehenden Kosten sind in vollem Umfang Bemessungsgrundlage für den Eigenverbrauch des Unternehmers.

Checkliste: Betriebsausgaben	Ja	Nein
✍ Abschreibungen	❏	❏
✍ Lohnkosten	❏	❏
✍ Beiträge an Berufsverbände	❏	❏
✍ Betriebs-PKW	❏	❏
✍ Berufskleidung	❏	❏
✍ Raumkosten	❏	❏
✍ Betriebsveranstaltungen	❏	❏
✍ Reparaturen	❏	❏
✍ Bewirtung von Geschäftsfreunden (80 %)	❏	❏
✍ Schmiergelder	❏	❏
✍ Bürokosten	❏	❏
✍ Schuldzinsen	❏	❏
✍ Geschäftsreisen	❏	❏
✍ Steuerberatungskosten	❏	❏
✍ Geschenke an Geschäftsfreunde	❏	❏
✍ Steuern	❏	❏
✍ Geschenke an Mitarbeiter	❏	❏
✍ Telefonkosten	❏	❏
✍ Leasing	❏	❏
✍ Versicherungen	❏	❏

Haben Sie alle Betriebsausgaben in Ihrer Steuererklärung beachtet?

Was Liebhaberei mit Steuern zu tun hat

Dass Sie bei einer Unternehmensgründung in den ersten Jahren gewisse »Anlaufschwierigkeiten« haben, also nicht unbedingt gleich im ersten Jahr Gewinne erwirtschaften, versteht eigentlich jeder. Anfangsverluste im Verlauf der ersten fünf Jahre akzeptiert üblicherweise sogar das Finanzamt. Wenn Sie jedoch noch länger nur Verluste machen, unterstellt man Ihnen, dass Sie keine Gewinnerzielungsabsicht haben. Und damit handelt es sich nicht um unternehmerische Tätigkeit, sondern um Liebhaberei. Gewinne aus solchen Hobbys müssen nicht versteuert werden. Wenn Sie beispielsweise Ihr Segelboot zu einem guten Preis privat verkaufen, dann interessiert sich das Finanzamt überhaupt nicht dafür. Allerdings dürfen dann auch keine Betriebsausgaben abgezogen werden, die in diesem Zusammenhang entstehen.

Liebhaberei meint weniger ein Hobby, als einen grundsätzlich verlustreichen Betrieb. Das Finanzamt vermutet dann, dass dieser nur zur Steuerminderung besteht.

Kurzübersicht

Steuerarten Unternehmer sind für die Abführung von Steuern in der richtigen Höhe zum richtigen Zeitpunkt selbst verantwortlich. Deshalb müssen sie Erklärungs- und Zahlungsfristen kennen:

Steuer	Voranmeldungen Monatszahler	Voranmeldungen Vierteljahres- zahler	Voranmeldungen Jahreszahler	Jahreserklärung
Umsatzsteuer	(Vorjahressteuer > 12 000 DM; auf Antrag) am 10. des Folge- monats	(Vorjahressteuer bis 12 000 DM) 10.1., 10.4., 10.7., 10.10.	(Kannvorschrift, wenn Vorjahres- steuer bis 1 000 DM) 1 Monat nach Jahres- steuererklärung	Bis zum 31. Mai des Folgejahres
Lohnsteuer und Kirchensteuer	Monatlich am 10.	(einbehaltene Vorsteuer bis 6 000 DM) 10.1., 10.4., 10.7., 10.10.	(einbehaltene Vorsteuer bis 1 600 DM) 10.01.	Bis zum 31. Mai des Folgejahres
Körperschaft- steuer	Vorauszahlungen 10.3., 10.6., 10.9., 10.12.			Bis zum 31. Mai des Folgejahres
Gewerbesteuer	Vorauszahlungen 15.2., 15.5., 15.8., 15.11.			Bis zum 31. Mai des Folgejahres
Grundsteuer	Vorauszahlungen 15.2., 15.5., 15.8., 15.11.			entfällt

Betriebsausgaben Durch den Betrieb veranlasste Aufwendungen können sich steuermindernd auswirken. Als Selbstständiger sollte man darauf achten, alle angefallenen Betriebsausgaben bei der Steuererklärung anzugeben.

Sie müssen nicht alle Risiken tragen – Versicherungen

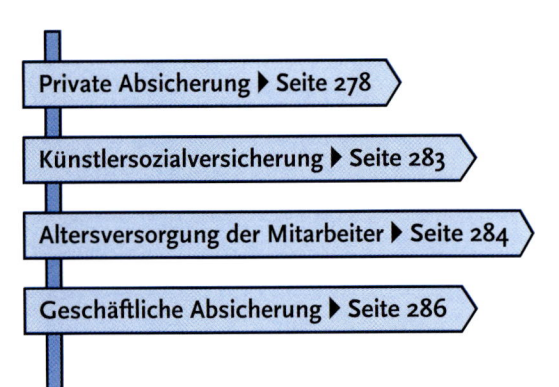

Private Absicherung ▶ Seite 278

Künstlersozialversicherung ▶ Seite 283

Altersversorgung der Mitarbeiter ▶ Seite 284

Geschäftliche Absicherung ▶ Seite 286

Versicherungen gibt es für viele Lebenslagen. Eigentlich kennt jeder dieses Thema bereits aus dem Alltag: Hausrat-, Kfz-, Haftpflichtversicherung, Rechtsschutz und und und ... Für Selbstständige kommt eine weitere Dimension hinzu. Während Arbeitnehmer quasi automatisch bei Krankenkasse, Pflege-, Berufsunfähigkeits-, Arbeitslosen- und Rentenversicherung angemeldet werden, müssen Selbstständige durchstarten und ihre private Situation selbst absichern. Sie müssen sich um ihre Altersversorgung kümmern. Sie müssen versorgt sein, wenn sie krank werden. Sie müssen ihre mögliche Arbeitsunfähigkeit aufgrund von Krankheit oder Unfall kalkulieren. Und sie müssen dafür sorgen, dass ihre Familie abgesichert ist, egal, was geschieht. Manche Risiken können Selbstständige gar nicht absichern, beispielsweise Arbeitslosigkeit.

Im Geschäftsalltag gibt es ebenfalls eine ganze Reihe von Risiken, die man versichern kann. Wer mag, kann Risiken auch bewusst selbst tragen.

So sichern Sie sich privat ab!

Als selbstständiger Unternehmer oder als Unternehmerin müssen Sie sich um die Absicherung Ihrer privaten Situation selbst kümmern.

Auch wenn der Versicherungsagent nicht zu Ihren liebsten Geschäftspartnern zählt, eine Auseinandersetzung mit dem Thema ist für Unternehmerinnen und Unternehmer absolut notwendig. Wenn Sie den Kontakt zu den verschiedenen Versicherungsmaklern scheuen, dann können Sie sich auch von neutraler Stelle beraten lassen.

Folgende Verbände vermitteln Ihnen Berater (keine Versicherungsmakler!) in Ihrer Gegend:

Bundesverband der Versicherungsberater e.V.

Alexanderstr. 228

26127 Oldenburg

Servicetelefon 0180/525 7589

Bundesverband versicherter Unternehmer (BvU)
Servicebüro Regensburg
Kirchstr. 1
93092 Barbing
Telefon 09401/5174-0
Fax 09401/80581

Wenn Ihnen als Existenzgründer die Kosten der Versicherungen Sorgen machen, dann können Sie sich durchaus einen Stufenplan überlegen. Achten Sie darauf, dass zu Beginn Ihrer Selbstständigkeit eine Grundabsicherung erreicht ist.

Ein Beispiel dafür: Ausreichend ist erst einmal eine Krankenkasse mit normalem Leistungsangebot. Wenn Sie feststellen, dass Ihr Unternehmen läuft, können Sie die Krankenkasse immer noch wechseln oder Zusatzversicherungen abschließen.

Es muss nicht sofort die teure private Krankenversicherung mit allen Schikanen sein. Die Grundabsicherung muss allerdings von Anfang an in allen Bereichen gewährleistet sein! Und was für den Existenzgründer gilt, ist für den erfahrenen Unternehmer natürlich selbstverständlich.

Krankenversicherung

Als Selbstständiger können Sie wählen: entweder freiwillig versichert in einer gesetzlichen Krankenkasse oder Mitgliedschaft in einer privaten Krankenkasse.

Gesetzlich oder privat?

Während sich bei den gesetzlichen Krankenkassen der Beitrag nach der Höhe Ihres Einkommens richtet, hängt die Höhe der monatlichen Zahlungen an die private Krankenkasse insbesondere von Ihrem Eintrittsalter und Ihren gesundheitlichen Risikofaktoren ab.

Die Leistungen privater Krankenkassen übersteigen zum Teil deutlich die Leistungen der gesetzlichen Kassen.

Ein weiterer Unterschied, der sich entscheidend auf die tatsächlichen monatlichen Zahlungen an die Krankenkasse auswirken kann, ist folgender: Sind Sie Mitglied einer gesetzlichen Krankenkasse, so können die nichtarbeitenden Mitglieder Ihrer Familie beitragsfrei mit versichert werden. Eine Ausnahme ist gegeben, wenn Ihr Ehepartner berufstätig ist und Mitglied in einer privaten Versicherung. Dann lehnen die gesetzlichen Kassen die beitragsfreie Versicherung der Kinder ab. Bei einer privaten Krankenkasse muss hingegen jedes Familienmitglied einen eigenen Beitrag bezahlen. Je größer die Familie, desto teurer wird es insgesamt.

Sie müssen Ihre individuelle Situation sehr genau überprüfen und überlegen, ob eine private Krankenversicherung für Sie in Frage kommt. Wenn Sie Mitglied einer gesetzlichen Kasse bleiben, besteht für Sie immer noch die Möglichkeit, ergänzend eine private Zusatzversicherung abzuschließen. Vorteil ist, dass Sie diese auch später noch abschließen können, wenn Sie sich Ihrer Einnahmen etwas sicherer sind!

Pflegeversicherung

Die Pflegeversicherung gehört zu den Pflichtversicherungen Selbstständiger.

Übrigens, Sie müssen als Selbstständiger auch pflegeversichert sein. Wenn Sie Mitglied einer gesetzlichen Krankenversicherung sind, unterliegen Sie der Versicherungspflicht. Sie können aber als freiwillig versicherter Existenzgründer innerhalb von drei Monaten einen Befreiungsantrag stellen. Es steht Ihnen dann die Möglichkeit einer privaten Pflegeversicherung offen.

Wenn Sie Mitglied einer privaten Krankenversicherung werden wollen, überprüfen Sie unbedingt, ob eine Pflegeversicherung eingeschlossen ist oder ob Sie diese zusätzlich abschließen müssen. Bei Versäumnis drohen Bußgelder bis zu 5 000 DM.

Krankentagegeldversicherung

Je schneller die Krankenkasse Ihnen im Krankheitsfall das Krankentagegeld bezahlt, desto tiefer müssen Sie bei den monatlichen Raten in die Tasche greifen.

Wenn ein Arbeitnehmer krank wird, dann bekommt er im schlimmsten Fall erst einmal 80 Prozent seines bisherigen Nettogehaltes. Aber als selbstständiger Unternehmer? Stellen Sie sich vor, Sie sind im Moment noch Ihr einziger Mitarbeiter. Wo kommen Ihre Einnahmen denn dann im Krankheitsfall her?

Sowohl gesetzliche als auch private Krankenkassen bieten Ihnen die Möglichkeit, eine zusätzliche Krankentagegeldversicherung abzuschließen. Es bestehen häufig Wahlmöglichkeiten, ab dem wievielten Tag der Arbeitsunfähigkeit Sie Krankentagegeld bekommen. Fragen Sie Ihre Versicherung!

Gesetzliche Unfallversicherung

Die gesetzliche Unfallversicherung schützt Sie als Arbeitgeber vor den Folgen von Arbeitsunfällen und Berufskrankheiten. Sie wird über die Berufsgenossenschaften abgeschlossen. Ob Sie als Selbstständiger auch versicherungspflichtig sind, wenn Sie keine Mitarbeiter beschäftigen, hängt davon ab, zu welcher Berufgenossenschaft Sie gehören. Für einen Teil der Selbstständigen besteht Versicherungspflicht, die anderen können sich und mitarbeitende Ehepartner freiwillig versichern.

Vorteile einer freiwilligen Versicherung bei der Berufsgenossenschaft sind:

- Relativ geringe Jahresbeiträge bei gutem Versicherungsschutz
- Die zu versichernde Summe kann unabhängig vom erzielten Einkommen von Ihnen bestimmt werden; es gibt allerdings Ausnahmen. Eine freiwillige Mitgliedschaft kann Ihnen also eigentlich nur empfohlen werden.

Wenn Sie sich mit dem Gedanken tragen, auch eine mögliche Berufsunfähigkeit über die Berufsgenossenschaft abzusichern, sollten Sie sich einen Katalog der anerkannten Berufskrankheiten besorgen. Vielleicht werden Sie feststellen, dass die zuständige Berufsgenossenschaft eben die Risiken ausgeschlossen hat, die am wahrscheinlichsten sind – etwa Rückenbeschwerden bei »Schreibtischhockern«. Möglicherweise ist eine private Versicherung zwar teurer, aber dafür im Risikofall zuverlässiger.

Im Anhang finden Sie eine Übersicht über die Berufsgenossenschaften mit Versicherungspflicht für Arbeitgeber, aufgrund der Satzungsbestimmungen, sowie die Berufsgenossenschaften ohne Versicherungspflicht (→ Anhang, Seite 310).

Berufsunfähigkeitsversicherung

Ergänzen Sie die Unfallversicherung unbedingt durch eine Berufsunfähigkeitsversicherung; denn wenn Sie aufgrund einer Krankheit nicht mehr arbeiten können, benötigen Sie ebenfalls eine Absicherung.

Formen der Altersvorsorge

Es gibt unterschiedliche Formen, sich für das Alter abzusichern. Angesichts der aktuellen Diskussionen über die Verfassung der Sozialversicherung lohnt es sich sicher, alle nur denkbaren Formen der Altersvorsorge zu prüfen. Experten raten zu Investmentfonds, selbstständige Unternehmer bauen im Erfolgsfalle mit ihrem Unternehmen auch ihre Altersvorsorge auf.

Das Thema Altersvorsorge ist sehr vielschichtig! Sie sollten sich in jedem Falle um sachkundige Beratung bemühen. Prüfen Sie unterschiedliche Versicherungsmodelle, und lassen Sie sich auch von Ihrer Hausbank beraten.

Seit neuestem möchte das Finanzamt auch bei Kapitallebensversicherungen mit verdienen! Über die aktuellen Regelungen informieren die Versicherungen sowie die Finanzämter.

Gesetzliche Rentenversicherung

Nach den Vorschriften des Rentengesetzes gibt es Selbstständige, die über die gesetzliche Rentenversicherung pflichtversichert sind, und solche, die keiner Versicherungspflicht unterliegen. Die Selbstständigen, die nicht versicherungspflichtig sind, haben die Möglichkeit, einen Antrag auf Pflichtversicherung zu stellen. Dies kann innerhalb von fünf Jahren seit Beginn Ihrer Selbstständigkeit erfolgen. Eine Rücknahme der Versicherungspflicht ist dann allerdings nicht mehr möglich.

Pflichtversicherte Selbstständige sind:

- Lehrer und Erzieher, die in Zusammenhang mit ihrer selbstständigen Tätigkeit keine versicherungspflichtigen Angestellten beschäftigen
- Pflegepersonen, die in der Kranken-, Wochen-, Säuglings- oder Kinderpflege tätig sind und in Zusammenhang mit ihrer selbstständigen Tätigkeit keine versicherungspflichtigen Angestellten beschäftigen
- Hebammen und Entbindungspfleger
- Seelotsen im Sinne des Seelotsengesetzes
- Künstler und Publizisten nach näherer Bestimmung des Künstlersozialversicherungsgesetzes
- Hausgewerbetreibende
- Küstenschiffer und Küstenfischer, die zur Besatzung ihres Fahrzeuges gehören oder als Küstenfischer ohne Fahrzeug fischen und regelmäßig nicht mehr als zwei versicherungspflichtige Arbeitnehmer beschäftigen
- Handwerker, die in die Handwerksrolle eingetragen sind; ist eine Personengesellschaft in die Handwerksrolle eingetragen, gilt als Handwerker, wer als Gesellschafter in seiner Person die Voraussetzungen für die Eintragungen in die Handwerksrolle erfüllt. Zumeist wird dies ein Meisterbrief sein

Handwerker können sich, wenn sie mindestens 18 Jahre lang Pflichtbeiträge gezahlt haben, auch befreien lassen.

Private Altersvorsorge

Die gesetzliche Rentenversicherung genießt nicht den allerbesten Ruf. Über die Möglichkeiten einer vollständigen oder auch ergänzenden privaten Altersversorgung sollten Sie sich deshalb in jedem Falle beraten lassen.

Auch hier stehen Ihnen Berater zur Verfügung, fragen Sie bei Ihrer IHK nach. Ein Versicherungsvertreter kann Sie hier auch beraten, aber bedenken Sie immer auch dessen Eigeninteressen.

Kapitallebensversicherung Die Kapitallebensversicherung ist eine Möglichkeit der privaten Altersvorsorge. Ihr Vorteil ist, sie sichert Sie im Alter ab und im Todesfall Ihre Hinterbliebenen. Im

Alter, nach Ablauf des Versicherungszeitraums, erhalten Sie eine entsprechende Auszahlung.

Private Rentenversicherung Eine Alternative kann der Abschluss einer privaten Rentenversicherung sein. Sie erhalten bei einer solchen Versicherung von einem festgelegten Zeitpunkt bis an Ihr Lebensende eine monatliche Rente ausgezahlt.
Denken Sie in jedem Fall auch an die Absicherung Ihrer mitarbeitenden Ehepartner.

Künstlersozialkasse

Wenn Freiberufler eine künstlerische Tätigkeit ausüben, wie Schriftsteller, Maler, Bildhauer, Musiker, Komponisten, Tänzer oder Schauspieler, dann haben sie das Recht, in der Künstlersozialversicherung aufgenommen zu werden. Sie werden dort im Bezug auf Kranken-, Pflege- oder Rentenversicherung wie ein Arbeitnehmer behandelt. Sie müssen lediglich den »Arbeitnehmeranteil« zahlen, die zweite Hälfte wird von den Medienverbänden und dem Staat übernommen. Informationen gibt die Künstlersozialkasse (→ Adressen, Seite 307).

Auf Arbeitgeber kommt eine Beitragsverpflichtung an die Künstlersozialkasse zu, wenn sie Freiberufler aus kreativen Berufen auf Honorarbasis beschäftigen, also etwa Übersetzer, Bildjournalisten oder Schauspieler im Rahmen von Veranstaltungen. Als Arbeitgeber sollten Sie sich rechtzeitig nach Ihrer Abgabenpflicht zu erkundigen, damit Ihnen niemand die Unterschlagung von Sozialversicherungsbeiträgen vorwerfen kann.

Wenn Sie Mitglied der Künstlersozialkasse sind, werden Sie im Bezug auf Ihre Versicherungen behandelt wie ein Arbeitnehmer.

Versicherungen und selbstständige Nebentätigkeiten

Bei der Krankenversicherung ist für eine Versicherungsfreiheit der Umfang der selbstständigen Tätigkeit entscheidend. Kriterium ist hier in der Regel, ob Sie eine zusätzliche, sozialversicherungspflichtige Kraft (also über 630 DM) beschäftigen.

Rentenversicherungsfreiheit besteht für selbstständige Nebentätigkeiten, wenn sie regelmäßig weniger als 15 Stunden pro Woche ausgeübt werden und 630 DM bzw. ein Sechstel des Gesamteinkommens nicht übersteigen.
Haben Sie die Vor- und Nachteile gegeneinander abgewogen, die die Versicherung bei einer gesetzlichen Krankenkassen gegenüber der Versicherung bei einer privaten Kasse für Sie persönlich hätte?

Altersversorgung für Ihre Mitarbeiter!

Eine betriebliche Altersversorgung für die Mitarbeiter im Unternehmen ist interessant, und zwar sowohl für die Mitarbeiter als auch für das Unternehmen. Während das Unternehmen seine Mitarbeiter durch diese zusätzliche Leistung stärker binden kann, ergänzen die Mitarbeiter ihre gesetzliche Rentenversicherung und verbessern damit ihre Versorgungssituation im Alter.

Insbesondere für kleine und mittlere Unternehmen ist die Direktversicherung eine gute Möglichkeit, ihre Mitarbeiter ergänzend zu versorgen.

Wie funktioniert eine Direktversicherung?

1. Der Arbeitgeber schließt die Direktversicherung ab. Er ist also Vertragspartner der Versicherung.

2. Der Arbeitnehmer (oder seine Hinterbliebenen) sind aus der Direktversicherung bezugsberechtigt.

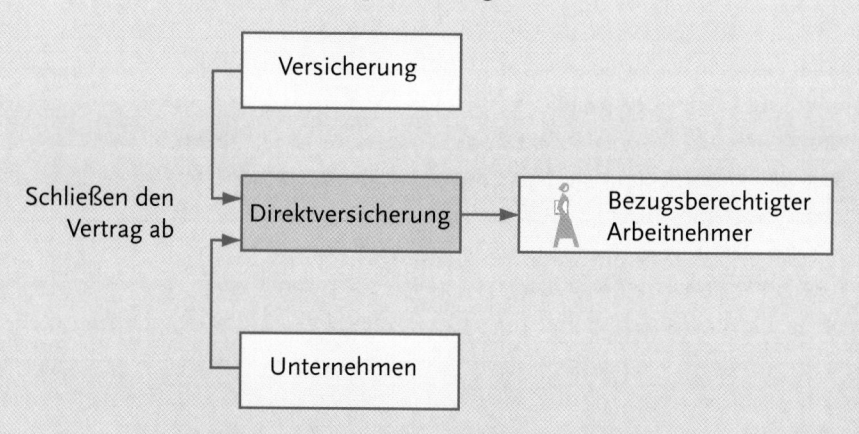

Bei einem vorzeitigen Ausscheiden des Mitarbeiters aus dem Unternehmen kann der Arbeitgeber über die Versicherung verfügen. Eine Direktversicherung muss mindestens fünf Jahre laufen.

Bis zu 3 408 DM können mit 20 Prozent pauschal versteuert werden. Solidaritätszuschlag und Kirchensteuer kommen allerdings noch hinzu.

Welche Vorteile sind mit einer Direktversicherung verbunden?

Die Beiträge des Arbeitgebers für die Direktversicherung gelten als Betriebsausgaben, das heißt, sie mindern den steuerpflichtigen Gewinn.

Da der Arbeitnehmer durch die Versicherung begünstigt wird, wird ihr Wert auch nicht dem Betriebsvermögen zugerechnet.

Wenn eine Versicherungsdauer von mindestens zwölf Jahren vereinbart ist, dann können die aus der Direktversicherung fällige Versicherungssumme und die Überschussanteile einkommensteuerfrei ausgezahlt werden.

Statt bis zu 53 Prozent müssen von den Versicherungsbeiträgen nur 20 Prozent pauschal versteuert werden. Je höher also das Einkommen, desto lohnender ist eine Direktversicherung.

Für den Arbeitnehmer besonders interessant ist die Versicherung dann, wenn der Arbeitgeber die Pauschalsteuer übernimmt.

Wird die Versicherung aus Sonderzahlungen gezahlt, dann werden auch keine Sozialabgaben fällig. Solche Sonderzahlungen können beispielsweise Urlaubs- oder Weihnachtsgeld, Erfolgsbeteiligungen oder sonstige Gratifikationen des Unternehmens sein.

Und wenn der Arbeitnehmer das Unternehmen verlässt?

Wenn der Arbeitnehmer pünktlich in Rente geht, dann ist alles klar; denn so ist die Sache ja gedacht.

Geht der Arbeitnehmer vorzeitig in Rente, wird also vorzeitig Altersrente aus der gesetzlichen Rentenversicherung gezahlt, müssen auch vorzeitige Leistungen aus der Direktversicherung gewährt werden, wenn der Arbeitnehmer das wünscht. Und was passiert, wenn jemand kündigt oder gekündigt wird?

Die Ansprüche des Arbeitnehmers werden unverfallbar:

- Wenn der Arbeitnehmer das 35. Lebensjahr vollendet hat
- Wenn die Versicherung seit mindestens zehn Jahren besteht
- Wenn der Arbeitnehmer zwölf Jahre gearbeitet hat und die Versicherung seit drei Jahren besteht

Wenn der bisherige und der zukünftige Arbeitnehmer damit einverstanden sind, kann die Anwartschaft aufgrund der Direktversicherung sozusagen auch vom Arbeitnehmer zum neuen Arbeitgeber »mitgenommen« werden. Aber nicht nur der Arbeitgeber als Vertragspartner kann im Rahmen des Arbeitsplatzwechsels verändert werden. Es besteht auch die Möglichkeit, das Versicherungsunternehmen zu wechseln, wenn beispielsweise der neue Arbeitgeber einen anderen Vertragspartner hat.

Sowohl die besseren Versorgung von Arbeitnehmern im Alter als auch ihre stärkere Bindung an das Unternehmen durch attraktive Zusatzleistungen sollten bei der Entscheidung über eine betriebliche Altersversorgung für Arbeitnehmer eine Rolle spielen.

Checkliste: Private Absicherung	Ja	Nein
✏ Haben Sie sich bei der gewählten Krankenversicherung angemeldet?	❏	❏
✏ Haben Sie eine Krankentagegeldversicherung abgeschlossen?	❏	❏
✏ Ist die Pflegeversicherung Bestandteil Ihrer Krankenversicherung?	❏	❏
✏ Haben Sie eine Pflegeversicherung abgeschlossen?	❏	❏
✏ Sind Sie unfallversichert?	❏	❏
✏ Haben Sie eine Berufsunfähigkeitsversicherung abgeschlossen?	❏	❏
✏ Ist Ihre Altersversorgung geklärt?	❏	❏
✏ Haben Sie Ihren Ehepartner ebenfalls abgesichert?	❏	❏

Unternehmen versichern

Wer Versicherungspolicen abschließt, sollte sich klarmachen, dass auch Versicherungsvertreter Handlungsspielräume haben.

Grundsätzlich kann bei allen Risiken überlegt werden, ob man bei Eintritt des schlimmsten Falles die entstehenden Kosten selbst tragen kann und will oder ob man diese Gefahr versichern will. Es ist sicher nicht ratsam, existenzielle Risiken einzugehen, die man gut versichern kann.

Bei meinem ehemaligen Arbeitgeber herrschte die Devise: »Wir versichern nichts, wenn wir nicht müssen!« Das Risiko, das eine Unternehmer tragen will, muss er von Fall zu Fall abwägen. Aber es gibt Bereiche, da ist eine gute Versicherung durchaus empfehlenswert.

Zudem besteht in einigen Bereichen eine Versicherungspflicht, in der Regel dann, wenn Dritte gefährdet sind. Die wichtigsten Versicherungen für ein Unternehmen sind

- Betriebshaftpflichtversicherung
- Geschäftsversicherung
- Kfz-Versicherung

Betriebshaftpflichtversicherung

Die Betriebshaftpflicht deckt Schäden ab, die durch die Geschäftstätigkeit entstehen können. Es ist darauf zu achten, dass auch besondere Risiken einer Geschäftstätigkeit abgedeckt sind. Will ein Gärtner z.B. auch Dacharbeiten versichern, so wird die Versicherung teurer, denn es handelt sich nicht um Gärtnertätigkeiten.

Geschäftsversicherung

Eine Geschäftsversicherung entspricht ungefähr einer privaten Hausratversicherung. Gefahren durch Feuer, Einbruch, Leitungswasser, Sturm oder Hagel an Waren, Maschinen und Betriebseinrichtungen werden dadurch abgedeckt. Wenn ein Unternehmen viele und insbesondere teure EDV-Anlagen nutzt, sollte eine zusätzliche Absicherung zumindest ernsthaft geprüft werden.

Kfz-Versicherung

Jeder Fuhrpark muss versichert sein.
Bei den Verhandlungen über die Versicherungskonditionen sollte man nicht aus dem Auge verlieren, insbesondere wenn mehrere Fahrzeuge zu versichern sind, dass auch Versicherungsvertreter Verhandlungsspielräume haben.

Weitere Versicherungen

Es sollte geprüft werden, ob weitere Versicherungen sinnvoll sind, so etwa

- Rechtsschutzversicherung
- Gebäudeversicherung
- Feuer-Industrie-Versicherung
- Technische Versicherungen
- Transportversicherung
- Versicherung gegen Forderungsausfälle
- Kleinbetriebs-Unterbrechungsversicherung

Eine Kleinbetriebs-Unterbrechungsversicherung ist keineswegs überflüssig. Wenn zum Beispiel nach einem selbst verschuldeten Brand der Betrieb stillsteht, werden dennoch Personalkosten fällig. Wer sollte die unter den gegebenen Voraussetzungen erwirtschaften?

Stammtisch

Anke kommt heute zum Stammtisch und bittet Max, doch einmal kurz mit in ihr Büro zu kommen. »Du hast doch Ahnung von Computern, meiner ist dauerhaft abgestürzt.« Und sie erzählt, dass sie den Rechner aus einem der Geschäfte mit in das Büro gebracht hat und ihn dort anschließen wollte. »Dabei habe ich telefoniert, und dann hat es plötzlich einen riesigen Schlag getan.« Als Anke und Max zurückkommen, sieht Anke überhaupt nicht glücklich aus. Auf die Frage, was denn los sei, antwortet Max: »Anke hat wohl beim Anschließen die Kabel vertauscht, da muss es einen Kurzschluss gegeben haben! Es sieht ganz nach einem Totalschaden aus.«

Michael fragt Anke, ob sie denn eine Versicherung für ihre EDV hat? Da geht in zartes Lächeln über Ankes Gesicht, und sie erwidert: »Mensch Michael, das habe ich ja völlig vergessen.« Da Anke und ihr Mann in den letzten Monaten eine größere Summe in moderne Computerkassen und den Ausbau der EDV-Anlage gesteckt hat, haben sie vor einem Vierteljahr beschlossen, eine Elektronikversicherung abzuschließen. »Bisher brauchten wir dafür eigentlich keine Versicherung, in jedem unserer Läden stand ein einfacher PC; wenn da mal einer kaputtgegangen ist, dann hat man den eben ersetzt. Das sind ja überschaubare Summen.«

Die Geschäftsbedingungen in Versicherungspolicen sind eine wahre Wissenschaft. Nach Fortfallen einiger Marktschranken infolge der EU-Gesetzgebung haben Versicherungen neue Spielräume der Vertragsgestaltung gewonnen. Es ist nicht immer leicht, die Bedingungen miteinander zu vergleichen! Doch die Mühe lohnt.

Anke erzählt weiter: »Mit dem Ausbau unserer Anlage hat uns der Händler darauf hingewiesen, dass jetzt bei Ausfällen durchaus auch einmal größere Kosten auf uns zukommen könnten. Wir haben dann durchgerechnet, dass uns die Versicherung in den nächsten fünf Jahren in etwa die gleichen Kosten verursacht wie ein mittlerer Schaden an der Anlage. Da haben wir uns dann zum Abschluss einer Elektronikversicherung entschieden.«

Ulf wirft ein: »Du Anke, ich will dich ja nicht frustrieren, aber bist du sicher, dass die Versicherung diesen Schaden übernimmt? Die Schadensursache war doch eindeutig ein Fehler von dir?« Anke antwortet grinsend: »Wir haben uns bei Vertragsabschluss noch darüber lustig gemacht, aber ich bin auf der sicheren Seite: Es sind sogar grobe Anwendungsfehler mitversichert!«

Kurzübersicht

Private Versicherungen des Selbstständigen Selbstständige benötigen insbesondere eine

- Krankenversicherung
- Pflegeversicherung
- Krankentagegeldversicherung
- Gesetzliche Unfallversicherung
- Berufsunfähigkeitsversicherung
- Altersversorgung

Versicherungen für das Unternehmen Es gibt für Unternehmen gesetzlich vorgeschriebene Versicherungen:

- Betriebshaftpflicht
- Geschäftsversicherung
- Kfz-Versicherung

Bei allen anderen Risiken müssen Sie überlegen, ob Sie die Absicherung sozusagen auf Ihre eigene Kappe nehmen wollen oder das Risiko auf eine Versicherungsgesellschaft übertragen.

Checkliste: Betriebliche Versicherungen

Welche Art von Gefahren sollen versichert werden?

	Versichern	Selber tragen
✍ Feuer	❏	❏
✍ Sturm	❏	❏
✍ Wasser	❏	❏
✍ Einbruch/Diebstahl	❏	❏
✍ Betriebsunterbrechungen	❏	❏
✍ Produkthaftpflicht	❏	❏
✍ Betriebshaftpflicht	❏	❏
✍ Kraftfahrzeug-Teilkasko	❏	❏
✍ Kraftfahrzeug-Vollkasko	❏	❏
✍ Firmenrechtsschutz	❏	❏
✍ Forderungsausfall	❏	❏
✍ Auslandsrisiko	❏	❏
✍ Vermögensschaden	❏	❏

	Ja	Nein
✍ Haben Sie sich durch einen neutralen Berater über alle Möglichkeiten und Anbieter informieren lassen?	❏	❏
✍ Haben Sie sich bei anderen Selbstständigen erkundigt, welche Versicherungen sich bewährt haben?	❏	❏
✍ Haben Sie sich von mehreren Versicherungsgesellschaften schriftliche Angebote erstellen lassen?	❏	❏
✍ Haben Sie die angebotenen Konditionen geprüft?	❏	❏
✍ Haben Sie Nachlässe ausgehandelt, beispielsweise weil bestimmte Risiken in Ihrem Unternehmen bzw. in Ihrer Branche geringer sind als im Durchschnitt?	❏	❏
✍ Gewähren die Laufzeiten Ihrer Versicherung ausreichend viel Flexibilität?	❏	❏

Sicher sind nicht alle Branchen mit gleichartigen Risiken behaftet. Die besonderen Voraussetzungen eines jeden Unternehmens sollten sorgfältig geprüft werden.

Alles, was Recht ist

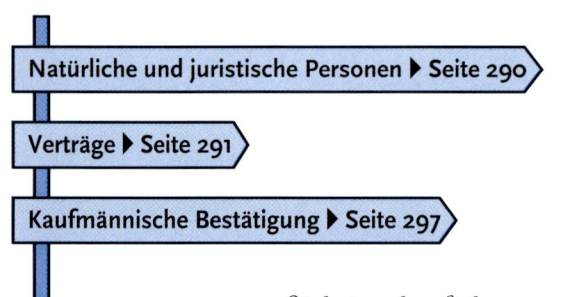

Natürliche und juristische Personen ▶ Seite 290

Verträge ▶ Seite 291

Kaufmännische Bestätigung ▶ Seite 297

Nicht selten beschleicht einen im Geschäftsalltag das Gefühl, man hätte gern seinen Anwalt als kleines Männchen mit guten Ratschlägen immer auf der Schulter sitzen. Tatsächlich schließt man eigentlich ständig Verträge ab. Wenn Ihre Tochter sich von ihrem Taschengeld Süßigkeiten kauft, kommt ebenso ein Vertrag zustande, wie wenn Sie mit Ihren Mitarbeitern eine Erfolgsbeteiligung vereinbaren. Schwierig wird es mit Verträgen eigentlich auch immer erst dann, wenn Unstimmigkeiten auftreten. Deshalb werden im Folgenden ein paar Grundlagen zum Thema Recht erläutert.

Von natürlichen und juristischen Personen

Die rechtlichen Grundlagen für die allgemeinen Geschäfte regelt in erster Linie das Bürgerliche Gesetzbuch (BGB). Klären wir erst einmal die Frage, wer Geschäfte tätigen darf, das heißt, wer Verträge gültig abschließen kann.

Natürliche Personen

Das Gesetz definiert natürliche Personen (§ 1ff BGB), also normalerweise Menschen wie »du und ich«. Im Bezug auf die Geschäftsfähigkeit gibt es jedoch Altersgrenzen:

Mit Vollendung des 14. Lebensjahres wird ein Mensch schuldfähig. Wer 16 Jahre alt ist, kann ein notarielles Testament aufsetzen und heiraten, wenn der Ehepartner volljährig ist.

Mit 18 Jahren ist ein Mensch volljährig und darf Verträge schließen, wann und wie er will. Er ist ab diesem Zeitpunkt jedoch auch für seine Handlungen voll verantwortlich. Einzige Ausnahme bildet das Strafrecht, die volle Straffähigkeit ist erst mit Vollendung des 21. Lebensjahres gegeben.

Kinder sind ab dem siebten Geburtstag beschränkt geschäftsfähig (§106 BGB), sie können dann mit Einwilligung des Erziehungsberechtigten Verträge abschließen. Solange sie die Verpflichtung aus einem Vertrag mit ihrem Taschengeld bestreiten können, dürfen sie Verträge auch ohne Einwilligung abschließen (§110 BGB).

Kinder unter sieben Jahren sind rechtsfähig, aber geschäftsunfähig. Mit der Vollendung der Geburt hat ein Kind Rechte, es darf z.B. Unterhalt verlangen, und es können ihm Leistungen versprochen werden, beispielsweise ein Erbe. Aber es kann keine Verträge schließen und haftet auch nicht (§ 104 BGB).

Juristische Personen

Neben den natürlichen kennt das Gesetz juristische Personen. Eine juristische Person ist eine Organisation, in der Personen und Sachen zusammengefasst sind. Eine juristische Person ist rechtsfähig und hat somit Rechte und Pflichten. Handlungsfähig wird sie durch ihre Organe, beispielsweise den Vorstand oder die Geschäftsführung. Juristische Personen des Privatrechts sind:

- Vereine (§§ 79ff BGB)
- Stiftungen (§§ 88ff BGB)
- Aktiengesellschaften (AG)
- Gesellschaften mit beschränkter Haftung (GmbH)
- Genossenschaften
- Kommanditgesellschaften auf Aktien (KGaA)

Was Sie über Verträge wissen sollten

Ganz sicher hat jeder schon Verträge abgeschlossen. Zumeist denken wir an Dinge wie Mietvertrag, Arbeitsvertrag oder Kaufvertrag. Aber wenn Sie Ihre Nachbarin bitten, Ihnen ein Brot mit einzukaufen, dann ist das auch schon ein Vertrag.

Wenn jemand sagt, was er will, dann gibt er eine Willenserklärung ab. Ein Zweiter erklärt sich damit einverstanden, gibt also auch eine Willenserklärung ab. Die beiden Personen sind sich also einig. Dadurch entsteht ein Rechtsgeschäft. Ein Vertrag kommt also zustande, wenn mindestens zwei Personen eine sich deckende Willenserklärung abgeben und dadurch einen bestimmten rechtlichen Erfolg erreichen.

Eine Willenserklärung kann ein Kopfnicken, ein Handzeichen, ein Handschlag, eine Aussage und anderes mehr sein. Ein Vertrag kommt durch ein Angebot und Annahme des Angebots zustande.

Wie ein Vertrag zustande kommt

Wie läuft so etwas in der Praxis? Sie wollen heute auf dem Wochenmarkt Äpfel kaufen. Der Kauf könnte in etwa wie folgt verlaufen – Sie stehen am Marktstand Ihres Gemüsehändlers und sagen zu ihm: »Ich hätte gerne fünf Äpfel.« Ihr Händler erwidert: »Ich habe noch einheimische Äpfel, und ich habe neue Äpfel aus Neuseeland!« Sie antworten mit der Aussage: »Ich nehme die einheimischen.« Ihre Äpfel werden abgewogen, der Gemüsehändler schreibt den Preis auf eine Kassenzettel. Sie bezahlen und gehen.

Wie kam das Geschäft im Einzelnen zustande?

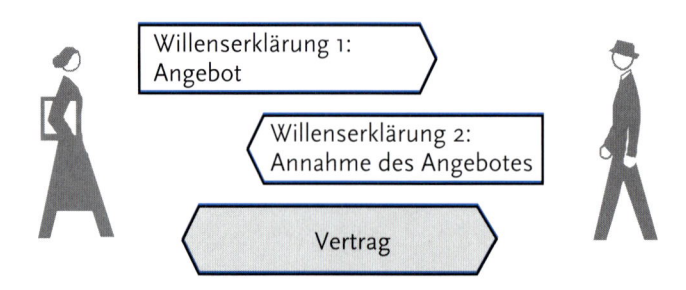

Angebot	Ihre Aussage: »Ich hätte gerne fünf Äpfel.«
Angebot	Der Händler ist einverstanden und bietet zwei Sorten an – damit macht er ein neues Angebot.
Annahme	Sie entscheiden sich für eine Sorte und nehmen das Angebot an.

Mit dem Geschäft war eine Einigkeit über den Preis verbunden. Sie haben als Kunde wortlos den üblichen, am Obst ausgezeichneten Preis akzeptiert.

Der erste Schritt – das Angebot

Zuerst das Allerwichtigste: Wer ein Angebot macht, ist daran gebunden. Jedem leuchtet aber ein, dass man sich nicht unbefristet an sein Angebot halten kann. Rahmenbedingungen verändern sich:

Die Gültigkeit von Angeboten sollte mit einer Frist oder der Klausel »freibleibend« eingeschränkt werden.

- In dem Geschäftsfeld, für das man im Vorjahr noch Angebote gemacht hat, ist man vielleicht in diesem Jahr überhaupt nicht mehr tätig.
- Die Materialen und/oder das Personal sind teurer geworden, und man muss die Preise erhöhen.

Aus vielerlei Gründen kann man sich nicht über einen längeren Zeitraum hinweg an ein einmal gegebenes Angebot halten. Für die Praxis heißt das, dass man die Gültigkeit eines Angebots einschränken muss.

Es empfiehlt sich auf jeden Fall, eine konkrete Frist für die Annahme eines Angebotes zu setzen. Mit Ablauf dieser Frist erlischt das Angebot, wenn es nicht angenommen wurde. Ebenso kann man sich mit der Klausel »freibleibend« den Rücken freihalten. Dadurch wird die Bindung ausgeschlossen. Das Angebot kann jedoch nur so lange zurückgenommen werden, wie es nicht angenommen wurde.

Übrigens kann auch eine Bestellung ein Antrag sein; nämlich

dann, wenn es vorher kein Angebot gab. In diesem Moment ist eine Bestellung der Antrag, der angenommen werden kann oder nicht.

Der zweite Schritt – die Annahme

Ganz wichtig: Man muss auf einen Antrag nicht reagieren, auch nicht als Kaufmann. Schweigen gilt in diesem Fall nicht als Zustimmung. Wenn Ihnen also jemand ein Angebot mit dem Satz sendet: »Wir betrachten unser Angebot als angenommen, wenn Sie uns innerhalb der nächsten 14 Tage keine Ablehnung mitteilen ...«, dann können Sie das Schreiben getrost ignorieren.

Auch Handlungen können als Willenserklärung gelten.

Aber ein Angebot kann durch schlüssiges Handeln stillschweigend angenommen werden. Wer also eine Bestellung bekommen und daraufhin die gewünschte Ware zugesandt hat, hat schlüssig gehandelt und das Angebot angenommen: Er hat eine Willenserklärung abgegeben.

Übrigens muss ein mündlich oder fernmündlich gemachtes Angebot sofort angenommen werden. Ein schriftliches Angebot kann so lange angenommen werden, wie man die Annahme unter regelmäßigen Umständen erwarten kann. Hier ergibt sich in der Praxis natürlich wieder die Schwierigkeit festzulegen, wie lange dieser Zeitraum sein kann. Deshalb auch hier nochmals der Hinweis, dass die Angabe von Fristen auf dem Angebot den Geschäftsablauf erleichtert.

Mündliche und fernmündliche Angebote müssen sofort angenommen werden. Schriftliche Angebote können so lange angenommen werden, wie man unter normalen Umständen eine Annahme erwartet.

Eine verspätete Annahme eines schriftlichen Antrags gilt als erneuter Antrag. Wenn Sie ein Angebot annehmen, obwohl die angegebene Frist abgelaufen ist, dann ist das keine Annahme, sondern ein erneutes Angebot an Ihren Partner. Es steht ihm frei zu entscheiden, wie er darauf reagieren möchte.

Manchmal möchte man ein Angebot ja gern annehmen, aber irgendein kleines Detail ist nicht so, wie man es sich vorgestellt hat. Ändert man diese Angabe, so gilt auch hier wieder: Das Angebot gilt als nicht angenommen; durch die Veränderung entsteht lediglich ein neues Angebot, das der Geschäftspartner so annehmen kann oder auch nicht!

Schon die kleinste Änderung eines Angebotes führt dazu, dass es als nicht angenommen gilt und ein neuer Antrag auf ein anders lautendes Angebot gestellt wird.

Auch wenn auf dem Angebot nicht alles so ist, wie man es möchte: Durch Veränderungen entsteht ein neues Angebot. Angebot und Annahme müssen inhaltlich gleich sein!

Sperling & Fichte
Buchenkopf 14
78563 Niedernberg

BÜRO – Wesendonck GmbH
Frau Gerta Wesendonck
Schumannstraße 10

78563 Niedernberg

Fax
(0 91 21) 20 49 –13

Ihr Zeichen, Ihre Nachricht vom	Unser Zeichen, unsere Nachricht vom	Telefon, Name (0 91 21) 20 49 –11	Datum
gw/ert 2000-05-02	fi/ml	Frau Fichte	2000-05-04

Angebot Lizenzausgabe

Projekt Lizenzausgabe, 96 Seiten, Format 21 x 28 cm	
Satz von 96 Seiten, fertige QuarkXPress-Datei wird gestellt, deutscher Text als Word-Dokument gestellt. Arbeiten: Einfließen lassen des deutschen Textes, Korrekturausdruck, Autorenkorrekturen nach Vorgabe, weitere Abstimmungsausdrucke und Korrekturen. Festpreis pro Seite: ~~25,00 DM~~ *21,– DM (tel. v. 1.10.99)*	~~2.400,00 DM~~ *2.016,00 DM*
Bearbeiten von 17 Landkarten-Grafiken, gestellte Dateien, Einsetzen der deutschen Ortsbezeichnungen. Preis pro Grafik: 20,00 DM	340,00 DM
Belichtung von 96 Seiten im Format 21 x 28 cm Preis pro Seite : 7,00 DM (Preis auch ohne Satzarbeiten gültig)	672,00 DM
Gesamtnettobetrag *3.028,00 DM* 16% MwSt. *484,48 DM* **Gesamtbruttobetrag** *3512,48 DM*	~~**3.412,00 DM**~~ ~~545,92 DM~~ ~~**3.957,92 DM**~~

Sperling & Fichte GbR • Buchenkopf 14 • 78563 Niedernberg • Telefon (0 91 21) 20 49–11 • Fax (0 91 21) 20 49–13
Bankverbindung: Konto 46 88 37 • Raiffeisenbank Niedernberg/Hochthal • BLZ (660 401 02) de

294

Und wenn man sich nicht einig ist?

Wenn ein Vertrag zustande kommt, sind darin üblicherweise mehrere Punkte enthalten. Dabei kann es sich um den Preis, den Verkaufsgegenstand, den Liefertermin, die Zahlungsbedingungen und vieles mehr handeln. Entscheidend für das Zustandekommen eines solchen Vertrages ist, dass sich die Vertragspartner wirklich in jedem Punkt einig sind. Ist dies nicht der Fall, liegt ein offener Einigungsmangel vor, und der Vertrag gilt als nicht geschlossen.

> **Schlüssiges Verhalten bindet**
> Wenn die Vertragsparteien durch schlüssiges Verhalten zeigen, dass sie am Vertrag festhalten wollen, dann binden sie sich trotz bestehender Unstimmigkeiten an den Vertrag.

Treten Probleme auf, werden die gegenseitigen Ansprüche nach dem Gesetz geregelt. Manchmal kommt es jedoch auch vor, dass die Vertragspartner der Meinung sind, alles sei in schönster Ordnung und es bestehe Einigung in allen Punkten. Tatsächlich wurde aber ein Punkt jeweils unterschiedlich interpretiert. Dann besteht ein versteckter Einigungsmangel. Von rechtlicher Bedeutung ist hier, dass eine objektive Mehrdeutigkeit besteht. Wenn die Erklärung nach der allgemeinen Verkehrsauffassung klar ist, kann kein versteckter Einigungsmangel vorliegen.

Für das Zustandekommen des Vertrages ist die Bedeutung des Punktes, in dem Uneinigkeit besteht, entscheidend. Hätten die Vertragspartner den Vertrag so nicht geschlossen, dann ist er nichtig. Ist der Punkt von untergeordneter Bedeutung, dann bleibt der Vertrag gültig.

Grundlage für das Zustandekommen eines Vertrages ist, dass sich die Vertragspartner in jedem Punkt einig sind!

Die häufigsten Verträge im kaufmännischen Alltag

Im Arbeitsalltag gibt es viele Bereiche, in denen bestimmte Dinge einer vertraglichen Regelung bedürfen. Dabei kann es sich genauso um den Kauf einer Maschine handeln wie um das Anmieten eines Büros oder die Inanspruchnahme einer Arbeitsleistung Dritter. Grundsätzlich gilt im deutschen Recht Vertragsfreiheit. Demnach kann jeder frei entscheiden, ob er einen Vertrag abschließen will oder nicht (Abschlussfreiheit) und welchen Inhalt er haben soll, also welche Rechte und Pflichten mit dem Vertrag verbunden sind (Gestaltungsfreiheit). Das bürgerliche Gesetzbuch regelt einige Vertragstypen ausführlich.

Kaufvertrag (§§ 433ff BGB)

§ 433 (Grundpflichten des Käufers und des Verkäufers)

(1) Durch den Kaufvertrag wird der Verkäufer einer Sache verpflichtet, dem Käufer die Sache zu übergeben und das Eigentum an der Sache zu verschaffen. Der Verkäufer eines Rechtes ist verpflichtet, dem Käufer das Recht zu verschaffen und, wenn das Recht zum Besitz einer Sache berechtigt, die Sache zu übergeben.

(2) Der Käufer ist verpflichtet, dem Verkäufer den vereinbarten Kaufpreis zu zahlen und die gekaufte Sache abzunehmen.

Man unterscheidet zwischen Eigentum und Besitz. Eigentum ist nach § 903 BGB das umfassende, grundsätzlich unbeschränkte Recht an einer Sache. Besitz meint die tatsächliche Gewalt über eine Sache (§ 854 Abs. 1 BGB).

Der Käufer soll also das Eigentum an einer Sache bekommen, während der Verkäufer als Gegenleistung einen vereinbarten Preis zahlt. Das BGB regelt den Vorgang des Kaufs im Einzelnen, insbesondere die Gewährleistung wegen Mängel der Sache (§§ 459ff BGB).

Mietvertrag (§§ 535ff BGB)

§ 535 (Wesen des Mietvertrags)

Durch den Mietvertrag wird der Vermieter verpflichtet, dem Mieter den Gebrauch der vermieteten Sache während der Mietzeit zu gewähren. Der Mieter ist verpflichtet, dem Vermieter den vereinbarten Mietzins zu entrichten.

Der Mieter darf einen Gegenstand benutzen, ohne daran Eigentum zu erwerben. Als Gegenleistung muss er einen Mietzins bezahlen, in der Regel einen vereinbarten Geldbetrag.

Dienstvertrag (§§ 611ff BGB)

§ 611 (Wesen des Dienstvertrags)

(1) Durch den Dienstvertrag wird derjenige, welcher Dienste zusagt, zur Leistung der versprochenen Dienste, der andere Teil zur Gewährung der vereinbarten Vergütung verpflichtet.

(2) Gegenstand des Dienstvertrages können Dienste jeder Art sein.

Ein Vertragspartner verpflichtet sich zu einer bestimmten Tätigkeit. Ob diese Tätigkeit erfolgreich durchgeführt wird oder nicht, ist dabei unerheblich. Der Auftraggeber schuldet für diese Tätigkeit eine Vergütung.

Werkvertrag (§§ 631ff BGB)

§ 631 (Wesen des Werkvertrags)

(1) Durch den Werkvertrag wird der Unternehmer zur Herstellung des versprochenen Werkes, der Besteller zur Entrichtung der vereinbarten Vergütung verpflichtet.

(2) Gegenstand des Werkvertrages kann sowohl die Herstellung oder Veränderung einer Sache als ein anderer durch Arbeit oder Dienstleistung herbeizuführender Erfolg sein.

Es muss also von einem Vertragspartner ein bestimmter Erfolg herbeigeführt werden, der dann von dem anderen Vertragspartner vergütet werden muss. Im Gesetz sind Aspekte wie Nachbesserung, Mängelbeseitigung, Nichterfüllung, verspätete Herstellung oder Haftung geregelt.

Auftrag (§§ 662ff BGB)

§ 662 (Wesen des Auftrags)

Durch die Annahme eines Auftrags verpflichtet sich der Beauftragte, ein ihm von dem Auftraggeber übertragenes Geschäft für diesen unentgeltlich zu besorgen.

Ein Vertragspartner erledigt einen Auftrag für einen Auftraggeber. Der Auftraggeber ist nicht zu einer Vergütung verpflichtet.

Wenn der Kaufmann etwas schriftlich bestätigt

Die rechtliche Stellung des Kaufmanns oder der Kauffrau ist anders: Während für die Privatperson oder für Kleingewerbetreibende die Regelungen des BGB gelten, kommt für Kaufleute das HGB in Anwendung. Und hier hat das kaufmännische Bestätigungsschreiben eine besondere Rolle!

Wenn ein Vertrag schriftlich geschlossen wird, dann sind alle zu klärenden Punkte zumindest auf dem Papier geklärt. Anders sieht es bei mündlichen Absprachen aus. Hier hilft das kaufmännische Bestätigungsschreiben weiter. Sozusagen als Ergänzung der mündlichen oder telefonischen Absprachen werden darin nochmals alle entscheidenden Punkte aufgeführt. Einer der Vertragspartner verfasst dieses Schreiben. Es ist also eine einseitige Bestätigung des mündlich Vereinbarten.

Das kaufmännische Bestätigungsschreiben soll sicherstellen, dass die Vertragspartner sich bei mündlichen Absprachen richtig verstanden haben.

Die Rechtsprechung hat hier nur sehr kurze Fristen für den Widerspruch eingeräumt!

In der heutigen Zeit muss alles schnell gehen, auch und gerade im Wirtschaftsalltag. Deshalb muss auch ein kaufmännisches Bestätigungsschreiben sofort beantwortet werden. Wenn keine Antwort auf das Schreiben erfolgt, dann gilt dies als Zustimmung.

> **Schweigen genügt**
> Schweigen auf ein kaufmännisches Bestätigungsschreiben gilt als Zustimmung.

Hier ist ein großer Unterschied zum Nicht-Kaufmann: Er muss auf ein Bestätigungsschreiben nicht reagieren. Daraus leitet sich für ihn keine Zustimmung ab. Aber auch hier gibt es Ausnahmen, in denen Schweigen nicht als Zustimmung gilt:

■ Im Bestätigungsschreiben wird ausdrücklich um eine Gegenbestätigung gebeten.
■ Beide Seiten versenden zur gleichen Zeit unterschiedliche Bestätigungen.
■ Der Absender missbraucht das kaufmännische Bestätigungsschreiben in gegen Treu und Glauben verstoßender Weise.

Da die Rechtsprechung sich beim Thema kaufmännisches Bestätigungsschreiben in der Praxis mitunter etwas schwer tut, sollte man bei Unklarheiten trotzdem unbedingt sofort widersprechen, auch wenn man vielleicht gerade etwas anderes bestätigt hat.

Kurzübersicht

Natürliche Person Eine natürliche Person ist mit 18 Jahren volljährig und darf ab diesem Zeitpunkt uneingeschränkt Verträge schließen. Sie ist für ihre Handlungen voll verantwortlich.

Juristische Person Eine juristische Person ist die Zusammenfassung von Personen und Sachen zu einer Organisation. Die juristische Person ist rechtsfähig und hat somit Rechte und Pflichten. Handlungsfähig wird eine juristische Person durch ihre Organe, beispielsweise den Vorstand oder die Geschäftsführung.

Vertrag Ein Vertrag kommt zustande, wenn mindestens zwei Personen eine sich deckende Willenserklärung abgeben und dadurch ein bestimmter rechtlicher Erfolg erreicht wird. Ein Vertrag kommt durch Angebot und Annahme des Angebots zustande.

Recht im Überblick Die nachfolgende Übersicht zeigt, wie viele
Gesetze den Kaufmann im Alltag betreffen können.

Deutsches Recht	Öffentliches Recht	Europarecht Völkerrecht Staatsrecht Verfassungs- recht Verwaltungs- recht Steuerrecht Sozialrecht Strafrecht Prozessrecht Sonstige	Kommunalrecht Polizei- und Ord- nungsrecht Öffentliches Dienst- recht Wirtschaftsver- waltungsrecht Umweltrecht Baurecht usw.	Gewerberecht Kartellrecht
	Privatrecht	Bürgerliches Recht (Sachen-, Familien-, Erbrecht usw.) Handelsrecht mit Sonderrechten (Aktienrecht, Recht der GmbH, Genossenschaftsrecht, Wertpapierrecht usw.) Gewerblicher Rechtsschutz und Wettbewerbsrecht (Patent-, Geschmacksmuster-, Gebrauchsmuster-, Warenzeichenrecht, Gesetz gegen den unlauteren Wettbewerb usw.) Verkehrsrecht (Reise-, Speditions-, Fracht-, Eisenbahnfracht-, See- fahrtsrecht)		
	Arbeitsrecht	Individualarbeits-, Betriebsverfassungs-, Tarifvertrags-, Kündigungsschutz-, Jugendarbeitsschutz-, Schwer- behinderten-, Mutterschutzrecht		
	Gewohnheits- recht	z.B. Enteignungsgleicher Eingriff		

Literaturempfehlungen für Existenzgründer

Meine Sozialversicherung als Selbständiger

Beschreibung   Alles über die soziale Absicherung

Herausgeber   AOK

Bestellungen bei   AOK Baden-Württemberg Hauptverwaltung, Heilbronner Str. 184, 70191 Stuttgart, Telefon 07 11/25 93-0, Fax 07 11/25 93-100

oder beim AOK Bundesverband, Postfach 20 03 44, 53170 Bonn, Telefon 02 28/843-0

Es lohnt sich, auch im Internet mit Hilfe der Suchmaschinen nach Informationen zu suchen. Yahoo hat z.B. umfangreiche Wirtschaftsdaten zusammengetragen.

Taschen-ABC 1999 – Zahlen, Daten, Fakten zur Sozialversicherung

Beschreibung   Versicherungen

Herausgeber   AOK

Bestellungen bei   AOK Baden-Württemberg Hauptverwaltung, Heilbronner Str. 184, 70191 Stuttgart, Telefon 07 11/25 93-0, Fax 07 11/25 93-100

oder beim AOK Bundesverband, Postfach 20 03 44, 53170 Bonn, Telefon 02 28/843-0

Soziale Absicherung

Beschreibung   Alles über Sozialversicherungen für Selbständige

Herausgeber   Deutscher Industrie- und Handelstag

Bestellungen bei   z.B. Industrie- und Handelskammer Ostwestfalen zu Bielefeld, Elsa-Brändströmstr. 1–3, Postfach 100363, 35503 Bielefeld, Telefon 05 21/554-0, Fax 05 21/554-219

Starthilfe. Der erfolgreiche Weg in die Selbständigkeit

Beschreibung   Grundlagen Existenzgründung

Herausgeber   Bundesministerium für Wirtschaft

Bestellungen bei   Bundesministerium für Wirtschaft Referat Öffentlichkeitsarbeit/Versand, 53107 Bonn, Fax 02 28/615-26 46, Internet http://www.bmwi.de

Junge Unternehmen. Die Schritte nach dem Start

Beschreibung   Probleme und Lösungen bei der Existenzfestigung

Herausgeber   Bundesministerium für Wirtschaft

Bestellungen bei   Bundesministerium für Wirtschaft Referat Öffentlichkeitsarbeit/Versand, 53107 Bonn, Fax 02 28/615-26 46, Internet http://www.bmwi.de

Frauen unternehmen was – Tips für Existenzgründerinnen

Beschreibung   Existenzgründung für Frauen

Herausgeber   Bundesministerium für Wirtschaft

Bestellungen bei   Bundesministerium für Wirtschaft Referat Öffentlichkeitsarbeit/Versand, 53107 Bonn, Fax 02 28/615-26 46, Internet http://www.bmwi.de

Finanzierungsbausteine für Unternehmen mit Zukunft

Beschreibung   Das DtA-Förderangebot für Existenzgründer und mittelständische Unternehmer

Herausgeber   Deutsche Ausgleichsbank

Bestellungen bei   Deutsche Ausgleichsbank, Telefon 02 28/831-22 61, Fax 02 28/831-21 30, Internet http://www.dta.de

Franchise: Chancen für Existenzgründer

Beschreibung   DtA-Programm für Franchise-Nehmer

Herausgeber   Deutsche Ausgleichsbank

Bestellungen bei   Deutsche Ausgleichsbank Telefon 02 28/831-22 61, Fax 02 28/831-21 30, Internet http://www.dta.de

Wir fördern Existenzgründungen, Umweltschutz und neue Technologien

Beschreibung   Programme, Richtlinien, Merkblätter

Herausgeber   Deutsche Ausgleichsbank

Bestellungen bei   Deutsche Ausgleichsbank Telefon 02 28/831-22 61, Fax 02 28/831-21 30, Internet http://www.dta.de

Selbständig machen – Selbständig bleiben

Beschreibung   Allgemeine Informationen

Herausgeber   Bundesverband der Deutschen Volksbanken und Raiffeisenbanken

Bestellungen bei   Geschäftsstellen der Volks- und Raiffeisenbanken

Insbesondere die Landeswirtschaftsministerien stellen umfangreiche Informationen für Existenzgründer bereit. Über Gründertelefone kann man aktuellen Rat abfragen.

Adressen

Nachfolgend haben wir Adressen für Sie zusammengestellt, bei denen Sie Unterstützung bei unterschiedlichsten Fragestellungen finden. Eine kurze Einführung hilft Ihnen in vielen Fällen, die Institution richtig einzuordnen.

Institutionelle Beratung

Alt hilft Jung e.V.
Kennedyallee 62–70
53175 Bonn
Telefon   02 28/889-236
Fax   02 28/889-348
http://www.alt-hilft-jung.w3d.de

Personen, die aus dem aktiven Berufsleben ausgeschieden sind, bieten Unterstützung bei der Gründung und Erhaltung eines eigenen Unternehmens an.

AOK-Bundesverband
Kortrijker Str.1
53177 Bonn
Telefon   02 28/843-0
Fax   02 28/843-502
http://www.aok.de

Informationen zur Sozialversicherung.

Arbeitsgemeinschaft Deutscher Technologie- und Gründerzentren e.V. (ADT)
Rudower Chaussee 5
12489 Berlin
Telefon   030/63 92-62 21
Fax   030/63 92-62 22
http://www.adt-online.de

Netzwerk der Technologie- und Gründerzentren mit über 200 Standorten.

Aktion Gewerbefreiheit
Horst Mirbach
Hauptstr. 43
53604 Bad Honnef
Telefon   0 22 24/7 55 78
Fax   0 22 24/7 16 82
http://www.gewerbefreiheit.de

Unterstützt Handwerker und Handwerkerinnen, die ohne Meisterbrief arbeiten.

Arbeitsgemeinschaft Selbständiger Unternehmer e.V (ASU)
Mainzer Str. 238
53179 Bonn
Telefon   02 28/9 54 59-0
Fax   02 28/9 54 59-90
http://www.asu.de

Unterstützt freie Unternehmer durch Veranstaltungen, Treffen sowie Seminare und bietet vielfältige Hilfestellungen und Informationen.

Berufsverband unabhängiger HandwerkerInnen

Kleine Breese 13

29497 Woltersdorf

Telefon 0 58 41/97 39 00

Fax   0 58 41/97 39 01

http://www.aries.de/buh

Unterstützt Handwerker/innen, die ohne Meisterbrief arbeiten.

Bundesverband des Deutschen Güterfernverkehrs e.V. (BDF)

Breitenbachstr. 1

60487 Frankfurt/ Main

Telefon 069/79 19-0

Fax   069/79 19–265

Bundesverband der Versicherungsberater e.V.

Alexanderstr. 228

26127 Oldenburg

Servicetelefon 0180/5 25 75 89

Bundesverband versicherter Unternehmer (BvU)

Servicebüro Regensburg

Kirchstr. 1

93092 Barbing

Telefon 0 94 01/5 17 40

Fax   0 94 01/8 05 81

http://www.bvuev.com

Bund der Selbstständigen – Deutscher Gewerbeverband e.V.

Heilsbachstr. 32

53123 Bonn

Telefon 02 28/64 30 72

http://www.bds-dgv.de

Vertritt die Interessen von Handel, Handwerk, Dienstleistungsunternehmen und kleiner sowie mittlerer Industriebetriebe.

Bundesministerium der Finanzen

Wilhelmstr. 97

10117 Berlin

Telefon 030/22 42-02

Fax   030/22 42-32 60

Niederlassung Bonn:

Graurheindorfer Str. 108

53117 Bonn

Telefon 02 28/682-0

Fax   02 28/682 44-20

http://www.bundesfinanzministerium.de

Bundesministerium für Bildung, Wissenschaft, Forschung und Technologie

Heinemannstr. 2

53175 Bonn

Telefon 02 28/57-0

Fax   02 28/57-36 01

Glinkastr. 18–24

10117 Berlin

Telefon 030/2 85 40-0

Fax   030/2 85 40-52 70

http://www.bmbf.de

Bundesministerium für Wirtschaft und Technik

Scharnhorststr. 36

10115 Berlin

Telefon 030/20 14-9

Fax   030/214-7010

Villemombler Str. 76
53123 Bonn
Telefon   02 28/615-0
Fax   02 28/615-44 36
http://www.bmwi.de

Gezielte und vertiefende Fragen zu den
Fördermöglichkeiten können Gründe-
rinnen und Gründer über die BMWi-
Hotline direkt an Experten des Ministe-
riums richten:
Bürgertelefon 030/20 14-76 48/49
Fax   030/20 14-70 33

Bundesministerium für Familie, Senioren, Frauen und Jugend

Rochusstr. 8–10
53123 Bonn
Telefon   02 28/930-0
Fax   02 28/930-22 21

Taubenstr. 42–43
10117 Berlin
Telefon   030/2 06 55-0
Fax   030/2 06 55-11 45
http://www.bmfsfj.de

Bundesverband der Wirtschafts- berater (BVW) e.V.

Lerchenweg 14
53909 Zülpich
Telefon 0 22 52/8 13 61
(Hotline)
Fax   0 22 52/29 10
(Kontakt, Rat, Auskunft)
http://www.beraterverband.de
http://www.bvw-ev.de

Bietet Informationen, Daten und
Unterstützung im Beraterbereich.

Bundesverband Deutscher Unterneh- mensberater BDU e.V.

Kronprinzendamm 1
10711 Berlin
Telefon   030/8 93 10 70
http://www.bdu.de

Bundesverband Junger Unternehmer der ASU e.V.

Mainzer Str. 238
53179 Bonn
Telefon   02 28/9 54 59-0
Fax   02 28/95 45 59-90
http://www.bju.de

Hat das Existenzgründerforum-online
zur Unterstützung von Existenzgründern initiiert und unterstützt Gründer
vielseitig. Veranstaltet in Zusammenarbeit mit deutschen Universitäten
Existenzgründer-Vorlesungen.

Bundesamt für Wirtschaft

Frankfurter Str. 29–31
65760 Eschborn
Telefon 0 61 96/404-0
Fax   0 61 96/404-212
http://www.bawi.de

Ist zuständig für Wirtschaftsförderung,
insbesondere die Förderung von
Beratungen sowie Informations- und
Schulungsveranstaltungen.

Bundesverband der Deutschen Industrie e.V.

Gustav-Heinemann-Ufer 84–88
50968 Köln
Telefon   02 21/37 08-00
Fax   02 21/37 08-730
http://www.bdi-online.de

Der BDI vertritt die Interessen der deutschen Industrie.

Bundesbetriebsberatungsstelle für den Deutschen Groß- und Außenhandel GmbH
Bonner Talweg 57
53113 Bonn
Telefon 02 28/2 60 04-43
Fax   02 28/2 60 04-35

B.F.B.M.-Bundesverband der Frau im freien Beruf und Management e.V. – Geschäftsstelle
Monheim Allee 21
52062 Aachen
Telefon 02 41/40 18-458
Fax   02 41/40 18-463
http://www.bfbm.de

Selbstständig tätige Frauen und Frauen in Führungspositionen haben sich zu einem Netzwerk zusammengeschlossen.

Deutscher Franchise Verband e.V.
Paul-Heyse-Str. 33
80336 München
Telefon 089/53 07 14-0
Fax   089/53 13 23
http://www.franchise-net.de

Nimmt die Interessen der Franchise-Wirtschaft in Deutschland wahr.

Deutscher Franchisenehmer Verband
Celsiusstr. 43
53125 Bonn
Telefon 02 28/25 03 00
Fax   02 28/25 05 86
http://www.dfnv.de

Zusammenschluss von Franchise-nehmern.

Deutsches Patent- und Markenamt
Zweibrückenstr. 12
80331 München
Telefon 089/21 95-0
Fax   089/21 95-22 21

Dienststelle Berlin:
Gitschiner Str. 97
10969 Berlin
Telefon 030/2 59 92-0
Fax   030/2 59 92-404
http://www.deutsches-patentamt.de

Gibt umfangreiche Auskünfte zum Thema Patente und bietet auch nützliche Informationen für Einsteiger.

Europäisches Patentamt
Erhardstr. 27
80331 München
Telefon 089/23 99-0
Fax   089/23 99-50 12
http://www.european-patent-office.org/index_d.htm

Deutsche Ausgleichsbank (DtA)
Ludwig-Erhard-Platz 1–3
53170 Bonn
Telefon 02 28/831-0
Fax   02 28/831-22 55

Niederlassung Berlin:
Sarrazinstr. 11–15
12159 Berlin
Telefon 030/8 50 85-0
Fax   030/8 50 85-299
http://www.gruenderzentrum.de

Umfangreiche Online-Unterstützung für Existenzgründer durch das »Gründerzentrum«. Finanzierung.

Deutscher Industrie -und Handelstag (DIHT)
Adenauerallee 148
53113 Bonn
Telefon 02 28/104-0
Fax   02 28/104-158
http://www.diht.de

Der DIHT gibt Ihnen die Adresse der für Sie zuständigen IHK.

Deutsche Städtereklame (DSR) GmbH
Zentrale Frankfurt
Eschenheimer Anlage 33-34
60318 Frankfurt am Main
Telefon 069/15 43-0
Fax   069/15 43-200

Infos über die Kosten von Werbung auf Bussen, Bahnen und Werbeflächen der öffentlichen Hand.

Hauptverband der gewerblichen Berufsgenossenschaften
Alte Heerstr. 111
53754 Sankt Augustin
Telefon 0 22 41/231-01
Fax   0 22 41/231-13 33
http://www.hvbg.de/d/pages/infomat/wir/hvbg.htm

Vertritt die Interessen der Berufsgenossenschaften, zuständig für Arbeitssicherheit und Gesundheitsschutz.

Interhoga – Gesellschaft zur Förderung des deutschen Hotel- und Gaststättengewerbes mbh
Kronprinzenstr. 46
53173 Bonn
Telefon 02 28/8 20 08-0
Fax   02 28/8 20 08-46
http://www.interhoga.de

Außerdem spannend für Existenzgründer im Gaststättengewerbe:
http://www.ihk.de/hamburg/Services/Existenz/exgrhoga.htm

IHK-Gesellschaft zur Förderung der Außenwirtschaft und der Unternehmensführung mbH
Schönholzer Str. 10/11
13187 Berlin
Telefon 030/4 88 06-214
oder 030/4 86 37-516 (ISDN)
Fax   030/4 88 06-232
http://www.wtcbb.de/WirtschaftBb/Foerderprg/ADR260.html

Informationszentrum für Existenzgründungen des Landesgewerbeamtes Baden-Württemberg
Willi-Bleicher-Str. 19
70174 Stuttgart
Telefon 07 11/123-27 86
Fax   07 11/123-27 54
http://www.ifex.de

Existenzgründungsförderung durch transparente Informationsgestaltung sowie -beschaffung.

Kreditanstalt für Wiederaufbau (KfW)
Palmengarten 5–9
60325 Frankfurt/M.
Telefon   069/74 31-0
Fax   069/74 312 944
http://www.kfw.de

Landesversicherungsanstalt Oldenburg-Bremen
■ **Künstlersozialkasse**
Langeoogstr. 12
26384 Wilhelmshaven
Telefon   0 44 21/308-0

Zuständig für die Sozialversicherung von Künstlern, Autoren, Übersetzern und Journalisten.

Leitstelle für Gewerbefördermittel des Bundes
Gothaer Allee 2
50969 Köln
Telefon   02 21/36 25 17
Fax   02 21/36 25 12

Zuständig für die Beantragung von Fördermitteln.

Rationalisierungskuratorium der Deutschen Wirtschaft e.V.
Düsseldorfer Str. 40
65760 Eschborn
Telefon   0 61 96/495-1
Fax   0 61 96/495-303 (oder 307)
http://www.rkw.de

Zentrale. Zuständig für Beratungsförderung.

Senior Experten Service (SES)
Buschstr. 2
53113 Bonn
Telefon   02 28/2 60 90-0
Fax   02 28/2 60 90 –77
http://www.seniorweb.uni-bonn.de

Coachen Existenzgründer.

Verband beratender Ingenieure (VBI) e.V.
Am Fronhof 10
53177 Bonn
Telefon   02 28/9 57 18-0
Fax   02 28/9 57 18-40
http://www.vbi.de

Vertritt die Interessen der Ingenieurberatungsunternehmen.

Wirtschaftsjunioren Deutschland
Adenauerallee 148
53113 Bonn
Telefon   02 28/104-514
Fax   02 28/104-177
http://www.wjd.de

Zusammenschluss von Führungskräften und Unternehmen, die noch keine 40 Jahre alt sind. Die Zentrale vermittelt Existenzgründer zur Beratung an eine (jährlich wechselnde) Ressortleitung.

Zentralverband des Deutschen Handwerks (ZDH)
Johanniterstr. 1
53113 Bonn
Telefon   02 28/545-0
Fax   02 28/545-205
http://www.zdh.de

**Bundesstelle für Außenhandels-
informationen**

Agrippastr. 87–93
50676 Köln
Telefon 0221/2057-0
Fax   0221/2057-212
http://www.bfai.com

**OECD Organisation for Economic
Co-operation and Development**

2. rue André-Pascal
75775 Paris Cedex 16
France
http://www.oecd.org

Deutsche Zentrale für Tourismus e.V.

Beethovenstr. 69
60325 Frankfurt/M
http://www.germany-tourism.de

Institut für Mittelstandsforschung

Maximilianstr. 20
53111 Bonn
Telefon 0228/72957-0
Fax   0228/72957-34

Berufsgenossenschaften

Eine Übersicht über Berufsgenossenschaften mit Versicherungspflicht für
Arbeitgeber, aufgrund der Satzungsbestimmungen:

**Berufsgenossenschaft der kerami-
schen und Glas-Industrie**

Riemenschneiderstr. 2
97070 Würzburg
Telefon 09 31/79 43-0
Fax   09 31/79 43-800

Lederindustrieberufsgenossenschaft

Lortzingstr. 2
55127 Mainz
Telefon 0 61 31/785-1
Fax   0 61 31/785-271

**Textil- und Bekleidungs-Berufs-
genossenschaft**

Oblatterwallstr. 18
86153 Augsburg
Telefon 08 21/31 59-0
Fax   08 21/31 59-201

**Berufsgenossenschaft Nahrungs-
mittel und Gaststätten**

Dynamostr. 7–9
68165 Mannheim
Telefon 06 21/44 56-0
Fax   06 21/44 56-15 54
http://www.bgn.de

Fleischerei-Berufsgenossenschaft

Lortzingstr. 2
55127 Mainz
Telefon 0 61 31/785-1
Fax   0 61 31/785-340

Bau-Berufsgenossenschaft Hamburg

Holstenwall 8–9
20355 Hamburg
Telefon 040/3 50 00-0
Fax   040/3 50 00-397

Bau-Berufsgenossenschaft Hannover

Hildesheimer Str. 309
30159 Hannover
Telefon 05 11/987-0
Fax   05 11/987-24 40

Bau-Berufsgenossenschaft Wuppertal

Viktoriastr. 21
42115 Wuppertal
Telefon   02 02/398-0
Fax   02 02/398-404

Bau-Berufsgenossenschaft Frankfurt

An der Festeburg 27–29
60389 Frankfurt/M.
Telefon   069/47 05-0
Fax   069/47 05-888

Südwestliche Bau-Berufsgenossenschaft

Steinhäuserstr. 10
76135 Karlsruhe
Telefon   07 21/81 02-0
Fax   07 21/81 02-345

Württembergische Bau-Berufsgenossenschaft

Friedrich-Gerstlacher-Str. 15
71032 Böblingen
Telefon   0 70 31/625-0
Fax   0 70 31/625-100

Bau-Berufsgenossenschaft Bayern und Sachsen

Loristr. 8
80335 München
Telefon   089/12 179-0
Fax   089/12 179-555
http://www.baubg.de

Berufsgenossenschaft für den Einzelhandel

Niebuhrstr. 5
53113 Bonn
Telefon   02 28/54 06-0
Fax   02 28/54 06-202

Berufsgenossenschaft der Straßen-, U-Bahnen und Eisenbahnen

Fontenay 1a
20354 Hamburg
Telefon   040/4 41 18-0
Fax   040/4 41 18-140

Berufsgenossenschaft für Fahrzeughaltungen

Ottenser Hauptstr. 54
22765 Hamburg
Telefon   040/39 80-0
Fax   040/39.89-16 66
http://www.bgf.de

Binnenschifffahrts-Berufsgenossenschaft

Düsseldorfer Str. 193
47053 Duisburg
Telefon   02 03/29 52-0
Fax   02 03/29 52-166

Berufsgenossenschaft für Gesundheitsdienst und Wohlfahrtspflege

Pappelallee 35/37
22089 Hamburg
Telefon   040/2 02 07-0
Fax   040/2 02 07-525

Bundesverband der landwirtschaftlichen Berufsgenossenschaften e.V.

Postfach 41 03 56
34114 Kassel
Telefon   05 61/93 59-0

Gartenbau-Berufsgenossenschaft

Frankfurter Str. 126
34121 Kassel
Telefon   05 61/928-0

Übersicht über Berufsgenossenschaften ohne Versicherungspflicht für Arbeitgeber:

Bergbau-Berufsgenossenschaft

Hunscheidtstr. 18
44789 Bochum
Telefon 02 34/316-0
Fax 02 34/316-300
http://www.bergbau_bg.de

Steinbruchs-Berufsgenossenschaft

Postfach 101540
30836 Langenhagen
Telefon 05 11/72 57-0
Fax 05 11/72 57-100
http://www.stgb.de

Berufsgenossenschaft der Gas-, Fernwärme- und Wasserwirtschaft

Auf'm Hennekamp 74
40225 Düsseldorf
Telefon 02 11/93 35-0
Fax 02 11/93 35-199

Hütten- und Walzwerks-Berufsgenossenschaft

Kreuzstr. 45
40210 Düsseldorf
Telefon 02 11/82 24-0
Fax 02 11/82 24-444

Maschinenbau- und Metall-Berufsgenossenschaft

Kreuzstr. 45
40210 Düsseldorf
Telefon 02 11/82 24-0
Fax 02 11/82 24-444

Norddt. Metallberufsgenossenschaft

Hans-Böckler-Allee 26
30173 Hannover
Telefon 05 11/81 18-0
Fax 05 11/81 18-200

Süddt. Metallberufsgenossenschaft

Wilhelm-Theodor-Römheld-Str. 15
55130 Mainz
Telefon 0 61 31/802-0
Fax 0 61 31/802-232

Edel- und Unedelmetall-Berufsgenossenschaft

Vollmoellerstr. 11
70563 Stuttgart
Telefon 07 11/13 34-0
Fax 07 11/13 34-500

Berufsgenossenschaft der Feinmechanik und Elektrotechnik

Gustav-Heinemann-Ufer 130
50968 Köln
Telefon 02 21/37 78-0
Fax 02 21/34 25 03
http://www.bgfue.de

Berufsgenossenschaft der chemischen Industrie

Kurfürsten-Anlage 62
69115 Heidelberg
Telefon 0 62 21/523-0
Fax 0 62 21/523-323
http://www.bgchemie.de

Holz-Berufsgenossenschaft

Am Knie 6
81241 München
Telefon 089/88 97-0
Fax 089/88 97-355

Papiermacher-Berufsgenossenschaft
Lortzingstr. 2
55127 Mainz
Telefon 0 61 31/785-0
Fax   0 61 31/785-271

Zucker-Berufsgenossenschaft
Lortzingstr. 2
55127 Mainz
Telefon 0 61 31/785-1
Fax   0 61 31/785-271

Tiefbau-Berufsgenossenschaft
Am Knie 6
81241 München
Telefon 089/88 97-0
Fax   089/88 97-600
http://www.tiefbaubg.de

**Verwaltungs-Berufsgenossenschaft,
Berufsgenossenschaft der Banken,
Versicherungen, Verwaltungen,
freien Berufe und besonderer Unter-
nehmen**
Deelbögenkamp 4
22297 Hamburg
Telefon 040/51 46-0
Fax   040/51 46-21 46
http://www.vbg.de

Gewerkschaften

Deutscher Gewerkschaftsbund DGB
Burgstr. 29–30
10178 Berlin
Telefon 030/240 60-211
Fax   030/240 60-324
http://www.dgb.de

**Deutsche Angestellten Gewerkschaft
DAG**
Johannes-Brahms-Platz 1
20355 Hamburg
Telefon 040/3491501
Fax   040/34915400
http://www.dag.de

**Gewerkschaft Öffentlicher Dienst
und Transport ÖTV**
Hauptverwaltung
Theodor-Heuss-Str. 2
70174 Stuttgart
Telefon 0711/2097-0
Fax   0711/2097-462
http://www.oetv.de

**Gewerkschaft Nahrung - Genuss -
Gaststätten**
Hauptverwaltung
Haubachstr. 76
2275 Hamburg
Telefon 040/38013-0
Fax   040/38013-220
http://www.gewerkschaft-ngg.de

**Gewerkschaft Handel - Banken und
Versicherungen**
Friedrich-Ebert-Str. 59-61
40210 Düsseldorf
Telefon 0211/17293-0
http://wwwhbv.org

**Gewerkschaft Erziehung und Wissen-
schaft**
Hauptvorstand
Reifenberger Str. 21
60489 Frankfurt/M.
Telefon 069/789 73-0
Fax   069/789 73-201

Arbeitgeberverbände

Gesamtverband der metallindustriellen Arbeitgeberverbände e.V.

Die Adressen der Regionalverbände finden Sie unter:
http://www.gesamtmetall.de
z.B.

Metall NRW
Postfach 301041
40410 Düsseldorf
Telefon 0211/45730

Arbeitgeberverband des privaten Bankgewerbes e.V.
Burgstr. 28
10178 Berlin
Telefon 030/590011-270
Fax   030/590011-279
http://www.agvbanken.de

Gründerinitiativen

Die hier zusammengestellten Initiativen werden teils von der öffentlichen Hand, teils ehrenamtlich getragen. Sie beraten in der Regel nur Existenzgründer aus dem regionalen Umfeld. Suchen Sie dennoch die angegebenen Web-Sites auf, Informationen kann man nie genug bekommen …

Hamburger Initiative für Existenzgründungen und Innovationen H.E.I.
Habichtstr. 41
22052 Hamburg
Gründertelefon 040/61 17 00-0
oder   040/61 17 00 42-44
http://www.hamburg.de.WiHaVe

Existenzgründerinitiative »Get up« Gesellschaft zur Förderung neuer Technologien Thüringen e.V. (GNT)
Lange Wiesener Str. 22
98693 Ilmenau
Telefon 0 36 77/87 71 15
Fax   0 36 77/67 83 47
http://www.gnt-ev.de

Info-Service für Existenzgründungen und Mittelstand im Niedersächsischen Ministerium für Wirtschaft, Technologie und Verkehr
Leinstr. 8
30159 Hannover
Telefon 05 11/55 00 71
Fax   05 11/12 05 78 3
http://www.niedersachsen.de

Gesellschaft für Wirtschaftsförderung P.E.G.A.S.U.S
c/o MAPAL Dr. Kress KG
Frau Ulrike Schmidt
Obere Bahnstr. 13
73431 Aalen
Telefon 0 73 61/58 51 81
Fax   9 73 61/58 51 10
http://www.pegasus-ev.org

Unternehmer-Service-Center im Wirtschaftsministerium
Mecklenburg-Vorpommern
Johannes-Stelling-Str. 14
19053 Schwerin
Gründertelefon 03 85/588-58 00
Fax   03 85/588–58 78

Die Berufe des Handwerks

Anlage A – Zu dem Gesetz zur Ordnung des Handwerks (Handwerksordnung)
Verzeichnis der Gewerbe, die als Handwerk betrieben werden können (§ 1 Abs. 2):

I Gruppe der Bau- und Ausbaugewerbe

1. Maurer und Betonbauer
2. Ofen- und Luftheizungsbauer
3. Zimmerer
4. Dachdecker
5. Straßenbauer
6. Wärme-, Kälte- und Schallschutzisolierer
7. Fliesen-, Platten- und Mosaikleger
8. Betonstein- und Terrazzohersteller
9. Estrichleger
10. Brunnenbauer
11. Steinmetze und Steinbildhauer
12. Stukkateure
13. Maler und Lackierer
14. Gerüstbauer
15. Schornsteinfeger

II Gruppe der Elektro- und Metallgewerbe

1. Metallbauer
2. Chirurgiemechaniker
3. Karosserie- und Fahrzeugbauer
4. Feinwerkmechaniker
5. Zweiradmechaniker
6. Kälteanlagenbauer
7. Informationstechniker
8. Kraftfahrzeugtechniker
9. Landmaschinenmechaniker
10. Büchsenmacher
11. Klempner
12. Installateur und Heizungsbauer
13. Behälter- und Apparatebauer
14. Elektrotechniker
15. Elektromaschinenbauer
16. Uhrmacher
17. Graveure
18. Metallbildner
19. Galvaniseure
20. Metall- und Glockengießer
21. Schneidewerkzeugmechaniker
22. Gold- und Siberschmiede

III Gruppe der Holzgewerbe

1. Tischler
2. Parkettleger
3. Rolladen- und Jalousienbauer
4. Boots- und Schiffsbauer
5. Modellbauer
6. Drechsler (Elfenbeinschnitzer) und Holzspielzeugmacher
7. Holzbildhauer
8. Böttcher
9. Korbmacher

IV Gruppe der Bekleidungs-, Textil- und Ledergewerbe

1. Damen- und Herrenschneider
2. Sticker
3. Modisten
4. Weber
5. Seiler
6. Segelmacher
7. Kürschner
8. Schuhmacher
9. Sattler und Feintäschner
10. Raumausstatter

V Gruppe der Nahrungsmittelgewerbe

1. Bäcker
2. Konditoren
3. Fleischer
4. Müller
5. Brauer und Mälzer
6. Weinküfer

VI Gruppe der Gewerbe für Gesundheits- und Körperpflege sowie der chemischen und Reinigungsgewerbe

1. Augenoptiker
2. Hörgeräteakustiker
3. Orthopädietechniker
4. Orthopädieschuhmacher
5. Zahntechniker
6. Friseure
7. Textilreiniger
8. Wachszieher
9. Gebäudereiniger

VII Gruppe der Glas-, Papier-, keramischen und sonstigen Gewerbe

1. Glaser
2. Glasveredler
3. Feinoptiker
4. Glasbläser und Glasapparatebauer
5. Glas- und Porzellanmaler
6. Edelsteinschleifer und -graveure
7. Fotografen
8. Buchbinder
9. Buchdrucker, Schriftsetzer, Drucker
10. Siebdrucker
11. Flexografen
12. Keramiker
13. Orgel- und Harmoniumbauer
14. Klavier- und Chembalobauer
15. Handzuginstrumentenmacher
16. Geigenbauer
17. Bogenmacher
18. Metallblasinstrumentenmacher
19. Holzblasinstrumentenmacher
20. Zupfinstrumentenmacher
21. Vergolder
22. Schilder- und Lichtreklamenhersteller
23. Vulkaniseure und Reifenmechaniker

Anlage B – Zu dem Gesetz zur Ordnung des Handwerks (Handwerksordnung)

Verzeichnis der Gewerbe, die handwerksähnlich betrieben werden können (§ 18 Abs. 2):

I Gruppe der Bau- und Ausbaugewerbe

1. Eisenflechter
2. Bautentrocknungsgewerbe
3. Bodenleger
4. Asphaltierer (ohne Straßenbau)
5. Fuger (im Hochbau)
6. Holz- und Bautenschutzgewerbe
7. Rammgewerbe (Einrammen von Pfählen im Wasserbau)
8. Betonbohrer und -schneider
9. Theater- und Ausstattungsmaler

II Gruppe der Metallgewerbe

1. Herstellen von Drahtgestellen für Dekorationszwecke in Sonderanfertigung
2. Metallschleifer und Metallpolierer
3. Metallsägen-Schärfer
4. Tankschutzbetriebe (Korrosionsschutz von Öltanks für Feuerungsanlagen ohne chemische Verfahren)
5. Fahrzeugverwerter
6. Rohr- und Kanalreiniger
7. Kabelverleger im Hochbau (ohne Anschlussarbeiten)

III Gruppe der Holzgewerbe

1. Holzschuhmacher
2. Holzblockmacher
3. Daubenhauer
4. Holz-Leitermacher (Sonderanfertigung)
5. Muldenhauer
6. Holzreifenmacher
7. Holzschindelmacher
8. Einbau von genormten Baufertigteilen (z.B. Fenster, Türen, Zargen, Regale)
9. Bürsten- und Pinselmacher

IV Gruppe der Bekleidungs-, Textil- und Ledergewerbe

1. Bügelanstalten für Herren-Oberbekleidung
2. Dekorationsnäher (ohne Schaufensterdekoration)
3. Fleckteppichhersteller
4. Klöppler
5. Theaterkostümnäher
6. Plisseebrenner
7. Posamentierer
8. Stoffmaler
9. Stricker
10. Textil-Handdrucker
11. Kunststopfer
12. Änderungsschneider
13. Handschuhmacher
14. Ausführung einfacher Schuhreparaturen
15. Gerber

V Gruppe der Nahrungsmittelgewerbe

1. Innerei-Fleischer (Kuttler)
2. Speiseeishersteller (mit Vertrieb von Speiseeis mit üblichem Zubehör)
3. Fleischzerleger, Ausbeiner

VI Gruppe der Gewerbe für Gesundheits- und Körperpflege sowie der chemischen und Reinigungsgewerbe

1. Appreteure, Dekateure
2. Schnellreiniger
3. Teppichreiniger
4. Getränkeleitungsreiniger
5. Kosmetiker
6. Maskenbildner

VII Gruppe der sonstigen Gewerbe

1. Bestattungsgewerbe
2. Lampenschirmhersteller (Sonderanfertigung)
3. Klavierstimmer
4. Theaterplastiker
5. Requisiteure
6. Schirmemacher
7. Steindrucker
8. Schlagzeugmacher

ABC des Kaufmanns

von A wie Abfindung bis Z wie Zuständiges Finanzamt

Abfindung Unter einer Abfindung versteht man eine einmalige Ausgleichszahlung zur Abgeltung rechtlicher Ansprüche, typisches Beispiel ist die Mitarbeiterabfindung bei Auflösung des Arbeitsverhältnisses. Abfindungszahlungen bis zu 16 000 DM bleiben steuerfrei. Hat der Arbeitnehmer das 50. Lebensjahr vollendet und war mindestens 15 Jahre im Unternehmen beschäftigt, erhöht sich der steuerfreie Betrag auf 20 000 DM, mit Vollendung des 55. Lebensjahres und 20-jähriger Betriebszugehörigkeit steigt der Betrag nochmals auf 24 000 DM.

Abgabenordnung Die Abgabenordnung ist das allgemeine Steuergesetz in Deutschland. Sie fasst diejenigen Vorschriften zusammen, die für alle oder mehrere Steuerarten gelten.

Ablauforganisation Die Ablauforganisation ordnet die einzelnen Arbeitsprozesse oder Handlungsvorgänge im Unternehmen. Geordnet wird die zeitliche Reihenfolge der Tätigkeiten, ihr Zeitbedarf sowie die räumliche Anordnung.

Ein Arbeitnehmer hat das Recht, eine Abmahnung aus seinen Personalunterlagen entfernen zu lassen.

Abmahnung In einer Abmahnung wird der Arbeitnehmer über eine ihm zuzurechnende Pflichtverletzung informiert. Rechtswirksam für eine mögliche Kündigung ist die Abmahnung nur, wenn für den Wiederholungsfall ausdrücklich auf die Kündigung des Arbeitnehmers hingewiesen wird.

Absatz Unter Absatz versteht man den Verkauf von Gütern und Dienstleistungen.

Abschreibung (Steuerrecht: Absetzung für Abnutzung = AfA → AfA-Tabelle) Abschreibungen werden bei Gegenständen des → Anlagevermögens durchgeführt. Die Wertminderung, die ein Gegenstand durch seine Nutzung oder den Zeitverlauf erfährt, wird in Geld bewertet und von den ursprünglichen → Anschaffungs- oder Herstellungskosten abgezogen. Man kann diese Abschreibungen planmäßig vornehmen oder, bei unvorhersehbaren Wertminderungen, außerplanmäßig.

AfA-Tabelle (Absetzung für Abnutzung) Amtliches Verzeichnis mit Angaben über Nutzungsdauer und Abschreibungssätzen einzelner Wirtschaftsgüter. Das Einkommensteuerrecht geht dabei in der Regel von der linearen Abschreibung aus.

Ausführliche Abschreibungstabellen bekommen Sie bei Ihrem Steuerberater oder beim Finanzamt.

AfA-Tabelle/lineare Abschreibung

Gegenstand	Nutzungs-dauer	AfA Satz
Fahrzeuge		
Bauwagen	8 Jahre	12,5000%
LKW, Sattelschlepper, Kipper	7 Jahre	14,2857%
Lokomotiven und Waggons (auch Gelenkwagen)	20 Jahre	5,0000%
Motorräder, Motorroller, Fahrräder	5 Jahre	20,0000%
Personenkraft- und Kombiwagen	5 Jahre	20,0000%
Reiseomnibusse	6 Jahre	16,6667%
Traktoren und Schlepper	8 Jahre	12,5000%
Wohnmobile, Wohnwagen	6 Jahre	16,6667%
Wirtschaftsgüter der Werkstätten- und Lagereinrichtungen	10 Jahre	10,0000%
Arbeitszelte	6 Jahre	16,6667%
Wirtschaftsgüter der Ladeneinrichtungen	8 Jahre	12,5000%
Telekommunikationsanlagen		
Adressier-, Kuvertier- und Frankiermaschinen	5 Jahre	20,0000%
Autotelefone	4 Jahre	25,0000%
Fernsprechnebenstellenanlagen	8 Jahre	12,5000%
Foto-, Film-, Video- u. Audiogeräte	5 Jahre	20,0000%
Großrechner	5 Jahre	20,0000%
Mobilfunkendgeräte	4 Jahre	25,0000%
Peripheriegeräte (Drucker, Scanner)	4 Jahre	25,0000%
Textendeinrichtungen (Fernschreiber, Faxgeräte u. Ä.)	5 Jahre	20,0000%
Workstations, PC, Notebooks u. Ä.	4 Jahre	25,0000%
Büromöbel	10 Jahre	10,0000%
Panzerschränke, Tresore	20 Jahre	5,0000%
Präsentationsgeräte (Overhead-Projektoren, Leinwände)	5 Jahre	20,0000%

Gegenstand	Nutzungs-dauer	AfA Satz
Registrierkassen	5 Jahre	20,0000%
Schreibmaschinen	5 Jahre	20,0000%
Stahlschränke	10 Jahre	10,0000%
Tresoranlagen	25 Jahre	4,0000%
Verkaufsbuden und -stände	5 Jahre	20,0000%
Verkaufstheken	7 Jahre	14,2857%
Vervielfältigungsgeräte	5 Jahre	20,0000%
Waagen (Obst-, Gemüse-, Fleisch-)	8 Jahre	12,5000%
Zeichengeräte, elektronisch	5 Jahre	20,0000%
Zeichengeräte, mechanisch	10 Jahre	10,0000%
Zeiterfassungsgeräte	5 Jahre	20,0000%

AfA-Tabelle/degressive Abschreibung

Betriebsge-wöhnliche Nutzungsdauer (Jahre)	Degressive AfA Bei Anschaffung oder Herstellung (% des Buchwertes)	Übergang auf lineare AfA nach ... Jahren	Restnutzungs-dauer (Jahre)	lineare AfA (%)
10	30,00	7	3	33,33
11	27,27	8	3	33,33
12	25,00	9	3	33,33
13	23,07	9	4	25,00
14	21,42	10	4	25,00
15	20,00	11	4	25,00
16	18,75	11	5	20,00
17	17,64	12	5	20,00
18	16,66	13	5	20,00
19	15,78	13	6	16,67
20	15,00	14	6	16,67
21	14,28	15	6	16,67
22	13,63	15	7	14,29
23	13,04	16	7	14,29
24	12,50	17	7	14,29
25	12,00	17	8	12,50
30	10,00	21	9	11,11
40	7,50	22	13	7,69

Aktie Die Aktie ist ein Wertpapier, das einen Anteil am Eigenkapital einer Aktiengesellschaft beurkundet. Der Eigentümer hat bei einer Gewinnausschüttung einen Anspruch auf einen Anteil am Gewinn (→ Dividende). Bei einer *Stammaktie* hat er im Rahmen der Hauptversammlung ein Stimmrecht. *Vorzugsaktien* sind mit einem höheren Dividendenanspruch verbunden, beinhalten jedoch kein Stimmrecht. Entsprechend der Übertragbarkeit unterscheidet man Inhaber- und Namensaktien. Während *Inhaberaktien* keinen Namen aufweisen und durch Einigung und Übergabe verkauft werden können, sind *Namensaktien* auf den Namen der Eigentümer ausgestellt.

Aktien sind, im Vergleich zu anderen Anlageformen, langfristig eine sehr rentable Geldanlage.

Aktiengesellschaft Bei einer Aktiengesellschaft (AG) ist das Grundkapital in Aktien zerlegt. Die Gesellschafter (Aktionäre) haften gegenüber den Gläubigern mit ihrem Anteil am Grundkapital, also mit ihren Aktien.

Allgemeine Geschäftsbedingungen (AGB) Unter allgemeinen Geschäftsbedingungen versteht man Vertragsbedingungen, die vom Kaufmann für eine Vielzahl von Geschäften vorformuliert werden. Durch AGB können Vertragsbeziehungen vereinfacht und standardisiert werden. Allerdings sind dabei die gesetzlichen Vorschriften des AGB-Gesetzes zu beachten.

Analysten Fachleute in Banken, Versicherungen und Beratungsunternehmen, die Aktien und Beteiligungen an Unternehmen bewerten.

Anfangsbestand Der Anfangsbestand eines Sachkontos entspricht dem Wert der entsprechenden Position in der → Bilanz (bzw. dem → Inventar) zum Beginn des Geschäftsjahres.

Angebot Ein Angebot ist die Erklärung, eine bestimmte Leistung oder Ware zu den angegebenen Bedingungen einem möglichen Kunden zu liefern. Ein Angebot muss an eine bestimmte Person gerichtet sein. Wird ein Angebot ohne Einschränkung abgegeben, z. B. zeitlich, so ist dieses bindend.

Anhang Der Anhang ist neben der → Bilanz und der → GuV-Rechnung Bestandteil des Jahresabschlusses bei Kapitalgesellschaften. Im Anhang sind nähere Angaben zu den einzelnen Posten der Bilanz und der GuV-Rechnung sowie Erläuterungen zu verwendeten Methoden enthalten.

Anlagevermögen Das Anlagevermögen ist der Teil des Vermögens einer Unternehmung, der zur längerfristigen Nutzung, jedoch nicht zum Verbrauch bestimmt ist.

Anschaffungskosten Unter Anschaffungskosten versteht man die → Aufwendungen, die geleistet werden, um einen Vermögensgegenstand zu erwerben und betriebsbereit zu machen.

Arbeitsplatz Ein Arbeitsplatz ist der konkrete Ort, an dem eine Aufgabe erledigt werden kann.

Bei Abschluss eines Arbeitsvertrages sollte eine Stellenbeschreibung für die zu besetzende Stelle vorliegen, die dem Vertrag beigelegt werden kann.

Arbeitsvertrag In einem Arbeitsvertrag zwischen Arbeitgeber und Arbeitnehmer müssen mindestens Angaben gemacht werden über Namen und Anschrift von Arbeitgeber und Arbeitnehmer, Beginn des Arbeitsverhältnisses, Arbeitsort, Bezeichnung der Tätigkeit, Entgeltregelung, regelmäßige Arbeitszeit, Jahresurlaub, Kündigungsfristen sowie ein Hinweis auf Tarifverträge und Betriebsvereinbarungen, die für das Arbeitsverhältnis gelten.

Aufbauorganisation Die Aufbauorganisation verknüpft die organisatorischen Einheiten, also Stellen, Instanzen und Abteilungen zu einer organisatorischen Struktur und definiert die Beziehungen dieser Einheiten untereinander.

Aufbewahrungspflicht Der Gesetzgeber gibt vor, wie lange und in welcher Form die einzelnen Unterlagen der Buchführung aufbewahrt werden müssen. Es gelten folgende Aufbewahrungspflichten:

10 Jahre   Für Handelsbücher, Inventare, Eröffnungsbilanzen, Jahresabschlüsse, Lageberichte, Konzernabschlüsse, Konzernlageberichte und zum Verständnis notwendige Arbeitsanweisungen sowie Organisationsunterlagen
Buchungsbelege

6 Jahre   Für empfangene Handelsbriefe, Wiedergabe abgesandter Handelsbriefe

Aufhebungsvertrag Ein Aufhebungsvertrag kann zwischen einem Arbeitnehmer und einem Arbeitgeber geschlossen werden, wenn beide das Arbeitsverhältnis einvernehmlich lösen wollen. Der Arbeitgeber kann dem Arbeitnehmer eine Abfindung zahlen, die bis zu einer gewissen Höhe steuer- und sozialabgabenfrei ist. Der Arbeitnehmer hat die Nachteile, dass er bei Arbeitslosigkeit erst nach zwölf Wochen Arbeitslosengeld erhält und hohe Abfindungen zum Teil darauf angerechnet werden.

Aufwendungen Unter Aufwendungen versteht man Kosten, die betrieblich bedingt sind und durch die das → Eigenkapital eines Betriebs innerhalb eines Geschäftsjahres verringert wird.

Aufzeichnungspflicht Ein Kaufmann ist nach Steuer- und/oder Handelsrecht verpflichtet, Aufzeichnungen über seine Geschäfte zu machen. Der Gesetzgeber setzt auch fest, wie die Aufzeichnungen geführt werden müssen.

Die Aufbewahrungsfristen finden Sie auf Seite 320.

BDA In der Bundesvereinigung der Deutschen Arbeitgeberverbände sind Arbeitgeber zusammengeschlossen. Sie treten als Verhandlungspartner der Gewerkschaften bei Tarifverhandlungen auf.

BDI Durch den Bundesverband der Deutschen Industrie werden die wirtschaftspolitischen Interessen der deutschen Industrieunternehmen gegenüber Regierung und Öffentlichkeit vertreten. Ausgenommen sind sozialpolitische Themen (BDA).

Beleg Ein Beleg ist ein schriftliches Dokument, das einem Geschäftsvorfall zugrunde liegt und die Richtigkeit einer damit zusammenhängenden Buchung nachweist (bzw. belegt!).

Berufsgenossenschaften Die Berufsgenossenschaften sind die Träger der Unfallversicherung. Mitglieder sind alle privaten Unternehmen, die regelmäßig Versicherungspflichtige beschäftigen.

Bestandskonto Die → Anfangsbestände der einzelnen Positionen in der → Bilanz werden zu Beginn eines Geschäftsjahres auf so genannte Bestandskonten verteilt. Die Bestände der linken Bilanzseite (Aktiva) werden auf Aktivkonten gebucht, die der rechten Bilanzseite (Passiva) auf Passivkonten. Sie werden dann über das → Schlussbilanzkonto abgeschlossen.

Bestandsveränderungen werden z.B. in großen Einzelhandelsunternehmen bereits bei Kasseneingabe mittels Warenwirtschaftssystem ermittelt. So kann der Lagerbestand jederzeit flexibel verwaltet werden.

Bestandsveränderungen Unter Bestandsveränderungen versteht man den Unterschied der Menge von Waren zu Beginn eines Geschäftsjahres gegenüber dem Geschäftsjahresende. Werden mehr Waren verkauft als eingekauft bzw. auf Lager genommen, spricht man von einer Bestandsminderung. Wenn die Wareneingänge größer als die Warenausgänge sind, spricht man von einer Bestandsmehrung.

Betriebliches Rechnungswesen Unter dem betrieblichen Rechnungswesen versteht man die zahlen- und wertmäßige Erfassung der betrieblichen Vorgänge in einer Unternehmung. Zu dem betrieblichen Rechnungswesen gehören die Teilbereiche Buchführung, → Kosten- und Leistungsrechnung, Statistik und Planungsrechnung.

Betriebsabrechnungsbogen (BWA) Der Betriebsabrechnungsbogen (BWA = **b**etriebs**w**irtschaftliche **A**uswertung) gibt in Tabellenform eine Übersicht über die angefallenen Kostenarten in Verbindung mit den entsprechenden Kostenstellen. Die monatliche Auswertung des Betriebsabrechnungsbogens ist wichtige Grundlage einer effizienten Kostenkontrolle.

Betriebsausgaben Unter Betriebsausgaben versteht man die Ausgaben, die durch den Betrieb veranlasst sind. Dabei ist zu beachten, dass nicht alle Betriebsausgaben uneingeschränkt steuerlich abzugsfähig vom → Gewinn sind.

Betriebsprüfung (Außenprüfung – §§ 193ff AO) Die Betriebsprüfung dient der Ermittlung der steuerlichen Verhältnisse eines Steuerpflichtigen. Sie kann einen oder mehrere Besteuerungszeiträume umfassen. Als Steuerpflichtiger sind Sie verpflichtet, bei der Feststellung der Besteuerungsgrundlage mitzuwirken. Laut Statistik werden Kleinbetriebe etwa alle 30, Mittelbetriebe alle 14 und Großbetriebe alle 5 Jahre geprüft.

Betriebsräte dürfen laut Betriebsverfassungsgesetz erst ab einer Betriebsgröße von 21 Mitarbeitern gewählt werden. Die Größe des Betriebsrates ist ebenfalls im BetrVerfG festgelegt.

Betriebsrat Der Betriebsrat ist die Interessensvertretung der Arbeitnehmer in einem Unternehmen. Die Mitglieder werden von der Belegschaftsversammlung für drei Jahre gewählt.

Betriebsvereinbarung Eine Betriebsvereinbarung ist ein Vertrag zwischen Arbeitnehmern und dem Arbeitgeber einer Unternehmung. Rechtliche Grundlagen der Betriebsvereinbarungen sind im Betriebsverfassungsgesetz festgelegt.

Betriebsversammlung Bei einer Betriebsversammlung treffen sich Arbeitnehmer und Betriebsrat. Sie dient der Abstimmung.

Bezugsrecht Laut Aktiengesetz haben Aktionäre ein Bezugsrecht auf neue Aktien, die ein Unternehmen ausgibt, dessen Aktien sie halten. Das Unternehmen muss zunächst ihnen die neuen Aktien anbieten, und zwar entsprechend ihrem Anteil am Grundkapital.

Bilanz (ital. bilancia = Waage) Eine Bilanz wird zu Beginn der unternehmerischen Tätigkeit und am Ende eines jeden Geschäftsjahres erstellt. Sie zeigt das Verhältnis des Vermögens zu den Schulden. Die Bilanz stellt eine Kurzform des → Inventars in Kontenform dar. Auf der linken Seite (Aktiva) steht das Vermögen, während auf der rechten Seite das → Eigenkapital und die Verbindlichkeiten zu finden sind.

Bonität Unter Bonität versteht man die Fähigkeit eines Schuldners, seinen Zahlungsverpflichtungen in Zukunft nachzukommen. Man spricht auch von Kreditwürdigkeit.

Über die Bonität, also Kreditsicherheit, eines Unternehmens kann man bei verschiedenen Firmen Auskünfte einholen, sofern man dort Mitglied ist, bekannt sind etwa die Schufa sowie Creditreform.

Börse Darunter versteht man Marktveranstaltungen unter staatlicher Aufsicht, bei denen Angebot und Nachfrage zusammenkommen. In Deutschland gibt es Wertpapierbörsen, Warenbörsen, Dienstleistungsbörsen, Devisenbörsen und Terminbörsen.

Brainstorming (aus dem Englischen: brain = Gehirn, to storm = stürmen) Brainstorming gehört zu den so genannten Kreativitätstechniken. Dabei wird versucht, durch das Sammeln spontaner Einfälle Problemlösungen zu finden.

Break-Even-Point (BEP) Der Break-Even-Punkt bezeichnet einen Zeitpunkt, an dem der Erlös erstmals so groß ist wie die Kosten. Es wird also weder Gewinn noch Verlust erwirtschaftet.

Brutto Brutto steht im kaufmännischen Sprachgebrauch für die Aussage »vor Abzug der Steuern«. Bei Waren bedeutet der Begriff brutto das Rohgewicht einschließlich der Verpackung.

Buchführungspflicht Sowohl Handelsgesetz als auch Steuergesetz regeln, dass jeder Kaufmann verpflichtet ist, Bücher zu führen.

Buchhalternase In der Bilanz und einzelnen Konten werden vorhandene Freiräume durch einen diagonal verlaufenden Strich entwertet, der waagerecht beginnt und endet.

Bürokommunikation Bürokommunikation ist der Austausch von Informationen mit moderner Kommunikationstechnik, beispielsweise Daten- und Textverarbeitung, ISDN.

Cash-flow Dabei handelt es sich um eine Kennzahl, die den Mittelfluss bzw. die Zahlungsströme aus dem betrieblichen Umsatzprozess aufzeigt. Bewertet werden die Geldbewegungen innerhalb eines Zeitraumes aufgezeigt.

CFR Kosten und Fracht ... (benannter Bestimmungshafen – **c**ost and **fr**eight) Internationale Vertragsformel für den Frachtverkehr mit folgenden Vereinbarungen: Der Verkäufer trägt alle Kosten und Risiken bis zum Bestimmungshafen.

CIF Kosten, Versicherung, Fracht... (benannter Bestimmungshafen – **c**ost, **i**nsurance, **fr**eight) Internationale Vertragsformel für den Frachtverkehr mit folgenden Vereinbarungen: Der Verkäufer trägt alle Kosten und Risiken bis zum Bestimmungshafen, einschließlich der Entladung der Fracht. Zusätzlich muss eine Seeversicherung vom Verkäufer abgeschlossen werden.

Coaching wird insbesondere bei Managern immer beliebter. Aber auch persönliche Mentoren können die Karriere unterstützen.

Coaching (aus dem Englischen: Coach = Trainer) Unter Coaching versteht man das Betreuen und Beraten eines Mitarbeiters oder Managers durch einen Berater (Coach). Die Beratung kann in allen Bereichen des Geschäftsalltages erfolgen.

Controlling Das Controlling ist ein Instrument zur Führung eines Unternehmens, mit dem Unternehmensabläufe überwacht sowie unternehmensnotwendige Informationen bereitgestellt werden. Das Controlling greift größtenteils auf Daten des → betrieblichen Rechnungswesens zurück.

Corporate Identity (CI) Unter Corporate Identity ist das einheitliche Erscheinungsbild eines Unternehmens zu verstehen. Das Erscheinungsbild wird durch sämtliche Kommunikationsmittel des Unternehmens geprägt und betrifft die Gestaltung des Betriebsgebäudes genauso wie die Werbung, die Verpackung, das Briefpapier oder die Firmenfahrzeuge.

Debitoren (aus dem Italienischen: Schuldner) In der Buchhaltung werden beispielsweise Kunden verstanden, die ihre Waren auf Kreditbasis beziehen, es handelt sich also um Forderungen gegenüber Dritten.

Deckungsbeitragsrechnung Bei der Deckungsbeitragsrechnung werden die Kosten in fixe und variable Kosten gegliedert, und den Produkten werden zunächst nur die variablen Kosten zugerechnet.

Delkredererisiko Darunter ist das Risiko zu verstehen, dass nicht alle offenen Forderungen auch beglichen werden, d.h., es bezeichnet die Gefahr, dass ein Kunde seine Rechnung nicht bezahlt.

Dialogverfahren Das Dialogverfahren ist ein Verfahren der Datenerfassung, das bei der Buchführung mit EDV zur Anwendung kommt. Dabei geht jeder geschriebene Datensatz (Buchungssatz) unmittelbar in die aktuelle Buchführung ein. Eine Alternative ist das Verfahren der → Stapelverarbeitung.

DIHT Der Deutsche Industrie- und Handelstag ist die Dachorganisation der Industrie- und Handelskammern. Er vertritt die Interessen der Mitglieder der gewerblichen Unternehmen gegenüber der Bundesregierung und der Öffentlichkeit. Adresse: DIHT Adenauerallee 148, 53113 Bonn, Telefon 0228/104-0, Fax 0228/ 104-158, Internet: http://www.diht.de.

Distributionspolitik Der Weg einer Ware vom Hersteller zum Käufer ist Gegenstand der Distributionspolitik. Entscheidend ist dabei die Wahl des Absatzwege und -organe: Geht das Unternehmen direkt an den Kunden, oder übernehmen Händler diese Aufgabe?

Distribution ist ein moderner Begriff für »Vertrieb«.

Diversifikation Diversifikation heißt, als Unternehmen mit neuen Produkten auf neuen Märkten auftreten. Diversifikation kann *horizontal* erfolgen, das heißt, die neuen Produkte haben einen sachlichen Zusammenhang zu dem bisherigen Angebot. Ebenso kann

Diversifikation *vertikal* erfolgen. Dabei beziehen sich die neuen Produkte auf vor- oder nachgelagerte Produktionsstufen. Oder Diversifikation ist *lateral*, dann besteht zwischen alten und neuen Produkten kein sachlicher Zusammenhang.

Dividende Der von einer AG ausgeschüttete Gewinn, der jeweils auf eine Aktie entfällt und meist in 100 Prozent des Nennwerts ausgedrückt wird (Dividendensatz).

Doppelte Buchführung Aufgabe der Buchführung ist die lückenlose, geordnete und nachprüfbare Erfassung aller Geschäftsvorgänge eines Unternehmens. Das Grundprinzip der doppelten Buchführung besteht darin, dass jeder Geschäftsvorfall mindestens zweimal erfasst bzw. gebucht wird.

Doppik Der Begriff Doppik steht für doppelte Buchführung, deren Grundprinzip darin besteht, dass jeder Geschäftsvorfall mindestens zweimal erfasst bzw. gebucht wird.

DtA Die Deutsche Ausgleichsbank vergibt an Existenzgründer und junge Unternehmen Kredite zu günstigen Zinssätzen, für die die Bundesregierung bürgt. Die DtA berät Unternehmensgründer auch. Adresse: DtA, Ludwig-Erhard-Platz 1–3, 53170 Bonn, Telefon 0228/831-0, Fax: 0228/831-2255 Niederlassung Berlin: Sarrazinstr. 11–15, 12159 Berlin, Telefon 030/85085-0, Fax 030/85085-299 Internet: http://www.gruenderzentrum.de

Je höher der Fremdkapitalanteil bei Kapitalgesellschaften ist, desto zuversichtlicher können Anteilseigner sein, dass sie gute Gewinnanteile bekommen. Diese werden nämlich nach Eigenkapitalanteil aufgeschlüsselt.

Eigenkapital Eigenkapital ist das Kapital, dass vom Inhaber oder den Gesellschaftern einer Unternehmung eingebracht wird. Das Kapital kann dem Unternehmen durch Einlagen oder nicht entnommene Gewinne zugeführt werden.

Einheitswert Unter dem Einheitswert des Betriebsvermögens versteht man den durch das Finanzamt festgesetzten Wert der Vermögensmassen. Er ist unter anderem Grundlage für die Berechnung der Steuern, die sich auf das Vermögen beziehen, z.B. Vermögensteuer, Erbschaftsteuer.

Einkommensteuer Einkommensteuer bezieht sich grundsätzlich auf das Einkommen natürlicher Personen. Die Einkommensteuer errechnet sich bei Selbstständigen aus der Höhe des persönlichen

Einkommens, das durch unternehmerische Tätigkeiten erzielt wird, und die Summe aller anderen Einkünfte. Bei Arbeitnehmern wird sie als *Lohnsteuer* unmittelbar erhoben und abgeführt.

Einnahmen-Überschuss-Rechnung → Kleingewerbetreibende und → Freiberufler dürfen ihren jährlichen Gewinn bzw. Verlust durch eine einfache Einnahmen-Überschuss-Rechnung ermitteln. Hierbei werden die Einnahmen mit den Ausgaben verrechnet. Einnahmen sind in dem Kalenderjahr zu erfassen, in dem sie erhalten werden. Ausgaben werden erfasst, wenn sie geleistet werden.

Einzelhandel Im Einzelhandel wird die Ware direkt an den Endverbraucher abgesetzt. Der Einzelhandel kann seine Ware sowohl vom Hersteller als auch vom Großhandel beziehen.

Elektronic Banking Darunter sind alle Bankgeschäfte zu verstehen, die unter Einsatz moderner EDV abgewickelt werden.

E-Mail Electronic Mail steht für elektronische Post. Darunter ist die Übermittlung von Daten über moderne Kommunikationsnetze (z. B. ISDN) zu verstehen.

Erfolgsbeteiligung Die Erfolgsbeteiligung kann Mitarbeitern als Motivationsanreiz gewährt werden. Die Erfolgsbeteiligung kann sich auf unterschiedliche Unternehmensdaten beziehen. Man unterscheidet grundsätzlich die Gewinnbeteiligung, die Ertragsbeteiligung (z. B. Umsatzbeteiligung) und die Leistungsbeteiligung. Mischformen treten ebenfalls auf.

Die Erfolgsbeteiligung ist oft an Klauseln gebunden, die deren Auszahlung oder Veräußerung erst ab einer bestimmten Beschäftigungsdauer im Betrieb zulassen. So wird das Personal gebunden.

Erfolgskonten Als Erfolgskonten gibt es Aufwands- und Ertragskonten. Es handelt sich dabei um Unterkonten des → Eigenkapitalkontos, die über die → Gewinn- und Verlustrechnung abgeschlossen werden. Auf ihnen werden alle → Aufwendungen und → Erträge des laufenden Geschäftsjahres einer Unternehmung erfasst. Sie dienen der besseren Übersicht.

Eröffnungsbilanzkonto Bei dem Eröffnungsbilanzkonto handelt es sich um ein Hilfskonto der Buchführung. Es hat lediglich die Aufgabe, die Gegenbuchungen der Eröffnungsbuchungen der Bestandskonten aufzunehmen, damit das Prinzip der doppelten Buchführung nicht durchbrochen wird.

Ertrag Unter Erträgen versteht man Leistungen, die betrieblich erbracht werden und durch die das → Eigenkapital eines Betriebes vergrößert wird.

Viele Unternehmen weisen auf ihren Rechnungen DM und Euro parallel aus.

Euro Mit der Gründung der Europäischen Währungsunion (Maastrichter Vertrag 1992) hat man sich auf eine gemeinsame Währung geeinigt: den Euro. Seit dem 1. Januar 1999 eingeführt, bleiben die alten Währungen bis zum Jahr 2002 in Umlauf. Ein Euro entspricht 100 Cents und hat in etwa den Wert von 2 DM.

Existenzaufbauberatung Um nach der Existenzgründung auch eine erfolgreiche Unternehmensführung sicherzustellen, gibt es die Möglichkeit der Existenzaufbauberatung. Es ist ausgesprochen sinnvoll, diese Unterstützung in den Jahren des Aufbaus in Anspruch zu nehmen. Eine Förderung kann bis zum Ende des zweiten Geschäftsjahres beantragt werden. Die Förderung erfolgt im Bewilligungsfall über zwei Jahre hinweg, sie ist an die Tagessätze der Unternehmensberater geknüpft.

EXS Ab Schiff ... (benannter Bestimmungshafen − **ex s**hip). Internationale Vertragsformel für den Frachtverkehr mit folgenden Vereinbarungen: Der Verkäufer trägt alle Kosten und Risiken, bis die Ware im Bestimmungshafen entladen wird. Das Risiko geht beim Überschreiten der Reling an den Käufer über.

EXW Ab Werk ... (**ex w**orks). Internationale Vertragsformel für den Frachtverkehr mit folgenden Vereinbarungen: Alle Kosten und Risiken gehen auf den Käufer über, wenn er die Ware beim Lieferanten in Empfang nimmt (es gilt auch ab Fabrik − ex factory).

Factoring Factoring ist ein Finanzierungsgeschäft. Ein Factor (Kreditinstitut) übernimmt die Forderungen eines Unternehmens, die aus Warenlieferungen oder durch Dienstleistungen entstanden sind. Der Factor lässt die Forderungen auf sich übertragen, verwaltet sie und zieht sie ein. Das Unternehmen erhält seine Forderungen unter Abzug einer Gebühr sofort vom Factor. Dieser streckt das Geld sozusagen bis zum tatsächlichen Geldeingang vor.

FAS Frei Längsseite Seeschiff ... (benannter Verschiffungshafen − **f**ree **a**longside **s**hip) Internationale Vertragsformel für den Frachtverkehr mit folgenden Vereinbarungen: Der Verkäufer trägt alle

Kosten und Risiken, bis die Ware bei der Verladeeinrichtung des Schiffes ist. Die Gefahren der Verladung trägt der Käufer.

Finanzielle Mittel Unter finanziellen Mitteln versteht man in der Regel alle Zahlungsmittel (Münzen und Banknoten sowie sämtliches Buch- bzw. Giralgeld und Sichteinlagen bei Post und Banken) sowie (weiter gefasst) die übrigen Bankguthaben und leicht veräußerbare Wertpapiere.

Firma Unter Firma versteht man den Namen eines Unternehmens. Bezüglich der Zulässigkeit eines Namens gibt es gesetzliche Vorschriften; er darf nicht über die Art, den Umfang oder die Bedeutung des Betriebes täuschen.

Die Firma erlischt bei Auflösung eines Unternehmens.

Fixkosten Fixkosten sind die Kosten im Unternehmen, die unabhängig von der Produktion in konstanter Höhe anfallen, beispielsweise Gehälter, Miete, Zinsen. Man spricht hier häufig auch von Gemeinkosten.

FOB Frei an Bord ... (benannter Verschiffungshafen – **f**ree **o**n **b**oard) Internationale Vertragsformel für den Frachtverkehr mit folgenden Vereinbarungen: Der Verkäufer trägt alle Kosten und Risiken, bis die Ware auf dem Schiff verladen ist. Der Käufer ist für die Zurverfügungstellung des Laderaums zuständig.

FOR Frei (Franko) Waggon ... (benannter Abgangsort – **F**ree **o**n **r**ail) Internationale Vertragsformel für den Frachtverkehr mit folgenden Vereinbarungen: Alle Kosten und Risiken gehen auf den Käufer über, wenn die Ware auf der Bahn verladen ist.

Forfaitierung (aus dem Französischen: ohne Rückgriff) Dabei handelt es sich um ein Finanzierungsgeschäft, dass bei Auslandsgeschäften zur Anwendung kommt. Es werden Auslandsforderungen an ein Kreditinstitut (Forfaiteure) veräußert. Bei Zahlungsschwierigkeiten des Schuldners kann in der Regel kein Rückgriff auf ihn erfolgen.

FOT Frei (Franko) Lastwagen ... (benannter Abgangsort – **F**ree **o**n **t**ruck) Internationale Vertragsformel für den Frachtverkehr mit folgenden Vereinbarungen: Alle Kosten und Risiken gehen auf den Käufer über, wenn die Ware auf den Lastwagen verladen ist.

Franchise-Geber Die Unternehmung, die einem Geschäftspartner (→ Franchise-Nehmer) das Recht einräumt, ein Produkt oder eine Dienstleistung zu verkaufen und dabei auf ein entwickeltes Unternehmenskonzept zurückzugreifen.

Franchise-Nehmer Der Franchise-Nehmer ist ein selbstständiges Unternehmen, welches aufgrund einer Vereinbarung mit einem → Franchise-Geber Waren und Dienstleistungen vertreibt und dabei auf ein erprobtes Konzept und einen eingeführten Namen zurückgreift.

Franchising Franchising ist ein Vertriebssystem, bei dem ein Unternehmenskonzept mit dem dazugehörigen Know-how einem Franchise-Nehmer zur Verfügung gestellt wird. Ein potenzieller Existenzgründer hat dabei die Möglichkeit, sich mit einer bereits erprobten Geschäftsidee und der Unterstützung eines Franchise-Gebers selbstständig zu machen.

Angehörige der freien Berufe müssen keine Gewerbesteuer abführen.

Freie Berufe Freiberufler sind selbstständig Tätige, die keinen land- oder forstwirtschaftlichen Betrieb haben. Dazu gehören selbstständig ausgeübte wissenschaftliche, künstlerische, schriftstellerische, unterrichtende oder erzieherische Tätigkeiten. Ebenso gehört dazu die selbstständige Tätigkeit von Ärzten, Anwälten, Ingenieuren, Architekten, Wirtschaftsprüfern, Steuerberatern, beratenden Volks- und Betriebswirten, Heilpraktikern, Krankengymnasten und ähnlichen Berufen.

Fremdkapital Werden Mittel zum Kauf von Vermögensgegenständen von Dritten außerhalb des Unternehmens, z.B. Banken, zur Verfügung gestellt, spricht man von Fremdkapital.

Führungsgrundsätze Führungsgrundsätze beziehen sich auf das Verhältnis zwischen den Mitgliedern der Führungsebene und den Mitarbeitern. Sie dienen den Führungskräften als Grundlage für ihr Handeln.

Bei Fusionen zwischen Unternehmen muss man ein besonderes Auge auf deren Zusammenwachsen haben. Dies ist oft mit großen Problemen verbunden.

Fusion Den wirtschaftlichen und rechtlichen Zusammenschluss von Unternehmen bezeichnet man als Fusion.

Gemeinkosten Unter Gemeinkosten sind diejenigen Kosten zu verstehen, die zwar im Zusammenhang mit dem betrieblichen

Leistungsprozess entstehen, die aber dem einzelnen Produkt nicht unmittelbar zugeordnet werden können, also z.B. Raum- oder Verwaltungskosten.

Geschäftsfähigkeit Darunter versteht man die Berechtigung, Rechtsgeschäfte und die Abgabe von rechtsgültigen Willenserklärungen eigenständig wahrzunehmen. Juristische Personen sind immer voll geschäftsfähig. Bei natürlichen Personen gibt es Einschränkungen: *Geschäftsunfähig* sind Kinder unter sieben Jahren und dauernd Geistesgestörte (§ 104 BGB). *Beschränkt geschäftsfähig* sind Personen zwischen sieben und achtzehn Jahren (§§ 106–115 BGB). *Voll geschäftsfähig* sind natürliche Personen mit Erreichen der Volljährigkeit (18 Jahre).

Wer nicht geschäftsfähigen Kindern etwas verkauft, muss damit rechnen, dass er die Ware zurücknehmen muss.

Geschäftsjahr (Wirtschaftsjahr) Das Geschäftsjahr umfasst grundsätzlich zwölf Monate, kann aber entsprechend dem Gesetz bzw. in Absprache mit dem → zuständigen Finanzamt vom Kalenderjahr abweichen.

Gewerbeanmeldung Nach den Vorschriften der Gewerbeordnung muss der Beginn eines Gewerbes bei der zuständigen Ordnungsbehörde (Stadt- oder Gemeindeverwaltung) angezeigt werden. Die Meldepflicht besteht auch für die Eröffnung einer Zweigstelle, die Verlegung des Betriebs, grundlegende Veränderungen der Geschäftsinhalte und die Aufgabe des Betriebs.

Gewerbeaufsichtsamt Durch das Gewerbeaufsichtsamt wird überwacht, ob die arbeitsrechtlichen Bestimmungen sowie die Arbeitsschutzbestimmungen eingehalten werden.

Gewerbeertrag Der Gewerbeertrag ist der Gewinn aus dem Gewerbebetrieb, der nach den Vorschriften des Einkommensteuergesetzes ermittelt wird. Der Gewerbeertrag wird als Besteuerungsgrundlage um so genannte »Hinzurechnungen« und »Kürzungen« korrigiert (§§ 8,9 GewStG).

Gewerbefreiheit Entsprechend Artikel 12 des Grundgesetzes hat jeder volljährige Deutsche das Recht, Beruf und Arbeitsplatz frei zu wählen. Er hat das Recht, ein Gewerbe zu betreiben, als Handwerker, Dienstleister oder Händler. Einzelheiten sind in der Gewerbeordnung (GewO) geregelt.

Gewerbesteuer Die Gewerbesteuer muss an die Gemeinden abgeführt werden. Die Höhe ergibt sich aus dem Gewerbeertrag.

Die Stellung der Gewerkschaften hat sich in den letzten Jahren stark gewandelt.

Gewerkschaft Eine Gewerkschaft ist eine Interessenvertretung von Arbeitnehmern. Gewerkschaften sind Verhandlungspartner bei den Tarifverhandlungen mit den Arbeitgeberverbänden.

Gewinn- und Verlustrechnung (GuV) Die Gewinn- und Verlustrechnung ist die Gegenüberstellung aller → Erträge und → Aufwendungen innerhalb eines Geschäftsjahres. Dies erfolgt auf dem Gewinn- und Verlustkonto.

Gewinn In der → GuV-Rechnung ist der Gewinn die positive Differenz zwischen den Erträgen und den Aufwendungen einer Unternehmung innerhalb eines Geschäftsjahres, das heißt, die Erträge sind größer als die Aufwendungen. In der → Bilanz ist der Gewinn die Erhöhung des Eigenkapitals vom Beginn eines Geschäftsjahres bis zum Ende, unter Berücksichtigung von → Privateinlagen und -entnahmen.

Gezeichnetes Kapital Unter gezeichnetem Kapital versteht man das Haftungskapital einer Kapitalgesellschaft, das im Handelsregister eingetragen ist.

Gläubiger Nach § 241 HGB ist diejenige natürliche oder juristische Person Gläubiger, die vom Schuldner eine Leistung fordern kann.

Going Privat Beim Going Privat wird eine Publikumsgesellschaft in eine private Aktiengesellschaft umgewandelt; die Aktien werden durch private Anleger zurückgekauft.

Wenn Unternehmen an die Börse gehen, unterliegen sie umfangreichen Offenlegungsverpflichtungen.

Going Public (aus dem Englischen: an die Öffentlichkeit gehen) Unter Going Public versteht man die Umwandlung einer Personengesellschaft oder privaten Aktiengesellschaft in eine Publikumsgesellschaft. Ein bisher geschlossener Kreis von Kapitalgebern offeriert einem breiten Anlagepublikum die Möglichkeit der Geldanlage.

Grenzpreis Wer von Grenzpreis spricht, will wissen, bei welchem Preis er seine Kosten einfährt und ab wann er Gewinn macht,

→ Break-even-Point. Die Antwort auf diese Frage leitet sich aus der Kenntnis des Grenzertrags ab. So nennt man denjenigen Ertragzuwachs, der bei einem bestimmten Produktionsvolumen mit dem Einsatz einer weiteren Mengeneinheit eines Produktionsfaktors erzielt werden kann.

Grundbuch Das Grundbuch ist ein Aufstellung aller Beurkundungen über Grundstücksrechte, wie Eigentum, Hypotheken oder Grundschuld. Es wird von Grundbuchamt geführt.

Grundkapital Man nennt das Aktienkapital einer Aktiengesellschaft Grundkapital.

Grundsätze ordnungsmäßiger Buchführung (GoB) Die GoB sind nach Gesetz (§ 238 Abs. 1 HGB) die Grundlage der Buchführung. Aus den GoB geht hervor, wie die Buchführung nach Form und Inhalt gestaltet sein muss. Die GoB sind nirgends zusammenhängend aufgeschrieben, sondern ergeben sich aus dem Gesetz, der Rechtsprechung, der betriebswirtschaftlichen Praxis, der wissenschaftlichen Diskussion und dem gesunden Menschenverstand.

Grundsätze ordnungsmäßiger Speicherbuchführung (GoS) Die GoS ergänzen die → GoB im Hinblick auf die inhaltlichen und formalen Anforderungen der Buchführung bei Nutzung von EDV-Anlagen und Speicherung der Daten auf Datenträgern.

Die Elektronische Datenverarbeitung hat das betriebliche Rechnungswesen stark erleichtert. Wie es zu erfolgen hat, regeln u.a. die GoS.

Gründungsberatung Beratungen für Existenzgründer werden von vielen Stellen angeboten. Da die Existenzgründungsberatung finanziell gefördert wird, sollte man sie in jedem Falle nutzen.

Handelsbilanz Der Kaufmann muss am Beginn seines Handelsgewerbes (Eröffnungsbilanz) und am Ende eines jeden Geschäftsjahres (Jahresbilanz) nach § 242 HGB eine Aufstellung seines Vermögens und seiner Schulden erstellen. Die Handelsbilanz wird für die Gesellschafter, Gläubiger, Mitarbeiter, Banken oder die interessierte Öffentlichkeit erstellt. Sie unterliegt anderen Bestimmungen als eine Steuerbilanz. In vielen Unternehmen entsprechen sich beide Bilanzen jedoch zur Verringerung des Arbeitsaufwandes.

Handelsregister Das Handelsregister gibt Auskunft über die rechtlichen Verhältnisse eines Unternehmens. Es kann von jedem eingesehen werden, der sich informieren will über Unternehmen. Es gibt Auskunft über die genaue Firmenbezeichnung, Sitz und Geschäftsgegenstand, Inhaber oder Gesellschafter, Gesellschaftsvertrag, Kapitalverhältnisse und die Namen von Geschäftsführern und Prokuristen von eingetragenen Unternehmen.

Handwerkskammer Die Handwerkskammer ist die Interessenvertretung der Handwerksbetriebe. Zentralverband des Deutschen Handwerks (ZDH), Johanniterstr. 1, 53113 Bonn, Telefon 02 28/ 545-0, Fax: 02 28/545-205, Internet:http://www.zdh.de.

Hausbankprinzip Das Hausbankprinzip besagt, dass Fördermittel über die Hausbank beantragt werden müssen.

Headhunting (aus dem Englischen: Kopfjagd) Darunter wird das Anwerben von Mitarbeitern, insbesondere Führungskräften durch freie Personalberater (Headhunter) bezeichnet.

Herstellungskosten Unter Herstellungskosten versteht man die Aufwendungen für den Verbrauch von Gütern und die Inanspruchnahme von Dienstleistungen, die erbracht werden, um einen Vermögensgegenstand zu verbessern, zu erweitern oder herzustellen.

Herstellungskosten Unter Herstellungskosten versteht man die Aufwendungen eines Unternehmens, die durch den Verbrauch von Material, Nutzung von Maschinen und Arbeitskräften bei der Herstellung eines Produktes entstehen.

Die Möglichkeit des Home Banking hat die Personalstruktur der Banken nachhaltig verändert.

Home Banking Home Banking ist das Erledigen von Bankgeschäften von zu Hause aus. Der Kunde führt seine Geschäfte per Computer und überträgt die Daten an die Bank.

Hypothek Eine Hypothek ist die finanzielle Belastung eines Grundstückes zugunsten eines Gläubigers. Eine Hypothek wird im Grundbuch eingetragen. Sie dient dem Gläubiger zur Absicherung.

Incentives (aus dem Englischen: Anreiz) Incentives sind Anreize, die jemanden zu etwas motivieren sollen. Im Personalbereich kann etwa eine Reise als zusätzliche Belohnung der umsatzstärksten Vertriebsmitarbeiter ein Leistungsanreiz sein.

Incoterms Incoterms ist die Abkürzung für **in**ternational **c**ommercial **terms.** Dabei handelt es sich um weltweit gültige Regelungen für Überseetransporte und andere internationale Transporte (Bahn, Lastwagen usw.). Sie regeln, wer Risiko und Haftung für die Fracht beim Transport trägt.

Inkasso Unter Inkasso versteht man den Einzug von Forderungen.

Insolvenz Insolvenz heißt so viel wie Zahlungsunfähigkeit. Wenn die Insolvenz nicht nur vorübergehend ist, führt sie zu einem gerichtlichen Verfahren, bei dem es zu einer zwangsweisen Aufteilung des gesamten Vermögens eines Schuldners an seine Gläubiger kommt. Voraussetzungen sind die Zahlungsunfähigkeit des Schuldners sowie ein Antrag bei Gericht durch den Schuldner selbst oder durch einen oder mehrere Gläubiger.

Inventar Die Auflistung des bei einer → Inventur festgestellten Vermögens und der Schulden nennt man Inventar

Inventur Jeder Kaufmann muss zu Beginn, bei Auflösung oder Verkauf seines Unternehmens und am Ende jeden Geschäftsjahres eine Bestandsaufnahme über Vermögen und Schulden durchführen.

Investition Darunter versteht man die Ausstattung eines Unternehmens mit den erforderlichen materiellen und immateriellen Vermögensteilen bzw. die Umwandlung des Kapitals in Vermögen.

Jahresabschluss Nach § 242 HGB ist jeder Kaufmann am Ende des Geschäftsjahres verpflichtet, einen Jahresabschluss zu erstellen. Der Jahresabschluss besteht aus der Bilanz, der Gewinn- und Verlustrechnung sowie einem Anhang.

Joint Venture Wenn zwei oder mehr Unternehmen eine Gemeinschaft bilden und gemeinsam Know-how und Kapital nutzen, um ein oder mehrere Projekte zu realisieren. Bei einem Joint Venture sind verschiedene Kooperationsformen möglich. Zahlreiche Joint Ventures werden auf internationaler Ebene geschlossen.

Bei einem Joint Venture ist es wichtig, die gemeinsamen Ziele der beteiligten Partner sorgfältig herauszuarbeiten.

Juristische Person Eine juristische Person ist die Zusammenfassung von Personen und Sachen zu einer Organisation. Die juristische Person ist rechtsfähig und hat somit Rechte und Pflichten. Handlungsfähig wird eine juristische Person durch ihre Organe, beispielsweise den Vorstand oder die Geschäftsführung. Juristische Personen des Privatrechts sind Vereine, Stiftungen, Aktiengesellschaften (AG), Gesellschaften mit beschränkter Haftung (GmbH) sowie Genossenschaften und Kommanditgesellschaften auf Aktien (KGaA).

Kapital Kapital ist der in Geldeinheiten ausgedrückte Wert der im Unternehmen insgesamt vorhandenen materiellen (bilanzierten) und immateriellen Güter. Nach der Herkunft (Ansprüche der Kapitalgeber aus rechtlicher Sicht) unterteilt sich das Kapital in Eigenkapital und Fremdkapital. Das Eigenkapital wird entweder von den Unternehmern zur Verfügung gestellt oder ist vom Unternehmen verdient und einbehalten (einbehaltene Gewinne, Gewinnrücklagen). Das Fremdkapital ist von Dritten für eine bestimmte Zeitdauer zur Nutzung überlassen worden.

Kapitalbedarf Der Kapitalbedarf eines Unternehmens setzt sich zusammen aus:
- Dem langfristigen Kapitalbedarf, also den Investitionen, die Sie tätigen müssen
- Dem mittel- und kurzfristiger Kapitalbedarf, darunter versteht man das notwendige Vorrats- und Lagervermögen
- Den laufenden Betriebskosten
- Den Gründungskosten
- Den persönlichen Kosten der eigenen Lebenshaltung

Zur Bewertung von Kapitalgesellschaften wird unter anderem das Verhältnis zwischen Fremd- und Eigenkapital geprüft.

Kapitalgesellschaft Bei einer Kapitalgesellschaft steht die Beteiligung der Gesellschafter im Vordergrund. Eine Beteiligung des Gesellschafters an der Geschäftsleitung ist nicht notwendig. Zu den Kapitalgesellschaften gehört die Aktiengesellschaft, die Gesellschaft mit beschränkter Haftung und die Kommanditgesellschaft auf Aktien.

Kaufmann Entscheidend für die Kaufmannseigenschaft ist die Erforderlichkeit eines kaufmännischen Geschäftsbetriebs. Kennzeichen hierfür sind Bank- und Scheckverkehr, Verbindlichkeiten und Forderungen in größerem Umfang, Kreditverkehr, Höhe des Umsatzes, Gewerbekapital und die Zahl der Beschäftigten. Ein Kaufmann muss sein Gewerbe ins Handelsregister eintragen lassen.

Er hat die Freiheit, seinem Unternehmen einen Namen (= Firma) zu geben.

Kaufvertrag Kaufverträge des täglichen Lebens sind grundsätzlich formlos gültig, sowohl mündlich als auch schriftlich. Die Schriftform empfiehlt sich jedoch in vielen Fällen.

Bei jedem Kauf schließt man einen Vertrag ab.

Kleinbetragsrechnung Unter einer Kleinbetragsrechnung versteht man eine Rechnung deren Gesamtbetrag einschließlich Umsatzsteuer 200 DM nicht übersteigt. Bei Kleinbetragsrechnungen muss der Umsatzsteuerbetrag nicht ausgewiesen werden, es genügt die Angabe des Steuersatzes.

Kleingewerbetreibende Kleingewerbetreibende sind Nichtkaufleute und zwar deshalb, weil sie Waren oder Dienstleistungen anbieten können, ohne dafür einen besonderen geschäftlichen Aufwand treiben zu müssen. Das Steuerrecht legt allerdings eindeutige Grenzen fest. Kleingewerbetreibende sind von der Buchführungspflicht befreit, müssen aber die täglichen Einnahmen und Ausgaben in einem Kassenbuch erfassen. Ihr Unternehmen müssen Kleingewerbetreibende mit ihrem Vor- und Nachnamen bezeichnen. Das Unternehmen darf keinen besonderen Namen führen.

Kommunikationspolitik Ziel der Kommunikationspolitik ist es, die vorhandenen und potenziellen Kunden mit Informationen über die Produkte, Dienstleistungen und das Unternehmen zu versorgen. Instrumente der Kommunikationspolitik einer Unternehmung sind die Öffentlichkeitsarbeit (Publicrelations), die Werbung und die Verkaufsförderung.

Konditionenpolitik Alle Entscheidungen über den Preis der angebotenen Produkte oder Dienstleistungen einer Unternehmung sowie die Entscheidungen bezüglich Rabatt und Transportbedingungen gehören zur Konditionenpolitik.

Kontenplan Ein Kontenplan ist die individuelle Anpassung eines → Kontenrahmens an die Bedürfnisse einer bestimmten Unternehmens. Im Kontenplan sind demnach alle Konten aufgeführt, die die Unternehmung in ihrer Buchführung verwendet. Letztendlich bildet der Kontenplan die geschäftlichen Vorgänge ab.

Ein Kontenplan bildet die gängigen Geschäftsvorfälle eines Betriebes ab.

Kontenrahmen Unter einem Kontenrahmen versteht man eine systematische Zusammenstellung verschiedener Konten und ihre Zusammenfassung in bestimmte Gruppen (Kontenklassen).

Das wichtigste beim Buchen ist, sich stets vor Augen zu halten, dass bei jedem Buchungssatz ein Konto ins Soll und das andere ins Haben geraten muss.

Konto Unter einem Konto versteht man die Zusammenstellung gleichartiger Geschäftsvorfälle in zeitlicher Reihenfolge. In der Buchführung werden üblicherweise T-Konten verwendet. Auf einer Seite werden die Zugänge und auf der zweiten Seite die Abgänge gebucht. Die Differenz der beiden Seiten ergibt den Kontostand.

Kontokorrentkredit Ein Kontokorrentkredit ist die Erlaubnis der Bank, das laufende Geschäftskonto um einen bestimmten Betrag zu überziehen.

Konzernabschluss Stehen Unternehmen unter der einheitlichen Leitung einer Kapitalgesellschaft (Mutterunternehmen) mit Sitz im Inland und gehört dem Mutterunternehmen eine Beteiligung nach Paragraf 271 Abs. 1 HGB an dem oder den anderen Tochterunternehmen, so müssen die gesetzlichen Vertreter des Mutterunternehmens in den ersten 5 Monaten des Konzerngeschäftsjahres einen Konzernabschluss erstellen. Dieser umfasst: Konzernbilanz, -GuV-Rechnung und -anhang.

Körperschaftsteuer Die Körperschaftsteuer wird auf die ausgeschütteten und nicht ausgeschütteten Gewinne von juristischen Personen, sprich Vereine, Unternehmen (GmbH, AG …) erhoben (§ 1 KStG). Sie entspricht der Einkommensteuer bei natürlichen Personen.

Kosten- und Leistungsrechnung Die Kosten- und Leistungsrechnung erfasst und kontrolliert in einer Unternehmung alle anfallenden Kosten und Leistungen mit den Teilgebieten Kostenartenrechnung, Kostenstellenrechnung und Kostenträgerrechnung.

Kreditanstalt für Wiederaufbau (KfW) Die KfW ist eine öffentlich-rechtliche Körperschaft. Sie gewährt Darlehen an Unternehmen zur Förderung der Wirtschaft. Adresse: KfW, Palmengarten 5–9, 60325 Frankfurt/Main, Telefon 069/7431-0, Fax 069/74 312944, Internet: http://www.kfw.de.

Kreditoren Kreditor ist jemand, der bei einem anderen ein Guthaben hat; beispielsweise wenn ein Kaufmann bereits eine Ware geliefert hat, der Kunde diese aber noch nicht gezahlt hat.

Kundendatei Die Kundendatei ist die Zusammenfassung aller Kundendaten. Sie ist die Grundlage gezielter Werbemaßnahmen.

Kündigung Der Gesetzgeber erkennt drei Kündigungsgründe, wenn der Arbeitgeber dem Arbeitnehmer kündigt:
■ Die personenbedingte Kündigung wird wegen Unfähigkeit des Arbeitnehmers ausgesprochen.
■ Die verhaltensedingte Kündigung erfolgt aufgrund bewussten Fehlverhaltens des Arbeitnehmers.
■ Die betriebsbedingte Kündigung muss wegen der schlechten wirtschaftlichen Situation des Unternehmens oder aufgrund einer wirtschaftlichen/unternehmerischen Entscheidung durchgeführt werden.

Lean management Durch die Verbesserung der Arbeitsabläufe, die Nutzung moderner EDV und Optimierung der Organisation soll eine Verringerung der Personalkapazitäten erreicht werden.

Mit einer Einführung von Lean Management geht häufig auch die Umstrukturierung der Organisation einher. Weniger Mitarbeiter müssen mehr Verantwortung tragen, man spricht hier von flachen Hierarchien.

Lean production (aus dem Englischen: schlanke Produktion) Lean production steht für Produktion bei reduzierten Personal- und Lagerkapazitäten. Durch Analyse des Arbeitsprozesses wird versucht, Arbeitsgänge zu vereinfachen und unnötige Abläufe zu streichen.

Leasing Leasing ist die entgeltliche Nutzung eines Gutes, ohne dass man daran Eigentum erwirbt.

Lieferantenkredit Bei der Gewährung eines Lieferantenkredits verlangt der Lieferant die Bezahlung seiner Rechnung nicht zum Zeitpunkt seiner Lieferung, sondern er gewährt dem Käufer eine Zahlungsfrist.

Liquidität Liquidität bedeutet, genug Geld verfügbar zu haben, um damit zu arbeiten.

Liquidation Wird ein Unternehmen aufgelöst, dann muss der restliche anfallende Geschäftsverkehr sowie die Auflösung abgewickelt werden, man spricht hier von Liquidation. Forderungen müssen eingezogen werden, das übrige Vermögen (etwa Maschinen) ist zu Geld zu machen, Schulden sind zu tilgen, das verbleibende Vermögen ist an die Gesellschafter des Unternehmens zurückzuzahlen.

Lohnsteuer Unter Lohnsteuer versteht man die Einkommensteuer, die für Einkünfte aus nichtselbstständiger Arbeit erhoben wird. Zum Arbeitslohn zählen Löhne, Gehälter, Tantiemen und Provisionen.

Mahnung Wenn der Kunde eine fällige Zahlung nicht leistet, wird üblicherweise eine Mahnung geschrieben. Aus der Mahnung muss klar erkennbar sein, dass der Kaufmann die Zahlung ernstlich verlangt. Die Kosten der ersten Mahnung muss der Kaufmann selbst tragen, ab der zweiten Mahnung können Verzugszinsen verlangt werden. Die gesetzlichen Verzugszinsen betragen vier Prozent im Jahr, können aber auch höher liegen, z. B. wenn der Kaufmann Kredite in Anspruch nehmen muss.

Management Das Management bezeichnet die Leitung eines Unternehmens. Man unterscheidet zwischen ausführendem (operativem) und steuerndem, planendem (strategischem) Management.

Management-Buy-In (MBI) Darunter versteht man einer Unternehmensübernahme »von außen«, d. h., wenn im Gegensatz zum MBO Dritte das Unternehmen übernehmen.

Management-Buy-Out (MBO) Wenn die Unternehmensleitung in die Hände der eigenen Mitarbeiter übergeht, zumeist der leitenden Angestellten oder der Geschäftsführung, spricht man von Management-Buy-Out.

Die wohl berühmtesten Marken sind die, die mit der gesamten Produktgattung gleichgesetzt werden, so z.B. Tempo. Wer spricht schon noch vom Papiertaschentuch?

Markenartikel Ein Markenartikel ist eine vom Hersteller gezeichnete Ware. Aufgrund eindeutiger Bild-Firmenzeichen (Logo genannt) soll der Kunde sie sofort identifizieren können.

Marketing-Mix Unter Marketing-Mix versteht man die Kombination verschiedener Instrumente der Absatzpolitik eines Unternehmens.

Marktsegmentierung Unter Marksegmentierung versteht man die Aufteilung eines Absatzmarktes in verschiedene Teilmärkte. Diese Aufteilung ermöglicht den gezielten Einsatz absatzpolitischer Instrumente.

Markttest Ein Markttest wird durchgeführt, indem ein neues Produkt auf einem abgegrenzten Markt angeboten wird. Dadurch soll die Akzeptanz des Produktes bei Kunden geprüft werden, ohne dass die Kosten einer Markteinführung entstehen.

Mehrwert Unter dem Mehrwert einer Ware versteht man die positive Veränderung einer Ware, die sie auf einer Produktions-, Veredelungs- oder Handelsstufe erfährt.

Auch Dienstleistungen können für den Kunden einen Mehrwert bringen.

Mindestlohn Das ist der Lohn, den Unternehmen ihren Mitarbeitern mindestens zahlen müssen. Er ist durch Gesetz oder im Rahmen von Tarifvereinbarungen festgelegt und darf nicht unterschritten werden.

Natürliche Person Eine natürliche Person ist im Sinne des Gesetzes jeder Bürger.

Netto Netto steht im kaufmännischen Sprachgebrauch für die Aussage »nach Abzug der Steuern«. Bei Waren bedeutet der Begriff netto das Rohgewicht ohne die Verpackung.

Nutzungsdauer Bei technischen Anlagen und Maschinen unterscheidet man die technische Nutzungsdauer und die wirtschaftliche Nutzungsdauer. Die wirtschaftliche Nutzungsdauer kann sich durch die Entwicklung kostengünstiger Anlagen verändern.

Organigramm In einem Organigramm werden die Organisationsstrukturen einer Unternehmung zu einem bestimmten Zeitpunkt bildlich dargestellt.

Organisation In der Organisationslehre versteht man unter der Organisation einer Unternehmung die bewusst gestalteten formalen Strukturen und Abläufe innerhalb des Unternehmens.

Output Output ist der aus dem Englischen stammende Begriff für Ausbringungsmenge.

Outsourcing Ausgliederung von Aufgaben aus dem Unternehmen. Man kauft eine Leistung als »Fremdleistung« von Dritten wieder ein. Ziel ist eine Kostenverringerung.

Panelerhebung (aus dem Englischen: panel = Liste) Ein bestimmter, gleich bleibender Personenkreis wird eine längere Zeit hinweg wiederholt befragt. Die Befragungen sollen beispielsweise Rückschlüsse über Kaufverhalten ermöglichen.

Preisdifferenzierung Wenn Produkte und Dienstleistungen an unterschiedlichen Orten (räumliche Preisdifferenzierung) zu unterschiedlichen Zeiten (zeitliche Preisdifferenzierung) oder bei unterschiedlichen Zielgruppen zu unterschiedlichen Preisen verkauft werden, liegt eine Preisdifferenzierung vor.

Privateinlagen Unter Privateinlagen versteht man die Zuführung von Geld und Waren aus dem Privateigentum des Unternehmers in das Unternehmen.

Für Privatentnahmen und -einlagen müssen Eigenbelege als Buchungsbelege erstellt werden.

Privatentnahmen Unter Privatentnahmen versteht man die Nutzung oder Abführung von Geld und Waren aus der Unternehmung durch den Unternehmer aus privatem Anlass.

Productplacement Wenn in erfolgreichen Kino- oder Fernsehfilmen bestimmte Markenartikel gezielt platziert werden, spricht man von Productplacement.

Produktpolitik Aufgabe der Produktpolitik ist die Gestaltung des Produkt- oder Dienstleistungsprogrammes einer Unternehmung.

Produzentenhaftung Der Hersteller haftet dem Verbraucher für die ordnungsgemäße Beschaffenheit seiner Erzeugnisse.

Prokura Ein Vollkaufmann kann einer Person Prokura erteilen. Damit ermächtigt er diese zu allen Geschäften und Rechtshandlungen, die der Betrieb eines Handelsgewerbes beinhaltet. Besondere Vollmacht benötigt ein Prokurist für den Verkauf oder die Belastung von Grundstücken. Folgendes darf ein Prokurist nicht:
■ Bilanzen und Steuererklärungen unterschreiben
■ Handelsregistereintragungen anmelden

- Konkurs anmelden
- Das Geschäft verkaufen
- Prokura erteilen
- Gesellschafter aufnehmen

Publicrelations (PR) Publicrelations steht für Öffentlichkeitsarbeit. Ein Unternehmen kann mit gezielter Öffentlichkeitsarbeit sein Image verbessern, das Interesse der Öffentlichkeit wecken und seine Produkte und Dienstleistungen bekannt machen.

Die Publicrelations eines Unternehmens werden in dem Maße wichtiger, in dem die Kundenbeziehungen zum Geschäftserfolg beitragen.

Quittung Die Quittung ist eine Empfangsbestätigung. Sie kann in schriftlicher Form nach Übergabe der gesamtschuldnerischen Leistung vom Gläubiger verlangt werden.

Rabatt Ein Rabatt ist die Gewährung eines Preisnachlasses. Rabatte können aus verschiedenen Gründen gewährt werden, z. B. Mengenrabatt, Treuerabatt, Personalrabatt oder Sonderrabatte bei Jubiläen, Sommer- oder Winterschlussverkauf.

Rechnungsabgrenzung Wenn Zahlungen (Zahlungseingänge und -ausgänge) in einem → Geschäftsjahr erfolgen, der entsprechende Aufwand oder Ertrag jedoch erst in einem der folgenden Geschäftsjahre entsteht, werden sie als Rechnungsabgrenzungsposten gebucht.

Reingewinn Unter dem Reingewinn versteht man den → Rohgewinn abzüglich aller weiteren betrieblichen Aufwendungen, zuzüglich aller weiteren betrieblichen Erträge. Der Reingewinn wird in der → Gewinn- und Verlustrechnung ausgewiesen.

Rentabilität Darunter ist eine Kennzahl zu verstehen, die den wirtschaftlichen Erfolg in ein Verhältnis zum Kapital stellt. Man unterscheidet Eigenkapitalrentabilität und Gesamtkapitalrentabilität (wird auch Return on Investment genannt).

Return on Investment (ROI) (aus dem Englischen: Ertrag des eingesetzten Kapitals) Mit dieser Kennzahl wird geprüft, ob das eingesetzte Kapital genügend Gewinn bringt.

Revision Im Rahmen einer Revision wird das betriebliche Rechnungswesen eines Unternehmens durch Sachverständige geprüft.

Diese können von außen kommen, z. B. vom Finanzamt, oder durch das Unternehmen selbst veranlasst sein.

Rohgewinn Der Rohgewinn ist der Differenzbetrag zwischen den Erträgen für Waren (Umsatzerlöse) und den Aufwendungen des Wareneinkaufs.

Rückstellung Rückstellungen werden in der Buchführung gebildet, wenn Verbindlichkeiten, die zu → Aufwendungen des aktuellen → Geschäftsjahres gehören, der Höhe und/oder der Fälligkeit nach am Abschluss-Stichtag noch nicht feststehen.

Sachbezüge Neben dem ausgezahlten Entgelt kann ein Arbeitnehmer auch Sachbezüge als Entlohnung erhalten, beispielsweise Arbeitskleidung, freies Wohnen oder ein Auto. Die Sachbezüge sind auch lohn- und einkommensteuerpflichtig.

Sachkonten Unter Sachkonten versteht man Konten der Buchführung, die über »Sachen« geführt werden, beispielsweise Anlagen oder Waren. Dem gegenüber stehen Personenkonten, die z. B. für Kunden, Lieferanten oder Gesellschaften geführt werden.

Saldenvorträge Das Konto Saldenvorträge wird in der EDV genutzt und entspricht in seiner Funktion dem → Eröffnungsbilanzkonto.

Wer freie Mitarbeiter beschäftigt, sollte sich einen Bescheid der sie versichernden Krankenkasse vorlegen lassen, dass sie nicht scheinselbstständig sind.

Scheinselbstständigkeit Merkmale der Scheinselbstständigkeit sind:
- Ausschließliche Beschäftigung von Familienmitgliedern
- Im Wesentlichen nur einen Auftraggeber
- Typische Tätigkeit, die von Angestellten erledigt wird
- Keine unternehmerische Tätigkeit am Markt (z. B. Werben von Kunden)

Scheitern, Gründe Die häufigsten Gründe für ein Scheitern von Unternehmensgründungen sind:
- Finanzierungsmängel
- Informationsdefizite
- Qualifikationsmängel
- Planungsmängel
- Familienprobleme

- Überschätzung der Betriebsleistung
- Äußere Einflüsse

Schlussbestand Unter dem Schlussbestand versteht man den Saldo eines → Bestandskontos am Ende eines Geschäftsjahres. Es entspricht dem Wert der entsprechenden Position am Jahresende.

Schlussbilanzkonto Über das Schlussbilanzkonto werden die → Bestandskonten am Geschäftsjahresende abgeschlossen. Aus dem Schlussbilanzkonto wird die Schlussbilanz entwickelt.

Die Bewertung für Bilanzen ist eine hochkomplizierte Angelegenheit, die man lieber Fachleuten überlassen sollte.

Schuldner Schuldner ist das Gegenteil von Gläubiger. Ein Schuldner muss dem Gläubiger gegenüber eine Leistung erbringen.

Skonto Skonto ist der Preisnachlass bei Zahlung eines Kaufpreises, der gewährt wird, wenn innerhalb einer bestimmten Frist bezahlt wird.

Sozialabgaben Zu den Sozialabgaben gehören die gesetzliche Rentenversicherung, die gesetzliche Krankenversicherung, die Pflegeversicherung und die Arbeitslosenversicherung. Arbeitgeber und Arbeitnehmer tragen die Beiträge jeweils zur Hälfte. Die Zahlungen werden an die gesetzlichen Krankenkassen geleistet. Die gesetzliche Unfallversicherung trägt der Unternehmer allein.

Sozialversicherung Die Träger der Sozialversicherung sind Anstalten des öffentlichen Rechts. Zu den Sozialversicherungen gehören die Rentenversicherung, die Unfallversicherung, die Krankenversicherung, die Pflegeversicherung und die Arbeitslosenversicherung.

Den Sozialversicherungsanteil am Einkommen versicherungspflichtiger Arbeitnehmer tragen Arbeitgeber und Arbeitnehmer zu gleichen Teilen.

Sozialversicherungsausweis Der Sozialversicherungsausweis eines Arbeitnehmers enthält die persönliche Versicherungsnummer sowie den vollständigen Namen. Er ist vom Arbeitnehmer mitzuführen und bei Beschäftigungsaufnahme dem Arbeitgeber vorzulegen.

Stab Aufgabe einer Stabsstelle ist die Beratung und Unterstützung sowie die Vorbereitung von Entscheidungen für die ausführenden Stellen. Entscheidend ist, dass Mitarbeiter einer Stabsstelle keine Anordnungsbefugnis besitzen.

Stammeinlagen können auch Sacheinlagen sein, etwa eine Büroausstattung, die ein Gesellschafter einbringt.

Stammeinlage Darunter versteht man die auf einen einzelnen Gesellschafter entfallende Beteiligung am Stammkapital. Gemäß Paragraf 5 GmbH-Gesetz muss die zu leistende Stammeinlage mindestens 500 DM betragen.

Stammkapital Das Stammkapital ist die Summe aller Einlagen der Gesellschafter einer Gesellschaft mit beschränkter Haftung. Es muss mindestens 50 000 DM betragen.

Stapelverfahren Das Stapelverfahren ist ein Verfahren der Datenerfassung, das bei der Buchführung mit EDV zur Anwendung kommt. Dabei werden mehrere Datensätze (Buchungssätze) erfasst, gehen aber noch nicht in die aktuelle Buchführung ein. Erst nach einer möglichen Kontrolle bzw. Korrektur werden die getätigten Datensätze freigegeben und gehen in die Buchführung ein.

Stelle Unter einer Stelle versteht man die kleinste organisatorische Einheit eines Unternehmens. Mehrere Teilaufgaben sind hier zu einer Einheit zusammengefasst. Man unterscheidet:
- Ausführende Stellen (auf Ausführungs- und Leitungsebene)
- Instanzen (auf der Führungsebene)
- Stabstellen (Beratung und Unterstützung, Informationsverarbeitung, Vorbereitung von Entscheidungen)

Stellenbeschreibung In einer Stellenbeschreibung wird festgesetzt, welche Tätigkeiten und Aufgaben von einem bestimmten Stelleninhaber erledigt werden sollen, welcher Zeitaufwand für die einzelnen Aufgaben geleistet werden sollen und welche Qualifikation der Stelleninhaber dafür haben sollte. Ebenso wird aufgeführt, wo die Stelle in der Unternehmensstruktur eingegliedert wird.

Steuerbilanz Die Steuerbilanz ist die Bemessungsgrundlage für die Steuerveranlagung von Gewerbetreibenden. In der Steuerbilanz wird teilweise anders bewertet als in der Handelsbilanz.

Stornobuchung Bei einer Stornobuchung wird eine bereits durchgeführte Buchung rückgängig gemacht, indem der gleiche Betrag auf der Gegenseite des Kontos gebucht wird. Die ursprüngliche Buchung darf dabei jedoch nicht unkenntlich gemacht werden.

Tarifautonomie Der Staat darf in Verhandlungen zwischen den Gewerkschaften und den Arbeitgeberverbänden nicht eingreifen.

Tarifvertrag Ein Tarifvertrag ist eine Vereinbarung zwischen einer Gewerkschaft und einem Arbeitgeberverband. Geregelt werden allgemeine Arbeitsbedingungen, aber insbesondere die Lohn- und Gehaltstarife.

In Zeiten der Rezession werden die tariflichen Regelungen zunehmend aufgeweicht.

Umlaufvermögen Das Umlaufvermögen ist der Teil des Vermögens einer Unternehmung, der zum Verbrauch und Verkauf bestimmt ist, jedoch nicht zur Nutzung und zum längeren Verbleib.

Umsatz Unter Umsatz versteht man den Geldwert der verkauften Waren oder Dienstleistungen eines Unternehmens innerhalb eines bestimmten Zeitraums.

Umsatzsteuer Die Umsatzsteuer (auch: Mehrwertsteuer) ist eine Verbrauchersteuer, die die Wertschöpfung (Mehrwert) jeder einzelnen Produktions-, Dienstleistungs- oder Handelsstufe betrifft. Sie soll nicht von den Unternehmen getragen werden, sondern vom Endverbraucher.

Umsatzsteuer-Zahllast Die Umsatzsteuer-Zahllast einer Unternehmung ist die Differenz aus der ausgewiesenen Umsatzsteuer aller Verkäufe und der ausgewiesenen Umsatzsteuer aller Einkäufe (Vorsteuer).

Unternehmensbörsen Unternehmer, die für ihr Unternehmen Nachfolger suchen bzw. potenzielle Existenzgründer können sich in Datenbanken eintragen, über die dann passende Partner gefunden werden. Es gibt private und öffentliche Unternehmensbörsen. Auskunft erhält man bei der zuständigen Industrie- und Handelskammer.

Unternehmensgrundsätze Unternehmensgrundsätze werden für das Verhalten des Unternehmens gegenüber seiner Umwelt, also gegenüber Mitarbeitern, Kunden, Lieferanten, Banken oder Behörden formuliert.

Unternehmenskultur Unter Unternehmenskultur versteht man die Gesamtheit aller Werte, Grundsätze und Normen, die innerhalb eines bestimmten Unternehmens Gültigkeit haben und nach denen gehandelt wird.

Ein Unternehmen ohne Leitbild wird Mühe haben, allgemein verpflichtende Ziele zu entwickeln.

Unternehmensleitbild Um Führungskräften eine Grundlage für ihr Handeln im Unternehmen zu geben, sind Grundsätze über Ziele und Verhaltensweisen des Unternehmens nötig. Erst durch eine gemeinsame Zielausrichtung ist ein »Ziehen an einem Strang« möglich. Die Zusammenfassung der Grundsätze ergibt das Unternehmensleitbild, an dem sich alle unternehmerischen Tätigkeiten orientieren sollten.

Unverzüglicher Widerspruch Grundsätzlich hat die Rechtsprechung für den unverzüglichen Widerspruch nur sehr kurze Fristen eingeräumt. Auf der sicheren Seite ist man, wenn man so schnell wie möglich widerspricht, und zwar schriftlich. Während der Faxweg für die Zustellung eines kaufmännischen Bestätigungsschreibens anerkannt ist, ist die Zustellung per E-Mail aufgrund der Neuheit des Mediums noch ungeklärt.

Variable Kosten Variable Kosten sind, im Gegensatz zu den Fixkosten, die Kosten im Unternehmen, die in Abhängigkeit der Produktion anfallen. Dazu gehören beispielsweise die Energiekosten. Nur wenn die Maschine läuft, braucht sie Energie. Die variablen Kosten werden einzelnen Kostenstellen zugeordnet.

Verlust In der GuV-Rechnung ist der Verlust die negative Differenz zwischen den → Erträgen und den → Aufwendungen einer Unternehmung innerhalb eines Geschäftsjahres, d.h., die Erträge sind kleiner als die Aufwendungen. In der → Bilanz ist der Verlust die Verringerung des Eigenkapitals vom Beginn eines Geschäftsjahres bis zum Ende unter Berücksichtigung von Privateinlagen und -entnahmen.

Vermögen Das Vermögen eines Unternehmens besteht aus der Gesamtheit der materiellen und (bilanzierten) immateriellen Güter, in die das Kapital eines Unternehmens umgewandelt wurde.
■ Umlaufvermögen: Das Umlaufvermögen umfasst neben den liquiden Mitteln die sich (aus dem Leistungsprozess) ergebenden Güter und die entstehenden Forderungen.

■ Anlagevermögen, materielles – immaterielles AV: Die Güter, die dem Unternehmen zur Nutzung für einen bestimmten Zeitraum zur Verfügung stehen, sowie gewisse Rechte (Patente, Lizenzen).

Verzug Von Verzug spricht man, wenn eine Leistung nicht rechtzeitig erbracht oder angenommen wird. Dabei ist nach Paragraf 293 BGB zwischen Annahmeverzug (vertragsgemäß gelieferte Leistung/Ware wird nicht angenommen), Lieferungsverzug (Leistung/Ware wird nicht geliefert) und Zahlungsverzug (Zahlung wird nicht geleistet) zu unterscheiden. In Zahlungsverzug gerät man, wenn eine Zahlung nicht zum geforderten bzw. vereinbarten Termin auf dem Konto des Gläubigers eingeht.

Vorsteuer Unter Vorsteuer versteht man die → Umsatzsteuer, die ein Unternehmen beim Einkauf von Waren oder Dienstleistungen zahlt und die von Seiten des Unternehmens von der Umsatzsteuer wieder abgezogen werden darf, die beim Verkauf von Waren oder Dienstleistungen des Unternehmens berechnet wird.

Wird im Nachhinein festgestellt, dass ein freier Mitarbeiter scheinselbstständig ist, muss der Auftraggeber die auf dessen Honorar dann fälschlich entfallene Vorsteuer an das Finanzamt zahlen.

Werbeetat Der Werbeetat ist die Höhe der zur Verfügung stehenden Mittel für Werbeaufwendungen. Er beträgt ca. zwei bis drei Prozent des Umsatzes. Als Maßstab kann der geplante Umsatz oder der Vorjahresumsatz dienen. Existenzgründer müssen ihren Werbeetat ihren individuellen Anforderungen anpassen.

Werbung Unter Werbung (Wirtschaftswerbung) versteht man diejenigen Maßnahmen, mit denen der Absatz gefördert werden soll.

Werbungskosten Unter Werbungskosten versteht man alle Aufwendungen, die im wirtschaftlichen Zusammenhang mit der Erzielung oder Sicherung von Einnahmen stehen.

Zuständiges Finanzamt Bei gewerblichen Betrieben ist das Finanzamt zuständig, in dessen Bezirk die Geschäftsführung ihren Sitz hat. Bei freiberuflichen Tätigkeiten ist das Finanzamt zuständig, von dessen Bezirk aus die Berufstätigkeit ausgeübt wird. Bei Betrieben der Land- und Forstwirtschaft, bei denen sich der Betrieb bzw. die Grundstücke über Bezirke mehrerer Finanzämter erstreckt, ist das Finanzamt zuständig, in dessen Bezirk der wertvollste Teil liegt.

Dorothea Bartnik, Jahrgang 1966, ist Diplom-Kauffrau. Schon während ihres Studiums arbeitete sie für ein EDV-Beratungsbüro. Danach war sie in einem Consulting-Unternehmen für die wirtschaftliche Beratung kleiner und mittelständischer Betriebe zuständig. Schon bald übernahm sie als Prokuristin die kaufmännische Leitung eines Ingenieurbüros in Mannheim. Alle Aspekte der Unternehmensführung sind ihr aus der Praxis vertraut.

Der Inhalt dieses Buches ist sorgfältig recherchiert und erarbeitet worden. Dennoch können weder Autorin noch Verlag für alle Angaben im Buch eine Haftung übernehmen.

Impressum

Das Werk einschließlich all seiner Teile ist urheberrechtlich geschützt. Jede Verwertung außerhalb des Urhebergesetzes ist ohne Zustimmung des Verlages unzulässig und strafbar. Das gilt insbesondere für Vervielfältigungen, Übersetzungen, Mikroverfilmungen und die Einspeicherung und Verarbeitung in elektronischen Systemen.

Weltbild Buchverlag
© 2000 by Weltbild Verlag GmbH, Augsburg
Alle Rechte vorbehalten

Textnachweis Seite 82ff. – Unternehmensleitbild der Firma Florena Cosmetic GmbH. Mit freundlicher Genehmigung des Unternehmens.

Einbandgestaltung Beatrice Schmucker, Augsburg
Lektorat Brigitte Mues/Lüra – Service für Verlage, Wuppertal
Layout und Satz Petra Strauch, Bonn
Druck und Bindung Offizin Andersen Nexö – ein Betrieb der INTERDRUCK Graphischer Großbetrieb GmbH, Leipzig
Gedruckt auf chlorfrei gebleichtem Papier

Printed in Germany

ISBN 3-89604-425-7

Wo steht was

A

Abgabenordnung 262
Abgrenzung 238
Ablauforganisation 141
Abschreibung 195, 237
Abteilung 132
Aktiengesellschaft 30
Altersvorsorge 281
Anforderungsprofil 99
Angebot 292
Anhang 230
Anlagegüter, abnutzbare 237
Annahme 293
Arbeits
– amt 104
– analyse 99
– gliederungsorganigramme 131
– mittel 132
– platzbewertung 132
– vertrag 114
– zeitverordnung 113
– zeugnis 124
Assessment Center 111
Aufbewahrungsfristen 217
Auftrag 297
Aufwand 244
Auskunftspflicht 259
Außenfinanzierung 182

B

Backward Integration 51
Beleg 216
Berufe, freie 15
Berufsausbildung 122
Berufsunfähigkeits-
versicherung 281
Bestandskonto 227
Besteuerungsgrundlage 259
Beteiligungsfinanzierung 182
Betriebsabrechnungsbogen 250
Betriebsausgaben 270
Betriebserfolg 246
Betriebsklima 121
Betriebsrat 114
Betriebsvereinbarung 114
Bewerbungsunterlagen 107
Bewertungsgrundsätze 235
Bewirtung 272

Bilanz 230
Bruttoprinzip 238
Buchführung 219
Buchführungspflicht 11, 213

C

Cash-Management 176
Controlling 252
Corporate Identity 94

D

Darlehen 187
Debitorenbuchhaltung 189
Deckungsbeitragsrechnung 257
Delkredererisiko 189
Differenzierungsstrategie 91
Discounted Chashflow-
Methode 46
Diversifikation 90

E

Eigenkapital 183, 225
Einkommensteuer 264
Einnahmen-Überschuss-
Rechnung 220
Einstellungsformalitäten 111
Existenzaufbauberatung 69
Erfolgsbeteiligung 121
Erfolgskonten 227
Ertrag 246
Ertragswertmethode 46
Existenzgründer 68, 183

F

Factoring 189
Fahrtkosten 273
Finanzamt 212, 262
Finanzierung 231
Finanzkontrolle 205
Finanzplan 174
Firma 34
Firmenrecht 34
Fördermittel 188
Formkaufmann 14
Franchising 49, 60
Freiberufler 214
Freizeitausgleich 122
Fremdkapital 185
Führungsgrundsätze 81
Funktionendiagramme 131

G

Gemeinschaftsunternehmen 53
Gesamtkostenverfahren 255
Geschäftsjahr 220
Geschäftsversicherung 287
Geschäftswagen 273
Gesellschaft des bürgerlichen Rechts 21
Gesetzbuch, Bürgerliches 290
Gestaltung von Arbeitsplätzen 132
Gewerbe 70
– steuer 266
Gewinn- und Verlustrechnung 237
Gewinnthesaurierung 198
GmbH 27
GmbH, Ein-Mann-GmbH 29
GmbH und Co. KG 29
Grundbuch 223
Grundpfandrechte 188
Grundsätze ordnungsmäßiger Buchführung 214
Grundsätze ordnungsmäßiger Speicherbuchführung 215
Grundschuld 188

H

Handelsbilanz 230
Handelsgeschäfte 12
Handelsrecht 213
Handelsregister 33
Hauptbuch 223
Herabsetzungsantrag 265
Hilfsbücher 223
Hypothekendarlehen 188

I

Inkasso 189
Innenfinanzierung 183, 195
Insolvenzen 42
Internet 105
Interview 155
Inventar 223
Investition 231
Investitionsdarlehen 188
Ist-Versteuerung 267

J

Jahresabschluss 230, 240
Journal 223

K

Kannkaufmann 14
Kapitalbedarf 177
Kapitalbedarfsplanung 62
Kapitallebensversicherung
  282
Kartell 53
Kaufmann 12, 21, 213
Kaufvertrag 296
Kennzahlen 206
Kfz-Versicherung 287
Kleingewerbetreibende
  11, 214
Kommanditgesellschaft 26
Kommunikation 144
Konsortien 52
Konten 226
– form 239
– plan 227
– rahmen 227
Kontokorrentkredit 187
Konzern 53
Kooperation 52
Körperschaftsteuer 265
Kosten 244
– führerschaft 91
– rechnung 249
Krankenversicherung 279
Kreditfinanzierung 182, 185
Krisenmanagement 96
Kündigung 115
Künstlersozialkasse 283

L

Leasing 190
Leistung 246
Lieferantenkredit 186
Liquidationswertmethode 45
Liquidität 199
Liquiditätsrechnung 62
Lohnsteuer 265

M

Mahnwesen 189
Management
– by Exception 86
– by Delegation 86
– by Objectives 85
– by System 87
Markenartikel 160
Markt 89
– entwicklung 90
– forschung 153
– nischen 91
Matrixorganisation 139

Mietvertrag 296
Missbrauchsaufsicht 54
Mitarbeitergespräche 122
Mittelherkunft 231
Mittelverwendung 231
Motivation 146
Musskaufmann 14
Mutterschutzgesetz 113

N

Nettoprinzip 238

O

Offene Handelsgesellschaft
  26
Öffentlichkeitsarbeit 102
Ordnungswidrigkeit 261
Organigramm 130
Organisation 128
Outsourcing 107

P

Panelerhebungen 156
Partizipation 52
Partnerschaft 47
Partnerschaftsgesellschaft 24
Passivierungspflicht 236
– wahlrecht 236
Pauschalierungsmethode 275
Personal 98
– berater 105
– beschaffung 101
– entwicklung 122
– freistellung 122
– werbung 102
Personen,
– juristische 291
– natürliche 290
Pflegeversicherung 280
Preisdifferenzierung 162
Preisführerschaft 91
Produkt 89
– Markt-Strategien 89

R

Rechnungsabgrenzung 238
Rechtsform 20
Reinvermögen 225
Reisekosten 273
Rentabilität 208
Rentenversicherung 281
Rückstellungen 236

S

Sale-and-lease-back 191
Schulden 235
Selbstfinanzierung 183, 198

Selfmanagement 143
Soll- Versteuerung 267
Stab 131, 345
Stab-Linien-Organisation 138
Standortentscheidung 62
Statistiken, amtliche 158
Stelle 102, 131, 346
– Stellenbeschreibung 99,
  131
Steuerbilanz 230
Steuergesetze 213, 262
Steuerpflichtige 258
Steuerstraftaten 261
Stille Teilhaber 29
Stress 145
Substanzwertmethode 46

T

Tarifvertrag 114
Team 140
Teilkostenrechnung 257
Testmarkt 156

U

Umsatzkostenverfahren 255
Umsatzsteuer 266
Umsatzvorschau 198
Unfallversicherung 280
Unternehmens
– bewertung 47
– führung 78
– gründung 56
– konzept 61
– kultur 93
– leitbild 81
– strategien 89
– übernahme 42
– verbindungen 50
– ziele 78

V

Vermögen 235
Vertrag 291
Vollkostenrechnung 256

W

Wachstumsstrategien 89
Werbung 167
Werkvertrag 297
Wettbewerbsrecht 53
Wettbewerbsstrategien 90
Willenserklärung 291

Z

Zeitmanagement 146
Zielbildungsprozess 79
Zusatzleistungen 161